本书是国家社会科学基金一般项目"'章门弟子'
与五四新文学运动关系研究"（21BZW127）、
"西南大学文学院青年教师学术论丛"的
阶段性成果

王小惠 著

钱玄同
思想重评

中华书局

图书在版编目（CIP）数据

钱玄同思想重评/王小惠著. —北京:中华书局,2024.11. —
ISBN 978-7-101-16656-9

Ⅰ. B259.95

中国国家版本馆 CIP 数据核字第 2024LK1909 号

书　　名	钱玄同思想重评	
著　　者	王小惠	
责任编辑	胡雪儿	
封面设计	周　玉	
责任印制	韩馨雨	
出版发行	中华书局	
	（北京市丰台区太平桥西里 38 号　100073）	
	http://www.zhbc.com.cn	
	E-mail:zhbc@zhbc.com.cn	
印　　刷	三河市中晟雅豪印务有限公司	
版　　次	2024 年 11 月第 1 版	
	2024 年 11 月第 1 次印刷	
规　　格	开本/920×1250 毫米　1/32	
	印张 11½　插页 10　字数 250 千字	
国际书号	ISBN 978-7-101-16656-9	
定　　价	88.00 元	

钱玄同照片(纵 9 厘米,横 5.7 厘米)

章太炎篆书《老子》语赠送钱玄同（纵 68.5 厘米，横 29 厘米）

钱玄同 1915 年 4 月 9 日致鲁迅信(纵 23.5 厘米，横 15.7 厘米)

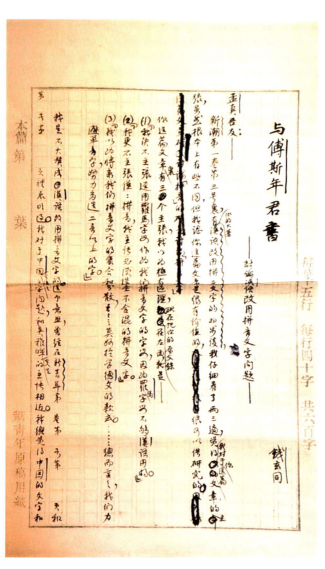

钱玄同 1919 年 5 月 12 日《与傅斯年君书》

（纵 43.5 厘米，横 28.3 厘米）

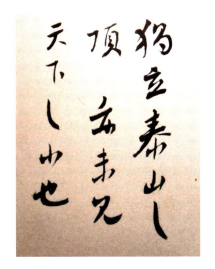

吴稚晖 1919 年赠钱玄同照片原件的背面

（纵 9.2 厘米，横 7.6 厘米）

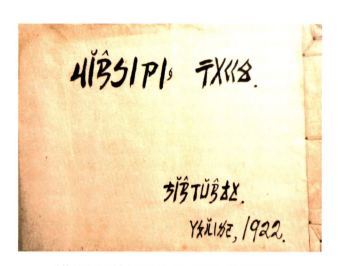

《简笔字初稿》封面（纵 15.2 厘米，横 23 厘米）

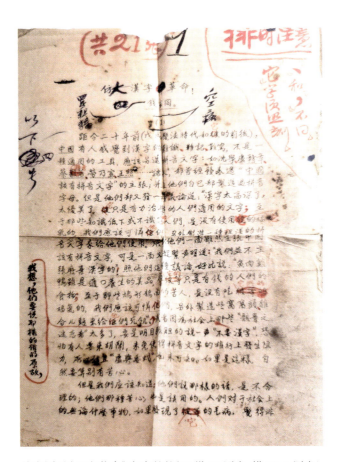

钱玄同对《汉字革命》印本的校订(纵 44 厘米,横 29.8 厘米)

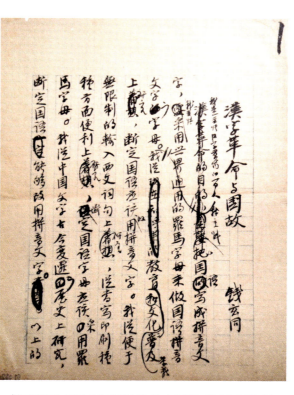

《汉字革命与国故》手稿（纵 29.3 厘米，横 25.3 厘米）

玄同兄：

"久闻大名，如雷贯耳……"

"茶淮"，就此为止。而以如此"茶淮"者，倒也並

非因為想得罵，乃是想有两圖也。"阿圖"維

何？一且夫寰闹俾是和孔德學校圖刊大有關

係的社于這圖刊有多餘麼？而我卻缺少

第五，七期耳也，倘如有餘，便送我身，除此

以外，別不要矣，倘另此而無之，勿另此而寄不

要者也。

這一期圖俾圖刊上的決議文，就是休芸，此次

在用〻各種名字，玖〻種種意見，玖恳圖此爭以此。

七月十二

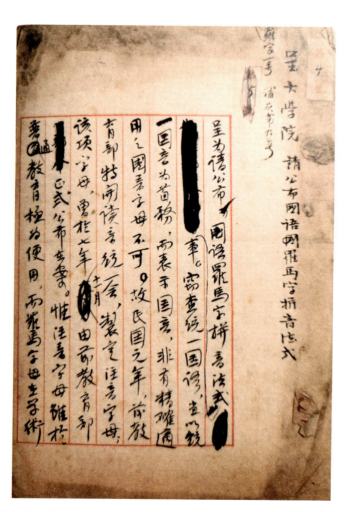

《呈大学院请公布国语罗马字拼音法式》手稿（纵 27.5 厘米，横 20 厘米）

钱玄同隶书《渔家傲·秋思》(纵 30 厘米,横 52.1 厘米)

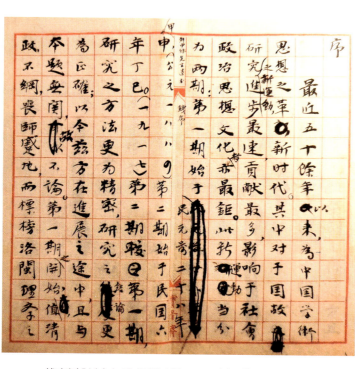

序

最近五十餘年以來，為中國學術思想之革命新時代。其中對于國政治思想文化等貢獻最多，影響于社會石研究之進步最速當分為兩期，第一期始于民元前二十八年石研究之新運動，最鉅。此新運動勤為兩期，第一期始于

甲申（公元一八八〇）第二期始于民國六年丁巳（一九一七）第二期較之第一期，論研究之方法更為精密，研究之結論更為正確，以今茲方在進展之途中且與為正確，以今茲方在進展之途中且與本題無關，故不論。第一期始，值滿清政不綱喪師蹙地，而標榜洛閩理學之

錢玄同《劉申叔遺書序》（縱 30.5 厘米，橫 27.5 厘米）

敬　聘

錢玄同先生為本校文學院國文系教授兼本系主任此訂

國立北平師範大學校長李　蒸

中華民國二十六年六月

附聘書照件一件

教字第三號

中華民國廿六年七月六日

北平师范大学聘书(纵 25.8 厘米,横 25.2 厘米)

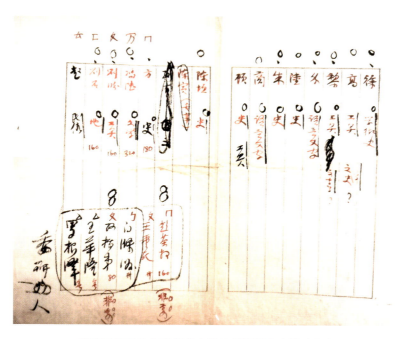

钱玄同起草的北平师范大学教师任课内容及时数表

（纵 27.2 厘米，横 39.8 厘米）

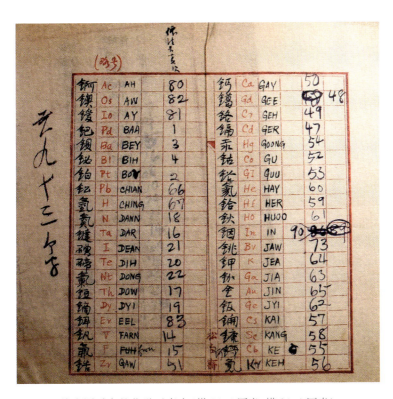

钱玄同手书的化学元素表(纵 28.4 厘米,横 31.4 厘米)

钱玄同《疑古先生遗集目录》(纵 26.2 厘米,横 15.3 厘米)

目　录

序一　新思潮的摆渡人

孙　郁

钱玄同去世半个多世纪后，他的文集才得以出版，那已经是 20 世纪 90 年代了，记得我曾帮编者请张中行先生为文集写过序言，那是篇很好的文章，文字有着古朴之气。张中行是钱先生的学生，自然了解前辈一些细节，所涉旧事也是清楚的。近百年的学术思想有时处在一种反转的状态，复古思潮与激进主义是相伴而生的，钱玄同也是这个漩涡里的学者。今天研究界的许多人，对于"五四"学人的激进主义是颇有些微词的，像钱玄同这样的人，无论文化理念还是治学方式，都有被世人诟病的地方。但要理解那代人，也并不容易。倘若深入细节中，也会发现其间的错综复杂因素。从这位前辈的形影里寻找新文化演进的过程，对于我们重新认识知识人的使命，应不无益处。

由于时代的因素，在许多时候，人们不太容易注意到晚清新知识人语境形成的多重环节。时光久了，当尘埃落定后，以各种知识论映照过去，曾经模糊的东西，便会清晰起来。王小惠这些年一直关注钱玄同，有着与一般新文化研究者不同的眼光，当年曾与她讨论过一些片段，发现比我们这代人，参照系就多了许多，既非全面认同，也非一味否定，因为能够从经学、史学、语言学和文艺学等角度立体审视民初的言论，呈现的是学术史演变之图。顺着这些遗迹摸索，当可知道什么延续了下来，什么中断了。

　　新文化运动的启蒙意识,对于旧学是一次冲击,新式学人引入了科学与民主思想,自由理念与个性精神孕育出先前未有过的元素,被质疑的对象首先是传统的经学。清代学者章学诚就已经在《文史通义》里言及"六经皆史"的观点,章太炎、胡适的学术观念是延续了这一学说要义,又加上了新的元素。比如《诗经》的晓畅通透,乃民风的精华的闪动,过去仅仅从经学层面审视它,大约是错了的。《新青年》同人常常从社会学与民俗学角度看待旧的文学,自然不会像旧式学人那样套在道德的框子里。钱氏认为《诗经》本色也是白话文追求的本色,新文学是继承《诗经》传统的,这使新文学的根变得深了。周作人、胡适、郁达夫那时候都持这种观念,说起来是时代新风使然,只是钱玄同的表达更为直接而已。郁达夫在《文艺与道德》中就强调,"四书"的文学价值不及《诗经》,乃因为不是唯道德主义。所以,讨论新文化与新文学,清除经学里的道学腔调,是彼时新文学家的共识。

　　关于文学上的见解,钱氏集中在语言本身的表达上,方言、官话、国语在他眼里是处于变化状态的。他谈小说不免捉襟见肘,戏剧方面也少精当言论,最好的文章大概是给胡适《尝试集》写的序言,看出他内心的情愫。他与《新青年》同人内部的通信,读起来饶有趣味,内容丰富,彼此构成了一种对话的关系。其文章虽有混杂的地方,读起来却让我想见其人,觉得颇有几分可爱。看钱玄同与陈独秀、胡适、周氏兄弟的信札,涉及新文化建设的路径与解决问题的方法。不过他的文章内容,还在小的技术范围。对于域外文学摄取的途径、美术思潮、小说写作等都没有引领性的言论。《新青年》上面讨论的话题,有许多是因为翻译引起的,比如易卜生主义、新村主义、世界主义等,钱玄同会意于友人的思想,是沿着同人思路继续说下去的。周氏兄弟尚能有文体实验,钱玄同的文字则不出一般文人的样子,是学者之语,而非作家之文。所以他在现代文学史上的分量不及学术史上的分量更重些。

不错,钱氏的优长在于音韵训诂和对古文经与今文经的理解上,他的思维方式来自对于经学的动态体味,从中获得了一种方法论。对于经学的批判,是章门弟子中常见的现象,钱玄同大概是其中最为激烈的一个人。钱氏把《春秋》看成"不成东西的史料而已",动摇了此书的经学根基,这与西洋思想输入不无关系。在钱玄同眼里,六经不过是知识与材料,但历代以来,成了一种意识形态,所以要颠覆的是那个奴性文化的根基。这样看来,他自己的叙述,也成了意识形态的一部分。这些也延续在对"儒效""中庸""礼教"等看法上。细想起来,这其实是经学发展史内部矛盾的一种新的延伸,在不同时代,六经都被赋予一种时代内容,只是那变化多在内部。"五四"那代人多了外部的视角,看待经学就更为清楚一些。经学注重一种精神的常恒性和思想的纯然性,在没有宗教的国度,无疑属于人们头上的不可动摇的神圣之星,乃普遍的准则。可惜历史中的经学被权力左右,造成奴性的繁衍,到礼教出现后,已经带有逆人道而行的毒性了。王小惠发现,"钱玄同擅长的是从传统学问内部瓦解'礼教'的经学基础",是看到了其思想方式的来龙去脉。

但这种内部性的突围,成效还是有限,新文化人用力最多的,是从经学的外部资源攻击古老遗存不合理的一面,这便是翻译介绍域外的学术与艺术。比如鲁迅借用的是尼采学说,胡适则依傍在科学主义旁,李大钊心目中有一个马克思主义传统。这里,"原基督"的精神也是彼时重要的资源之一,它对于旧学的冲击可能更大。王小惠在考察这段历史时注意到,钱玄同的外功明显不及周氏兄弟,在见识上与胡适也明显有着距离。他在"五四"前后的学术思想与文学观念,还不能有东西文明调适的弹性,所以简单化与武断化也不可避免。导致此现象的原因,大概是知识结构中的缺陷,新文学的作者留日的居多,英美回来的人数有限,彼此整合的时间过短,在对于文化自新的看法上,总体上有一种匆忙之感。

　　讨论钱玄同的思想与学术,不能脱离他与章太炎的关系。章氏对于他的许多观念都是有启发意义的,除了语言学、史学,文章学的思考,也有所继承。从古文到白话文,演进的过程有历史的必然。章太炎弟子对于音韵训诂的修养都不错,但对于文章之道还是各有心得。周氏兄弟熟悉六朝之文,黄侃解释文献有辞章之学的功夫。而钱玄同则以古喻今,运用小学修养,从古书中发现写作的规律。一些体味来自章太炎,有时也不免有所偏离。章太炎与钱玄同的通信很多,一些问题讨论很是深入。钱玄同发现,言文未能一致,是文化不得畅达的原因之一,而强调白话口语为书写的基调,是历史经验的一种反射。不过章太炎看重雅言,钱玄同则不反对俗语,雅言与俗语,特点也是相对的。王小惠充分肯定了钱玄同这方面的努力,她说:

　　　　钱玄同建构的中国白话文学史框架,依据的是"音本位"标准,将"作文接近于说话"的作品挑选出来。这为"五四"白话文提供了历史性的理解与历史的合法性,使唐朝白话诗、宋词、元曲、明清小说都成了"文章即说话"理念的文学支撑,替新文学搜寻到很好的模范,回应了"什么是活文学"的问题。

　　可以说,钱玄同以章太炎式的智慧,呼应了胡适、陈独秀的白话文理念,使新文学理论具有了说服性和合理性。虽然在语言学与文章学层面,钱氏还不能如章太炎那样从容为文,体大而渊博,但在局部领域,发现了诸多新的生长空隙,其思想是有鲜活气的。众多文章颠覆了旧学里的陈腐意识,说明文化的进化,是内部要求的结果。明代学者早就看到此点,袁中郎《〈雪涛阁集〉序》就强调古今不同,不可泥于古。"五四"新文学的出现,不过是时代的产物而已。如果说陈独秀、胡适是彼时的号手,那么钱玄同是重要的播鼓者,他的作用,在那时候是别人无法代替的。

　　钱玄同对于文学史与文章之道有不少论述,给人的印象不是慢条斯理,而仿佛是新文化阵营里的刀客,一路杀将下来,不顾后果如何。比如,关于文章之道,将桐城派与选学妖魔化,也存在问题。所谓"选学妖孽,桐城谬种"不过是门户之见,前人内在的优长,也并不能一言灭之。文学与文章,是士大夫者流表达思想与生命体验的表现,即便是孔子信徒,所作文章也往往有偏离儒学要义的地方,并非都是正儒之音。桐城派作家有一些也颇具神灵飞动之感,他们对于汉语的运用和义理的表达,往往也见奇思。钱玄同的文章修养也并不一定高于他所抨击的对象。新文化运动初期,许多新学人都有一点戾气,因为顽固者的势力过大,不猛烈抨击,不能动摇其本,只是后来慢慢变得平和起来了。

　　新文化运动中涉及的话题很多,其中语言问题纠葛的时间很长。从陈独秀、胡适到周氏兄弟,无不对于语言问题有着浓厚兴趣,只是着眼点略有不同。《新青年》关于语言的讨论并不系统,多是在摸索中,他们关于汉语能否出现新的符号形态的认识,有勇而乏智,能够从语言学与字体变迁角度深入论述者的确不多。同人们普遍意识到,中国文化落后如此,与表达体系大约有关,从欧洲文明史和日本维新史看,语言是不断演进的,每个民族在不同时期都丰富过自己的语言表达,新文学要建立,也不能不注意到此点。新文化人推出的关于拉丁化、标点符号、世界语的讨论文章,都可以视为新思想的落地举措。但因为还属于探索性的阶段,有的后来成功,有的流于纸面,这也是时代的局限吧。

　　钱玄同的关于汉字拉丁化、汉字改革乃至废除汉字的言论,虽然偏激,但有的地方也不无道理。据王小惠考察,他的理由有二:一是汉字是被儒家修正过的遗存,带有皇权意识;二是西方的拼音文字,是由象形文字变过来的。所以改汉字为拼音文字,并非不行。我觉得钱氏的论述,都有学术依据,并非信手涂抹。但他至少忽略了以下几个问题:一是汉语是字本位,以字会意者甚多,而音本位的文字,则不会有汉字的这些问题;二是汉语的表达,是千年经验的总结,乃民众实践中渐渐形成的格式,故对于它的改变,当小心翼翼。不满意于母语的表达,但弃之亦难。后来实践已经表明,拼音化的路,是十分艰巨。简化汉字也带来了许多想不到的新问题,"五四"那代人提出的问题,至今还悬在思想的半空,没有找到落地的地方。

如何重评钱玄同的思想与学术活动,是今天学者必须做的工作。王小惠这本书的重要贡献,是在梳理了钱氏学术思想来龙去脉后,较为客观地论述了其自身的问题。比如关于经学的讨论,钱氏均以史料看待经学的时候,就忽略了文化发展史的特殊性意义。又如过于怀疑古人,"以不知为不有",就可能"人人忘其本来",易导致历史虚无主义。新文化运动落潮后,同人们其实意识到钱氏等人的一些言论是存在瑕疵的,周作人、胡适等人就不断修正已有的观点,我曾将此称为新文学的"修正主义"。比如周作人对于文言与白话之关系,就不太绝对化处理,看到了二者结合也是一条通路。而胡适在研究哲学史时,并不把儒学一棍子打死,对于孔子甚至有诸多赞美的言论。到了冯至与台静农那一代,就一直避免偏执之径,注重思想的综合和博雅之气。激烈之思就被均衡感的思维渐渐代替了。

不妨说,钱氏在新文学史上,属于新思潮里摆渡之人,后人对于其辞章风格默而不谈,但不能否定其在历史中应有的作用。在晚清学术界,乾嘉学派遗风与外来新知汇合,吹出不少涟漪。他的学术活动处于章太炎与周氏兄弟、胡适之间,前者让其学会采用古人智慧的方式理解古人,后者则引导自己与现实对话。钱先生虽然激进,但并不恪守旧径,修正自己的思路也是常有的事。任访秋先生认为他善于汇通古今文学派思想,就体会了其内心光亮的一面。我们知道,"古史辨运动"的推力之一,就是钱玄同。他借用了今文学派崔适的理念,唤出怀疑意识,顾颉刚、傅斯年都从中受到启示,使史学研究出现了新路径。新文化运动提倡者,对于今文学派是多有批评的,而钱玄同则从此获得不少灵感。本来,他的老师章太炎推崇古文学派,钱氏却能将古今学派互为参照,也是视野开阔的缘故。今文学派最大的特点是具有"通时达变"之思,对于古人并不都能趋同。这也是新文化运动提倡者的一个特点,钱氏的选择,也将古今文脉结合为一体了。在这个层面上说,他是能够通变的学者,在凝固的话语体系打开裂缝,流动的风就吹进来了。

时间过去了一百多年,总结"五四"前后的文化经验,让人感慨万端。钱玄同与新文化运动,是个涉及面广的题目,王小惠从文学史与学术史双重角度,思考钱氏的遗产,在前人基础上更进了一步。论题则从入微处着眼,自然有不少的发现。比如对"疑经辨伪"的方法转化的考察,孔学如何影响汉字的字形、字义,"废汉文"的逻辑基础等,都有所体悟,有所展开。经学与文字学,属于知识论范畴,钱玄同反对将其化为价值论,警惕思想逻辑的道德化,这对于后人都有警戒的作用。"五四"新文化,就是要建立与旧传统不同的系统,而改造旧学术与旧思想,一方面从内在的矛盾性出发解构之,另一方面引入异质的文化视角,后者最为合适的办法是从审美判断入手,以新文学的个性精神和创造感,激活已经麻木的知识逻辑,还原历史的本来面目。这也是钱玄同与《新青年》同人从文学的角度,以个体性的思维置换外在的整体性逻辑的原因之一。所以,以文学的激情和审视世界的方式为入口,攻击传统的文化堡垒,将人道精神和个性精神引入其间,正是那一代人的不二使命。

我自己对于旧学里的演变进程研究甚少,知道进入其间困难很多。现代文学史中重要人物都与学术思潮有着扯不断的纠葛,过去王瑶、任访秋与陈平原注重于此,论述中有许多精到之处。文史兼治,要有许多修炼才可。好的学者一般不做高论,本乎史实,忠于文本,于文章缝隙间找思想的关联,从学术语言与文学语言中,建立自己认识方式。王小惠继承了这种遗风,且每每有新见焉。这里涉及的内容甚多,有史学和经学、音韵训诂基础的人,又泡在文学思潮里,就将文化生态的自我调适过程描绘了出来。后人认识前人,不都是认可什么,更重要的是能够提出疑问,发现存在的缺陷。赞美与反对都很容易,处理疑点就困难了,因为彼此的语境大不一样。以今视昔,需明白观念的起因,又要知晓今人的责任。能够做到此点,对于"五四"新知识人的态度便会趋于客观。我一直认为,边缘化的冷知识,一旦变成活的思想,便会流出新意,它冲击着我们木然的心,使远去的遗存与身边的存在,不再隔膜了。此种境界,寻之觅之,确能刺激我们认知力的增长。

2023.12.3 于海口老城

序二　以复古为革新

黄乔生

　　评价人事的词汇,高尚伟美,用得久了会变得俗滥。如说鲁迅是伟大的文学家,听来不能引起多少震动;说是英勇的战士,也不免泛泛;形容他的文章是投枪匕首,就稍为具体可感;说他"刀笔吏""世故老人",便让人惊奇了。但这类生动的词汇,固然让人能一下子记住,但也因为文学性强、过于突出某个特点,就容易产生以偏概全、让人有先入之见的谬误。

　　新文化运动的主将、干将、前驱和先锋这些称呼,用起来就要当心。我们研读那个时代、那些名家,常常感到这些名称不好分派,而且也不准确。既然是主将,那就只有一个,接下来的问题是:副将是谁? 如果统帅之下有好几位主将或干将,那么几位主将分不分主次?钱玄同是新文化运动的主将之一,鲁迅和周作人也是。鲁迅这位主将主攻小说、随感录创作,周作人主攻散文,钱玄同主攻什么? 兵分几路吗? 几位主将中有没有先锋? 谁是冲在最前面的,或者说态度最积极的那个先锋——"急先锋"? 这些军事术语用在文化史上,把文化弄得具有好战的倾向,总觉得有些怪异。

　　钱玄同和鲁迅、周作人是新文化运动时期的友朋,关系很亲密,所以互相取笑,留下不少绰号,如钱玄同的"爬来爬去""爬翁",周氏兄弟的"鲁仲连""待斋""子秘""方老五、方老六"等。文学史家论定他们在历史上的业绩和性格特点,又增添了更多堂皇的称号,如主将、骑手、先驱、先锋、急先锋、开山祖师、文坛双星等。

　　王小惠博士的著作《钱玄同思想重评》里也罗列了一些钱玄同的绰号、雅号,"急先锋"之类人们听得多,而"扩音器"不常见,但很生动,让人耳目一新,亟想细读。

　　单是这些名号,就需要一篇大文章来厘清,否则周氏兄弟与钱玄同之间通信的一些用语,读来就莫名其妙。本书在这方面下了功夫,所谓"必也正名",有廓清之效。

　　钱玄同得到的"急先锋"名号,其实是一种褒扬,意味着积极、勇敢。事实也是如此。钱玄同参加新文化运动比鲁迅早,文学史上脍炙人口的故事是钱玄同作为《新青年》同人去绍兴会馆劝说鲁迅为杂志撰稿,终于将鲁迅拉入阵营。鲁迅写小说之前,以激烈的言论振聋发聩,惊世骇俗。《狂人日记》中的狂人说出了礼教吃人的话,发出"救救孩子"的呐喊,与钱玄同的言论异曲同工。如果论资历,钱玄同自然是先于鲁迅的。当鲁迅还在写小说的时候,钱玄同已经是小说中的人物了——林纾《荆生》中的"金心异"影射的就是钱玄同。

　　但是在中国现代文学史上,钱玄同后来却不大引起学界的注意,与鲁迅的名声更无法相比,使得现今很多青年学子不大了解他的地位和贡献。其实,在他生前,就有人称赞他的斗争精神"在任何一位同时代的斗士之上"。钱玄同去世,除国民政府的褒扬令外,学术界评价也很高。黎锦熙写了《钱玄同先生参加"国语运动"的二十年小史》与《钱玄同先生传》,强调钱玄同的"'五四'反礼教思想"和"桐城谬种,选学妖孽"主张与晚清思潮的传承关系。学术史家肯定钱玄同在文字、音韵方面的学术成绩,指出钱玄同在"破坏方面"与胡适、鲁迅、陈独秀等并无异旨,而"建设方面"体现于文字和音韵。任访秋的《钱玄同对于学术的供献:纪念先师钱玄同先生》认为钱玄同对清末古今之争家法的打破,促进了经学的现代转型。谭丕模的《现代中国的思想家:钱玄同对于新文化的贡献》强调钱玄同作为"思想家"

的一面,认为"主张用西洋新名词""主张多翻译西洋作品""主张学习世界语""主张中国文字横写"等是他"勇于接受西洋文化"的体现,总体评价正面为多。

周氏兄弟是钱玄同声誉隐显的晴雨表。所以,研究钱玄同的思想,周氏兄弟自在其中,甚至起到基础的作用。鲁迅一度与钱玄同十分亲密,但1927年后两人渐行渐远。鲁迅甚至嘲讽钱玄同"胖滑有加,唠叨如故",钱玄同则在日记中斥鲁迅"无聊、无赖、无耻"。但鲁迅去世,钱玄同写的文章褒多于贬,青年、中年时期的情分还在。1939年钱玄同去世,悼念文章中,周作人在《最后的十七日:钱玄同先生纪念》中认为"玄同的文章与言论平常看去似乎颇是偏激,其实他是平正通达不过的人",评价很高。后来周作人陆续写了《饼斋》《玄同纪念》等文,直到20世纪60年代还写了《钱玄同的复古与反复古》。

周氏兄弟与他的交流,起源于在东京听章太炎讲《说文解字》和《庄子》等,在绍兴会馆补树书屋高谈阔论达到高峰。大致说来,前者算是复古时期,后者是革命时期。关于前后情形,鲁迅只在《域外小说集》序言和《呐喊》自序中简略叙述,周作人叙述得较为详细,不但叙述钱玄同,而且将自己的复古经验也做了回顾和反思。钱玄同三顾茅庐请鲁迅加入新文化运动,本来居功至伟,但因为后来思想分歧,在极端和偏执的时代,评价标准已经注定,钱玄同自然不能彰显。钱玄同与周作人却始终保持着较为亲密的关系,后因为周作人的落水又增添了一重晦暗。于是,钱玄同只是作为思想革命论争中的一员而被提及,被当作"曾经立功"而后没落的典型。甚至他参与的几个重大事件,虽然站在进步阵营中,但也有被漫画化的倾向。人们在反思五四运动和新文化运动的缺点时,钱玄同又常常被当作了替罪羊,因为要遮盖鲁迅等人的过激观点,要拿他来做批判的靶子。其实,他的很多激烈言论是与鲁迅相似的,甚至有些是在他们谈论中激发出来的。有一个时期,他常常去绍兴会馆与周氏兄弟见面,高谈阔论,促成了鲁迅为《新青年》撰稿。他曾将鲁迅和新文化其他名家的激烈言论记录在日记中。

至今学界对钱玄同在中国新文学史上的地位和影响的认识和评价并不充分,上述的偏颇是重要的原因,也造成文学史对他有意无意的忽略。这里说的文学史,意味着过于单一地从文学的角度去看待钱玄同,而忽略了他的复古思想以及文字、音韵研究等。这可能是一种惯性使然,谈到文学,人们想到的就是小说、散文、诗歌、戏剧,而在这些方面钱玄同的作品不多,所以由文学史家来研究钱玄同,就把他越来越边缘化了。其实语言文字的研究——那时称作小学——正是文学的基础。

钱玄同研究资料不充分,也是影响对他的深入研究的一个重要因素。很多材料,特别是书信日记没有很好整理。最近十来年,钱玄同日记影印、整理出版,以及同时代人资料的大量出现,大大推动了钱玄同研究。王小惠博士的《钱玄同思想重评》是钱玄同研究的新成果,是在占有充分的资料后的深入思考。即如人们耳熟能详的双簧信,本书详细论述了其在文学史上表述的变化过程,指出这本来是一个偶然的事件,但在历来史家的叙述中却被有意无意地夸大。这一事件在文学史编纂历程中忽隐忽显,折射出钱玄同历史地位的升降,是一个很好的切入点,显示了作者敏锐的问题意识。

本书将钱玄同在经学、文字学、音韵学、文学等方面的思考当作重点,揭示实质性问题,不但纠正了以往言说中的一些偏颇,而且构建自己的钱玄同论。作者论说的关键是复古和革新的问题。值得注意的是,所谓革新,以往都是称作革命的,因为新文化运动的中心议题就是“文学革命”。其实,文学革命是后来总结新文化运动历程时贴上的标签。本来,文学的变化,无论多么剧烈,都是一种渐进的改革,或者说革新。所以,本书不提革命,而讲革新,是符合历史事实的。作者的意思是，钱玄同以复古作为革新的手段，希望在中国文化传统中寻找革新的契机。文化的改造，根本的出发点是为中国，最终的归宿仍是为中国，革新的成果是延续中国文化之命，而复古的"古"正是这个文化传统之所从来。根本上说，文化特别是文明是没有什么古今中西之别，这些分别只是论述者为了方便而划定的，或者说这些时间和空间的区分只是表面现象。各国各地区互相比较一下，互相照镜子，取长补短。但世界上各民族差异毕竟经不起比较，比较必然要触动人的神经，因此就有了不平，有了意气，有了争斗。新文化时代的很多争论，正因此而起。

而在新文化运动诸位先贤身上，新旧并非泾渭分明。

复古，对钱玄同而言，是创新的一种形式、革新的一种手段。这说法，乍一听似乎不可解，其实正是必然，因为古和新是相对的，有时候甚至纠结在一起。"古"，比方古到"三代"，或者历史上其他所谓的"盛世"，如贞观之治、康乾盛世等，实际上是不能"复制""复原"的，毋宁说这个"古"是一种精神。这些所谓"治世"并不"古"，因为它们不合"共和"精神，只能说是老旧的、坏的东西。新文化运动的立论环境，是在学习先进的社会治理方式，要建设共和政治，这共和，是法国、美国式的共和，不是老旧的周召共和。

钱玄同一代人——包括周氏兄弟——的复古是研究性的，是批判性地对待文化传统。

钱玄同将自己的复古经验与文学革命事业结合起来的一个关键点，正如周作人所说，是昭告世人："复古"注定是一条走不通的路，只能是一种革新的手段和参照。复古的经验和教训很有意义，通过复古的努力，可以更好地校正革新的航向，为革新提供可资借鉴的资源。国语建设、文言白话转变、文字改革，都是在复古的基础上取得的革新成果。特别要指出的是，在复古方面，陈独秀、胡适的经验并不足，周氏兄弟与钱玄同却有更多共同语言。周氏兄弟在东京用古奥的文言翻译外国小说,得到一个大大的失败,钱玄同是了解的,但他自己从没有嘲笑周氏兄弟,因为他自己在"复古"方面也是先锋,不但语言文字,就连日常穿衣也要采用古制,真可以说是全方位复古了——当然也是失败,甚至成了笑料。然而,周氏兄弟对他的"复古"持同情理解甚至赞赏的态度,其中想必隐含这样的意思:认认真真地复古是可爱而可敬的。

从复古和革新的矛盾性角度研究钱玄同,对钱玄同的一生做全面考察,就会发现,他的复古是彻底的,他的革新也是彻底的,两个彻底形成巨大的张力和动力,淬炼出他的新文化思想和业绩。从这个角度看,后来有些论者所说的钱玄同在新文化运动落潮后渐趋"没落",就是对他的低估,两条道路都走得很彻底的人,进入的境界非同一般,当有很大的收获,非凭空思索者可比。我认为,钱玄同在新文化建设的道路上,并不是消沉,而是更深沉;不是没落,而是更稳健。

从复古和革新的角度出发,参照周氏兄弟研究的成果,在新文化运动群体研究的格局下,王小惠博士这本著作很好地阐述了两个方面的问题。一是突出钱玄同在新文化运动时期的业绩及其在群体中的作用;这就要求研究者不但从文学革命出发,而且要将文学的范围扩大,并不限于纯文学创作,还包括语言文字;如此,钱玄同对文学革命的贡献在整体中就比较明显。二是辨析钱玄同的所谓"没落"——不是没落,而是稳健;不是消沉,而是更深沉。

钱玄同的学术成就主要是在经学和语言文字学,而后者才是他"复古"的资本,也是革新的基础。所以说钱玄同从事的革命文言白话、文字改革、国语运动等是实际工作,不是口号。这本论著在这方面做了比较全面细致的梳理和探究。前三章论述钱玄同在继承清末章太炎的古文经学资源与康有为的今文经学资源的基础上,从经学内部去瓦解经学,展示"五四"思想革命与中国传统的经学、诸子学等学术资源之间的关系,是全书的核心,勾勒出钱玄同思想的大轮廓,这也是过去论者较少系统论述的。

从中国传统学术中而不是从口号概念中寻找钱玄同的思想脉络，与以往的新旧论战乃至意气之争不同。在对学术史脉络的梳理方面，作者用功甚多，第一章从源头讲起，章太炎和康有为的关系在研究钱玄同的经学变革与"五四"思想革命之关系中具有总纲的性质，表现为钱玄同的思想革命论对章太炎"黜经为史"观的发展、对康有为"疑经辨伪"方法的转化。作者在此基础上充分论证后发现，钱玄同不是在两个对立的大师之间选边站队，而是为我所用，择善而从、融和、转化，建立自己的经学观念，并将之运用在文学革命思想的建构和新文化的建设中。第二章中钱玄同有关《诗经》的论述，既是经学，也是文学，关涉古代文化文学资源的充分利用，是一个很好的例证，说明钱玄同是懂得文学的。而第四章就谈到了具体的文学革命问题。文学是文化的表征，从语言文字到思想，都是文学表现的载体或文学创作的成果。钱玄同虽然不写小说，抒情类的散文也很少写，但他在文学上有自己的主张。他的"文章学"并不是经学的附庸，也不是小学的枝叶，而是言志的、述怀的，是真的声音，不俗套、不陈腐，一句话，符合胡适的"八不主义"。所以本书在第四章中讨论钱玄同"五四"时的文学革命思想，就重点解释中国传统文章学如何贯穿于新文学的发生发展之中，这也是一种"古"，但这种古是古典，是正路，是诗经的"思无邪"，是《儒林外史》的社会关怀和制度批判。不创作文学作品的钱玄同时刻关心着文坛的发展，是一个眼光犀利的文学批评者。他对中国古代白话小说的看法，被作者特别拈出，结合胡适、鲁迅等人的论述，证明他的文学鉴赏力可与其他几位同仁相颉颃。

"五四"汉字革命，是钱玄同参与比较多的一项文化工程。新文化运动诸大家中，钱玄同在这方面着力最多。本书讨论钱玄同的汉字论，特别聚焦他的"废汉文"主张，梳理他从废汉文到从事实际的汉字改造的过程,还原历史,思考未来。在这方面钱玄同的经验是丰富的、实在的,有借鉴价值。直到今天,汉字的改革和发展,仍然是一个很大的课题,同样也还有复古的思潮在涌动,怎样继续处理复古与革新的关系,怎样在复古中达到革新的效果,或者说怎么用革新或改革的手段接续传统,恢复古典精神,是有待研究的课题。

钱玄同的思想方法,是历来研究者关注的问题。这更多的是指他思考问题的态度,也就是人们诟病的激烈的言论和偏执的观点。本书第三章对钱玄同在"五四"时期探索的其他思想革命方式进行了梳理,如对"儒效"的批判和提倡"用耶教来排除中国旧儒"。复古有时候会采用反古的方式,也就是反对假古,而复真古。当然,用耶教来排除旧儒说,给人过于激烈的印象。但作为对儒效批判的一种补充,引进外国资源,进行中外融和,是那时新文化运动中几位先贤构思的一种方法。宗教问题十分复杂,这样提出问题自然会引起震动。正如鲁迅提出"少读或不读中国书"一样,容易遭人诟病。

本书作者对一些既成观点进行了辨析。例如,钱玄同一开始是将孔学与汉字进行捆绑,提出了"废汉文"的设想,态度呈现极端倾向。但作者从手稿上看到钱玄同"废汉文"时的犹豫心态,对钱玄同的思考过程进行了历史还原。此外,还从钱玄同日记与文稿中爬梳钱玄同对"废汉文"主张所做的反思。

钱玄同并没有"落伍"。新文化运动退潮后,钱玄同仍然在以学术"复古"的方式做着革新工作。这革新不是政治的乃至暴力的,也不一定是有计划和有组织的,而是历史发展进程中必然出现的一个步骤,就如国语运动、汉字改革,虽然遇到阻力,但因为符合发展趋势,也就一直进行下去,取得了成绩。

综上,本书对钱玄同的评价比较公允,对钱玄同思想的定位令人信服。钱玄同从中国传统学问中寻求现代思想、文学、语言变革的内在资源,是中国式现代化探索的先锋。钱玄同作为积极探索者之一,在中国文化传统的真正复兴方面做出了自己的努力。他在"五四"时期及后来的思想革命、文学革命、语言革命诸事业中，建立了业绩。他的思想值得系统整理和深入研究。

显然，复古式和向外式的革新都不可或缺，二者的结合在今天愈发显得重要，这正是文化变革、思想进步的必由之路。

小惠的博士论文选取钱玄同为研究对象，与孙郁先生和我有关。当时我们在中国人民大学招收博士生，希望培养一些研究鲁迅的青年学者，当然，研究对象并不限于鲁迅，甚至也不限于周氏兄弟，或者可以扩展到新文化运动群体或任何一位先贤。小惠入学后，本计划从事鲁迅研究，后来却选了钱玄同，与北京鲁迅博物馆和北京新文化运动纪念馆的合并不无关系。现在看来，她在熟悉周氏兄弟文献后，进入钱玄同的研究领域，是很值得做的一次尝试。

本书善于运用第一手资料。第五章借用博物馆中收藏、出版和展出的资料讨论钱玄同的汉字观与"五四"汉字革命之间的关系，因为有史料的坚实基础，就显得平允和真实。对于钱玄同这样一个有争议的人物，必须用史料说话，在比较和参照中得出的结论更有说服力。本书的结论部分将钱玄同的地位提高到"一个新文化主将"和"一个有原创力的学术巨擘"，就不显得评价过高。

我觉得附录的两篇文章很有利于廓清一些对钱玄同的模糊认识，读来也饶有趣味。第一篇是对《新青年》上那封"双簧信"的研究，百年来该信简直是一篇传奇，作者探讨了其经典化的过程。另一篇是对民间传说钱玄同"不阅卷"的考证。关于文人，此类传说向来很多，被塑造成名士作风，具有潇洒风度，或者懒惰为美、癖好独特等，作为人们的谈资，引发大众的好奇。按照今天的标准，如此不负责任，几乎是教学事故了，怎么还能称为美谈？作者梳理钱玄同日记，查看钱玄同撰写的学生成绩册手稿，彻底澄清了问题。钱玄同精心制定的学生成绩册，纵14.6厘米，横21.8厘米。成绩册上的分数有高有低,说明是严格按照学生试卷的质量来给出分数。而且,学生的分数有不断改动的痕迹:先用红色笔填写成绩,随后用蓝色笔修改;先用蓝色笔写的,则用红色笔修改。这些变动表明钱玄同不止一次批阅试卷,很可能是检查已批阅好的试卷时,发现了问题,及时进行了调整。

误解是很容易被编成传说的,而传说很可能影响人物形象。

本书是以博士论文修订成稿的,小惠的学术观点有了新的进步,显示出她的学术创新能力、不断进取的精神和很好的学术潜力。期待小惠在钱玄同研究的基础上,更扩展开来,对新文化源流做更全面更清晰的考察,将这个伟大时代的文化学术图景描绘得更完整。

2024.3.7 于北京

前　言

　　钱玄同 1887 年 9 月 12 日出生于浙江湖州的名门望族。其父钱振常是同治十年的进士，曾官至礼部主事，又任绍兴、苏州等地书院山长。钱玄同十二岁时父亲病逝，十六岁时生母去世。钱玄同比其兄钱恂小三十四岁，自然奉行"长兄当父"的原则，"凡事都须禀命于其兄"①。钱玄同 1906 年到日本早稻田大学学习，"因从章氏炳麟专治国故，精文字音韵之学，又得与革命党人往还"②。钱玄同 1910 年 3 月回国后，先任教于海宁中学，1911 年再到浙江嘉兴中学堂工作。他 1913 年赴北京，"任国立北京高等师范学校及附属中学校国文教员，旋兼教授国立北京大学"③，1917 年在《新青年》杂志发表文章，加入"五四"新文化运动。

　　在"五四"新文化运动中，钱玄同借用与转化中国传统的经学与小学资源，将传统学问融入"五四"思想革命、文学革命、汉字革命之中。首先，钱玄同转化章太炎与康有为的经学资源，将"经"贬黜为毫无价值的"史料"，颠覆所有经书，从传统经学内部获得反叛传统的可能性，使"五四"思想革命具有"飓风"般的爆发力、解构力；其次，钱

---

① 黎锦熙：《钱玄同先生传》，沈永宝编：《钱玄同印象》，学林出版社 1997 年版，第 69 页。
② 黎锦熙：《钱玄同先生传》，沈永宝编：《钱玄同印象》，学林出版社 1997 年版，第 41 页。
③ 黎锦熙：《钱玄同先生传》，沈永宝编：《钱玄同印象》，学林出版社 1997 年版，第 41 页。

玄同作为小学大家,在进行文学革命时,用文字学、音韵学、训诂学的学理来证明"五四"白话文理念有其建立的可行性;最后,他在推行"五四"汉字革命时,仍以传统小学资源来论证"改用拼音"的学理性与时代必然性,用"石条压驼背"①的极端方式推动了中国汉字的现代变革。钱玄同从中国自身的学术主体内部推进新文化运动的发展,使他在"五四"新文化运动中发出自己独立、独特的"声音"。关于钱玄同的研究,学界已有相应的成果。

一、1927—1949 年

"从晚清学制改革到'五四'新文化运动展开,提倡新知与整理国故终于齐头并进"②,民国时期的文学史由此而得到快速发展。钱玄同的意义在这些文学史的视野中得到一定的展示。赵祖抃的《中国文学沿革一瞥》凸显了钱玄同在"五四"时"大张其军,以与守旧诸人相争逐"③的一面。陈子展的《最近三十年中国文学史》则重视钱玄同在文学革命中对陈独秀、胡适二人主张的补正④。王哲甫的《中国新文学运动史》强调钱玄同对"白话"的态度是"最赞成独秀先生之说,亦以为其是非甚明,必不容反对者有讨论之余地"⑤。胡行之的《中国文学史讲话》呈现钱玄同在"五四"白话新诗发展中的作用,认为"胡适之在美国时已做了几首白话诗,但那还不过是洗刷过的文言诗,这全因为不能完全抛却五七言古诗词底桎梏;后来钱玄同指出这种缺点来,胡适之才进一步去做长短无

---

① 陈独秀:《本志罪案之答辩书》,《新青年》第 6 卷第 1 号,1919 年。
② 陈平原:《文学史的书写与教学》,北京大学出版社 2018 年版,第 1 页。
③ 赵祖抃:《中国文学沿革一瞥》,光华书局 1928 年版,第 124 页。
④ 陈子展:《最近三十年中国文学史》,上海古籍出版社 2000 年版,第 105 页。
⑤ 王哲甫:《中国新文学运动史》,上海书店 1996 年版,第 39 页。此书初版本 1933 年由北平杰成印书局印行。

定的白话诗"①。任访秋的《中国现代文学史》从文学史的角度发现
"五四"文学革命与章太炎思想的关联,认为钱玄同诸公"攻击桐城
与选派"是受章太炎魏晋文章观的启发②。以上民国时期的文学史
在叙述新文化运动时会涉及钱玄同,但并未就钱玄同在"五四"中的
实绩展开具体论述。

　　除文学史外,1927—1939 年的杂志也刊发了一些讨论钱玄同的文
章,有四种类型:一是钱玄同曾讲"四十岁以上的人都应该枪毙"③,所
以在 1927 年钱玄同四十岁时,其好友用幽默语来写讣告、挽联、挽诗
等,调侃钱玄同的"逝世",如胡适的《亡友钱玄同先生成仁周年纪念
歌》写道"该死的钱玄同,怎会至今未死""度你早早升天,免在地狱
捣乱"④;二是 1938 年文化界曾误传钱玄同去世⑤的消息,他的好友、
学生纷纷撰文悼念,如乐颜的《悼钱玄同先生》称赞钱玄同的斗争精
神"在任何一位同时代的斗士之上"⑥;三是 1927 年后鲁迅与钱玄同
的关系逐步疏离,鲁迅嘲讽钱玄同"胖滑有加,唠叨如故"⑦,钱玄同

---

① 胡行之:《中国文学史讲话》,光华书局 1932 年版,第 181—182 页。
② 任访秋:《中国现代文学史》,《任访秋文集·现代文学研究》,河南大学出
　　版社 2013 年版,第 25 页。此书初版本 1944 年由河南南阳的前锋报社
　　印行。
③ 转引自胡适《亡友钱玄同先生成仁周年纪念歌》(《北新》1927 年第 47、48
　　期)的前言。
④ 胡适:《亡友钱玄同先生成仁周年纪念歌》,《北新》1927 年第 47、48 期。
⑤ 钱玄同生前有两次被误传去世:第一次钱玄同曾讲"人到四十就该死",所以
　　当他四十岁时(1927 年 9 月 12 日),《语丝周刊》准备发行《钱玄同先生成仁
　　专号》,用幽默语来写讣告、挽联、挽诗等,虽然这一专号没有发行,但《语丝》
　　在南方刊物上的交换广告却将专号的预告刊出,引发了人们的误解;第二次
　　是 1938 年夏,汉口英文《楚报》将钱桐逝世消息误传为钱玄同,他的学生寄
　　去挽联,家人瞒着钱玄同将其烧掉。
⑥ 乐颜:《悼钱玄同先生》,《文献》第 2 卷第 5 期,1938 年。
⑦ 鲁迅:《两地书》,《鲁迅全集》第 11 卷,人民文学出版社 1981 年版,第 300 页。

讽刺鲁迅"无聊、无赖、无耻"①,为此,时人对钱、鲁二人的关系有所讨论,譬如农《钱玄同与鲁迅绝交》②、我闻《钱玄同论鲁迅》③等文;四是钱玄同1906年5月在其兄安排下与浙江绍兴的徐绾贞结婚,钱玄同时常抱怨这是"恶姻缘"④,他1913年定居北京后,与妻子长期处于分居状态,所以当时一些报刊对钱玄同的夫妻关系有所猜测,譬如《惧内》⑤等文。

　　1939年钱玄同去世后,一些好友发表悼念文章,以同时代人的视角对钱玄同的精神气质、文章风格等方面进行评价。周作人的《最后的十七日:钱玄同先生纪念》认为"玄同的文章与言论平常看去似乎颇是偏激,其实他是平正通达不过的人"⑥。而后周作人对钱玄同的怀念文章《饼斋》《玄同纪念》等均是脱胎于此文。黎锦熙的《钱玄同先生参加"国语运动"的二十年小史》⑦与《钱玄同先生传》⑧,强调钱玄同的"'五四'反礼教思想""'桐城谬种,选学妖孽'主张"等源自师承学问。但《钱玄同先生传》等文竭力彰显国语运动中的钱玄同,周作人评价道"实在却只讲的是国语运动,不小心的看去会得弄不清这是黎传附钱呢,还是钱传附黎"⑨。其他纪念文章如赵荫棠

① 杨天石主编:《钱玄同日记》,北京大学出版社2014年版,第889页。
② 农:《钱玄同与鲁迅绝交》,《社会新闻》第1卷第24期,1932年。
③ 我闻:《钱玄同论鲁迅》,《越国春秋》第1卷第49期,1933年。
④ 杨天石主编:《钱玄同日记》,北京大学出版社2014年版,第151页。
⑤ 《惧内》,《摄影画报》第9卷第21期,1933年。
⑥ 知堂:《最后的十七日:钱玄同先生纪念》,《文学年报》1939年第5期。
⑦ 黎锦熙:《钱玄同先生参加"国语运动"的二十年小史》,《精诚半月刊》1939年第11期。
⑧ 黎锦熙《钱玄同先生传》自20世纪80年代以来被曹述敬的《钱玄同年谱》、沈永宝的《钱玄同印象》收录。
⑨ 周作人:《钱玄同的复古与反复古》,沈永宝编:《钱玄同印象》,学林出版社1997年版,第24页。

《悼钱玄同先生》①、文载道《悼钱玄同先生》②、容媛《悼钱玄同先生》③等，皆多讲述与钱玄同的交往经历，很少对其学术贡献进行总结。

1940年后，探究钱玄同学术思想的文章出现。王森然的《钱玄同先生评传》详细介绍了钱玄同的生平经历与学术活动④。殷尘的《钱玄同先生的学术思想》重点整理钱玄同在文字、音韵方面的学术成绩，指出钱玄同在"破坏方面"与胡适、鲁迅、陈独秀等并无异旨，而"建设方面"体现于文字和音韵⑤。任访秋的《钱玄同对于学术的供献：纪念先师钱玄同先生》认为钱玄同对清末古今之争家法的打破，促进了经学的现代转型⑥。谭丕模的《现代中国的思想家：钱玄同对于新文化的贡献》凸显了钱玄同作为"思想家"的一面，认为"主张用西洋新名词""主张多翻译西洋作品""主张学习世界语""主张中国文字横写"等是他"勇于接受西洋文化"之体现⑦。其他文章如苟目《钱玄同与鲁迅》⑧、赵荫棠《钱玄同先生六周年纪念》⑨、徐炳昶《我所认识的钱玄同先生》⑩、旧燕《记钱玄同》⑪、公孙季《悼国学大师钱玄同先生：

---

① 赵荫棠：《悼钱玄同先生》，《文苑》1939年第1期。
② 文载道：《悼钱玄同先生》，《鲁迅风》1939年第4期。
③ 容媛：《悼钱玄同先生》，《燕京学报》1939年第25期。
④ 王森然：《钱玄同先生评传》，《朔风》1939年第12期。
⑤ 殷尘：《钱玄同先生的学术思想》，《图书月刊》第1卷第3期，1946年。
⑥ 任访秋：《钱玄同对于学术的供献：纪念先师钱玄同先生》，《力行》第8卷第1期，1943年。
⑦ 谭丕模：《现代中国的思想家：钱玄同对于新文化的贡献》，《读书与出版》1947年第4期。
⑧ 苟目：《钱玄同与鲁迅》，《小天地》1945年第4期。
⑨ 赵荫棠：《钱玄同先生六周年纪念》，《中华周报》第2卷第5期，1945年。
⑩ 徐炳昶：《我所认识的钱玄同先生》，《国文月刊》1946年第41期。
⑪ 旧燕：《记钱玄同》，《茶话》1947年第11期。

一枝楼随笔》①等文对钱玄同"五四"时的成绩有所涉及。但这些文章中的一些叙述是传闻,还需后世进一步考证,比如红娘的《钱玄同》认为钱玄同的姓氏来自城隍庙捐款箱上的"钱"字②。

二、1949—1980 年

1949 年以来,钱玄同的文学史地位逐步提高。王瑶的《中国新文学史稿》认为,钱玄同的主要贡献在于"由语言文字的学理来证明新文学建立的必要与可能"③。丁易的《中国现代文学史略》指出,"钱玄同对于文学革命的主张,在当时是比较坚决的。他又是章炳麟的学生,对中国文字音韵之学有很高的造诣,因此他出马攻击封建文学,在当时影响就比较大"④。王、丁的叙述,使得钱玄同的文字音韵学家身份之于"五四"新文化的作用得到了文学史的重视。同时值得注意的是,1949 年以来的文学史尤为关注钱玄同在《新青年》杂志上策划的"双簧信"事件。张毕来的《新文学史纲》肯定了钱玄同"双簧信"事件的反封建意义⑤。吉林师范大学编的《中国现代文学史》强调"双簧信"事件是"实际新文学同封建复古派的第一个战役"⑥。中山大学编的《中国现代文学史》指出"双簧信"事件导致"复古的'国粹派'纷纷起来反扑"⑦。以上文学史从"反封建"的角度确立了钱玄

---

① 公孙季:《悼国学大师钱玄同先生:一枝楼随笔》,《一四七画报》第 17 卷第 6 期,1947 年。

② 红娘:《钱玄同》,《海涛》1946 年第 7 期。

③ 王瑶:《中国新文学史稿》,新文艺出版社 1951 年版,第 29 页。

④ 丁易:《中国现代文学史略》,作家出版社 1955 年版,第 34 页。

⑤ 张毕来:《新文学史纲》第 1 卷,作家出版社 1956 年版,第 22 页。

⑥ 吉林师范大学中文系中国现代文学教研室编:《中国现代文学史》(内部教材),1978 年版,第 47 页。

⑦ 中山大学中文现代文学教研室编:《中国现代文学史》(内部教材),1978 年版,第 79 页。

同在"五四"新文学史中的地位。

　　尽管钱玄同在 1949 年以来文学史中的地位有所提高,可从
1949 年到 1980 年的钱玄同研究却较为低迷。周作人的《钱玄同的
复古与反复古》是 1949 年后钱玄同研究的权威之作。周作人在此
文用"复古"与"反复古"来总结钱玄同的思想特征,认为"玄同的
主张看似多歧,其实总结归来只是反对礼教"①。而其他关于钱玄
同的文章多带有时代痕迹,常用"鲁迅"来审判"钱玄同"。蒋心
焕、查国华的《鲁迅与钱玄同的交往和斗争——学习鲁迅札记》将
鲁、钱二人纳入不同的阵营,认为鲁迅代表的是"具有初步共产主
义思想和革命民主主义思想的知识分子",而钱玄同走向了"妥协
投降"的"改良主义的道路"②。姜德明的《鲁迅与钱玄同》也以鲁
迅的思想为标准来否定钱玄同的人生选择,指出"作为小资产阶级
代表"的钱玄同"一步步地走向自己的反面","钻入当年极力反对
过的故纸堆中,潜心地研究学问,以此来追求更大的名位"③。这些
评价并不公允,是特殊时代之产物。

三、1980 年至今

　　20 世纪 80 年代以来的文学史对钱玄同的语言文字学家身份更
为重视。钱理群等人的《中国现代文学三十年》认为钱玄同"从语言
文字进化的角度说明白话文取替文言文势在必行"④。朱栋霖等人
编的《中国现代文学史》强调"钱玄同从语言进化的角度说明用典之

---

① 周作人:《钱玄同的复古与反复古》,沈永宝编:《钱玄同印象》,学林出版社
　 1997 年版,第 14 页。
② 蒋心焕、查国华:《鲁迅与钱玄同的交往和斗争——学习鲁迅札记》,《山东师
　 院学报(社会科学版)》1976 年第 1 期。
③ 姜德明:《鲁迅与钱玄同》,《新文学史料》1979 年第 3 期。
④ 钱理群等:《中国现代文学三十年》,北京大学出版社 1998 年版,第 8 页。

弊,批判古文学之积习,斥桐城派古文为'高等八股',证明白话取代文言是历史的必然"①。余芳等人的《中国现代文学史》指出"钱玄同以语文学家的身份对中国旧文学和积淀着封建毒素的汉语言文字进行了猛烈的讨伐,他站在进化论的立场上阐明白话文取代文言文势在必行"②。张光芒的《现代文学史》评价钱玄同"过激地将语言文字当作了中国社会问题的本质,但他所阐明的通过文字改革来改变中国社会的内在逻辑却不失为警世之论"③。程光炜等人主编的《中国现代文学史》指出"钱玄同以语文学家的身份对中国旧文学和积淀着封建毒素的汉语言文字进行了猛烈的讨伐"④。以上文学史多从"新文化的辅助者"的身份来肯定钱玄同的价值,认为他在"五四"转化了语言文字学资源来响应与配合陈独秀、胡适等人的新文学主张,未承认钱玄同在"五四"时的主体性与独立性。

不仅是文学史,80 年代以来的钱玄同研究整体逐步走向成熟。曹述敬的《钱玄同年谱》(1986 年)简明连贯地展示钱玄同一生的"生、住、异、灭"来龙去脉之迹⑤。其后出版的《钱玄同音学论著选辑》(1988 年)、《钱玄同五四时期言论集》(1998 年)、《钱玄同散文经典》(2001 年)、《中国现代名家经典文库——钱玄同卷》(2001 年)等文集,收录了钱玄同不同时期的文章。《钱玄同印象》(1997 年)、《疑古先生——名人笔下的钱玄同　钱玄同笔下的名人》(1999 年)收集了同时代人与

① 朱栋霖等主编:《中国现代文学史》,高等教育出版社 2014 年版,第 23 页。
② 余芳等主编:《中国现代文学史》,中国工商出版社 2013 年版,第 5 页。
③ 张光芒:《现代文学史》,《中国文学史》(五),太白文艺出版社 2004 年版,第 6 页。
④ 程光炜等主编:《中国现代文学史》,中国人民大学出版社 2000 年版,第 40 页。
⑤ 徐世荣:《钱玄同年谱序一》,曹述敬:《钱玄同年谱》,齐鲁书社 1986 年版,第 1 页。

后人回忆钱玄同的文章。《钱玄同文集》(1999 年)、《钱玄同日记》(影印版 2002 年)、《钱玄同日记》(整理版 2014 年)相继出版。以上文献整理工作,为钱玄同研究奠定了坚实的史料基础。

在史料逐步丰富的基础上,吴奔星《钱玄同研究》(1990 年)、吴锐《钱玄同评传》(1996 年)、李可亭《钱玄同传》(2002 年)、周维强《扫雪斋主人——钱玄同传》(2003 年)、刘贵福《钱玄同思想研究》(2011 年)、魏继洲《丰富的偏激——论五四新文学运动中的钱玄同》(2013 年)等著作相继出版。这些著作较详细地勾勒出钱玄同的生平事迹、思想变迁,多展示其思想中的"复古""疑古""革命""偏激"等元素。同时 20 世纪 80 年代以来,探讨钱玄同的学术论文也逐渐增多。任访秋 1981 年的《钱玄同论》总结了钱玄同在"五四"新文化中的作用:一是主张"选学妖孽,桐城谬种",最早响应陈独秀、胡适的"文学革命";二是促成周氏兄弟为《新青年》写稿;三是策划"双簧信"事件;四是倡导"废除汉字"以及采用拼音文字①。《钱玄同论》确立了 20 世纪 80 年代之后钱玄同研究的基本方向。此后关于钱玄同的学术论文主要循着四种思路展开:

(一)整理钱玄同的生平史料。这有三种类型。一是补正钱玄同的年谱。曹述敬《钱玄同年谱》具有开创性,可其中的一些史实仍需考证。随着钱玄同资料的增多,一些研究者对其进行了补正,如周维强的《〈钱玄同年谱〉订误两则》②、余连祥的《钱玄同与师友几封往来书札写作时间考——兼考钱玄同从日本回国时间》③等文。二是

---

① 任访秋:《钱玄同论》,沈永宝编:《钱玄同印象》,学林出版社 1997 年版,第135—136 页。

② 周维强:《〈钱玄同年谱〉订误两则》,《杭州师范学院学报(社会科学版)》2003 年第 4 期。

③ 余连祥:《钱玄同与师友几封往来书札写作时间考——兼考钱玄同从日本回国时间》,《鲁迅研究月刊》2023 年第 2 期。

发现钱玄同的佚文佚事。朱金顺的《我保存了一份钱玄同先生的墨迹》通过钱玄同手书的《国文系课程标准》展示其在民国教育史上的贡献①。孟方的《一篇不该被遗忘的钱玄同的佚文》探讨钱玄同佚文《给黎锦明先生的信》的学术价值②。符杰祥的《李世军日记中的钱玄同师》从李世军日记寻求钱玄同的未刊言论③。三是梳理钱玄同的交游史。张家康《钱玄同与陈独秀》④、李可亭《钱玄同与刘师培关系述论》⑤、董德福《钱玄同与胡适》⑥等文对钱玄同与近现代学人之间的关系进行梳理考证。张荣华《钱玄同与章太炎北上讲学》⑦、沈世培《钱玄同与章太炎的交往》⑧、朱乐川《朱希祖与钱玄同（二）》⑨、古滕客《黄侃与钱玄同》⑩等文展示钱玄同与章太炎及其弟子的交往。张德华《钱三强与父亲钱玄同》⑪、张胜利《单士厘致钱玄同信札整理研究》⑫等文揭示了钱玄同作为"五四"主将的日常生活状态。以上文章从不同维度丰富了钱玄同的历史形象，具有史料上的价值。

---

① 朱金顺：《我保存了一份钱玄同先生的墨迹》，《鲁迅研究月刊》2014 年第 1 期。
② 孟方：《一篇不该被遗忘的钱玄同的佚文》，《河西学院学报》2005 年第 1 期。
③ 符杰祥：《李世军日记中的钱玄同师》，《新文学史料》2013 年第 3 期。
④ 张家康：《钱玄同与陈独秀》，《文史春秋》2010 年第 10 期。
⑤ 李可亭：《钱玄同与刘师培关系述论》，《淮北煤炭师范学院学报（哲学社会科学版）》2008 年第 2 期。
⑥ 董德福：《钱玄同与胡适》，《史林》2001 年第 2 期。
⑦ 张荣华：《钱玄同与章太炎北上讲学》，《书城》2010 年第 5 期。
⑧ 沈世培：《钱玄同与章太炎的交往》，《民国春秋》2001 年第 6 期。
⑨ 朱乐川：《朱希祖与钱玄同（二）》，《鲁迅研究月刊》2015 年第 5 期。
⑩ 古滕客：《黄侃与钱玄同》，《文史月刊》2013 年第 7 期。
⑪ 张德华：《钱三强与父亲钱玄同》，《文史春秋》2016 年第 1 期。
⑫ 张胜利：《单士厘致钱玄同信札整理研究》，《中国国家博物馆馆刊》2016 年第 8 期。

（二）分析钱玄同与"五四"文学革命的关系。李可亭的《论"五四"文学革命中的钱玄同》指出钱玄同在文学革命中的作用体现于"对封建旧文学的批判""进行新文学理论的建设""巩固和扩大文学革命阵营"等方面①。钱理群的《周作人与钱玄同、刘半农——"复古"、"欧化"及其它》认为"反复古"与"赞成欧化"是钱玄同之于"五四"的贡献②。魏继洲的《参与彰显价值——钱玄同与"五四"文学语言建设》认为钱玄同对"白话""国语"的思考"不仅在当时具有重要意义，即便对于现今的语言变革也是一个有益的提醒"③。其他研究者倪伟、耿宝强、刘贵福、沈永宝、褚金勇、关爱和等人多关注钱玄同在《新青年》时期前后的思想转变以及他之于"五四"文学革命、白话体文学等方面的贡献④。但这些研究者很少注意到钱玄同在进行"文学革命"时所借用的中国传统小学训诂资源，未展示出传统学问之于新文学发生、发展的作用。

---

① 李可亭：《论"五四"文学革命中的钱玄同》，《商丘师专学报（社会科学版）》1987 年第 4 期。

② 钱理群：《周作人与钱玄同、刘半农——"复古"、"欧化"及其它》，《辽宁教育学院学报（社会科学版）》1988 年第 4 期。

③ 魏继洲：《参与彰显价值——钱玄同与"五四"文学语言建设》，《海南师范大学学报（社会科学版）》2010 年第 1 期。

④ 主要论文有倪伟《〈新青年〉时期钱玄同思想转变探因》、耿宝强《钱玄同、刘半农"双簧信"作用的再认识》、刘贵福《钱玄同与五四思想革命》、沈永宝《论钱玄同的"白话体文学说"》、褚金勇《钱玄同：在激情与理性中演绎"自由"的两难》、何玲华《〈新青年〉中的钱玄同》、张家康《陈独秀与钱玄同：新文化运动中的旗手和猛将》、徐改平《新文学运动中的钱玄同与胡适》、郝铭鉴《〈新青年〉编辑钱玄同》、张家康《因〈新青年〉结缘的钱玄同与陈独秀》、国家玮《身份焦虑背后的省察——从钱玄同与穆木天的一次论争说起》、王淑芳《钱玄同——〈狂人日记〉的"助产士"》、钱文华《钱玄同编辑生涯说略》、薛绥之《新文学运动初期的刘半农和钱玄同——〈中国现代文学史话〉之一节》、李敏龙《钱玄同——文学革命的斗士》、关爱和《钱玄同的学术精神与品格》等。

　　（三）讨论钱玄同与汉字革命的关系。不少研究者对钱玄同的
"废汉文""国语罗马字""简化字"等主张进行梳理，讨论他在中国
汉字变革史中的作用。卢毅的《钱玄同与近代语言文字改革》①、
卢翠琬的《从钱玄同看近代中国汉字改革》②等文在近现代文化转
型的语境里讨论钱玄同的汉字革命，展示"五四"汉字革命中的西
方资源。孟庆澍的《"'用石条压驼背'的医法"——无政府主义与
钱玄同的激进主义语言观》认为，钱玄同的"废汉文"主张是他深受
《新世纪》无政府主义思想影响之结果③。魏继洲的《汉语审美性
的断裂与延续——钱玄同废除汉字思想流变考》强调钱玄同"废汉
文"思想背后有着"从学习西方出发，他似乎更愿意把推广世界语
作为一个长远目标"的企图④。其他研究者如陈遵平、苏桂宁等人
大多展示钱玄同汉字变革观生成与发展的流变状态⑤。以上研究
多从外援视角来理解钱玄同的汉字革命，忽略了"五四"汉字革命中
的内源性资源，亦未重视钱玄同"废汉文"思想背后的传统学术思想
积淀。

　　（四）剖析钱玄同的经学思想。研究者多梳理钱玄同与康有为、
崔适等近代学人间的学术关联，呈现钱玄同对晚清古、今文经学的扬
弃，以讨论钱氏学说在中国经学史上的价值与意义。郑师渠的《钱玄

---

① 卢毅:《钱玄同与近代语言文字改革》,《重庆社会科学》2007 年第 5 期。
② 卢翠琬:《从钱玄同看近代中国汉字改革》,《闽江学院学报》2009 年第 4 期。
③ 孟庆澍:《"'用石条压驼背'的医法"——无政府主义与钱玄同的激进主义语
　　言观》,《中国现代文学研究丛刊》2005 年第 2 期。
④ 魏继洲:《汉语审美性的断裂与延续——钱玄同废除汉字思想流变考》,《广
　　西大学学报(哲学社会科学版)》2009 年第 5 期。
⑤ 相关论文有陈遵平《钱玄同的文字改革观与国语罗马字》、张向东《钱玄同在
　　清末白话文运动中的活动》、苏桂宁《"汉字革命"与钱玄同的文化选择》、刘
　　沛生《钱玄同与国语运动》、赵胜忠《重评钱玄同"废除汉字"的主张》、沈世培
　　《钱玄同改革语言文字之功》、郭建荣《北大学人之三:钱玄同与简体字》等。

同与〈刘申叔遗书〉》从钱玄同所写的《刘申叔遗书》来认识钱玄同与
今文经学的关系①。李可亭对这方面的研究文章较多,展示康有为、
崔适对钱玄同经学观的影响②。其他研究者从具体的"六经"来讨论
钱玄同的经学思想,有刘贵福《钱玄同与顾颉刚、傅斯年、胡适有关
〈春秋〉性质的学术讨论》③、章原《钱玄同的〈诗〉学研究》④等文。卢
毅的《试论钱玄同对顾颉刚的学术影响》⑤、刘贵福的《论钱玄同的疑
古思想》⑥等文强调钱玄同经学观促进了疑古思想的生成。以上研
究多从学术角度来进行思考,很少站在新文化的立场来展示钱玄同
的经学变革观带给"五四"思想革命空前的"爆发力"与"破坏力"。

　　(五)研究钱玄同的日记。在《钱玄同日记》的影印本与整理本
未公开出版之前,负责整理的研究者利用未刊发的日记资料,梳理了
钱玄同与"五四"学人间的关系。《钱玄同日记(整理本)》的主编杨
天石,利用日记来探讨钱玄同从清末到"五四"的生命轨迹,展示钱玄
同的"无政府主义""反传统思想""欧化思想""自由主义思想""整
理国故思想""文学革命、汉字革命思想"⑦。陈漱渝《钱玄同日记中

---

① 郑师渠:《钱玄同与〈刘申叔遗书〉》,《北京师范大学学报(社会科学版)》
　　2003 年第 6 期。
② 李可亭关于钱玄同经学研究的文章有《从〈重论经今古文学问题〉看钱玄同
　　与康有为经学思想之异同》《崔适对钱玄同经学思想的影响》《钱玄同对康有
　　为经学思想的承继与超越》《钱玄同与中国近代经学》《钱玄同经学思想论
　　略》《钱玄同古史研究论略》等。
③ 刘贵福:《钱玄同与顾颉刚、傅斯年、胡适有关〈春秋〉性质的学术讨论》,《史
　　学史研究》2013 年第 3 期。
④ 章原:《钱玄同的〈诗〉学研究》,《古典文学知识》2008 年第 6 期。
⑤ 卢毅:《试论钱玄同对顾颉刚的学术影响》,《东方论坛》2006 年第 6 期。
⑥ 刘贵福:《论钱玄同的疑古思想》,《史学理论研究》2001 年第 3 期。
⑦ 杨天石的论文有《振兴中国文化的曲折寻求——论辛亥前后至"五四"时期
　　的钱玄同》《论钱玄同思想——以钱玄同未刊日记为主所作的研究》等。

的鲁迅》丰富了鲁迅的历史形象①。在《钱玄同日记》出版后,许多研究者不再局限于对钱玄同进行讨论,而是从日记中挖掘与近现代文学、文化变革有关的史料,以还原民国前后的历史话语场,如张荣华《〈钱玄同日记〉中的章太炎讲学实录》②、辜也平《原生状态的历史碎片——读影印本〈钱玄同日记〉》③等文。

　　虽然关于钱玄同的研究已成就斐然,可仍有开掘的空间:一是对钱玄同与"五四"新文化间的关系缺乏整体性的审视,未深入探究钱玄同的"思想革命""文学革命""汉字革命"对中国传统小学、经学资源的利用与转化;二是多认为钱玄同在新文化运动中只是鲁迅、陈独秀、胡适等人的辅助者,视其为"鲁迅声音""胡适声音""陈独秀声音"的"扩音器",未辨析钱玄同在"五四"时独特、独立的"声音";三是多站在后世的角度批评钱玄同在"五四"时的"激烈",未从中国传统学问内部去审视钱玄同"激烈"的原因与作用;四是仍沿用鲁迅对钱玄同的偏见来理解钱玄同,缺乏对钱玄同客观的总体认识。

　　本书在前人研究基础上,讨论钱玄同"五四"时期的思想革命、文学革命、汉字革命,以求系统地整理钱玄同在"五四"新文化运动中的价值与意义。同时通过对钱玄同的研究,将新文化运动纳入中国传统"文脉"进行考察,展现新文学变革的内在理路。全书共六章。前两章论述钱玄同在继承、转化清末章太炎的古文经学资源与康有为的今文经学资源的基础上,从儒学内部瓦解儒学,展示"五四"思想革命与中国传统经学之间的联系。第三章分析钱玄同从儒学外部进行思想革命的努力。第四章论述钱玄同借助其师章太炎的小学训诂资

---

① 陈漱渝:《钱玄同日记中的鲁迅》,《鲁迅研究动态》1985 年第 3 期。
② 张荣华:《〈钱玄同日记〉中的章太炎讲学实录》,《世纪》2013 年第 1 期。
③ 辜也平:《原生状态的历史碎片——读影印本〈钱玄同日记〉》,《鲁迅研究月刊》2004 年第 11 期。

源来推行文学革命,呈现中国传统小学中的音韵学、训诂学、文字学资源如何转化为现代的文学审美活动。第五章借用北京鲁迅博物馆(北京新文化运动纪念馆)中的钱玄同文物来讨论钱玄同的汉字观与"五四"汉字革命之间的关系。第六章为结语,此章在总结前文的基础上对钱玄同的思想革命、文学革命、汉字革命进行历史评价,以确立钱玄同在"五四"新文化史中的位置。

第一章　钱玄同的经学变革与
"五四"思想革命

　　"五四"新文化运动由思想革命、文学革命、语言革命组成,三者息息相关,共同促进中国新文学的生长。而其中的思想革命则是重中之重,胡适、陈独秀等多参以西方思想资源,从外部审视中国传统文化,集中对儒学进行了重评、批判。而钱玄同借助、转化章太炎的古文经学与康有为的今文经学资源,选择从经学内部瓦解经学。章太炎与康有为对经学的理解处在两大极端,"在过去学者,只不过偏于古文,或偏于今文,决没有如康有为之专信今文,而认古文为全非,同时也决没有如太炎先生之专信古文,而认今文为全非者。所以他们两个可以说是两个极端"①。钱玄同则吸收了这两大"极端",认为"今古文之说,实一丘之貉"②。

第一节　钱玄同的思想革命论对章太炎
"黜经为史"观的发展

　　钱玄同在"五四"提倡思想革命时,承接清末章太炎"黜经为史"的思路,以历史进化的眼光认识孔子、孔学,批判了康有为等发起的

---

① 参见任访秋先生所记的钱玄同的《经学史讲演稿》。转引自任访秋:《中国近代文学作家论》,河南人民出版社 1984 年版,第 326 页。
② 杨天石主编:《钱玄同日记》,北京大学出版社 2014 年版,第 1071 页。

孔教运动。同时他将章氏的"黜经为史"转化为"黜经为史料"。从"史"降为"史料","六经"的纲领地位不复存在。这些成为"史料"的"六经"被钱玄同按不同性质,归属于文史哲等学科,终使经学"土崩瓦解"。钱玄同对"六经"的定义,从内部瓦解孔学,让旧道德、旧伦理丧失立足之基,促进了"五四"思想革命的生长。正如黎锦熙评价,钱玄同成为"五四"时期的"先锋大将","能奏摧枯拉朽之功",在意识的根本上源自其师章太炎夷"六经"为"史"的思路①。

一、章太炎的"黜经为史"及对钱玄同的启发

钱玄同是章太炎的嫡系弟子,他在日记中多次提及与其师的交往,藏书中也多有其师之作品。依据北京鲁迅博物馆(北京新文化运动纪念馆)的馆藏,钱玄同保留了章太炎写给他的多幅书法作品,主要有:行书左思《咏史》(纸本直幅,纵132厘米,横65厘米);篆书《老子》摘句(纸本立轴,纵68.5厘米,横29厘米);楷隶书《道德经》摘句(纸本直幅,纵136厘米,横65厘米);篆书《四书》《五经》摘句(纸本直幅,纵132厘米,横64.5厘米);隶书《独禄》(纸本直幅,纵172厘米,横88厘米);篆书《鹏鸟赋》摘句(纸本横幅,纵130厘米,横32.5厘米);篆书节录《劝学篇》(纸本横幅,纵21.7厘米,横53厘米)。钱玄同所藏其师的书法作品,在章门弟子中应算较多的。这可窥出章太炎对钱氏的器重,以及钱氏对于其师的敬重,传达出深厚的师生感情。

钱玄同的长兄钱恂与章太炎是旧交,曾介绍章太炎入张之洞幕府,并在章太炎被袁世凯监禁期间,为其辗转陈情。钱玄同在1903年已读过章太炎《驳康有为论革命书》。二人交往始于钱玄同的留日

① 黎锦熙:《钱玄同先生传》,曹述敬:《钱玄同年谱·附录》,齐鲁书社1986年版,第176页。

时期。钱玄同1906年9月17日于日本早稻田大学"进校上课"①，1910年正月回国。章太炎1906年9月5日至1908年10月10日在日本主编《民报》，1911年11月回上海。钱玄同1906年10月21日第一次与章氏见面后，评价其"道貌蔼然"，确有"学者样子"②。此后，钱玄同对章氏"极端地崇拜"，视他的主张"绝对之是而不容他人之匡正"③，并在日记中将其尊称为"章公""炎师""章先生""先生""枚叔""老夫子"等。在接触章氏前，钱玄同对"康、梁说宗教之词"乃"大好之"④，希望自己"做考经解的书院生"⑤。与章氏交往后，钱玄同深受"黜经为史"观念之影响，对孔学的态度发生逆转。

（一）章太炎的"黜经为史"。章太炎作为近代思想革命者，他在清末的"黜经为史"是以"六经皆古史"⑥的名义提出的。这可溯源于章学诚。但两者又有不同，章学诚的"六经皆史"强调"尊史为经"，提高"史"的地位，"旨在打破'道'专在'六经'的观念，主张六经不足以尽道，史也是道的载体，要'因史见道'"，故而章学诚作为"尊经者"，"他的'六经皆史'是以'经以载道'，即'尊经'为前提的"⑦。章太炎的"六经皆古史"与章学诚的方向相反，主张"贬经为史"，废除章学诚对"经"与"经书"不可"庶士僭拟"的敬畏心理⑧。为进行区

---

① 杨天石主编：《钱玄同日记》，北京大学出版社2014年版，第58页。

② 杨天石主编：《钱玄同日记》，北京大学出版社2014年版，第64页。

③ 钱玄同：《三十年来我对于满清的态度的变迁》，《钱玄同文集》第2卷，中国人民大学出版社1999年版，第113页。

④ 杨天石主编：《钱玄同日记》，北京大学出版社2014年版，第5页。

⑤ 杨天石主编：《钱玄同日记》，北京大学出版社2014年版，第336页。

⑥ 独角（章太炎）：《论经的大意》，《教育今语杂志》1910年第2期。

⑦ 张瑞龙：《"六经皆史"论与晚清民国经史关系变迁研究》，《中国文化研究》2005年第4期。

⑧ 郑师渠：《晚清国粹派文化思想研究》，北京师范大学出版社2014年版，第240页。

分,本书采用"黜经为史"来归纳章太炎对章学诚"六经皆史"的反用。

　　章太炎在 1902 年《清儒》中提出"六艺,史也"的论断以及"夷六艺于古史,徒料简事类"的治经方法①,在 1906 年《与人论朴学报书》认为"经"是以"存古"而"非以是适今"②。他在 1907 年《答铁铮》指出,孔氏之教是"以历史为宗","宗孔氏者"必须淘汰"干禄致用之术",只取"前王成迹",并且"六经"是"孔氏历史之学",而《史记》《汉书》以及历代的书志与纪传延续了孔子的著史思路,也可称为"孔氏历史之学"③。在 1908 年《诸子学略说》中,他否认经学的载道功能,指出"经"的作用在于"寻求义理"而非"考迹异同"④。在 1908 年《原经》中他承认"六经"有绵延中华民族精神的作用,使"国之有史久远,则亡灭之难"⑤。在 1910 年《论经的大意》中,他具体指出:《尚书》《春秋》"固然是史";《诗经》记录的是"王朝列国的政治";《礼》《乐》是周朝的法制史;《易经》本是卜筮的书,而"古来太史和卜筮测天的官,都算一类",那么《易经》也是史,因为古人的史"范围甚大",与近代的史部不同,不能将现在的史部"硬去分派古人",所以"六经都是古史"⑥。

---

① 章太炎:《清儒》,《章太炎全集·〈訄书〉重订本》,上海人民出版社 2014 年版,第 152—158 页。
② 章太炎:《与人论朴学报书》,姜玢编选:《革故鼎新的哲理——章太炎文选》,上海远东出版社 1996 年版,第 214 页。
③ 章太炎:《答铁铮》,《章太炎全集·太炎文录初编》,上海人民出版社 2014 年版,第 388 页。
④ 章太炎:《诸子学略说》,姜玢编选:《革故鼎新的哲理——章太炎文选》,上海远东出版社 1996 年版,第 160 页。
⑤ 章太炎:《原经》,姜玢编选:《革故鼎新的哲理——章太炎文选》,上海远东出版社 1996 年版,第 331 页。
⑥ 独角(章太炎):《论经的大意》,《教育今语杂志》1910 年第 2 期。

　　章太炎的论述,将圣经贤传的"六经"历史文献化,阐明"经"让人增长历史知识,用意是在"开通人"。"六经"一旦成为"古史",孔子与"六经"的关系也相应发生变化。章太炎在《订孔》指出,"六经"并非孔子所作,《诗》《春秋》《书》多是"太史中秘书",老子、墨子等都不愿"降志于删定六艺",只有孔子"擅其威",故"孔氏,古良史也",后世历史学家也只有左丘明、司马迁、刘歆能与孔子相比①。他在《诸子学略说》重申,孔子修订历史之功与司马迁、班固等辈并无高下,所以孔子之书是"记事之书",其学说也只是"客观之学"②。在《与人论朴学报书》中,他解释了孔子被尊为"圣人"而司马迁、班固却不能"称圣"的原因:孔子为后世著史开了先河,毕竟"百工制器,因者易而创者难",故"世无孔公,史法不著"③。而后他进一步分析:孔子使历史从官府所管的藏书走向民间。以前的历史只藏于政府图书馆,政府一旦倒了,历史也会随之消失。自从孔子让历史进入民间,尽管政府倒了,历史却没有消失,使今人知道二三千年以前的事。若无孔子,便没有后来的司马迁、班固的史,就无法形成"一代有一代的史"链条,那么中国真会"昏天黑地"④。

　　章氏承认孔子"修史"与"布史"之功。而这种承认暗含深意,破除了对孔子的神圣化处理,针对的是康有为、陈焕章等今文家的孔教活动。康有为等将"欧洲之尊景教"视为"治强之本",希望能"侪孔

① 章太炎:《订孔》,《章太炎全集·〈訄书〉重订本》,上海人民出版社 2014 年版,第 132—133 页。
② 章太炎:《诸子学略说》,姜玢编选:《革故鼎新的哲理——章太炎文选》,上海远东出版社 1996 年版,第 160 页。
③ 章太炎:《与人论朴学报书》,姜玢编选:《革故鼎新的哲理——章太炎文选》,上海远东出版社 1996 年版,第 214—215 页。
④ 独角(章太炎):《社说》,《教育今语杂志》1910 年第 1 期。

子于基督"①。他们竭力在儒家思想中寻求"神道"元素,尊孔子为教主,奉六经为教义。康有为等的尊孔与清末保皇活动有关。康有为以"多君多教为据乱世,一君一教为升平世,无君无教为太平世"②的逻辑,指出在乱世需要"尚君主",在"升平世"必须"尚君民共主",在"太平世"得"尚民主"③。他认为当时中国处在升平世,故而要"尊孔保皇"。"保皇"则是康有为基于对欧洲多国游历考察而得出的结论。他发现,瑞士式的直接民主只适宜于小国寡民,美国式的总统制需要配合交通、通信等现代手段,方能达到效果,而当时中国落后,最适合走英国的"虚君共和"之路。

　　康有为撰写《孔子改制考》《春秋董氏学》《新学伪经考》《大同书》,又注《论语》《大学》《孟子》《中庸》《礼运》,突出孔子的圣王身份,强调孔子的权威超越世俗王权,为君临天下的救世主,故儒教徒要共尊孔子。康有为对孔子的解说,是在宣传他的政治主张。他主张夷夏之别只有历史文化的区别,而非种族的差异,期望通过尊孔来构建国家的共同信念,超越满汉对立的民族主义模式,从而"保全国而合大群"④。换言之,满族既已接受儒学教化,奉孔子为教主,那么满族就获得了统治中国的合法性,从而"满汉融合"共同抗拒外来侵略。章太炎是排满革命者,认为"排满洲即排强种矣,排清主即排王权矣"⑤,坚决反对康有为的"孔教运动"。所以他通过"黜经为史"

① 梁启超:《清代学术概论》,中国人民大学出版社 2004 年版,第 200 页。
② 许冠三:《康南海的三世进化史观》,周阳山等编:《近代中国思想人物论——晚清思想》,台北时报文化出版事业有限公司 1980 年版,第 572 页。
③ 康有为:《孟子微》,中华书局 1987 年版,第 104 页。
④ 康有为:《与同学诸子梁启超等论印度亡国由于各省自立书》,《康有为全集》第 6 集,中国人民大学出版社 2007 年版,第 348 页。
⑤ 章太炎:《复仇是非论》,《章太炎全集·太炎文录初编》,上海人民出版社 2014 年版,第 282 页。

的方式,将孔子与六经分离,夷孔子为诸子,夷六经为史,使"顺阴阳、明教化"的"天纵之圣""天之木铎"降低为"历史人物",否定保皇派赋予孔子的"共主"身份。

"黜经为史"贯穿章太炎一生。例如他在1933年所作的《历史之重要》等文重提此观点,并倡导"读经"。为此,鲁迅著文悲叹章太炎晚年"粹然成为儒宗"①。但章太炎所谓的"经"是"史","读经"即是"读史"。在他看来,历史是一个国家与民族的共同记忆,中国忘却历史便无法称之为中国。这区别于当时官方倡导的"读经"。当时官方的"读经",是为恢复伦理纲常秩序,这本身就是章太炎所反对的。

(二)"黜经为史"对钱玄同的启发。章太炎强调治孔学只为"考古"而非"希圣",这影响了章门弟子对孔子、孔学的想象与评价。钱玄同在青年时期大致通过三种途径接受其师影响:一是章太炎在国学讲习会的课堂上传授自己的"经即是史",比如《诸子学略说》便是他在"国学讲习会"使用的讲稿《国学讲习会略说》中的《论诸子学》,钱玄同在1908年同时参加了国学讲习会的大班与小班课程②;二是钱玄同阅读其师的相关著作,比如他在1906年3月8日写下"傍晚翻章氏《訄书》《正名释例》,言皆极有理"③,又在1907年10月3日"阅《訄书》'儒墨'、'儒道'篇"④;三是钱玄同多次与章太炎讨论"孔教"问题,例如1909年6月12日写下"今日与师讲修明礼教与放弃

① 鲁迅:《关于太炎先生二三事》,《鲁迅全集》第6卷,人民文学出版社1981年版,第547页。
② 章太炎开办的国学讲习会大班课程,始于1908年4月4日,第一次授课地点是在清风亭,以后集中于大成中学;而小班课程,始于1908年7月11日,授课地点在《民报》社。
③ 杨天石主编:《钱玄同日记》,北京大学出版社2014年版,第27页。
④ 杨天石主编:《钱玄同日记》,北京大学出版社2014年版,第107页。

礼法之问题"①。

受章氏影响,留日时期的钱玄同已站在"经即是史"的立场,其日记多有反驳康有为的记录:他在 1909 年 11 月 10 日日记中认为康有为等的"托古改制"是"通经致用",是以夸词"眩惑天下"②;在 1910 年 1 月 8 日讥讽康有为"以孔子所改之制傅会新法"③;在 1910 年 1 月 11 日批评康有为等辈"以西人之言,强相比附",是"不辨家法,不遵师说,惟以一字一句之可附于西学者是尚"④;在 1910 年 1 月 20 日强调"六经为孔子所作"是"康氏之谬谈"⑤。

钱玄同与章太炎合办《教育今语杂志》时,明确提出"经皆古史"。《教育今语杂志》1910 年在东京出版,是光复会的机关报,共出五册六期。章太炎在此刊发表《经的大意》《论诸子的大概》等文,主张"经"即"史",重申孔子是"讲人话,要人智"的史学家,而非"讲鬼话,要人愚"的教主⑥。钱玄同循此思路,在《教育今语杂志章程》提出,"经皆古史",是"古之道术",后世的"子史诗赋"虽出自名家,但其"原无不出于经"⑦。他在《教育今语杂志》第 1 期发表的《共和纪元说》将孔子列为诸子之一,指出:西洋的耶稣是"绝对的圣人",无人敢与之相较,但孔子并非"绝对的圣人",因为在孔子以前有老子,而在孔子以后还有墨子,另外还有诸子百家,这些人所治的学问与所讲的道理都很精深,与孔子不分高低,故不可独尊孔子而抹杀他人

---

① 杨天石主编:《钱玄同日记》,北京大学出版社 2014 年版,第 165 页。
② 杨天石主编:《钱玄同日记》,北京大学出版社 2014 年版,第 189 页。
③ 杨天石主编:《钱玄同日记》,北京大学出版社 2014 年版,第 204 页。
④ 杨天石主编:《钱玄同日记》,北京大学出版社 2014 年版,第 208 页。
⑤ 杨天石主编:《钱玄同日记》,北京大学出版社 2014 年版,第 212 页。
⑥ 独角(章太炎):《社说》,《教育今语杂志》1910 年第 1 期。
⑦ 浑然(钱玄同):《教育今语杂志章程》,《教育今语杂志》1910 年第 1 期。

成就①。

钱玄同也多次在日记明确提及其师对自身的影响,在 1921 年 9 月 18 日称赞其师治经方法"甚为不错",指出"他只把经典当作一种古书看,不把彼当做甚么圣经看,他对于经典持批评的态度,不持崇拜的态度,这都是很正当的"②;又在 1922 年 12 月 24 日强调"清代的是拨云雾而见青天的古文家的章炳麟,痛驳微言大义之说,不信孔子有作经之事实,这是拨开汉代今文家的云雾"③;继而在 1924 年 1 月 6 日写下"以经为历史者,今之古文家章太炎之说也"④。钱玄同在"疑古思潮"最为激烈之时,也承认章太炎"六经皆古史"对他的影响。例如他在 1937 年 12 月 8 日声明自己喜谈经学虽与章公无甚关系,只是"接收其经为古史之说了耳"⑤。但到 1938 年,他又更加信奉"六经皆古史",例如在 1938 年 1 月 29 日感叹自己开始明白"'六经皆史'说之真价值",比如《春秋》一定是史,云经史分者,妄也。先师章公斥皮、康之说是也"⑥。

对于自己为何一定要坚持其师"黜经为史"的经学立场,钱玄同在 1923 年 3 月 24 日日记有如下解释:"晚为《之江日报》纪念号(四月一日)撰文,题为《浙江人和历史学》,大意为治学、办事最要有历史的观念,养成历史的观念须研究历史,浙江自宋以来至今,代有历史家,其他如心学、考证学、文学,浙江人研究它们的也于历史发生密切的关系,如心学之黄黎洲,考证学之太炎师,文学之二章(实斋、太炎)是,故浙江人实长于治史。文中希望今后浙江再出许多历史家,

---

① 浑然(钱玄同):《共和纪年说》,《教育今语杂志》1910 年第 1 期。
② 杨天石主编:《钱玄同日记》,北京大学出版社 2014 年版,第 378—379 页。
③ 杨天石主编:《钱玄同日记》,北京大学出版社 2014 年版,第 487 页。
④ 杨天石主编:《钱玄同日记》,北京大学出版社 2014 年版,第 566 页。
⑤ 杨天石主编:《钱玄同日记》,北京大学出版社 2014 年版,第 1286 页。
⑥ 杨天石主编:《钱玄同日记》,北京大学出版社 2014 年版,第 1315 页。

尤其希望浙江人治学、办事,大家都注重历史的观念。"①钱玄同在
《浙江人和历史学》一文中,带有自我剖析的成分:他是浙江吴兴(现
浙江湖州市)人,他对章太炎"黜经为史"的接受,根源上也是浙江人
"治学、办事最要有历史的观念"之传统。

　　钱玄同对"六经皆古史"也有过犹豫。他在 1916 年前后受到崔
适、康有为的影响,曾在 1916 年 1 月 6 日记下"六经皆孔子所作,其
中制度皆孔子所定"②。虽然钱玄同曾质疑"六经皆古史",但纵观他
的一生,"六经皆古史"已经化为他思想的底色,影响其一生。任访秋
曾评价称,钱玄同平生治学虽是小学与经学,但总的来说都是
史学③。

二、钱玄同思想革命论的基本观念:"黜经为史"

　　钱玄同在"五四"思想革命时,最突出的贡献在于从学理的角度
反对康有为等的孔教运动。他所应用的"学理"便是章太炎的"黜经
为史"。章太炎讲他的"经为古史"之说是为"与长素辈为道背驰",
源于"深恶长素孔教之说"④。他不仅否定康有为在清末的孔教活
动,也反击康有为掀起的第一次"国教运动"。民初,康有为等指责辛
亥革命带来"暴民专制",强调"保国"必须先"保中国魂",而"中国
魂"就是"孔子之教"⑤,由此发起第一次"国教运动"(1913—1914
年)。章太炎发表《驳建立孔教议》批判"国教运动"是"太古愚民"推

---

① 杨天石主编:《钱玄同日记》,北京大学出版社 2014 年版,第 523 页。
② 杨天石主编:《钱玄同日记》,北京大学出版社 2014 年版,第 284 页。
③ 任访秋:《钱玄同》,《中国近代文学作家论》,河南人民出版社 1984 年版,第
　　318 页。
④ 章太炎:《与柳翼谋》,马勇编:《章太炎书信集》,河北人民出版社 2003 年版,
　　第 741 页。
⑤ 康有为:《中国学会报题词》,《孔教会杂志》第 1 卷第 2 期,1913 年。

行的,重申孔子是"保民开化之宗",并非教主①。在"五四"前后,康有为掀起第二次"国教运动"(1916—1917 年)。此时,钱玄同延续章太炎的观点,坚持历史进化的思路,反对康有为的孔教运动,可分三方面。

(一)孔子:"过去时代极有价值之人"。在第二次"国教运动"中,尊孔派与反孔派的争论焦点是《天坛宪法草案》第 19 条第 2 项的"国民教育,以孔子之道为修身大本"。虽然第一次"国教运动"失败,但这条折中方案被写入宪法②。康有为、陈焕章等孔教会人士,对此方案提出异议,认为只将孔子置于初等小学修身教科书之中是"狭小孔子也",指出"不定国教"则"根本不立",力主定孔教为国教③。1916 年 11 月宪法会议针对《天坛宪法草案》的第 19 条第 2 项进行投票。康有为等联合一些尊孔团体以及部分民国议员,希望通过此次宪法会议的表决,尊孔子为教主,立孔教为国教。

钱玄同在 1917 年 6 月 1 日《新青年》撰文指出,孔丘是"过去时代极有价值之人",孔学却已不适合现代社会,如今"尊崇孔子"四字出现于宪法上面"已经觉得不伦不类",而康有为却要将孔子"丑化"为"三头六臂,呼风唤雨,撒豆成兵之怪物不可",况且"孔子犹是人类,纵然是空前绝后之至圣,似乎中华民国人人'尊崇'之,亦可算得

---

① 章太炎:《驳建立孔教议》,《章太炎全集·太炎文录初编》,上海人民出版社 2014 年版,第 200—203 页。
② 虽然 1913 年宪法起草委员会否定了"国教案",但在同年 10 月 28 日宪草会第三十二次会议上,通过了"国民教育,以孔子之教为大本"的"国民教育案"。后由于赣宁之役,袁世凯取消国民党议员资格,让国会开会不足法定人数,并于 1913 年 11 月 4 日解散国会,这便让孔教问题得以搁置。1916 年 8 月,国会恢复。9 月 5 日,重开国会,对此提案进行讨论。
③ 参见陈焕章等人向参、议两院呈递的《请定孔教为国教书》。转引自陈汉才:《康门弟子述略》,广东高等教育出版社 1991 年版,第 62 页。

克尽景仰先圣之能事矣"①。他在 1919 年 1 月 20 日日记中称,思想
进化是由信神到信人,再到信我,而孔子之前是信神时代,孔子不信
神而信人,在当时是进步的,但孔子以"信古尊圣为言",致使二千年
停滞于"信人的一时代"而无法进入"信我的时代"②。同时钱玄同以
进化眼光判定孔子的历史位置,指出:荀况比孔丘要好,朱熹比荀况
要好,今人比朱熹要好,如果孔丘以后的人都不如孔丘,方是"中国思
想史上丢脸的事",所以孔二先生虽算是"一个人物",但也只是二千
四百年以前的人物,他以后的学者很多都已超越他,故而不论怎样恭
维孔子,他的真相也只是如此而已,并且他对于政治、道德、学问皆无
什么"细密精深的见解"③。

　　钱玄同的论述,延续了章太炎"黜经为史"的思路,看似承认孔子
的历史价值,实则表明孔子只是历史博物馆中的"展览品"而已,仅仅
是历史遗物、旧物,从而彻底地将孔子、孔学从现实的生活文化中驱
逐出去,这从根源上否定孔学、孔教指导现实的可能性。

　　(二)将孔教与专制联系在一起。钱玄同不仅否定孔子的宗教可
能性,而且延续其师章太炎将尊孔与尊君合二为一的思维。章太炎
在清末作为革命派,将康有为的"尊孔"与中国传统帝制裹挟在一起。
钱玄同在"五四"时,继承章氏的思路,也将康氏的尊孔与民国初的帝
制复辟思想勾连在一起。进入历史语境来看,袁世凯不赞成孔教,认
为孔子"非神道之宗教",强将孔教定为国教,会"失尊孔本意"④,但
他却时常教诲国人尊崇孔子,在他的支持下,国会通过草案让孔子之

① 钱玄同:《论世界语与文学》,《钱玄同文集》第 1 卷,中国人民大学出版社
　 1999 年版,第 24 页。
② 杨天石主编:《钱玄同日记》,北京大学出版社 2014 年版,第 342 页。
③ 钱玄同:《废话——原经》,《钱玄同文集》第 2 卷,中国人民大学出版社 1999
　 年版,第 238—239 页。
④ 《袁大总统致孔社开会祝词》,《宗圣汇志》第 1 卷第 2 号,1913 年。

道成为国民教育的修养基础①。张勋也曾向袁世凯呈文《上大总统尊崇孔教书》，支持将孔教立为国教。故在 1916 年袁世凯称帝与 1917 年张勋复辟后，钱玄同等人很容易发现"尊孔"与"复辟"之间的微妙关系，形成"主张尊孔，势必立君；主张立君，势必复辟"②的逻辑。在钱玄同看来，中华民国已推翻帝制，那么就应颠覆与"帝制有关系"的"国粹"，如果仍强调"圣功王道""忠、孝、节、义"，人人"相勉以读经"，那么"复辟帝制之事弹指可现"③。

孔教会当时也曾尝试划清孔教与帝制之间的关系。康有为在 1916 年 3 月发表《劝袁世凯退位书》，认为袁世凯应引咎罪己，"立除帝制，削去年号"，"以靖国民之怒"，并提醒袁氏如若强行冒险，不废除帝制，那么将无路可逃，只会重蹈王莽、董卓的覆辙④。同时陈焕章在为《孔教会杂志》所写的"序例"中更是主张"本会非政团"⑤，以保持孔教会政治上的独立性。在袁世凯称帝前夕，陈焕章停止了孔教会的一切活动，跑到西湖"韬光养晦"，写作《孔教经世法》，以远离是非之地⑥。陈焕章始终让孔子与专制划清界限，强调"夫孔子者，渴望共和者也，痛恶专制者也，提倡革命者也"⑦。孔教派的国会议员，也努力地否定孔教与袁世凯复辟之间的关系。比如孙光庭认为，抗衡袁氏者"皆恃孔子之道"，因为孔子主信，袁氏却失信，阴行帝制，

① 潘树藩：《中华民国宪法史》，商务印书馆 1935 年版，第 43 页。
② 陈独秀：《复辟与尊孔》，《新青年》第 3 卷第 6 号，1917 年。
③ 钱玄同：《姚叔节之孔经谈》，《钱玄同文集》第 1 卷，中国人民大学出版社 1999 年版，第 318 页。
④ 康有为：《劝袁世凯退位书》，《康有为全集》第 10 集，中国人民大学出版社 2007 年版，第 284 页。
⑤ 陈焕章：《孔教会杂志序例》，《孔教会杂志》第 1 卷第 1 号，1913 年。
⑥ 韩华：《民初孔教会与国教运动研究》，北京图书馆出版社 2007 年版，第 268 页。
⑦ 陈焕章：《论今日当行孔教》，《宗圣汇志》第 1 卷第 3 号，1913 年。

背离共和,违反孔子之道,所以"国人舍身家弃性命,群起而攻之,皆赖有孔子之道以维持之"①。再如陈景南认为袁世凯为求帝制而假造民意,并非孔教之托②。

不论康有为、陈焕章等在主观上是否愿意与帝制挂上关系,他们的孔教运动在客观上还是替袁世凯、张勋的复辟增加了理论上的依靠以及舆论上的支持,强化了孔教与传统专制之间的精神关联,使得康有为等人的"尊孔"本身就带有潜在的风险性。章太炎就意识到康有为"尊孔"与清朝帝制之间的联系,在"五四"时钱玄同承接章氏的判断,强调康有为民初的孔教运动对专制制度的支持,批判这是"摧残新机,厉行复古",是明目张胆的复辟运动③。他致信陈独秀,认为康有为等尊孔者只崇拜孔丘的"别上下,定尊卑",因为此学说"处处利便于皇帝",是专制社会的精神支持,"于是'教竞君择,适者生存'。儒教尊卑上下之精义,遂为崇于二千年来之中国",所以孔丘学说"固断无可以生存于二十世纪之理",否则"尽管挂起共和招牌,而货不真,价不实,不但欺童叟,并且欺壮丁"④。陈独秀顺着钱氏的观点,回信认为现在袒护孔教者是"心怀复辟者",康有为"意在做大官",他的"尊孔复辟"皆"手段耳"⑤。

钱玄同、陈独秀将康有为的"尊孔"死死地钉在"复辟"的耻辱柱上,用二元对立的思维看待"孔教"与"共和"之间的关系,讽刺康有

---

① 《宪法会议公报第二十二册·审议会会议录三十一》,李贵连整理汇编:《民国北京政府制宪史料》第 7 册,线装书局 2007 年版,第 35 页。
② 《宪法会议公报第二十二册·审议会会议录十九》,李贵连整理汇编:《民国北京政府制宪史料》第 7 册,线装书局 2007 年版,第 23 页。
③ 钱玄同:《注音字母与现代国音》,《钱玄同文集》第 3 卷,中国人民大学出版社 1999 年版,第 19—20 页。
④ 钱玄同:《论世界语与文学》,《钱玄同文集》第 1 卷,中国人民大学出版社 1999 年版,第 24 页。
⑤ 陈独秀:《致钱玄同》,《新青年》第 3 卷第 4 号,1917 年。

为是"袁世凯二世",号召要用血刃清除"方死未死余毒未尽"的"袁
世凯一世",更应铲除"方生未死逆焰方张"的"袁世凯二世"①。钱
玄同等人视"尊孔"即是"复辟",讽刺"尊孔会""孔教会"是"复辟
党",将中国的复辟专制之局面皆归罪于孔教。这种思维虽有历史的
合理性,但很容易将政治上的情绪迁怒于孔子与孔学文化,并且以反
动、复辟来定义孔教活动,也过于狭隘与简单化。

　　(三)孔学与现代生活相违背。陈焕章在"孔教运动"时强调,
"立国之本"来自道德,"道德之准"源于宗教,共和国是以道德为精
神,而中国之道德源自孔子,所以中国应尊孔教为国教②。他在1916
年的《上参众两院请定国教书》指出孔子之道"躬作民主",契合于民
主国体,反对"孔教之道多为君主说法"③。康有为也认为,孔子之道
博大如天,可兼备四时,能包容世间的一切"道"④。孔教派里的国会
议员也竭力从孔学中找寻与现代生活的契合之处,例如陈铭鉴指出
《礼运》篇中孔子说"天下为公,选贤与能",符合于共和政体⑤。汪荣
宝指出"孔教之尊乃二千年来历史上之事实,并非自我辈主张",故而
孔子学说既有"为万世立法之言",也有"为一时立法之言",毕竟孔
子所处的时代有君臣之现象,故而他的立言"不得不如是",但孔子的
大愿本在"平等共和"⑥。

―――――――――――

① 陈独秀:《袁世凯复活》,《新青年》第2卷第4号,1916年。
② 陈焕章:《论废弃孔教与政局之关系》,《孔教会杂志》第1卷第5号,1913年。
③ 陈焕章等:《孔教会上参众两院请定国教书》,《尚贤堂纪事》第7卷第10期,
　 1916年。
④ 康有为:《中华救国论》,《康有为政论集》下卷,中华书局1998年版,第
　 727页。
⑤ 《宪法起草委员会第二十二次会议录》,李贵连整理汇编:《民国北京政府制
　 宪史料》第2册,线装书局2007年版,第35—36页。
⑥ 《宪法起草委员会第二十二次会议录》,李贵连整理汇编:《民国北京政府制
　 宪史料》第2册,线装书局2007年版,第40—45页。

　　可钱玄同却以"黜经为史"的进化眼光,否定了"孔子之道"与"现代生活"之间弥合的可能性,指出孔学只是历史旧物,虽在当时精致、坚固、美丽、适用,如今却已"虫蛀、鼠伤、发霉、脱签"①,无法指导现代生活。换言之,孔学中的人伦道德只是传统社会的产物,迎合了当时人们的生活状态与精神状况,可这些是数千年前的"残骸枯骨",早已不适应现代日常生活,更背离崇尚个性自由的现代文明,如果调和孔学之道,只会阻碍现代社会的进步。中华民国的国民本是二十世纪时代的文明人,而非葛天时代、无怀、三皇、五帝、周朝、汉朝、唐朝、清朝的野蛮人②,如果在民国还要祀孔祭天,还要讲纲常名教,还要垂辫裹脚,还要打拱磕头,甚至还要保存忠孝节义的旧戏,保存"载道"的古文等,就是"倒行逆施"的历史倒退③。

　　在钱玄同看来,虽然"民国"与"帝国"只差一字,但这"一字之差"使它们的政治、法律、道德、文化等相差甚远:帝国的政治是皇帝管百姓,民国的政治是国民相互的一种组织;帝国的法律是拥护君上而压制臣下的,民国的法律是保护全体民众的;帝国的道德是孔教所讲的"父慈子孝""兄良弟悌""夫义妇听""长惠幼顺""君仁臣忠",而民国的道德是"兼爱";帝国的文章是贵族的"装饰品",追求"屁款式"与"鸟义法",而民国的文章是平民抒情达意的媒介,贵"活泼",尚自由。帝国与民国是完全对立的,一切思想制度都是相反的,中国已进入民国,要将帝国的一切"扔下毛厕",故而孔孟的言论是"帝国

---

① 钱玄同:《孔家店里的老伙计》,《钱玄同文集》第 2 卷,中国人民大学出版社 1999 年版,第 58—59 页。
② 钱玄同:《文学革新与青年救济》,《钱玄同文集》第 1 卷,中国人民大学出版社 1999 年版,第 195 页。
③ 钱玄同:《答彝铭氏论新旧改革》,《钱玄同文集》第 1 卷,中国人民大学出版社 1999 年版,第 351 页。

的道理",与民国毫无关联①。

　　孔学的"纲常名教""忠孝节义""文圣武圣""礼教德治""文以载道"等被孔教徒视为"国粹"。而在钱玄同看来,这些皆是"国贼",是专制帝国的"保镖者",与共和民国的一切原则相抵触,如果大讲违背人权的"君为臣纲""君臣之伦""忠君""父为子纲""夫者妻之天"等"专制时代的旧道德",等于是在"造反",会让国体动摇,致使十四年来所谓的中华民国,只有一张"空招牌"而已,类似于"挂羊头而卖狗肉"②。

　　从以上可看出钱玄同"五四"思想革命论的立足点:孔子不过是历史人物,并非教主;孔学只是历史,不适宜于共和社会;"尊孔"是复辟,是历史的"反动"。这些都是章太炎"黜经为史"的结论。显而易见,钱玄同在思想革命中具有如此强大的说服力,在反对孔教运动中受到广泛的支持,离不开章太炎的学理支撑。

三、"黜经为史料":钱玄同对章太炎"黜经为史"的转化

　　章太炎的"黜经为史"是钱玄同"五四"思想革命的主要源头,但钱玄同对其进行了创造性转化。章太炎笃信古文经,虽以"黜经为史"的策略批判康有为等今文经学家对"六经"的神圣化,却坚持"考信于六艺",认为"六经"皆是真实可信的历史。钱玄同不相信"六经"的信史价值,将"黜经为史"转化为"黜经为史料",指出"六经"只是真假难分的"史料",所以对它们的处理或"送给思想清楚的人们做'中国昏乱思想史'的史料",或"扔到毛厕里去"③。

---

①　钱玄同:《赋得国庆》,《钱玄同文集》第 2 卷,中国人民大学出版社 1999 年版,第 210 页。

②　钱玄同:《关于反抗帝国主义》,《钱玄同文集》第 2 卷,中国人民大学出版社 1999 年版,第 181 页。

③　钱玄同:《〈吴虞先生的来信〉的"读书感"》,《钱玄同文集》第 2 卷,中国人民大学出版社 1999 年版,第 62 页。

（一）"黜经为史料"的定义。"史"与"史料"是两种完全不同的概念。"史"是凭借史家之意识所记载下来的人类的精神或生活状态，是史识、史才、史德、史学、史料的结合体；"史料"只是供史家挑选的原材料，如果缺乏"审查"，是不可直信"其票面价值的"①。钱玄同的"黜经为史料"，将"经"从"史"贬低为真假仍需考证的"史料"。

钱玄同在《重论经今古文学问题》指出："'经'是什么？它是古代史料的一部分，有的是思想史料，有的是文学史料，有的是政治史料，有的是其他国故的史料。既是史料，就有审查它的真伪之必要。古文经和今文经的篇章不同，字句不同，多少不同。孰为可信的真史料，孰为不可信的伪史料，岂可漫不考辨而随意的采用或随意的不采用！"②他又在《研究国学应该首先知道的事》中说，"经"并非"最可信任的史料"，旧时说经的"今文家""古文家""宋儒"三派，尽管"彼此立说不同"，但都不会超出"受命改制""王道圣功"等范畴，而这些"没有说到它在史料上的价值"，并且孔丘取得的史料远不如司马迁、宋祁、欧阳修等人，故"六经"的"信史价值"不及《史记》《新唐书》③。

钱玄同的"黜经为史料"只比章太炎"黜经为史"多一个字，意义却完全不同，表明"六经"仅为"史料"，本身缺乏意义，只留待后人整理。有研究者指出，"经"本是中国文明的核心，如果成为"史"，就丧失了"常道"价值，而一旦变成"史料"，便沦为真伪共存而需后世挑选整理的材料；可从"史"到"史料"的转化里，经学的权威地位荡然无存，特别是中国现代学术的学科构建，皆立足在中国所有的典籍是"史料"的基础之上，从而经书被归入"哲学、文学、历史的研究"，其

---

① 冯友兰：《古史辨·序》，《古史辨》第 6 册，海南出版社 2005 年版，第 1 页。
② 钱玄同：《重论经今古文学问题》，《钱玄同文集》第 4 卷，中国人民大学出版社 1999 年版，第 138 页。
③ 钱玄同：《研究国学应该首先知道的事》，《钱玄同文集》第 4 卷，中国人民大学出版社 1999 年版，第 256 页。

后尽管"不同学科的研究者"会翻看经书,但这已"与经学无关"①。由此可见,钱玄同对"黜经为史"的转化,既瓦解了"六经"的绝对权威,又同时否定它的"微言大义"与"信史价值"。

(二)"黜经为史料"要旨之一:将"经"还原至"原经"。"六经"犹如不断生长的"大树"。不同时代的经学派别通过解经,给其注入新的时代元素,使它获得数千年的活力,让"六经"演化成一套完备且稳定的价值伦理体系。在这个体系中,不仅有"原经",还有不同时代的解经师对"原经"的"笺""注""解""疏",让"经"在不同时期获得了不同的生命,而这些"笺""注""解""疏"也是不同时代政治、文化、思想、制度之凝聚。后世可通过前人的"笺""注""解""疏"理解经文,阐释出不同的义理,从而使经学在不同的时代获得不同的"新解释",以此获得"新生命"。

钱玄同却认为"笺""注"等带给"六经"的"新解释"是"空的",而所谓的"新生命"亦是"假的"②,同时讥讽这些是"妖魔鬼怪之谈""不通可笑的话",已脱离原始的孔学,"冤诬"了孔子,让他"被诬之沉冤未雪"③。他举例道,《春秋》成为"经",经历如下过程:先是孟子利用孔子,伪造出"《诗》亡然后《春秋》作"以及"孔子成《春秋》而乱臣贼子惧",使《春秋》有了"义";而后《公羊传》《春秋繁露》以及《公羊解诂》让《春秋》的"义"变得有条理有系统;继而穀梁氏的《穀梁传》来"学舌",讲出很多"幼稚可笑的话",所以这层层的"注"与"解",让作为"经"的《春秋》已非原始

① 陈壁生:《经学的瓦解》,华东师范大学出版社2014年版,第148—149页。
② 钱玄同:《废话——原经》,《钱玄同文集》第2卷,中国人民大学出版社1999年版,第234页。
③ 钱玄同:《论〈诗〉说及群经辨伪书》,《钱玄同文集》第4卷,中国人民大学出版社1999年版,第233页。

的《春秋》①。同时钱玄同分析,孔学逐步被"笺""注"等经典化与神圣化,主要经过三个阶段:一是汉儒的"微言大义";二是宋代理学对孔学注入了"专制、奴隶的道德";三是晚清的新今文家用欧法来附会孔子②。所以说,要想颠覆孔经,最重要的是要推倒附庸于"六经"中的"笺""注""解""疏"。

钱玄同用"黜经为史料"的策略,让"六经"与"注""疏"分家,等于斩断了"经"的生命力,视"六经"为"死去"的"史料"。例如《诗经》离开历代的"注""疏",撇开《毛传》《朱注》等,便与圣经"风马牛不相及",也不再有"后妃之德"与"文王之化"等,只是钱玄同所说的白话歌谣集③。而《论语》如没有"笺""解"等,顿失"三统""四始"之价值,只成为钱玄同所讲的"古代的大学者的言论"④。再如剔除《易》的"注解"后,它就不再是"明道之书",也没有"三王以德"与"五霸之功",仅是原始的易卦⑤。

钱玄同将"六经"还原成"原经"的方式,与顾颉刚、胡适等有时代的共鸣之处。顾颉刚曾致信钱玄同指出中国的历史是"层累造成的",并且"时代愈后,传说的古史期愈长"⑥,而后他在《春秋时的孔子和汉代的孔子》认为"春秋时的孔子是君子,战国的孔子是圣人,西

① 钱玄同:《答顾颉刚先生书》,《钱玄同文集》第 4 卷,中国人民大学出版社1999 年版,第 247 页。
② 杨天石主编:《钱玄同日记》,北京大学出版社 2014 年版,第 676 页。
③ 钱玄同:《论〈诗经〉真相书》,《钱玄同文集》第 4 卷,中国人民大学出版社1999 年版,第 229 页。
④ 钱玄同:《论〈诗〉说及群经辨伪书》,《钱玄同文集》第 4 卷,中国人民大学出版社 1999 年版,第 233 页。
⑤ 钱玄同:《答顾颉刚先生书》,《钱玄同文集》第 4 卷,中国人民大学出版社1999 年版,第 246 页。
⑥ 顾颉刚:《与钱玄同先生论古史书》,《古史辨》第 1 册,海南出版社 2005 年版,第 75 页。

汉时的孔子是教主,东汉后的孔子又成了圣人,到现在又快要成君子了。孔子成为君子并不是薄待他,这是他的真相,这是他自己愿意做的。我们要崇拜的,要纪念的,是这个真相的孔子"①。胡适也在《〈国学季刊〉发刊宣言》中指出,整理"六经"等国故,需要"以汉还汉、以魏、晋还魏、晋,以唐还唐,以宋还宋,以明还明,以清还清;以古文还古文家,以今文还今文家;以程、朱还程、朱,以陆、王还陆、王",从而还原本来面目,评价各家各人的"义理是非"②。

　　将"六经"复原到"原经"的方式,颠覆几千年来"六经"的发展史与研究史,否定了几千年儒学文明的成果。这遭到很多人的反对,比如钱玄同等将《诗经》纳入文学作品类,去推敲作品的原意,像认为《关雎》是求爱诗。而吕思勉就反对之,认为《诗》是文学,经学家专用"义理"解释之,虽然或许"不免迂腐",但《诗》的作者,距今已有三千年,其作诗之意,绝非"吾侪臆测可得",譬如"若如今人所云'月出皎兮,明明是一首情诗'之类,羌无证据,而言之断然,甚非疑事无质之义也"③。

　　(三)"黜经为史料"要旨之二:"六经"学科化。钱玄同坚称"六经"并非"圣经"或"教典",只是古代社会的历史材料,为前人遗留的"几篇文学作品""几本档案黏存""几张礼节单子""几首迷信签诗"以及"几条断烂朝报"而已④。所以他对其进行整理后,按不同的性

---

① 顾颉刚:《春秋时的孔子和汉代的孔子》,《古史辨》第 2 册,海南出版社 2005
　　年版,第 104 页。
② 胡适:《〈国学季刊〉发刊宣言》,《胡适文集》第 3 卷,北京大学出版社 2013 年
　　版,第 10 页。
③ 吕思勉:《经子解题》,《中国文化思想史九种》,上海古籍出版社 2009 年版,
　　第 115 页。
④ 钱玄同:《论〈说文〉及壁中古文经书》,《钱玄同文集》第 4 卷,中国人民大学
　　出版社 1999 年版,第 278 页。

质,分别归入文史哲科目,从而分学科类别地探求"经"的真实面目,重估不同"经"的价值,使"经"归属于学术的各个部分,最后让"经学"不复存在。

这一点在钱玄同日记中多有体现。他在 1921 年 1 月 3 日日记中认为,"'五经'者:《易》=《通书》;《春秋》=《明夷待访录》;《礼》=《书仪》《家礼》;《诗》=《文选》《古文辞类纂》;《书》=《史记》《通鉴》"①。继而他在 1922 年 12 月 24 日设想了"六经"的学科类别:《易》应是"孔丘哲学";《书》需归入"历史";《诗》可纳为"文学";《礼》须视为"历史";《春秋》可当成"历史"②。而后他又在 1925 年 2 月 26 日写道:"《易》——哲学。《书》——历史。《诗》——文学。《周礼》《仪礼》《大戴礼》《小戴礼》——法制史(但两《戴记》尚应裁篇,别出《曲礼》《王制》之类入此,《礼运》《乐记》《大学》《中庸》之类入哲学)。《春秋》、《国语》(《左传》)——历史。《公羊》《穀梁》——哲学。《论语》——哲学。《孝经》——哲学。《尔雅》——字典。《孟子》——哲学。因而论'经'之名非打消不可。凡拢着说'六经'是什么东西都是胡说,因为此几部书其性质本不一致也。"③

"六经"被"史料化"后,被纳入到文史哲三科中:(1)《诗经》本是"经国之大典",而钱玄同将其归入文学学科,并使它成为中国白话文学的历史源头,为"五四"白话文学找到强大的历史理据;(2)《尚书》又称《书经》,是追慕三代之治的法典,而钱玄同剔掉《尚书》的"王道"与"圣治",强调它"勉强可以说是历史,严格的说,不过是一些不甚可靠的古史史料"④;(3)《礼》被奉为"圣人之典",是圣人为

---

① 杨天石主编:《钱玄同日记》,北京大学出版社 2014 年版,第 367 页。
② 杨天石主编:《钱玄同日记》,北京大学出版社 2014 年版,第 487 页。
③ 杨天石主编:《钱玄同日记》,北京大学出版社 2014 年版,第 622 页。
④ 钱玄同:《废话——原经》,《钱玄同文集》第 2 卷,中国人民大学出版社 1999 年版,第 229 页。

后世的宗教、制度及风俗所写的制法之作,被钱玄同归入历史学科;
(4)"乐本无经"①,不需讨论;(5)《易》是孔学的"明道"之著,钱氏认
为它只是"原始的易卦",其中的《彖传》《象传》也只是"孔丘以后的
儒者借它来发挥他们的哲理"②,蕴含着那些儒家的"政治观、人生
观、道德观"③,故属于哲学学科;(6)《春秋》被纳入历史学科,钱氏
认为它只是历史"流水账簿",为"一部最幼稚的历史",而《春秋左氏
传》"不仅是史料,而且是一部叙事有条理的古代的好历史,文笔也很
优美,可以比得上元明间的《三国演义》"④。

　　钱玄同以西方的学科意识重建"六经",让中国"经学"成为西
方学术的一部分。"六经"被分别归入哲学、史学、文学等学科后,
"全知全能的教主"孔子随之成为哲学家、历史家等专门家,"为往
圣继绝学"的"治经"也被解构成单纯的学术工作。章太炎的其他
弟子也有过类似的尝试,例如朱希祖在《章太炎先生之史学》中,主
张"致经必以史学治之",提倡采用各项学术分治的方式来研究"经
学",并直接将"六经皆史"称为"六经皆史料"⑤。周作人也在《论八
股文》认为,对《易》《诗》《书》等孔学经典,需要以现代科学知识来诠
释它的"意义",以社会人类学来讲明它的"本相",看清它"到底是什

———————————

① 钱玄同:《答顾颉刚先生书》,《钱玄同文集》第 4 卷,中国人民大学出版社
　1999 年版,第 246 页。
② 钱玄同:《答顾颉刚先生书》,《钱玄同文集》第 4 卷,中国人民大学出版社
　1999 年版,第 246—247 页。
③ 钱玄同:《〈左氏春秋考证〉书后》,《钱玄同文集》第 4 卷,中国人民大学出版
　社 1999 年版,第 310 页。
④ 钱玄同:《废话——原经》,《钱玄同文集》第 2 卷,中国人民大学出版社 1999
　年版,第 234—235 页。
⑤ 朱希祖:《章太炎先生之史学》,周文玖选编:《朱希祖文存》,上海古籍出版社
　2006 年版,第 348 页。

么东西"①。钱玄同等章门弟子对"六经"的史料化与学科化处理,确实可揭破它里面的"宗教毒菌",败露它在政治里的效用,让它从被统治阶级奴使的学者名流之手中抢夺过来,清洗它"外加的血污"与"内含的毒素",使其重新变成"文化遗产",以呈献于大众②。

学科化的处理,是"六经"经历的一次"劫难"。因为中国传统学问不讲究截然分类,要求读书人博识各种学问,而经学便是中国传统各种学问的交融体,凝聚着中国的政治、思想、文化、哲学、文学等学科的精华。换言之,经学已经自成体系,是一个很难被分割的整体。如果仅用西方的文史哲概念简单地将其割裂,就会将一些有价值的部分舍弃、遗落。这在当时遭到很多人批评。例如北大教授何炳松区分"以史为科学"和"理化之为科学"之差异,指出理化的资料可供观察与试验,和空间、时间不产生联系,而历史则不是如此,它需要凭借着人与事,因为人死无法复生,事过无法相遇,而人事变化有一定的程规,那么理化处理材料之方法不可适用于"纪人纪事之历史",否则吾人可云"古之人犹今之人,今之人犹古之人","又何必架床叠屋,而有历史事迹之纪载乎"③。

综上,钱玄同先将"六经"还原成"原经",继而把这些"原经"史料化,归属于不同的学科,让"经学"不再是"圣典",更丧失了"天经地义的教条"以及"治国平天下"的政治精义。换言之,"六经"只是杂乱无章的"史料",那些依附于"六经"的道德也是混乱的,需要被挑选、清理。譬如钱玄同指出,硬将《论语》"里面的话"作为"现代道

---

① 周作人:《论八股文》,《中国新文学的源流·周作人自编集》,北京十月文艺出版社 2011 年版,第 68 页。
② 周予同:《治经与治史》,《周予同经学史论》,上海人民出版社 2010 年版,第433 页。
③ 何炳松:《论史学》,《何炳松论文集》,商务印书馆 1990 年版,第 124 页。

德的标准",是"混蛋"之行为,故而"切不可像前人那样,用二百四十倍的显微镜把它放大"①。这可看出,"六经"丧失纲领地位后,附庸于"六经"的道德伦理也失去立足的根本。

从"五四"文化史上看,钱玄同的"黜经为史料"是"五四"思想革命的一大特色。特别是在整理国故运动中,他又将此扩大化,提出一切古书"都只认为一种可供参考的史料而已"②。这是以"史料化"的视角重估一切传统,意味着"经书皆史料""诗文皆史料""小说皆史料"等,让中国的传统文化都成为平等的史料,从而打破门户之见,不分高低地审视中国文化,消解了传统社会里的正统观念。中国传统文化是以孔学思想为正统,视其他派别为旁门左道。而史料平等的眼光对一切派别的思想一视同仁,颠覆传统文化中的正统观念③,有解放思想之效果。同时在"五四"之前,小说、歌谣、谚语等是"异端",处在被压抑的状态。在"五四"后,在"史料"的平等眼光审视下,小说、民间歌谣、谚语等与正统的诗歌、词赋有同等的价值。

四、"黜经为史料"思想的意义及局限

本节分析钱玄同的思想革命论对章太炎"黜经为史"的接受与转化,希望有两大意义。首先,让传统经学的维度进入"五四思想革命"研究,重新审视"五四"新文化与孔学、孔教之间的复杂纠葛,展示"五四"学人如何从传统资源中寻找到彻底反叛传统的突围方向,解释"五四"思想革命具有"空前"的影响力与破坏力之缘由。在"五四",胡适、陈独秀等在《新青年》大多借助西方文明中的"德先生"

---

① 钱玄同:《废话——原经》,《钱玄同文集》第 2 卷,中国人民大学出版社 1999 年版,第 234—240 页。
② 钱玄同:《论〈说文〉及壁中古文经书》,《钱玄同文集》第 4 卷,中国人民大学出版社 1999 年版,第 265 页。
③ 冯友兰:《中国现代哲学史》,生活·读书·新知三联书店 2009 年版,第 69 页。

"赛先生"等现代理念,从外部批判传统文化。这些外部的打击虽然激烈,但无法动摇其根基。钱玄同的"六经皆史料",尝试从内部瓦解这些旧礼教、旧道德依附的"六经"。一旦"六经"被打倒,这些所谓的旧礼教、旧道德自然是"皮之不存,毛将焉附",也随之瓦解。其次,从"师承关系"入手,呈现清末与"五四"两代学人学问思想的传承与更新。周作人、鲁迅等也是章太炎的学生,他们对孔学的理解有其师的影响。吴虞、胡适等也借鉴过章太炎清末时的观点。除了章太炎,其他清末学人如刘师培、吴稚晖等,也或多或少地影响了"五四"一代对孔子、孔学的认知。探讨"五四"学人对清末思想资源的接受、改造、拒绝,会让我们重新认识"五四"思想革命的复杂性。

钱玄同在"五四"思想革命中的努力,之于新文化史上的意义虽不可估量,但一旦进入学术史,便多有过激之处。

其一,否定"六经"的发展史与研究史。"六经"是中华学术的核心,犹如一棵有生命力的大树,不同朝代的人们都用当时最高的学术智慧去浇灌它,让它获得几千年的活力。而钱玄同将"六经"还原成"原经",抛弃掉历朝历代对它的"笺""注""解""疏"。这等于抛弃掉历朝历代关于政治、文化、思想、制度等方面的智慧。"六经"的原经,犹如"大树的种子",它在几千年一代又一代人的努力下,才逐步发芽、生长,成为粗壮的树干。而不同时代的学者在此"树干"上又发明出新的内容,以使"树干"上长出"新芽"。这些"新芽"本身就是当时文化思想精神的凝聚,与这"树干"已经血肉相连,不可分割。所以那些关于"原经"的"笺""注""解""疏"是经学的发展史与研究史,也应是中国学术的一部分,更是中国人智慧的历代积累。我们作为现代人,也要通过不同时代关于六经的"笺""注"等,来认识中国不同时代的政治、制度、文明、精神等。

其二,忽略中国学术的特殊性。钱玄同将"六经"从"经"贬为"史料",以西方的学科来划分这些史料。这种学术研究方法看似合理,却忽略中国学术的特殊性。有学者指出:不破除"文学"之局限,就不能理解《诗经》之历代注疏,也无法理解二千年引《诗》论政说事之历史,更不能理解《诗》教的含义;不破除"史学"之局限,就不能理解《春秋公羊》《穀梁》二传之微言大义,也无法理解汉人的制度建构,更不能理解《史记》的思想意图①。这表明,如果仅用西方的文史哲概念简单地割裂"六经",只会将其简单化,无法领会这些文本背后的多重意蕴,导致一些有价值的部分遗落,并增加了后人阅读"六经"的难度。

　　其三,将理工科处理材料的方式,简单地应用于人文学科。理工科的材料源自观察与实验,得出的数据并不与时间、空间发生联系,所以我们可以对理工科进行数据归类。"六经"属于人文学科,它包含着不同时间、不同空间的人们的思想与情感,故而无法用数据归类的机械方式对其进行简单的划分。美国史学家丹屯(Robert Darnton)认为"他人"只是"他人","他们并不像我们一样思考"②。这告诫我们,古人与今人的思想与感觉是不一样的,所以"六经"包含着不同时期人们的思想与情感,如果对其进行简单的史料分割,就会让历史中特有的情感与感觉消失殆尽。用一个比喻来讲,"六经"建构的中国文明体系,宛如一座宫殿,宫殿中的砖、瓦、木材、石块等和谐地组成殿堂、楼阁、亭、廊等,但如果仅将"六经"处理成史料,那么这座"恢宏的宫殿"最后只能留下砖、瓦、木材、石块等原材料。

　　更严重的是,钱玄同在整理国故运动中,将"六经皆史料"逐步扩大化,视"一切古书"为"史料"。钱玄同认为"国故"是指过去的早已腐烂僵死的"中国旧文化",而不是如今正在滋长兴荣的"中国

①　陈壁生:《经学、制度与生活——〈论语〉"父子相隐"章疏证》,华东师范大学出版社 2010 年版,第 5 页。

②　转引自罗志田:《近代中国史学十论》,复旦大学出版社 2003 年版,第 203 页。

新文化"①。所以，整理"国故"是整理死去的"史料"，犹如"解剖尸体"，去"求知该尸体的生理和病理"，不论脑袋与生殖器、食道与粪门、白喉与梅毒、好肉与烂疮②。这等于宣布中国传统文化都是"僵死腐烂"的，里面只有无数的坏东西，已不适合于现代社会。此种整体性地将中国传统文化"史料化"的做法，是对传统的机械性的隔离，容易让当下的文化建设成为没有"文化"的文化，成为缺乏历史根基的文化。

面对钱玄同等弟子在"五四"对"黜经为史"的极端借用，章太炎在1922年写下了这样一段意味深长的话："前声已放，驷不及舌，后虽刊落，反为浅人所取。……不意后生得吾辈书，视为满足，经史诸子，束阁不观，宁人所谓'不能开山采铜，而但剪碎古钱，成为新币'者，其弊正未有极。"③章太炎这段话语，虽常被一些弟子讥为"落伍""复古"，但却是对"五四"激进主义的反思。

第二节　钱玄同的思想革命论对康有为 "疑经辨伪"方法的转化

第一节讨论钱玄同借助古文经学资源，将章太炎的"六经皆古史"转化为"六经皆史料"，这是他"五四"思想革命的第一个步骤。第二节探析钱玄同思想革命的第二个步骤，即审判成为"史料"后的"六经"之真伪。钱玄同审判"六经"真伪的方法，源自他对康有为今文经学资源的转化。目前研究大多将康有为置于"五四"新文化的对

---

① 钱玄同：《汉字革命与国故》，《钱玄同文集》第3卷，中国人民大学出版社1999年版，第137页。
② 钱玄同：《敬答穆木天先生》，《钱玄同文集》第2卷，中国人民大学出版社1999年版，第18页。
③ 章太炎：《与柳翼谋》，马勇编：《章太炎书信集》，河北人民出版社2003年版，第741页。

立面,忽略"五四"新文化对康有为思想的继承与转化。虽然钱玄同
在"五四"时竭力地批判康有为掀起的"孔教运动",但他"五四"思想
革命论中的一部分来源于清末康有为的《新学伪经考》。

一、康有为对钱玄同的影响:大胆"疑经"

北京鲁迅博物馆(北京新文化运动纪念馆)馆藏有钱玄同手抄的
康有为《大同书》,共八册,每册纵 26 厘米,横 15.2 厘米。这八册线
装抄本,字迹工整,可看出钱玄同对康有为的敬意。钱玄同对康有为
的最初印象,缘其父钱振常。他在日记中回忆:"父亲在日曾给我
一个别号叫做'有不为斋'。当时是因为康有为渐出风头,父亲是反
对此人的,故以'有不为斋'为我的别号。"①少年钱玄同对康有为有
过好感,比如他十岁时借读家人的《经世文新编》,称赞"其中多康、
梁说宗教之词,崇《公羊》,以孔子为教主,乃大好之"②。

可在 1906 年钱玄同受业于章太炎,受其师影响,讥讽康有为"通
经致用"说是"夸词眩惑天下"③,从而以孔子所改之制穿凿附会"新
法"。在 1911 年受崔适启发,钱玄同虽仍反对康氏的尊孔宗经,但也
发现康氏学说中的积极元素。崔适早年受业于俞樾,专治训诂校勘
之学,后受康有为《新学伪经考》启发,从事今文经学研究。1911 年 2
月 25 日崔适第一次致信钱玄同,介绍"《新学伪经考》字字精确,自汉
以来未有能及之者"④。按钱氏自述,他在 1911 年 2 月拜师于崔适,
并开始借阅《新学伪经考》,在细细阅读后,认为崔适对康有为的推崇

---

① 杨天石主编:《钱玄同日记》,北京大学出版社 2014 年版,第 510 页。
② 钱玄同:《钱德潜先生之年谱》,杨天石主编:《钱玄同日记》,北京大学出版
　社 2014 年版,第 5 页。
③ 杨天石主编:《钱玄同日记》,北京大学出版社 2014 年版,第 189 页。
④ 钱玄同:《重论经今古文学问题》,《钱玄同文集》第 4 卷,中国人民大学出版
　社 1999 年版,第 133 页。

实不为过。从此,钱玄同也开始笃信"古文经为刘歆所伪造"的说法,认为《新学伪经考》"辟伪经之谬,可谓东汉以来所未有"①。

　　章太炎与康有为对经学的理解处在两大极端,即"在过去学者,只不过偏于古文,或偏于今文,决没有如康有为之专信今文,而认古文为非,同时也决没有如太炎先生之专信古文,而认今文为全非者,所以他们两个可以说是两个极端"②。换言之,章氏用"六经皆古史"彻底否定今文经;康有为用"新学伪经考",完全排斥古文经。钱玄同则吸收了这两大极端,认为"今古文之说,实一丘之貉"③。所以钱玄同对康有为的态度最为特殊:一方面用章太炎的"六经皆古史"批判康氏的孔教运动,而另一方面又从康有为身上吸取反孔之资源,获得"疑经辨伪"的方法,去审判六经之真伪。在他看来,古文经是伪造的,今文经大多亦是伪造,这让"史料化"后的"六经"之真伪都成为问题。

　　康有为专信今文经,认为古文经皆是汉代刘歆伪造的。他的《新学伪经考》④从字义上讲,"新"是指王莽的"新朝","新学"为刘歆的

①　杨天石主编:《钱玄同日记》,北京大学出版社 2014 年版,第 230 页。
②　转引自任访秋:《钱玄同》,《中国近代文学作家论》,河南人民出版社 1984 年版,第 326—327 页。
③　杨天石主编:《钱玄同日记》,北京大学出版社 2014 年版,第 1071 页。
④　康有为的《新学伪经考》,主要有六个版本:1891 年的初版本;1898 年的版本;万木草堂本(1917、1919 年);北京文化学社本(1931 年);商务印刷本(1936 年);北京古籍出版社本(1956 年)。本书所用姜义华、张荣华编校的《新学伪经考》是以 1891 年的初刻本作底本,兼校以 1917 年的重刻本。钱玄同在《重论经今古文学问题》对《新学伪经考》介绍道:"他这部书于公历一八九一(清光绪十七,辛卯)刻成木板,一出版,就有翻刻和石印的本子,但原本不久即遭禁毁,一八九四(清光绪二十,甲午),一八九八(清光绪廿四,戊戌),一九〇〇(清光绪廿六,庚子),三次被清廷降旨毁版,所以当时这书极难见到。一九一七(民国六,丁巳),康氏重刻木板,改名为'伪经考',但这重刻本出世不过十来年,现在已经不容易买到了。"(钱玄同:《重论经今古文学问题》,《钱玄同文集》第 4 卷,中国人民大学出版社 1999 年版,第 132 页)

古文经学。此书序言指出：

> 　　始作伪乱圣制者，自刘歆；布行伪经篡孔统者，成于郑玄。
> 阅二千年岁、月、日、时之绵暧，聚百、千、万、亿衿缨之问学，统二
> 十朝王者礼乐制度之崇严，咸奉伪经为圣法，诵读尊信，奉持施
> 行，违者以非圣无法论，亦无一人敢违者，亦无一人敢疑者。于
> 是夺孔子之经以与周公，而抑孔子为传；于是扫孔子改制之圣
> 法，而目为"断烂朝服"。①

　　此序言预设了全书的逻辑：二千多年尊奉的"古文经"，并非孔子
的本经，而是刘歆替王莽篡汉而弄的"伪经"；古文经学不是孔子的真
传，只是刘歆变孔子之道，为王莽政权找到合法性的根据；到郑玄之
时，他用今文经说来阐释古文经，混淆古今经，导致刘歆的"伪经"兴
而"真经"（今文经）亡。

　　此书有二十多万字，包含十四篇，其核心观点有五条。（1）秦朝
的"焚书坑儒"，并没有危及六经。秦始皇"焚书"，只烧了民间的经
书，而官方所藏的经书并没有遭到破坏。既然秦朝保护了官方经书，
那么汉代经学博士的今文经学便是孔门的真传，因为这些汉代经学
博士所学是传自秦博士。（2）刘歆伪造古文经。"古今总校书之任
者皆有大权，能主张学术，移易是非，窜乱古书"，而"刘歆伪撰古经，
由于总校书之任，故得托名中书，恣其窜乱"，以编书与修史来体现自
己的思想。（3）关于"壁中经"的传说是伪说，因为《史记》与《汉书》
对河间献王鲁共王事迹的记载有出入，所以"献王得书，共王坏壁"根
本不存在。（4）刘歆"罪不容诛"在于"总集其成，则存《周官》"，从

---

① 康有为：《新学伪经考》，《康有为全集》第 1 集，中国人民大学出版社 2007 年
版，第 355 页。

而"阴以周公抑孔子之学"。这对后世产生了很不好的影响,比如"唐人尊周公为先圣,而以孔子为先师,近世会稽章学诚亦谓周公乃为集大成,非孔子也,皆中歆之毒者"①。

《新学伪经考》出版后,"三次被清廷降旨毁版"②。学术界对此书的质疑颇多,皮锡瑞批评康有为"武断太过",因为"谓《周易》等书皆刘歆作,恐刘歆无此大本领"③。但梁启超敏锐地发现,康氏的"伪经考"对"数千年来共认为神圣不可侵犯之经典,根本发生疑问,引起学者怀疑批评的态度",让任何古书皆须重新检查估价④。而后的陈寅恪也指出,《新学伪经考》中的"疑古"蕴含着"惊雷破柱,怒涛振海"⑤的破坏力量。现今学者称:"《新学伪经考》从根本上推翻了绵延二千年道统的根基。既然经典本身的真伪都成了问题,那么圣经贤传还有何光彩可言,人们从此不但可以怀疑经典和道统的真实性,对整个统治秩序的合法性也可以投以怀疑的目光了。这正是《新学伪经考》一书的内在革命性意义。"⑥

钱玄同欣赏康有为的"怀疑批评的态度",评价道:

---

① 康有为:《新学伪经考》,《康有为全集》第 1 集,中国人民大学出版社 2007 年版,第 394—416 页。

② 钱玄同:《重论经今古文学问题》,《钱玄同文集》第 4 卷,中国人民大学出版社 1999 年版,第 132 页。

③ 皮名振:《皮鹿门年谱》,熊治祁编:《湖南人物年谱》第 5 卷,湖南出版社 2013 年版,第 175 页。

④ 梁启超:《清代学术概论》,中国人民大学出版社 2004 年版,第 201 页。

⑤ 陈寅恪曾谈及《新学伪经考》之影响:"递演为改制疑古,流风所被,与近四十年间变幻之政治、浪漫之文学,殊有连系……考自古世局之转移,往往起于前人一时学术趋向之细微。迨至后来,遂惊雷破柱,怒涛振海之不可御遏。"(陈寅恪:《朱延丰突厥通考序》,《寒柳堂集》,上海古籍出版社 1980 年版,第 144 页)

⑥ 董士伟:《康有为评传》,百花洲文艺出版社 2010 年版,第 52 页。

古文经给他那样层层驳辨,凡来历之离奇,传授之臆测,年代之差舛,处处都显露出伪造的痕迹来了。于是一千九百多年以来学术史上一个大骗局,至此乃完全破案:"铁案如山摇不动,万牛回首丘山重",《新学伪经考》实在当得起这两句话。①

所以钱玄同指出,应以辩证的态度看待康有为:

　　　我说康氏这部《新学伪经考》是极重要极精审的辨伪专著,是治国故的人们必读的要籍。至于康氏尊信今文家言和他自己的"托古改制"的经说(如他的《春秋笔削大义微言考》、《论语注》、《孟子微》等),还有他那种"尊孔"的态度,其为是为非,应与《新学伪经考》分别评价;《新学伪经考》在考证学上的价值,决不因此而有增损。②

钱玄同继承康有为的"怀疑精神",质疑"古文经"是伪经,讽刺刘歆是"圣经蟊贼,最不足信耳"③。他认为《新学伪经考》有如下重大的"发明":(1)"秦焚《六书》未尝亡缺";(2)"河间献王及鲁共王无得古文经之事","壁中经"只是"伪说"而已;(3)刘歆欲附成莽业而伪撰《周礼》,因为"刘歆为王莽更法立制而造为《周礼》,伪托于周公之说";(4)古文经的"古文"是伪字,因为"古文经"中的"古文"是刘歆所伪造的④。

① 钱玄同:《重论经今古文学问题》,《钱玄同文集》第4卷,中国人民大学出版社1999年版,第139页。
② 钱玄同:《重论经今古文学问题》,《钱玄同文集》第4卷,中国人民大学出版社1999年版,第141页。
③ 杨天石主编:《钱玄同日记》,北京大学出版社2014年版,第267页。
④ 钱玄同:《重论经今古文学问题》,《钱玄同文集》第4卷,中国人民大学出版社1999年版,第141—203页。

钱玄同认同康有为的"怀疑精神",大胆否定其师章太炎所坚持的"古文经"。这被章太炎的其他弟子们指责为"逢蒙杀羿之举"①的叛师行为。

　　但钱玄同明白,《新学伪经考》(1891年)的"破"(彻底否定古文经),是为《孔子改制考》(1897年)的"立"(对孔子的神圣化处理)做好准备。换言之,否定"古文经"只是手段,真正目的是揭示孔子的"圣道王功"。所以钱玄同只吸收了《新学伪学考》中的"破",而对《孔子改制考》的"立"则弃之如敝履。比如在1921年1月11日,他认为《新学伪经考》"有摧陷廓清之功",亦有"学圣之病"②。又如在1921年9月18日的日记他记下,《新学伪经考》是以汉学家的考证方式,驳斥刘歆的伪古文,此书谨严的方法与确凿的证据,让人很佩服,但对于《孔子改制考》,应该分别观之③。总之,在钱玄同看来,康有为虽推翻刘歆伪造的"古文经",却又尊信"今文经",是"以暴易暴"④,所以康氏遗留下了"一团最厚最黑的云雾",无法让所有的"经"能"青天全见"⑤。

　　按钱玄同自述,康有为的《新学伪经考》一方面让他知道了所谓"古文经"为刘歆这班人所伪造;另一方面由于这种质疑的态度,他开始反思"今文经"⑥。也即是在"古文经"被打倒以后,去审查"今文经"。在钱玄同的审视下,"今文经"虽对于"古文经"而言是真经,但

①　杨天石主编:《钱玄同日记》,北京大学出版社2014年版,第283页。
②　杨天石主编:《钱玄同日记》,北京大学出版社2014年版,第370页。
③　杨天石主编:《钱玄同日记》,北京大学出版社2014年版,第378—379页。
④　钱玄同:《与胡适论崔适书》,《钱玄同文集》第4卷,中国人民大学出版社1999年版,第223页。
⑤　钱玄同:《答顾颉刚先生书》,《钱玄同文集》第4卷,中国人民大学出版社1999年版,第250页。
⑥　钱玄同:《答顾颉刚先生书》,《钱玄同文集》第4卷,中国人民大学出版社1999年版,第237—238页。

今文经却不是今文家所说的"圣经",只是周秦间儒生合集而成的书。今文经中的"《诗》三百零五篇""《书》二十九篇""《礼》十七篇""《易》十二篇""《春秋》十一篇""《论语》二十篇"以及"《孝经》十八章",这里面既有古代的真实史实,有儒家托古改制的伪史,有孔子的真思想,也有后儒托于孔子的思想,所以今文经既有全真之书,有全伪之书,更有真书里面羼入伪篇的,也有书虽是真的而不免有缺文、误字、错简的①。并且"今文经"依靠口说流行,也"失其真相",也难以凭信,故而"今文家言"什九都不足信②。

　　历来的古今之争,或认为今文为真而古文为伪,或认为古文为优而今文为劣,这些观点虽然立论相反,但都主张今文古文的不同是在"经说"。钱玄同恰恰相反,认为今文古文的区别,首先是篇卷的多少,其次是文字的差异,而对于经说,虽然二者有种种异义,却是一路货色,因为两家解经,或言古代史实,或言典礼制度,都是无证据的臆测,没有优劣可言③。钱氏认为,这两家皆是通过利用孔子来献媚汉帝,期望获得高官厚禄,所以他们都喜欢讲孔子为汉制法,皆喜欢讲图谶纬候。只是古文家与今文家的区别在于,古文家在孔子以前又增加了一个周公,源于古文家的鼻祖刘歆要献媚新帝王莽。因周公有摄位的传说,这最适合成为王莽篡汉时所利用的工具,所以古文经说始终要抬出周公来,并伪造《周礼》一书,让王莽的立制更法有所依从;并且"周公为新制法"比"孔子为汉制法"更加亲切有用,故而治

---

① 钱玄同:《重论经今古文学问题》,《钱玄同文集》第 4 卷,中国人民大学出版社 1999 年版,第 210 页。

② 钱玄同:《论今古文经学及〈辨伪丛书〉书》,《钱玄同文集》第 4 卷,中国人民大学出版社 1999 年版,第 225 页。

③ 钱玄同:《重论经今古文学问题》,《钱玄同文集》第 4 卷,中国人民大学出版社 1999 年版,第 211—213 页。

古文经者更容易获得新室的高官厚禄①。为追求功名利禄,两学派各自找寻自己的机会。由于经说愈多,立学的机会便愈多,立学后就可以获得高官厚禄。比如在东汉古文家为求"立学"之机会,故意让"古文经说"取异于"今文经说","或与今文说相反,或与今文说微异,或与今文说貌异而实同"②。

　　为证明古文家与今文家是一丘之貉,钱玄同反驳了"今文家言'微言大义',古文家言'训诂名物'"的"大谬"观点。他指出:今文家也常言训诂名物,比如《汉书·艺文志》关于《诗》的《鲁故》《韩故》等,以及关于《书》的《解故》等,皆是讨论训诂名物的。同时古文家亦讲"微言大义",因为"微言"与"大义"本是两个词,近人才将此合二为一,凡讲"今文经"说就专门发挥它的微言大义,但此二词并没有出现在西汉今文家的书中,而最早应用此二词的是古文家的鼻祖刘歆,例如他的《让太常博士书》中的"夫子没而微言绝,七十子终而大义乖",再如刘歆所删的《汉书·艺文志》,在篇首就讲"昔仲尼没而微言绝,七十子丧而大义乖",所以"微言大义"应归属于古文家。这有力地打破了今文经学所主张的"《春秋》之义"即是"微言大义"的说法③。

　　同时钱玄同反驳了"古文家言'《六经》皆史',今文家言'《六经》皆孔子所作'"的说法,认为这与事实不符。在他看来,关于经的源头以及与孔子的关系,《史记·孔子世家》与《儒林传》为"今文说",而《汉书·艺文志》与《儒林传》又为"古文说",二者的观点虽然

---

① 钱玄同:《重论经今古文学问题》,《钱玄同文集》第 4 卷,中国人民大学出版社 1999 年版,第 213 页。

② 钱玄同:《重论经今古文学问题》,《钱玄同文集》第 4 卷,中国人民大学出版社 1999 年版,第 214 页。

③ 钱玄同:《重论经今古文学问题》,《钱玄同文集》第 4 卷,中国人民大学出版社 1999 年版,第 215 页。

不甚相同,而区别也不甚相远,但这些都与"《六经》皆史""《六经》皆孔子所作"的说法不同。他认为,"《六经》皆史",是始于宋代的陈傅良的《左氏国纪序》,然后是明代王守仁的《传习录》,其后是清代袁枚的《史学例议序》,再是章学诚的《文史通义》,以及龚自珍的《古史钩沉论二》与章太炎的《国故论衡》,而这里面只有章太炎是古文家,龚自珍是今文家,其他的既非古文家,也非经学家。他又指出,"《六经》皆孔子所作"之说,发轫于廖平的《知圣篇》,再到康有为的《孔子改制考》,又到皮瑞锡的《经学历史》,虽然这三位都是今文学家,但早于这三位的今文学家龚自珍已主张"六经皆史",而后于这三位的今文家崔适又撰文反对康有为的《孔子述作五经之大纲》,所以"六经皆孔子所作"的说法并非是今文家的统一言论①。

综上,钱玄同既讽刺"古文经"是"伪经",也不全相信"今文经",并将二者比喻为"两个近视眼看匾"②,都需要被质疑。他以自己的两位老师崔适与章太炎来举例道:崔师是纯粹今文家,怀疑一切古文经说而绝对信奉《春秋公羊传》;章师为纯粹古文家,质疑一切今文经说而绝对信奉《周礼》。他指出两师那种"不信"的态度,大体是不错的,但却不敢赞同他们那种"相信"的态度③。

二、质疑"六经"与孔丘的关系

"五四"思想革命时,一直存有原始的真孔学、真孔教是好还是坏的争论。例如常乃惪在《新青年》上撰文,认为原始的孔学是好的,却

---

① 钱玄同:《重论经今古文学问题》,《钱玄同文集》第4卷,中国人民大学出版社1999年版,第216页。
② 钱玄同:《论〈说文〉及壁中古文经书》,《钱玄同文集》第4卷,中国人民大学出版社1999年版,第278页。
③ 钱玄同:《论〈说文〉及壁中古文经书》,《钱玄同文集》第4卷,中国人民大学出版社1999年版,第266页。

被李斯、叔孙通、刘歆、韩愈等人所败坏①。陈独秀不认同伪儒败坏孔学的观点，认为原始的孔学也存在很大的问题，反问道：从汉唐以之后的诸儒为何不依靠道、法、杨、墨，人们为何不"以道、法、杨、墨称之"，反而是"独与孔子为缘而复败坏之"②。

钱玄同比常乃惪、陈独秀等更为激烈，认为不必去讨论真孔学、真孔教的好坏，因为以"六经"为核心的儒学与孔子根本没有任何关系，所以根本不存在所谓的孔学、孔教。历来，关于"六经"与孔子关系的讨论，始终处于古今之争中。"今文经学"认为，孔子作《春秋》，删《诗》《书》，而定《礼》《乐》。"古文经学"讲究"六经皆史"，强调孔子"删定六经"，让古圣文献得以保存。钱玄同在继承康有为的质疑思维后，将其扩大化与极端化，既"破"古文经，又"破"今文经，使"六经"与孔丘分离。他认为，不让"六经"与"孔丘"进行"分家"，是不容易打倒"孔教"的③。孔子与"六经"的关联，是儒学成立的基础，更是孔教成立的前提，二者一旦失去联系，孔学、孔教便丧失立足的根本。钱玄同通过如下三个步骤让"六经"与孔丘进行"分家"。

（一）质疑"六经"配成的时代，否定"六经的形成，源于孔子"的说法。不论古文经学，还是今文经学，都赞同《诗》《书》《礼》《乐》《易》《春秋》"六经"并称，源自孔子。钱玄同却认为，孔丘并无删述或制作"六经"，"六经"之名是后世"配成"的。其"配成"的过程如下：先是《论语》所讲的"子所雅言，诗，书，执礼"以及"兴于诗，立于礼，成于乐"；而后《论语》的说法被演化成《史记·孔子世家》中的"孔子以诗、书、礼、乐教"之观点；继而诱发出《礼记·王制》中的"乐

① 常乃惪：《致陈独秀》，《新青年》第 2 卷第 4 号，1916 年。
② 陈独秀：《答常乃惪》，《新青年》第 2 卷第 4 号，1916 年。
③ 钱玄同：《论〈诗〉说及群经辨伪书》，《钱玄同文集》第 4 卷，中国人民大学出版社 1999 年版，第 233 页。

正崇四术,立四教,顺先王诗、书、礼、乐以造士,春秋教以礼、乐、冬夏教以诗、书"之说,这就将《诗经》《尚书》《仪礼》三部紧密地配成在一起,又由于"乐"的源头是在《诗》三百篇里,"乐"的用处在《礼》十七篇里,所以名义上讲虽是"三部",实际上则是"四部",又由于孟子曾讲"'孔子作《春秋》'之说",所以又增加了《春秋》①。

　　"六经"的最终配成,应在战国末期。他解释道,"六经"之名,最初出现在《庄子·天运篇》。又《庄子·天下篇》先说"诗,书,礼,乐,邹鲁之士搢绅先生多能明之",下又胪举"诗""书""礼""乐""易""春秋"六个名目但不云"六经"。在他看来,《庄子》中为庄周所作者,只有"内篇"七篇而已,而《天运》是"外篇",《天下》是"杂篇",都不是庄周所作,所以"六经"的配成应出于战国之末。同时"六经"之名成立后,"六经"的内涵不断地扩大。《春秋繁露·玉杯篇》《史记》《汉书·艺文志》《白虎通》等,一旦谈及,皆将六者并举,以及还要瞎扯"五常""五行"等话头来比附,到刘歆等"古文家"出来,又在这五部书外增加一部《周礼》,而《春秋三传》《论语》《孝经》《孟子》《尔雅》等一直都被认为是"传记",所以世俗所称的"七经""九经""十一经""十三经"等,皆可用"六经"之名简称之②。

　　钱玄同对"六经并称开始于何时"的分析,表明先秦之时并没有"六经","六经"是后世叠加与配成的,与孔子没有关系,从根源上质疑了孔子删述或制作"六经"的说法。

　　(二)以《论语》为参照,逐步判断具体的"经"与孔子的关联。钱玄同用"六经"的配成时代,否定"六经的形成,源于孔子"的传统观

---

① 钱玄同:《答顾颉刚先生书》,《钱玄同文集》第4卷,中国人民大学出版社1999年版,第238—239页。
② 钱玄同:《答顾颉刚先生书》,《钱玄同文集》第4卷,中国人民大学出版社1999年版,第239页。

念。同时为使"六经"与孔子分离，他又以《论语》为参照，逐步判断具体的经与孔子的关联。在他看来，《论语》是孔门弟子记载的关于孔子及其门人的谈话内容，所以"要考孔丘的学说与事迹"，惟有《论语》是可信据的①，而《孟子》《荀子》《史记》里记载的孔学，只是孟轲、荀况、司马迁等人的学说而已，所以不能将此视为孔学②。这一点，他多次在文章与日记中进行强调，例如他在 1926 年 9 月 16 日记下"孔子之真只合求之于《论语》，前人将孔前之尧……周，孔后之汉、宋儒学皆归之孔，非也"③。只有《论语》能传达出孔子的真实意图，故而钱玄同将《论语》中关于《诗》《书》《礼》《乐》《易》《春秋》的内容皆抄写出来，并对这些逐一进行鉴别。

1.《论语》关于《诗》的条目最多，有十八则。通过对十八则条目进行鉴别，钱玄同发现根本无法找到孔子删改《诗》的材料④。

2.《论语》关于《书》的条目有四则。钱玄同认为，这四则根本无法找出一点删《书》的材料来，更重要的是《论语》有三次引《书》，有：《为政》的"孝乎惟孝，友于兄弟"；《泰伯》的"武王曰：予有乱臣十人"；《宪问》的"《书》云：高宗谅阴，三年不言"。但令人感到奇怪的是，《论语》虽然三次引用《书》，皆不在二十八篇"今文《尚书》"之内。所以他指出，如今留存的二十八篇"今文《尚书》"，与孔丘见过的《书》很不一样⑤。

---

① 钱玄同：《答顾颉刚先生书》，《钱玄同文集》第 4 卷，中国人民大学出版社 1999 年版，第 239 页。

② 钱玄同：《论今古文经学及〈辨伪丛书〉书》，《钱玄同文集》第 4 卷，中国人民大学出版社 1999 年版，第 225—226 页。

③ 杨天石主编：《钱玄同日记》，北京大学出版社 2014 年版，第 676 页。

④ 这一点将在第二章第一节中详述。

⑤ 钱玄同：《答顾颉刚先生书》，《钱玄同文集》第 4 卷，中国人民大学出版社 1999 年版，第 241—243 页。

3.《论语》关于《乐》的记录有六则。这些分别是:《八佾》的"子语鲁太师乐";《八佾》的"子谓《韶》……谓《武》……";《述而》的"子在齐闻《韶》";《泰伯》的"子曰,兴于诗,立于礼,成于乐";《泰伯》的"子曰,师挚之始,《关雎》之乱,洋洋乎盈耳哉";《子罕》的"子曰,吾自卫反鲁,然后乐正,《雅颂》各得其所"。钱玄同指出,乐本无经,那么《论语》中关于《乐》的条目,就没有讨论的必要,并且通过《子罕》中的"子曰,吾自卫反鲁,然后乐正,《雅颂》各得其所",可证明这个没有"经"的《乐》确实是经过孔子整理的①。

4.《论语》关于《易》的记载有三则。这些分别是:《述而》中的"子曰,加我数年,五十以学《易》,可以无大过矣";《子路》中的"不恒其德,或承之羞";《宪问》中的"曾子曰:君子思不出其位"。在钱玄同看来,这三则关于《易》的记录,不仅无法证明孔丘曾经称赞过《易》,反而可表明孔丘与《易》没有关系。(1)《述而》的"子曰,加我数年,五十以学《易》,可以无大过矣"的文句,"《鲁论》与《古论》大异",今本源自郑玄,而郑玄对此节的理解源自《古论》,但是《鲁论》却作"五十以学,亦可以无大过矣"。所以《论语》的原文应是"亦"字,因为秦汉以后有"孔子赞《易》"的话,是汉人改"亦"为"易"以求附合。汉人改"亦"为"易",而后将《论语》的此节转化成《史记》的"孔子晚而喜《易》……读《易》,韦编三绝,曰,'假我数年,若是,我于《易》则彬彬矣"。钱氏指出,此种改变,原本是想让《论语》的此节成为称赞《易》的证据,但却遗留一个大漏洞:他们认为孔丘在暮年归鲁后"删订'六经'",此时孔子已有七十岁左右,那么《论语》中的"五十"两字就无法讲通,而且"什么'或五年或十年',什么'用五用十',或改作'卒',或改作'吾',讲来讲去,终难圆谎"。(2)《子路》的"不

---

① 钱玄同:《答顾颉刚先生书》,《钱玄同文集》第 4 卷,中国人民大学出版社1999 年版,第 241—243 页。

恒其德,或承之羞",只是引用了《恒卦》的爻辞,表明《论语》与赞
《易》无涉。(3)《宪问》中的"曾子曰:君子思不出其位",是曾参的
话,而在《易》为《艮卦》的《大象》,且多出一个"以"字,作"君子以思
不出其位",这可表明创作《大象》的人抄袭了曾参之话而加一"以"
字,让其与别卦《大象》的词例一律①。

5.《论语》对于《礼》的记载较多。钱玄同却认为,《论语》关于
《礼》的话虽然有很多,但大部分是讨论"礼意"的,与《仪礼》完全没
有关系。就算"射不主皮""揖让而升,下而饮"等语,"后人虽可引
《仪礼》来附会,但不能说这是孔丘引《仪礼》的证据"②。

6.《论语》中简直没有关于《春秋》的内容。在钱玄同看来,《论
语》中的"答子张问十世"以及"答颜渊问为邦"两节,"今文家最喜征
引,说这是关于《春秋》的微言大义",但只要仔细阅读这两节话,会
发现这些真是"平淡无奇",始终无法从里面发现什么"非常异义可
怪之论",况且《春秋经》《公羊传》《春秋繁露》里面也毫无与这两节
相同或相类似的话。这样一件大事业,《论语》里面居然无法找寻出
一点材料,故此书是极其可疑的③。

7.《论语》对"六经"的总说,有三则。这些分别是:《述而》中的
"子所雅言:《诗》,《书》,执礼,皆雅言也";《泰伯》中的"子曰:兴于
诗,立于礼,成于乐";《季氏》中的"曰:'学《诗》乎?'……曰:'学
《礼》乎?'"钱玄同对此分别辨析道:(1)《述而》的"子所雅言:《诗》,
《书》,执礼,皆雅言也",可表明孔子采用国语(雅言)"读文艺,读历

---

① 钱玄同:《答顾颉刚先生书》,《钱玄同文集》第 4 卷,中国人民大学出版社
　1999 年版,第 241—244 页。
② 钱玄同:《答顾颉刚先生书》,《钱玄同文集》第 4 卷,中国人民大学出版社
　1999 年版,第 242 页。
③ 钱玄同:《答顾颉刚先生书》,《钱玄同文集》第 4 卷,中国人民大学出版社
　1999 年版,第 242 页。

史,赞礼";(2)《泰伯》中的"子曰:兴于诗,立于礼,成于乐",也只是孔子"论教材的先后次第",而这"与后世所谓'删《诗》《书》,定礼乐'的话全不相干";(3)《季氏》中的"曰:'学《诗》乎?'……曰:'学《礼》乎?'",这条十分可疑,不值得讨论①。

钱玄同以《论语》为参照,判断"六经"与孔子之关联。这种方式,在"五四"思想革命时有一定的影响。例如胡适在1919年出版的《中国古代哲学史》,认为《论语》虽非孔子所写,却"极可靠"与"极有用",认为研究孔学,需要将《论语》与《易传》《春秋》进行互证参考②。钱玄同比胡适更加激烈,只承认《论语》能传达孔子的真实想法,而其他的《春秋》等经都与孔丘无关,所以其余"经"便不是所谓的孔学。但此种只以《论语》为参照来考证孔子与"六经"的方式,存有不少漏洞,故被后世学者质疑。后世质疑者多认为"《论语》是孔子及其弟子言行的记录,其为实录,固无疑问,但它并不能完整记载孔子所有的话"③。虽存有学理上的缺陷,但钱玄同以《论语》为基而对"六经"的论说,在"五四"并没有带来多少争论,反而是引起了傅斯年、顾颉刚等人的共鸣。

(三)恢复"六经"的原貌。钱玄同虽承认《论语》是"真孔学",但指出它只是一部古代大学者的言论集。如果把什么"三统""四始"之类,硬说是孔先生说过这样不通可笑的话,最后把他冤诬了④。并且钱玄同以《论语》为参照后,认为"六经"皆与孔丘无关。

① 钱玄同:《答顾颉刚先生书》,《钱玄同文集》第4卷,中国人民大学出版社1999年版,第242—244页。
② 胡适:《中国古代哲学史》,《胡适文集》第6卷,北京大学出版社2013年版,第187页。
③ 陈壁生:《经学的瓦解》,华东师范大学出版社2014年版,第127页。
④ 钱玄同:《论〈诗〉说及群经辨伪书》,《钱玄同文集》第4卷,中国人民大学出版社1999年版,第233—234页。

1.《诗经》是"一部最古的总集"。其中的小部分是"西周的诗",而大部分是"东周(孔丘以前)的诗","什么人辑集的,当然无可考证了"。关于"辑集的时代"却是在孔丘以前,因为"孔丘说,'《诗》三百','诵《诗》三百',则他所见的已是编成的本子了"①。

2.《书》是"三代"时期的"文件类编"与"档案汇存"。钱玄同虽认为《书》是档案或类编,承认它的历史价值,但指出《书》并没成书。因为凡是春秋与战国时人所引用的《夏志》《周书》等,与现在的《逸周书》者,都属于这一类的东西,所以"无论今文家说是廿八篇,古文家说是一百篇,都不足信"。《书》既没成书,就无所谓完全或残缺,由于它时常被人称赞与引用,那么"托古"者不免要来伪造了,故而现在的二十八篇里,有历史价值的只怕没有几篇。比如《尧典》《皋陶谟》《禹贡》《甘誓》等篇"一定是晚周人伪造的"。又如《逸周书》中的伪篇也必定占大部分。再如《尚书》即使没有伪篇,也只是"粉饰作伪的官样文章",所以将其作为史料之时,必须要慎之又慎②。

3.《礼》是"战国时代胡乱抄成的伪书",这已经被毛奇龄、顾栋高、袁枚、崔述诸人所证明,而刘歆伪造了《周礼》,并且《两戴记》里的内容十分之九皆是汉儒所作的③。

4."乐本无经",但古文家伪造了"魏文侯的乐人窦公献书于汉文帝,乃《周官》大宗伯之大司乐章"的说法,目的是想以此来冒充《乐经》。但"这故事造得太不像了,因为照他所说,窦公献书时已有

① 钱玄同:《答顾颉刚先生书》,《钱玄同文集》第 4 卷,中国人民大学出版社 1999 年版,第 245 页。
② 钱玄同:《答顾颉刚先生书》,《钱玄同文集》第 4 卷,中国人民大学出版社 1999 年版,第 246 页。
③ 钱玄同:《答顾颉刚先生书》,《钱玄同文集》第 4 卷,中国人民大学出版社 1999 年版,第 246 页。

二百五六十岁光景",由此可知"乐经"之说过于荒谬①。

　　5.《易》是"原始的易卦",为"生殖器崇拜时代"之产物。钱玄同指出,《易》中的"乾""坤"二卦便是"两性的生殖器的记号","初演为八,再演为六十四,大家拿它来做卜筮之用",而后又有人做上了很多卦辞、爻辞,犹如"五四"时的"签诗",它的"无咎""悔亡"犹如"签诗"的"上上""中平""下下"。由于这些"签诗"大概不止一种,故而《左传》的记载与今《易经》有很大的差异。而孔丘之后的儒生常利用它来发挥他们自己的哲理,也即是"托古",做出了《彖传》《象传》《系辞传》《文言传》《说卦传》《序卦传》以及《杂卦传》等②。

　　6.《春秋》只是"断烂朝报",犹如"流水账簿"。孟子因为要借助孔丘,于是造出"《诗》亡然后《春秋》作"以及"孔子成《春秋》而乱臣贼子惧"的话,"硬说它有'义',硬说它是'天子之事'",后来"一变而为《公羊传》,再变而为董仲舒之《春秋繁露》,三变而为何休之《公羊解诂》",于是让"非常异义可怪之论"愈加多了起来③。

　　钱玄同分离"六经"与孔子的关联,让其从神圣的经典变为学术的研究对象,有打倒孔教之效用。上文已提及,在"五四"思想革命时,一直存在着原始的真孔学、真孔教是好还是坏的争论,"五四"学人多认为"二千年吃人的礼教法制"皆是挂着"孔老先生的招牌",所以挂着这块招牌的"老店"与"冒牌"都应该"搋碎"与"烧去"④。钱

---

① 钱玄同:《答顾颉刚先生书》,《钱玄同文集》第 4 卷,中国人民大学出版社 1999 年版,第 246 页。
② 钱玄同:《答顾颉刚先生书》,《钱玄同文集》第 4 卷,中国人民大学出版社 1999 年版,第 246—247 页。
③ 钱玄同:《答顾颉刚先生书》,《钱玄同文集》第 4 卷,中国人民大学出版社 1999 年版,第 247 页。
④ 胡适:《〈吴虞文录〉序》,《胡适文集》第 2 卷,北京大学出版社 2013 年版,第 551 页。

玄同更为激烈,认为不必去讨论真孔学、真孔教的好坏,因为以"六经"为核心的儒学与孔子根本没有任何关系,所以根本不存在所谓的孔学、孔教,有釜底抽薪之用。但他在私人日记里,对孔子与"六经"之间的关系,也有过犹豫,偶尔会相信孔子制作或修改"六经"。例如他在1916年1月9日日记中,认为"六经"应该"纵非本无而为孔子制作,亦是固有而经孔子改削"①。但钱玄同的这种犹豫态度出现的频率极少,只是衬托出他反儒思想的复杂性而已。并且他在"五四"之后,便没再出现过这样的犹豫。

三、重估"六经"的史料真伪及价值

在否定孔子与"六经"关联之后,钱玄同对"六经"的史料真伪及价值进行了重估,以打破中国学术中的"宗经"思想,从而多添些"离经叛道""非圣无法"的材料②。

（一）重估缘由:中国过去被"宗经思想"支配

旧时讲"经",分"今文家""古文家""宋儒"三派,尽管彼此立说不同,但总不会脱离"受命改制""王道圣功"这些话语范畴,都没有谈到"经"在史料上的价值,皆拘泥于二千年来"考信于六艺"的传统见解,迷信"经"是最可值得信任的史料。所以中国学术界始终被"宗经"思想所支配的,造成不论治文学的、治历史的、治政治的,以及治其他种种国故的,也无不"宗经",将"'经'中所有的,或解经的先生们所说过的"都视为最真实的史料③。比如治历史的,认为"伏羲画八卦""尧舜禅让"以及"禹治洪水"是古代的真实历史;又如治政

---

① 杨天石主编:《钱玄同日记》,北京大学出版社2014年版,第286页。
② 钱玄同:《论〈诗〉说及群经辨伪书》,《钱玄同文集》第4卷,中国人民大学出版社1999年版,第231页。
③ 钱玄同:《重论经今古文学问题》,《钱玄同文集》第4卷,中国人民大学出版社1999年版,第137页。

治的,将《周礼》视为周代的真实官制;又如治文学的,将《尚书》的《益稷》中的"帝舜及皋陶之歌"视为真的虞代文学,并将《五子之歌》视作真的夏代文学;再如,只要"经"所涉及过的"风俗""礼仪""神话""圣迹"等,都会被看成是最可靠的真实史料①。

　　钱玄同指出,不仅以前的学术界将"经"所涉及的事物视为最可靠的真史料,而且现在新出的书,比如一般的《中国文学史》"依然大谈其《五子之歌》",而一般的《中国历史》"依然谈三皇五帝,谈周公作《周礼》"②。更可笑的是,"有人一面引阎百诗、惠定宇之说,说孔安国的《书传》是伪书,而一面又把伪孔《书序》大引特引;又有人谓《大禹谟》等虽伪,而其中颇多善言,必不可废"③。这种将"六经"皆当成真实史料的做法,危害性甚大,使大多前代学者"孳孳矻矻,死而不寤"地"日读伪书",坑了很多"聪明人"④。同时在钱玄同看来,"辨伪'经'的材料"比"辨伪'史'、伪'子'、伪'集'的材料"更为重要⑤。因为"子""史"很少被人尊视,打倒几部伪的"子""史",大家并不会惊讶;而只有打倒伪经,才是"推倒偶像之生力军"。况且"经"不推翻,人们会将此信为"真正古史",或尊为"微言大义",这对"历史"与"学说"皆有所损害⑥。并且"子""史"等常被视为异端,本

---

① 钱玄同:《重论经今古文学问题》,《钱玄同文集》第 4 卷,中国人民大学出版社 1999 年版,第 137 页。

② 钱玄同:《重论经今古文学问题》,《钱玄同文集》第 4 卷,中国人民大学出版社 1999 年版,第 137 页。

③ 钱玄同:《论近人辨伪见解书》,《钱玄同文集》第 4 卷,中国人民大学出版社 1999 年版,第 220 页。

④ 钱玄同:《论近人辨伪见解书》,《钱玄同文集》第 4 卷,中国人民大学出版社 1999 年版,第 220 页。

⑤ 钱玄同:《重论经今古文学问题》,《钱玄同文集》第 4 卷,中国人民大学出版社 1999 年版,第 137 页。

⑥ 杨天石主编:《钱玄同日记》,北京大学出版社 2014 年版,第 488 页。

不为前人所看重,治"史"或治"子"肯定会带有质疑之眼光,可"经"一直以来为学者所尊崇,不论讲什么,"总要征引它,信仰它",比如现在仍有人以《周礼》来讲解周史①。

(二)"辨经"之步骤

钱玄同的"辨经"是从两方面来推行:

一方面,吸收前人的辨伪成就。"辨经"的第一步在于"审查史料之真伪",也即"辨伪",如果不经过这项工作,"任何材料都供掎扯,则结果尽可闹到'下笔千言,离题万里',说得'像煞有介事',其实'满不是那么一回事'"②。所以对于所有古书,只能将其视为"一种可供参考的史料",而史料的鉴别择取,需要用自己的眼光与知识为衡,决不能信奉"某书为唯一可信据的宝典"③。"自己的眼光与知识"很大部分地依赖于自己对前人辨伪成绩的了解。前代学者如司马迁、王充、刘知几、顾炎武、崔述等人皆有"辨伪的眼光"与"特到的见识",可前人的辨伪皆是"自己做开山始祖",所以"所获甚少",而如今的辨伪需"席前人之成业,更用新眼光辨伪,便可事半功倍"④。

另一方面,大胆疑古。钱玄同指出,只是了解前辈的辨伪成绩是远远不够的,毕竟前人考辨所未及、"不敢认为伪造"的书物还是很多的,所以我们在研究时应常持怀疑态度,一旦发现一部书的可疑之点,就不能再去轻信它,特别是不能再去替它设法"弥缝"。比如《中

---

① 钱玄同:《论编纂经部辨伪文字书》,《钱玄同文集》第 4 卷,中国人民大学出版社 1999 年版,第 227 页。

② 钱玄同:《重论经今古文学问题》,《钱玄同文集》第 4 卷,中国人民大学出版社 1999 年版,第 135 页。

③ 钱玄同:《论〈说文〉及壁中古文经书》,《钱玄同文集》第 4 卷,中国人民大学出版社 1999 年版,第 265 页。

④ 钱玄同:《论今古文经学及〈辨伪丛书〉书》,《钱玄同文集》第 4 卷,中国人民大学出版社 1999 年版,第 224 页。

庸》《毛诗》《礼运》《周礼》等书时常有人揭穿它们的"可疑之点",但却也常有人去替它们"弥缝"。而"弥缝"原因就是"不敢疑古",因为他们总认为"较后的书可以疑",但"较古的书不可疑",短书小记可疑,但高文典册(特别是经)不可置疑。在他看来,学术的进步全依赖于学者的"善疑",尤其是"赝鼎"最多的国学界,必须用"极炽烈的怀疑精神去打扫一番",以恢复传统的真相①。

在学术研究中,钱玄同支持大胆的疑古非圣。比如顾颉刚曾致信钱氏,认为中国历史是"层累造成的",推测禹只是一条虫而已,尧舜的故事也是《论语》之后的人杜撰的,神农与黄帝诸多上古帝王也是在战国时被人伪造的②。钱玄同完全赞同顾颉刚,也怀疑"尧、舜、禹、稷及三皇、五帝、三代相承的传说",指出:尧舜二人肯定是"无是公""乌有先生","尧,高也;舜,借为'俊',大也(《山海经》的《大荒东经》作'帝俊'),'尧'、'舜'的意义,就和'圣人'、'贤人'、'英雄'、'豪杰'一样,只是理想的人格之名称而已"③。同时他又质疑,中国历史是从禹说起,各教皆有"洪水"之传说,估计确有其事的,那么洪水之前便全无历史可稽了,所以尧、舜二人,是"周人想象洪水以前的情形而造出来的","大约起初是民间的传说,后来那班学者便利用这两个假人来'托古改制'。这类把戏,其实早被韩非戳破了,只因秦汉以后的学者太无见识,糊里糊涂地相信这是真人真史"④。

① 钱玄同:《研究国学应该首先知道的事》,《钱玄同文集》第4卷,中国人民大学出版社1999年版,第254—255页。
② 顾颉刚:《与钱玄同先生论古史书》,《古史辨》第1册,海南出版社2005年版,第76—79页。
③ 钱玄同:《答顾颉刚先生书》,《钱玄同文集》第4卷,中国人民大学出版社1999年版,第235页。
④ 钱玄同:《答顾颉刚先生书》,《钱玄同文集》第4卷,中国人民大学出版社1999年版,第235页。

四、"辨经"之后,重估"六经"的史料价值

对钱玄同来讲,不仅"古文经学"的史料无法依靠,而且"今文经学"靠得住的史料也不多,因为它羼杂了许多儒家"托古改制"的文章①。那么他在辨伪"六经"之后,须对其史料价值做出重估。

（一）《诗经》是一部很可信据的史料②。钱玄同指出,《诗经》是一部真古书,而这里面的三百〇五篇确实是西周后半至东周的春秋前半时代的文学作品,但"自来的'《诗》说'则都不能认为史料"③。

（二）《书经》里面"有史料,有非史料"。在钱玄同的审视下,《周书》十九篇大多是"可信据的史料";而《商书》五篇却非史料,因为"《盘庚》诸篇的思想那样野蛮,似乎是真史料,但文章恐已经周人之润色",毕竟"商文似乎还未必能做到那样的畅达"。《虞夏书》中的《尧典》《皋陶谟》《禹贡》三篇也"绝非真史料",因为《尧典》的政治思想与《孟子》《大学》全然相同,譬如《尧典》中的"置国之法""三年之丧"等皆是儒家思想,并非真古史;《皋陶谟》中的"天聪明,自我民聪明;天明威,自我民明威",这明明是儒家的思想,远比《盘庚》中"那些专说鬼神降罚来恐吓百姓的文告高明过了百倍",故而当然也"不是真古史";"《禹贡》的版图已及于荆扬,贡物已有了铁钢（镂即钢）,断不是夏代的书"。所以《书经》中的内容大多被"儒家所改窜",其中有些属于史料,有些并非史料④。

（三）《礼经》并非"大周通礼",也不是周代的史料。经过钱玄同

① 钱玄同:《〈左氏春秋考证〉书后》,《钱玄同文集》第4卷,中国人民大学出版社1999年版,第309页。
② 这一点在第二章第一节详述。
③ 钱玄同:《〈左氏春秋考证〉书后》,《钱玄同文集》第4卷,中国人民大学出版社1999年版,第311页。
④ 钱玄同:《〈左氏春秋考证〉书后》,《钱玄同文集》第4卷,中国人民大学出版社1999年版,第311—312页。

的考证,《仪礼》实则是儒者们将古今南北种种习惯的"仪文礼节"以及"衣裳冠履",在斟酌取舍之后,制造成的"杂拌儿"。在制成后,又被儒者们"常常扮演",比如诸儒"讲乡饮大射于孔子冢"(《史记·孔子世家》);再如汉代时,诸儒"始得修其经艺",便"讲习大射乡饮之礼"(《史记·儒林列传》)。所以"杂拌"而成的《礼经》,肯定不能认为是"大周通礼",更不能认为是周代史料①。

(四)《乐经》本无此书,更不用说史料了。钱玄同指出,"今文本无此物。即古文家也懒得伪造",因为古文家用了一个"很经济的办法",在伪造的《周礼》中,挖出一段窦公献"《周官》大宗伯之大司乐章",这样便"一稿两用",将其充作《乐经》。这么看来,研究《乐经》时,根本没有必要去讨论它"能不能算史料"②。

(五)《易经》是一部很可信据的史料。在钱玄同看来,《易经》确是西周时代的真古书,但是"'伏羲画卦,文王重卦',又作《卦辞》、《爻辞》'"等说法是不能相信的,他引用朱晦庵的话解释道,"卦爻之辞"本是"卜筮者断吉凶",本来极其"平易浅近",现今却将其"误为高深微妙之说"。他又指出《易经》虽可视为史料,但《易传》则无法认为是史料。因为《易传》是"托古"之作,是儒家发挥其政治观、人生观、道德观的作品,与《易经》已经无关系③。

(六)《春秋经》是一部"托古改制"的书,里面的史料不可全信。比如《春秋》对于当时的诸侯各国,用"公""侯""伯""子""男"的"五等封爵"来限定人物,无法随便乱叫。但用现今发掘的钟鼎款识考

① 钱玄同:《〈左氏春秋考证〉书后》,《钱玄同文集》第4卷,中国人民大学出版社1999年版,第313页。
② 钱玄同:《〈左氏春秋考证〉书后》,《钱玄同文集》第4卷,中国人民大学出版社1999年版,第313—314页。
③ 钱玄同:《〈左氏春秋考证〉书后》,《钱玄同文集》第4卷,中国人民大学出版社1999年版,第310页。

辨,发现并不是那么一回事,因为"王、公、侯、伯、子、男"六个字只是国君名称,可以随意使用的。从而可看出,《春秋》里那些一成不变的称谓,肯定是儒家"托古改制",来适应"大一统"与"正名"理想。那么《春秋》虽然原本是"鲁国的真历史",但经过"笔削",它里面的事实真相也改变了许多,无法全认为史料①。

　　通过以上所讲,在"六经"中,仅仅有《易经》和《诗经》是史料,而《易传》和"《诗》说"皆不是史料;《春秋经》也无法全认为是史料;《礼经》并非史料;《乐经》本无此书,肯定无所谓史料。故而"六经"中的史料实在并没有太多。

　　顾颉刚曾讲,钱玄同受到今、古文经学派的相反的思想影响,却对今、古文家都不满意,认为这两派对于整理古籍皆不实事求是,犯了从主观成见出发的错误。所以钱玄同告诫顾颉刚要有批评精神,要超越"今古文的家派"来讨论今古文问题,认为应用"两家合理的话"来各抨击对方,从而让彼此的"原形毕露",让后人再不想"投入今古文家派"②。钱玄同借用这种相反的影响,既打破"六经"的神圣地位,让其史料化,又对其进行史料真伪的审判,使"六经"的史料价值都变得十分低微。

五、反思:疑古思维的危险性

　　进入"五四"新文化的现场来看,钱玄同审判儒经,彻底质疑儒学,让承载于儒学之中的等级尊卑秩序、道理伦理也被彻底质疑。儒经是伪造的,表明儒学里的伦理秩序与道德规范也是被伪造,也需要

---

① 钱玄同:《〈左氏春秋考证〉书后》,《钱玄同文集》第4卷,中国人民大学出版社1999年版,第312—313页。
② 顾颉刚著,王煦华整理:《玉渊潭忆往》,苏州市地方志编纂委员会办公室、苏州市档案局编:《苏州史志资料选辑》,1984年版。

后世对其进行批判。这是钱玄同反传统效果之体现。殷尘在《钱玄同先生的学术思想》中认为钱玄同大胆质疑儒经的言论,如果出现在前清时代,会有"灭门之祸",所以钱玄同的言论是"二千年来第一声反抗大炮"①,有解放思想的效用。

钱玄同对"六经"的质疑,引发人们对传统的全面怀疑,因为"一旦经典能被怀疑,那也就没有什么东西不可以被怀疑了"②。"六经"靠不住,历史上的一切皆靠不住,都是被虚构的,只是故事而已。这种对历史的理解,是"五四"新文化时期特有的历史观。"五四"前的学人不论怎样去批判历史,他们都是有所信的,只是用自己所坚持的理念去怀疑部分历史。比如康有为是用"今文经学"的角度,去怀疑"古文经学"。章太炎是以"古文经学"的思路,绝对质疑"今文经学"。钱玄同无所信,认为一切历史都是虚假的,都需要去重估。这引发"五四"以后的疑古思潮,延续了"五四"反传统的精神。顾颉刚、胡适纷纷加入此思潮,对以儒经为核心的中国传统进行彻底怀疑,认为古书、古史、古语皆不可信。他们怀疑大禹只是一条虫,怀疑历史上并没有尧舜禹汤,甚至质疑一切历史都是被建构的历史故事。

在钱玄同、顾颉刚等人看来,旧道德、旧文化的权威隐匿于古史古书的神秘之中,故而如果坚守儒学思想,"尧舜禹汤"便是道德的"模范",而"儒家的理想"就是尧舜禹汤施行过的"仁政"。所以,钱玄同等人对儒学所歌颂的上古黄金时代进行质疑,指出孔学所坚持的古史文明是被虚构的,证明寄托于"六经"中的仁义礼孝等并没在尧舜禹汤等上古黄金时代施行过,它们的合法性与合理性也遭到了

---

① 殷尘:《钱玄同先生的学术思想》,《图书月刊》第1卷第3期,1946年。
② (美)约瑟夫·列文森著,郑大华、任菁译:《儒教中国及其现代命运》,广西师范大学出版社2009年版,第73页。

前所未有的怀疑。这不仅拆散儒家的经学系统,也拆散经学中的道德谱系。换而言之,钱玄同、顾颉刚对尧舜禹汤的大胆质疑,实则想从源头上去否定儒经所建构的道德理想世界。

　　虽然大胆地疑古,可以轻易地颠覆过去儒学思想带给现代生活的种种束缚,让人的精神思想彻底释放,但这种疑古思维很容易搞出很多"冤假错案"①,会抹杀历史而动摇国本,隔断现代生活与过去生活思想的联系。毕竟疑古只是史观的改变,而非史料的改变,所以它仅是"史观改造史料的结果",而非通过审查客观史料而得出的结论②。民国时期,这种大胆疑古受到很多学人的批判,指出"疑古之说"的兴盛,"谓尧、舜、禹、汤皆儒家伪托,如此惑失本原,必将维系民族之国史全部推翻。国亡而后,人人忘其本来,永无复兴之望"③。章太炎就认为"疑古"行为实则是"因疏陋而疑伪造",并"以一端小过,悉疑其伪。然则耳目所不接者,孰有可信者乎? 百年以上之人,三里以外之事,吾皆可疑为伪也"④。

　　傅斯年曾认同"疑古",而后逆转,承认"疑古"是"谈史学者极大的罪恶"⑤。鲁迅也意识到此种思维的极端化与随意性,多次讽刺顾颉刚将大禹考证为一条虫的说法。并且胡适、傅斯年等疑古学人,也在1928年安阳殷墟的考古挖掘之后,开始反思疑古派过疑。胡适在1929年3月与顾颉刚交谈时,宣称自己的思想已变,不再疑古,要

① 李学勤:《走出"疑古时代"》,《中国文化》1992年第2期。
② 廖名春:《疑古与史料审查》,《中州学刊》2000年第2期。
③ 诸祖耿:《记本师章公自述治学之功夫及志向》,傅杰编校:《章太炎学术史论集·附录》,云南人民出版社2008年版,第487页。
④ 章太炎:《救学弊论》,姜玢编选:《革故鼎新的哲理——章太炎文选》,上海远东出版社1996年版,第542页。
⑤ 傅斯年:《民族与古代中国史》,河北教育出版社2002年版,第199页。

"信古"①。所以,钱玄同对"六经"的辨伪,表明中国传统的许多"吃人"道理规范亦是被伪造的,有思想解放的作用。但他用一元论去质疑历史,这种思维方式也需要被反思。

---

① 顾潮:《顾颉刚年谱》,中国社会科学出版社 1993 年版,第 171 页。

第二章 "六经"的瓦解

——以钱玄同的《诗经》论与"《春秋》经传说"为例

本章接续上一章,展示钱玄同关于"六经"中《诗经》《春秋》的言说,具体地呈现他从中国传统经学内部对儒学的瓦解。《乐》经无书。钱玄同对《书》《礼》《易》的论述较少,故而本章选择以钱玄同的《诗经》论与"《春秋》经传说"为例。

第一节 钱玄同的《诗经》论

"六经"所确立的道德伦理是中国传统文学的精神内核,"文学之变迁虽无穷,核其所作,大抵不能越六经之樊篱"①。《诗经》是儒学"六经"之一,是儒家立言、立行之标准,具有崇高的地位。孔子云:"诗三百,一言以蔽之,曰:'思无邪。'"②朱熹称,"'思无邪',乃是要使读《诗》人'思无邪'耳。读三百篇诗,善为可法,恶为可戒,故使人'思无邪'也"③。《诗经》作为"圣道王化的偶像",建构了中国文学中温柔敦厚的诗教传统,要求文学具备"可以感发人之善心,可以惩

---

① 马崇金:《中国文学沿革略论》,《约翰声》第 30 卷第 3 期,1919 年。
② 陈晓芬译注:《论语》,中华书局 2016 年版,第 11 页。
③ 朱熹:《朱子语类》第 2 册,崇文书局 2018 年版,第 406 页。

创人之逸志"①的道德教化作用。

可在"五四",钱玄同一方面打破儒学经典《诗经》的"经字招牌",并将其扭转为中国白话文学的历史源头,使《诗经》从"经"转化为"文学";另一方面他又让孔子与《诗经》分离,认为孔子既无删述也没作《诗经》,告别了古今之争的儒学传统。钱玄同的《诗经》论既颠覆《诗经》的经学价值,又否定孔子对《诗经》的贡献,这直接挑战了儒学文明,是"大逆不道"的"非圣无法"。

一、"五四"白话文的历史源头

钱玄同在"五四"新文化时期宣扬彻底地反叛儒家传统,主张全盘西化,讽刺"尊孔"是"尊屁"②,视儒学经典为"粪谱"③,直言:"看见有人吃粪,不问其有无精神病,总是该阻止他的。"④在激烈"反儒"之时,在钱玄同身上出现了一个看似比较矛盾的现象:他在个人日记与公开文章中多次表达对《诗经》的喜爱。譬如在1917年1月25日的日记中认为《诗经》中的《风》《雅》"其体裁琢句,决无全袭前人甘为优孟衣冠者",有"美文"之价值⑤。再如在1917年《新青年》第3卷第1号致信陈独秀时,钱玄同认为中国古典文学浮词多而真意少,有妄用典故之毛病,而《诗经》是"从无用典者"之作,代表朴实真挚之文学⑥。

---

① 朱熹:《朱子语类》第2册,崇文书局2018年版,第406页。
② 钱玄同:《今之所谓"评剧家"》,《钱玄同文集》第1卷,中国人民大学出版社1999年版,第216页。
③ 钱玄同:《保护眼珠与换回人眼》,《钱玄同文集》第1卷,中国人民大学出版社1999年版,第279页。
④ 钱玄同:《渡河与引路》,《钱玄同文集》第1卷,中国人民大学出版社1999年版,第247页。
⑤ 杨天石主编:《钱玄同日记》,北京大学出版社2014年版,第305页。
⑥ 钱玄同:《反对用典及其他》,《钱玄同文集》第1卷,中国人民大学出版社1999年版,第3页。

　　钱玄同对《诗经》的称赞,不同于"毛序"的政治"美刺",也异于"三家诗"的"训诂以教",而是站在"五四"白话文的立场对其进行解读,强调《诗经》是"言文合一"的历史源头。他在 1917 年 6 月 1 日第 3 卷第 4 号的《新青年》致信陈独秀,认为《诗经》与"胡先生之白话诗"有"文学真价值",原因在于二者采用的是"古人用古语,今人用今语"的言文合一①。他又在 1918 年 1 月 15 日《新青年》第 4 卷第 1 号致信刘半农,强调《诗经》"决非是乱用古字",实则是"白话告示"②。在《〈尝试集〉序》(1918 年 2 月 15 日《新青年》第 4 卷第 2 号),钱玄同亦指出《诗经》是"以前用白话做韵文的"③。他在 1919 年 11 月 1 日第 6 卷第 6 号的《新青年》上回信潘公展时,指出"有劳毛亨、郑玄、朱熹们诸公加笺注的《诗经》,实在是当时的白话诗"④。

　　钱玄同不仅将《诗经》视为白话文学的源头,而且他认为《诗经》对"五四"以来的白话文学仍有示范作用,并非历史旧物。胡适在 1921 年编著的《国语文学小史》中指出,《诗经》里的许多民歌就是当时的白话文学,但《诗经》到了汉朝已经成为古文学了,故而要将其撇开。钱玄同在 1921 年 12 月 7 日致信胡适,强调"国语文学,应该从《诗经》的《国风》讲起":

　　　　《国风》是的的确确千真万真的白话诗,而且很真很美。如

---

① 钱玄同:《论世界语与文学》,《钱玄同文集》第 1 卷,中国人民大学出版社 1999 年版,第 19 页。
② 钱玄同:《新文学与今韵问题》,《钱玄同文集》第 1 卷,中国人民大学出版社 1999 年版,第 60—61 页。
③ 钱玄同:《〈尝试集〉序》,《钱玄同文集》第 1 卷,中国人民大学出版社 1999 年版,第 90 页。
④ 钱玄同:《关于新文学的三件要事》,《钱玄同文集》第 1 卷,中国人民大学出版社 1999 年版,第 355 页。

《谷风》,如《氓》,真可与《上山采蘼芜》和《孔雀东南飞》等媲美;如《郑风》中的"淫奔之诗"《褰裳》、《溱洧》、《子衿》等诗,亦何让《子夜》、《懊侬》?①

　　在钱玄同看来,"我们有这样很古很美的白话文学,是想应该大大地表章它的",而胡适说的"《诗经》到了汉朝已成了古文了"是腐儒对其的误解,所以对《诗经》的理解应探讨它的本质是"'是白话文学乎,是古文学乎'而定之",并且那些"腐儒误解的","我们更要替它洗刷,留它的'庐山真面目'才是"②。要借助"五四"白话文运动的契机,从而使《诗经》从"政教传统"回归"白话文传统":

　　　　我们是决心要对于圣人和圣经干"裂冠,毁冕",撕袍子,剥裤子的勾当的。那么,打"经字招牌"是很要紧的事了。趁此讲白话文学史的机会,打下十三块"经字招牌"之一,让其余的暂时做了"十二金牌",岂不痛快。况且那"十二金牌"之中,除了一两种可作哲学史料的还算略有价值以外,不是断烂的朝报,便是砖头、瓦片、黄泥、破石,以及种种弃材合烧的赝鼎,谁也比不上这部有文学价值的《诗经》。那么"十二金牌"让他们暂穿龙袍,暂带平天冠还不打紧;这部《诗经》则非赶紧请它洗一个澡,替它换上平民的衣服帽子不可。③

----

① 钱玄同:《致胡适(七)》,《钱玄同文集》第6卷,中国人民大学出版社2000年版,第103页。
② 钱玄同:《致胡适(七)》,《钱玄同文集》第6卷,中国人民大学出版社2000年版,第103—104页。
③ 钱玄同:《致胡适(七)》,《钱玄同文集》第6卷,中国人民大学出版社2000年版,第104页。

　　胡适接受钱玄同的建议,复信道:"《诗经》确应该收进去。但此一篇很不容易做。等此书写定付印时,我一定加上一篇,也许不止一篇,或须三四篇。大旨是:(1)《诗经》的白话文学。(2)这种白话的区域——东到山东,北到秦晋,南到江汉流域。(3)这个区域内各地方言的同异。最要紧的是求出一种大同小异的普通语来。(4)拿这个普通语来比较战国时的文章。考定:战国时的文章与《国风》时代的白话相差若干?"①胡适后来回忆,他曾在1922年3月24日拟定了《国语文学史》的新纲目,将"二千五百年前的白话文学——《国风》"纳为第二章②。这部《国语文学史》后来以《白话文学史》为名在1928年得以出版,为"五四"文学找寻到历史源头。可1928年出版的《白话文学史》却未按照计划,将《诗经》作为中国白话文学史的源头。胡适对此解释道:"我很抱歉,此书不曾从《三百篇》做起。这是因为我去年从外国回来,手头没有书籍,不敢做这一段很难做的研究。"③

　　从《诗经》开启中国白话文学史的设想,还是由钱玄同在公开言论中提出。在他看来,"中国的白话文学,虽然屡屡被文人学士们踢到阴沟里去,而实际上却是从《三百篇》以来绵延至今",使得中国白话文学的发展脉络如此呈现:先从《诗经》到宋以前的白话诗词;又到元朝的北曲、南曲等"许多伟大的白话戏剧";而到明清时,"昆剧、京剧等等跟着继起",并且明朝还产生了《水浒传》《金瓶梅》《西游记》这几部"伟大的白话小说",而清朝的《红楼梦》《儒林外史》《儿女英

① 胡适:《胡适复钱玄同(1921年12月10日)》,《胡适论学往来书信选》,河北人民出版社1998年版,第1121页。
② 胡适:《白话文学史》,《胡适文集》第8卷,北京大学出版社2013年版,第130页。
③ 胡适:《白话文学史》,《胡适文集》第8卷,北京大学出版社2013年版,第135页。

雄传》《老残游记》等又"跟着继起";后到胡适、鲁迅、郁达夫等创作
的白话文学作品①。由《诗经》开启的史学脉络,展示了中国白话文
学的生命力;并且此种"强大的生命力","绝没有哪个来有意的提倡
它们"②,皆源于自然的进化。这表明胡适、鲁迅、郁达夫等人的白话
作品并非"五四"学人趋时的白话"呐喊",而是白话文学自然演进的
产物,由此证明"'五四'新文学是历史不可逆转的必然'规律'之结
果"③。

在新文化时期,"五四"学人提倡"以白话为文学正宗"④,强调
"新文学就是白话文学"⑤。可这遭受不少"谣诼诬谤"⑥。林纾讽刺
"五四"白话文是"尽废古书,行用土语为文字,则都下引车卖浆之徒
所操之语,按之皆有文法",指责这是"覆孔孟,铲伦常"⑦。胡先骕也
责备白话文"以浅陋以文其浅陋"⑧。而钱玄同却将"行用土语为文
字"的源头追溯至《诗经》,认为"五四"白话文延续了《诗经》的"言
文一致"的文学传统。此举很好地反驳了林纾等人的质疑,为"五
四"白话文找到强大的历史支撑,让新文学不再是无根无由的时代附

① 钱玄同:《〈世界语名著选〉序》,《钱玄同文集》第 2 卷,中国人民大学出版社
1999 年版,第 70—71 页。
② 钱玄同:《〈世界语名著选〉序》,《钱玄同文集》第 2 卷,中国人民大学出版社
1999 年版,第 71 页。
③ 参见拙文《〈诗经〉重释与"五四"新文学观的建立》,《中山大学学报(社会科
学版)》2019 年第 5 期。
④ 陈独秀:《答胡适之》,《陈独秀文集》第 1 卷,人民出版社 2013 年版,第
236 页。
⑤ 傅斯年:《怎样做白话文》,《新潮》第 1 卷第 2 号,1919 年。
⑥ 鲁迅:《古书与白话》,《鲁迅全集》第 3 卷,人民文学出版社 1981 年版,第 213 页。
⑦ 林纾:《致蔡鹤卿太史书》,胡适编:《中国新文学大系·建设理论集》,上海文
艺出版社 1981 年版,第 172 页。
⑧ 胡先骕:《中国文学改良论(上)》,郑振铎编:《中国新文学大系·文学论争
集》,上海文艺出版社 2003 年版,第 103 页。

属品;并且"这种历史进化的寻根溯源,很自然地证实了新文学在本国的传统,让白话文很容易得到人们的认同"①。

钱玄同此种开启于《诗经》的白话文学史思路,成为"五四"白话文革新的历史依据。此思路被诸多"五四"学人所沿用,胡适后来回忆:

> 究竟什么是活的语言,什么是死的语言,什么是活的文学,什么是死的文学,这更是偶然加上偶然的事体。他们大家都反对我的主张,我便要找证据来反驳⋯⋯所以我们最古的一部文学书——《诗经》——是白话文,尤其是《国风》。我们看《国风》的全部,《小雅》的一部分,都是老百姓痴男怨女,匹夫匹妇用白话写的。②

由胡适的回忆可知,《诗经》在"五四"时成为新文学历史合法性的证明,让一般读者从审美上感受到"白话的味儿""白话的标准",使得他们在感性上明白了"活的文学"与"死的文学"之间的区别。并且自古以来,《诗经》在一般民众心中的地位极为神圣。一旦《诗经》成了"古白话"文学的源头,这会增强不少读者对于"五四"白话文的好感,让人们逐步信任新文学。

同时钱玄同提倡的由《诗经》开启的白话文学史观,对"五四"及其后的文学史著作有所启发。譬如徐嘉瑞的《中古文学概论》强调,《诗经》中的《国风》是"上古的平民文学"③,其开启的平民文学(白

---

① 参见拙文《〈诗经〉重释与"五四"新文学观的建立》,《中山大学学报(社会科学版)》2019 年第 5 期。
② 胡适:《提倡白话文的起因》,《胡适文集》第 12 卷,北京大学出版社 2013 年版,第 36—37 页。
③ 徐嘉瑞:《中古文学概论》,亚东图书馆 1924 年版,第 9 页。

话文学)在中古文学史上占据最重要的位置,而贵族文学仅有"很不冠冕的位子"①。再如羊达之的《中国文学史提要》指出,"五四"新文学运动迅速成功的原因之一是由《诗经》开启的千余年白话文学演进的成熟之体现②。这些文学史家对《诗经》开启的白话文学脉络的承认,"直接拔高了'五四'白话文的历史地位",表明"新文学不是特定历史时期的产物,而是作为一种文学传统演进之体现,属于不证自明的自然存在"③。

综上,在激烈反儒之时,钱玄同却十分欣赏《诗经》。这看似矛盾,实则是钱玄同"反儒"行为之表现。他将《诗经》从承载先王之道的"经国大典"转化成"古白话"文学。这既增强了"五四"新文学的历史说服力,又瓦解了《诗经》在"经学"中的神圣地位,有极强的颠覆性。但钱玄同对《诗经》"白话"属性的重估也受到一些质疑。朱东润就从名物等方面审视《诗经》中的《国风》,指出它属于贵族统治阶级的创作而非源自民间的白话,譬如《周南·关雎》里的男子追求"窈窕淑女"时用的"琴瑟""钟鼓"等皆是一般老百姓所无法使用的④。

二、恢复《诗经》的文学真相

关于《诗经》等"六经"的解读,一直处于两大经学派别的论争之中。今文经学家认为,孔子作《春秋》《易》,删《诗》《书》,而定《礼》《乐》。清末以来,今文经学家大多认为"六经"皆是孔子所撰

---

① 胡适:《〈中古文学概论〉序》,《胡适文集》第3卷,北京大学出版社2013年版,第547页。

② 羊达之:《中国文学史提要》,正中书局1947年版,第165页。

③ 参见拙文《〈诗经〉重释与"五四"新文学观的建立》,《中山大学学报(社会科学版)》2019年第5期。

④ 朱东润:《国风出自民间说质疑》,《武汉大学文史季刊》第5卷第1号,1935年。

著,例如皮锡瑞认为:"孔子以前,不得有经……古《诗》三千篇,《书》三千二百四十篇,虽卷帙繁多,而未经删定,未必篇篇有义可为法戒。……犹之删《诗》为三百篇,删《书》为百篇,皆经孔子手定而后列于经也。《易》自孔子作《卦爻辞》……《春秋》自孔子加笔削褒贬,为后王立法,而后《春秋》不仅为记事之书。此二经为孔子所作,义尤显著。"①又如康有为指出,孔子"为神明,为圣王,为万世作师,为万民作保","《诗》、《书》、《礼》、《乐》、《易》、《春秋》为其书,口传七十子后学为其言"②。古文经学家强调"六经皆史",认为正是由于孔子的述而不作,才使古圣文献得以保存,开启了中国二千多年的政教文明。例如清末章太炎就在《诸子学略说》《订孔》等文中强调"孔氏,古良史也"③,认为孔子的"删定六经"是商订历史之功。

　　钱玄同告别了这种古今之争,认为"孔丘无删述或制作'六经'之事"④,而《诗经》也与孔子无关。顾颉刚在 1922 年 2 月 19 日致信钱玄同,希望钱玄同对他的《诗辨妄》提些建议。钱玄同同年 2 月 22 日复信顾颉刚,指出要研究《诗经》的真相,需要注意:

　　　　《诗经》只是一部最古的"总集",与《文选》、《花间集》、《太平乐府》等书性质全同,与什么"圣经"是风马牛不相及的("圣经"这样东西,压根儿就是没有的)。这书的编纂,和孔老头儿也

---

① 皮锡瑞:《经学历史》,中华书局 2012 年版,第 1—2 页。
② 康有为:《孔子改制考》,中华书局 2012 年版,第 1 页。
③ 章太炎:《订孔》,《章太炎全集·〈訄书〉重订本》,上海人民出版社 2014 年版,第 133 页。
④ 钱玄同:《答顾颉刚先生书》,《钱玄同文集》第 4 卷,中国人民大学出版社 1999 年版,第 238 页。

全不相干,不过他老人家曾经读过它罢了。①

为证明《诗经》与"和孔丘无涉"②,钱玄同立足于《论语》来进行论述。在他看来,"要考孔丘的学说和事迹",惟有《论语》"比较的最可信据"③,那么"求真孔学只可专据《论语》",而那些《孟子》《荀子》《史记》中"所述的孔学"只是"孟轲、荀况、司马迁之学而已",不能视之为孔学④。

只有《论语》才能表达孔子的真实意思,所以钱玄同把《论语》中关于《诗经》的内容都抄出来,分别进行鉴别,指出:(1)《季氏》的"鲤趋而过庭,曰:学《诗》乎"不足信;(2)《泰伯》的"《诗》云:战战兢兢,如临深渊,如履薄冰"远在孔丘之后;(3)《为政》的"子曰:《诗》三百,一言以蔽之曰:思无邪"以及《子路》的"子曰:诵《诗》三百",这表明"孔丘所见的《诗》,原来只有三百篇,并非删存三百篇";(4)《子罕》的"子曰:吾自卫反鲁,然后乐正,《雅颂》各得其所",但这是论《乐》,不是论《诗》,"就算是论《诗》,至多也不过说他编定诗篇次序,决不能作为删《诗》的证据";(5)《学而》《为政》《八佾》《泰伯》《子罕》《先进》《颜渊》《阳货》等所引用的《诗经》原文与今本《诗经》完全一致,这表明:"孔丘所见的《诗》,实与今本相差不远。(若说完全一样,则亦决无此理;即使数目相当,而经二千余年的写刻,内容的亡

① 钱玄同:《论〈诗经〉真相书》,《钱玄同文集》第4卷,中国人民大学出版社1999年版,第229页。
② 钱玄同:《答顾颉刚先生书》,《钱玄同文集》第4卷,中国人民大学出版社1999年版,第245页。
③ 钱玄同:《答顾颉刚先生书》,《钱玄同文集》第4卷,中国人民大学出版社1999年版,第239页。
④ 钱玄同:《论今古文经学及〈辨伪丛书〉书》,《钱玄同文集》第4卷,中国人民大学出版社1999年版,第225—226页。

逸和增窜是必不能免的。)"通过鉴别,钱玄同认为"孔丘如果曾经删
《诗》,则《郑风》必在被删之列",因为孔子主张"放《郑》声",那么
"必须将《诗经》如此删改,然后可以免于邪僻淫乱而合于圣道王化
也"①。

　　以《论语》为参照,钱玄同证明了《诗经》与孔子没有关系,并提
出《诗经》的辑集是在孔子之前。顾颉刚在1923年致信钱玄同,认为
《诗经》的辑集应在孔子以后至孟子之前,因为《论语》中有孔子赞美
的"素以为绚兮"与"唐棣之华"等诗句,却已不在《诗经》之中,而《论
语》是孔子去世后弟子们所编,那么可推断《诗经》的辑录应在孟子
之前②。钱玄同在《答顾颉刚先生书》中不认同顾之观点,指出:

　　　　《诗》是一部最古的总集。其中小部分是西周的诗,大部分
　　是东周(孔丘以前)的诗。什么人辑集的,当然无可考证了。至
　　于辑集的时代,我却以为在孔丘以前。孔丘说,"《诗》三百",
　　"诵《诗》三百",则他所见的已是编成的本子了。先生说,"《诗
　　经》的辑集必在孔子以后,孟子以前",引今本无"素以为绚兮"
　　一句,又无《唐棣之华》全首,为辑集于《论语》之后之证(《小说
　　月报》十四卷一号)。我看似未必然。子夏所问并非《硕人》之
　　诗。《硕人》第二章句句都是描写庄姜的身体之美,末了决不能
　　有"素以为绚兮"一句。这一定是别一首诗,但"巧笑"二句与
　　《硕人》偶同罢了。此诗后来全首亡逸。《唐棣》一诗也是全首
　　亡逸。"素绚"为孔丘所称道,固不应删去;即《唐棣》虽为孔丘

① 钱玄同:《答顾颉刚先生书》,《钱玄同文集》第4卷,中国人民大学出版社
　1999年版,第239—243页。
② 此处顾颉刚的观点转引自钱玄同《答顾颉刚先生书》(《钱玄同文集》第4卷,
　中国人民大学出版社1999年版,第245页)。

所不取,然今本无有,亦非有意删去,乃是偶然亡逸的。有亡逸也许还有增窜。例如《都人士》的首章,惟《毛诗》有之,《三家》均无(见《礼记缁衣释文》),不知是本有而《三家》亡逸呢,还是本无而《毛诗》据《左传》(襄十四)、《礼记》(《缁衣》)、《贾谊新书》(《等齐篇》)增窜呢。无论真相如何,总可以作《诗经》传写必有亡逸或增窜之证。但虽有亡佚或增窜,总是原始本的变相,不能说它们是两个本子。①

以上论述再次证明《诗经》的辑集是在孔子之前。钱玄同让《诗经》与孔子分离,有釜底抽薪之效用,表明孔子既未作《诗》也未订《诗》,那么后世儒家在《诗经》中注入的道德伦理也丧失了立足之基。在否定《诗经》与孔子的关系后,《诗经》的文学真相得以恢复。在钱玄同看来:

研究《诗经》,只应该从文章上去体会出某诗是讲的什么。至于那什么"刺某王"、"美某公"、"后妃之德"、"文王之化"等等话头,即使让一百步,说作诗者确有此等言外之意,但作者既未曾明明白白地告诉咱们,咱们也只好阙而不讲;——况且这些言外之意,和艺术的本身无关,尽可不去理会它。②

所以从"五四"以来,钱玄同一致强调,"救《诗》于汉宋腐儒之手,剥下它乔装的圣贤面具,归还它原来的文学真相,是很重要的

① 钱玄同:《答顾颉刚先生书》,《钱玄同文集》第4卷,中国人民大学出版社1999年版,第245页。
② 钱玄同:《论〈诗经〉真相书》,《钱玄同文集》第4卷,中国人民大学出版社1999年版,第229页。

工作"①。钱玄同的论述,是以"离经叛道"的态度打破《诗经》原本的经学思路,将其从"经"贬斥为"文学"。"经"是中国文化传统中"最基本的宗教信条、哲学思想、伦理观念、价值标准和行为准则"②,具备不可僭越的权威性与神圣性,是万世不变之规则。可当《诗经》被贬为"文学"后,它承传的"刺某王""美某公""后妃之德""文王之化""圣贤之仁"随之被"斩除",其跨越时空的纲领地位也彻底瓦解。后世也只会将《诗经》"作诗读,勿作经读"③,其价值也只能被封锁于中国文学史的"博物馆"之中,成为"古文学"的展览品而已。后世对其的阅读,也只是为了借鉴它的一些文学创作方法,不再会对其有宗教式的膜拜之心,更不会在其中去找寻一些天经地义的道理。

　　钱玄同将《诗经》从"经"降为"文学"的方式,就是本书第一章所提及的"原经"思路。《诗经》所承载的诗教传统,不仅有原始的《诗经》(原经),还包含着不同时代的经学派别通过解经给《诗经》加入的智慧与意识,使得"诗教"传统具有恒久的历史生命力。所以在"诗教"传统里,不仅有"原经",还有历代解经师对《诗经》的"注""疏""笺"等。可钱玄同却认为,这些压盖于《诗经》上的重重叠叠的"注""疏"等只是"牵强附会"而已,反而掩盖了《诗经》的真相。他举例指出:

　　　　汉朝人因为孔老二常有批评《诗经》的话,于是又来瞎扯,说什么古诗本来有三千多篇,孔老二把它删存为三百〇五篇(今本

---

① 钱玄同:《论〈诗〉说及群经辨伪书》,《钱玄同文集》第4卷,中国人民大学出版社1999年版,第231页。
② 张隆溪:《经典在阐释学上的意义》,《中国文哲研究通讯》1999年第3期。
③ 胡适:《论汉宋说〈诗〉之家及今日治〈诗〉之法》,《胡适文集》第9卷,北京大学出版社2013年版,第660—661页。

即是此数,又有人说是删存三百十一篇,更是胡说)。真可笑!
《尚书》也是三千多篇,《诗经》也是三千多篇,怎么古代的东西
都是那样的数目?何以孔老二就那样阔气,他居然把那六千多
篇东西都弄到手?何以他又那样胡闹,把好容易弄到手的史料
与文学就这样随意乱扔?《诗经》的价值,除上文说过的"能够
赤裸裸的描写两性恋慕之情"以外,还有对于那些独夫民贼为巩
固私人的地盘,发展私人的势力,弄到民众家破人亡的怨恨咒诅
之声,这里面多有把悲哀的情绪表现得很深刻的。偏偏从汉朝
以来,许多酸腐到极的学究们把佢们爱恋之歌与民众咒诅之声
解作奴才向民贼献媚与私昵对主子碰头的话,真叫做糟糕!《诗
经》要真是那样,便没有一丝一忽的价值了——幸亏的确不是
那样。①

在钱玄同看来,《诗经》的文学真相从汉代以来便逐步被掩盖,使
其真正的意义永不能显露。所以现在要打破《诗经》上的"经字招
牌",彻底地清除《诗经》上面历朝历代对其的"注""疏""笺"等,使
其"洗一个澡"②,从而回到"原经"。按胡适的说法,就是"以汉还
汉,以魏、晋还魏、晋,以唐还唐,以宋还宋,以明还明,以清还清;以古
文还古文家,以今文还今文家;以程、朱还程、朱,以陆、王还陆、王",
从而"把'三百篇'还给西周、东周之间的无名诗人"③。此种抛弃
"经字招牌"而恢复"原经"的方式,让《诗经》彻底成了《诗三百》,使

① 钱玄同:《废话——原经》,《钱玄同文集》第 2 卷,中国人民大学出版社 1999
年版,第 231—232 页。
② 钱玄同:《致胡适(七)》,《钱玄同文集》第 6 卷,中国人民大学出版社 2000 年
版,第 104 页。
③ 胡适:《〈国学季刊〉发刊宣言》,《胡适文集》第 3 卷,北京大学出版社 2013 年
版,第 10 页。

其具有文学价值的同时,却丧失"微言大义"的载道功能。

在主张恢复《诗经》文学真相的同时,钱玄同也强调要用历史进化的眼光来看待《诗经》的文学价值。在他看来,一方面《诗经》是周朝的一部诗歌总集,具有文学价值,"中间有不少的民间文艺,也有一部分是所谓士大夫的作品,还有一小部分是独夫民贼搭架子的丑话",可其中最好的佳品则为"朱熹所谓'淫奔之诗'",这些"'淫奔之诗'之尤佳者,能够赤裸裸的描写两性恋慕之情,颇有比得上现在的大鼓、摊簧、山歌之类";另一方面,《诗经》的"时代究竟太远了",是"约距今三千年前到二千五百年前时候的文学"。虽然《诗经》在当时是"自由活泼的白话文学",但"文字意义与现在很隔膜了,所以也不是无论什么人都能读的"。总之,从文学进化的眼光审视,《诗经》中的一些内容已不适合于现代社会,但站在文学史上说"它总有不可磨灭的价值罢了"①。此种处理让"圣道王化的偶像"成为文学史进化中的一环,颠覆了《诗经》的权威性与普世性,直接将其封存在中国文学史"博物馆"之中。

在钱玄同的思路中,《诗经》成为中国文学史"博物馆"中的展览品,那么它的史料价值也需要被重估。他认为,"中国的文学"实则是"真正的中国历史"②,而《诗经》是"西周后半至东周的春秋前半时代的文学作品",为一部"真古书"③,其全部是有"史料的价值的"④,可探讨孔子之前的社会政治与民间疾苦,能做时代的说明。这种研

① 钱玄同:《废话——原经》,《钱玄同文集》第 2 卷,中国人民大学出版社 1999年版,第 230—231 页。
② 钱玄同:《致周作人(一〇)》,《钱玄同文集》第 6 卷,中国人民大学出版社2000 年版,第 39 页。
③ 钱玄同:《〈左氏春秋考证〉书后》,《钱玄同文集》第 4 卷,中国人民大学出版社 1999 年版,第 311—316 页。
④ 杨天石主编:《钱玄同日记》,北京大学出版社 2014 年版,第 493 页。

究方式在胡适《中国古代哲学史》应用较多,胡适通过《诗经》来展示
那个时代的时势,例如《唐风·鸨羽》《魏风·陟岵》《小雅·采薇》
《小雅·何草不黄》等,表明"这长期的战争,闹得国中的百姓死亡丧
乱,流离失所,痛苦不堪"①。钱玄同非常欣赏胡适的研究方法,称赞
"胡做《哲学史》根据《诗经》来考老孔以前的社会状况,我以为这真
可谓巨眼卓识"②。

　　钱玄同虽承认《诗经》的史料价值,却认为历朝历代对其"注"
"疏""笺"而成的"《诗》说"并非史料。这里,他引用龚孝拱《诗本谊
序》的话予以说明:"有作诗之谊。有读诗之谊。有太师采诗,瞽矇讽
诵之谊。有周公用为乐章之谊。有孔子定诗建始之谊。有赋诗引诗
节取章句之谊。有赋诗寄托之谊。有引诗以就己说之谊。"由此可
知,"《诗》说"皆是"托古改制"之产物,其建构的成分远远多于历史
成分。钱玄同对此评价道:"虽然如'周公用为乐章'之类并没有这
么一回事,但周秦西汉时对于一首诗有种种不同的讲法,其故实如龚
氏所言。总之龚氏所说的八种《诗》义(谊即义字),只有第一种是史
料,其他都不能认为史料。而且第一种《诗》义,只能由咱们自己'涵
泳白文'以求得之,决不可轻信自来的'《诗》说'。"③

　　钱玄同对《诗经》文学真相的恢复,属于非圣无法的"反儒"行
为,将"圣道王化的偶像"限制于中国文学史的"博物馆"之中,瓦解
了温柔敦厚的诗教传统,也颠覆了《诗经》"可以感发人之善心,可以

① 胡适:《中国古代哲学史》,《胡适文集》第6卷,北京大学出版社2013年版,
　第167页。
② 钱玄同:《致周作人(一〇)》,《钱玄同文集》第6卷,中国人民大学出版社
　2000年版,第39页。
③ 钱玄同:《〈左氏春秋考证〉书后》,《钱玄同文集》第4卷,中国人民大学出版
　社1999年版,第311页。

惩创人之逸志"①的道德教化价值。但钱玄同对《诗经》文学化的处理，也遭到诸多质疑。在反对者看来，对《诗经》"注""疏""笺"的否定，实则推翻了《诗经》的发展史。可这些发展史正是后世理解《诗经》的关键，毕竟《诗》的作者距今已有三千年，其作诗之意，绝非"吾侪臆测可得"②。并且"如果将两汉三家诗、毛传郑笺，都视为汉朝人的思想，那么《诗经》还剩下什么呢？只有光秃秃的诗句"③。

三、钱玄同《诗经》论之影响

周作人在《中国新文学的源流》中指出，自董仲舒之后，中国思想定于一尊，"儒家的思想统治了整个的思想界，于是文学也走入了载道的路子"④，而本是文学的《诗经》也被儒家改造成"劝善的工具"，比如《诗经》的《关雎》本是"一首新婚时的好诗"，却被解读为"有天经地义似的道理在内"⑤。在"五四"，钱玄同将《诗经》由"经"贬黜为"文学"，破坏掉历代解经师赋予它的载道功能，属于激烈"反儒"之行为。这对《诗经》的学术研究也产生不小的影响，可分为如下两方面。

第一，对传统"诗经学"的解构。《诗经》一直被视为儒家圣典，从《毛诗正义》（毛亨《传》、郑玄《笺》、孔颖达《疏》）、魏了翁的《毛诗要义》、赫敬的《毛诗原解》，到朱熹的《诗集传》与《诗序辨说》，再到

---

① 朱熹：《朱子语类》第 2 册，崇文书局 2018 年版，第 406 页。
② 吕思勉：《经子解题》，《中国文化思想史九种》，上海古籍出版社 2009 年版，第 115 页。
③ 陈壁生：《经学的瓦解》，华东师范大学出版社 2014 年版，第 151 页。
④ 周作人：《中国新文学的源流》，《周作人散文全集》第 6 卷，广西师范大学出版社 2021 年版，第 64 页。
⑤ 周作人：《中国新文学的源流》，《周作人散文全集》第 6 卷，广西师范大学出版社 2021 年版，第 59 页。

戴震的《诗经补注》、廖平的《诗说》、皮锡瑞的《诗经通论》等解经著作,都预设《诗经》的至尊地位,信奉它的微言大义。这使得他们的"解经"只是去寻找与阐释《诗经》本身蕴含的"天经地义"之真理,从而以政教言诗,以美刺言诗。按顾颉刚的说法,这些解经方法,是"束发受经,有信仰而无思考"①。

钱玄同以文学的眼光来看待《诗经》,使其从《诗经》成为《诗三百》。这探索出一条研究《诗经》的新思路,脱离了齐、鲁、韩、毛、郑五家的解经法,否定它含有"天经地义的道理"。这对当时及以后的"解经学"影响颇深。例如胡适受钱玄同的影响,开始关注《诗经》与白话文学之关系。顾颉刚也延续钱玄同的解经方式,认为《诗三百》是文学总集,故要用文学的眼光看待之,而以往的经师给《诗三百》穿上了各种不合适的"衣服",比如"齐,韩,鲁,毛四家把它讲得完全失去了原样:本是民间的抒情诗成了这篇美后妃,那篇刺某王,甚至城隅幽会的淫诗也说成了女史彤管的大法,在《诗经》的本身上当然毫无价值",所以我们去解读《诗三百》时,"要知道三百篇成为经典时被一般经师穿上哪样的服装,他们为什么要把那些不合适的服装给它穿上"②。顾颉刚等人与钱玄同一样,是以"原经"的方式否定了《诗经》的发展史与研究史,彻底废除了《诗经》中的"后妃之德"与"文王之化"等,让《诗经》变成中国文学史"博物馆"的展览品,不再具有恒久的普世性。

第二,开启对《诗经》的怀疑之风。中国学术以经学为中心,而钱玄同大胆"疑经",使孔子与《诗经》分家,让《诗经》成为诸多古史材料中的一种。钱玄同的说法"放在古代思想中,可谓石破天惊之论",挑战了"中国文明的中心问题",可"钱氏之论在当时并没有引起过

① 顾颉刚:《古史辨·自序》,《古史辨》第3册,海南出版社2005年版,第3页。
② 顾颉刚:《古史辨·自序》,《古史辨》第3册,海南出版社2005年版,第5页。

多的争论,反而引起许多的共鸣"①。后来的研究者多借鉴钱玄同的思路来研究《诗经》。特别是他以《论语》为参照,质疑《诗经》与孔丘的关系,对后世影响很深。例如傅斯年认为:"'诗三百'一辞,《论语》中数见,则此词在当时已经是现成名词了。如果删诗三千以为三百是孔子的事,孔子不便把这个词语用得这么现成。且看《论语》所引《诗》和今所见只有小异,不会当时有三千之多,遑有删《诗》之说,《论语》《孟》《荀》书中俱不见,若孔子删诗的话,郑卫桑间如何还能在其中? 所以太史公此言,当是汉儒造作之论。"②傅斯年与钱玄同一样,都只相信《论语》的真实性,并以《论语》为根据来判断其他儒经的真实性。

　　对《诗经》的大胆质疑之风,有时会走向极端,对此周作人有所警告与提醒。例如胡适在《谈谈诗经》指出《诗经》里的《葛覃》是描写"女工人放假急忙要归的情景"③。而周作人在《谈谈谈诗经》里,认为胡适的大胆猜测不符合"初民社会":"胡先生只见汉口有些纱厂的女工的情形,却忘记这是二千年前的诗了。倘若那时也有女工,那么我也可以说太史坐了火车采风,孔子拿着红蓝铅笔删诗了。"所以对这种大胆质疑《诗经》的方式,周作人认为:"守旧的固然是武断,过于求新者也容易流为别的武断。我愿引英国民间故事中'狐先生'(Mr. Fox)榜门的一行文句,以警世人:'要大胆,要大胆,但是不可太

---

① 陈壁生:《经学的瓦解》,华东师范大学出版社 2014 年版,第 114 页。
② 傅斯年:《〈诗经〉讲义稿》,《傅斯年全集》第 2 卷,中华书局 2017 年版,第 151 页。
③ 胡适在武昌大学的演讲稿中有关于《葛覃》的论述,但 1931 年《古史辨》第 3 册中的《谈谈诗经》已将相关论述删除。此处引文来自周作人的《谈谈谈诗经》(《周作人散文全集》第 4 卷,广西师范大学出版社 2021 年版,第 374 页)。

大胆！'"①

同时周作人虽认同恢复《诗经》的文学真相，但他并非赞同一定要将《诗经》与白话文学进行捆绑。他在《国语文学谈》中认为，文言文中虽然有"不少好文章"，但如果硬要将这些"拉过来"，称其"本来是白话"，就会弄混"国语文学的界限"，让其"弄得有点胡涂"②。这极大可能针对的是钱玄同、胡适等将《诗经》等作逆转为白话文的行为。在周作人看来，古文与白话文都是国语文学的一部分，所以不需要将古文中的有价值部分硬拉到白话文的阵营之中。总之，周作人并不赞同将《诗经》与白话文学进行捆绑，批判对《诗经》的武断猜测，认为这会导致历史的彻底虚无化，反而会丧失《诗经》的真实。周作人的说法，是对钱玄同"诗经论"的局限性之反思。

第二节 钱玄同的"《春秋》经传说"

钱玄同"五四"时大胆"反儒"，在"五四"之后他更为激烈。他对"《春秋》经传"的批判，便是明证。司马迁认为"夫《春秋》，上明三王之道，下辨人事之纪，别嫌疑，明是非，定犹豫，善善恶恶，贤贤贱不肖，存亡国，继绝世，补敝起废，王道之大者也"③。班固称"孔子著《春秋》而乱臣贼子惧"④。董仲舒强调"《春秋》之法：以人随君，以

---

① 周作人：《谈谈谈诗经》，《周作人散文全集》第 4 卷，广西师范大学出版社 2021 年版，第 375 页。
② 周作人：《国语文学谈》，《周作人散文全集》第 4 卷，广西师范大学出版社 2021 年版，第 483 页。
③ 司马迁：《太史公自序》，刘飞滨、解姗编译：《最爱读国学书系：古文观止》，四川文艺出版社 2012 年版，第 163 页。
④ 章惠康、易孟醇主编：《后汉书今注今译》上卷，岳麓书社 1998 年版，第 944 页。

君随天","故屈民而伸君,屈君而伸天,《春秋》之大义也"①。可钱玄同却消解了"明三王之道"的《春秋》之神圣价值,割裂《春秋》与孔子之关联,既破弃《春秋》之"义",又否定《春秋》的"史",将"圣人教戒天下之书"的《春秋》经贬为"史料"。同时他分离《春秋》与"春秋三传"之间的"经传相依"关系,瓦解"因传而有经""依经而作传"的儒学传统,促进"《春秋》经传"的"死亡",是"反儒"行为之体现。

一、后世"'托《春秋》而改制'罢了"

孟子云:"王者之迹熄而《诗》亡,《诗》亡然后《春秋》作。"②董仲舒称:"仲尼之作《春秋》也,上探天端,正王公之位,万民之所欲,下明得失,起贤才,以待后圣。"③在"五四"初期,钱玄同还认同孔子"作《春秋》"之说④。

可"五四"中期以来,钱玄同对《春秋》的态度发生巨大的变化,他在 1922 年 12 月 24 日写下:

> 《春秋》——此指一万八千之经而言,编年之断烂朝报也,与孔丘绝不相干。所谓"孔子作春秋"者是孟轲的鬼话,全不足信。⑤

在钱玄同看来,《春秋》是"六经"里"最不成东西的",与孔子无关,只因经孟轲"孔子作《春秋》"之说的特别表彰,二千年来几乎无

---

① 张世亮等译注:《春秋繁露》,中华书局 2012 年版,第 30 页。
② 方勇译注:《孟子》,中华书局 2010 年版,第 158 页。
③ 张世亮等译注:《春秋繁露》,中华书局 2012 年版,第 183 页。
④ 钱玄同:《反对用典及其他》,《钱玄同文集》第 1 卷,中国人民大学出版社 1999 年版,第 7 页。
⑤ 杨天石主编:《钱玄同日记》,北京大学出版社 2014 年版,第 488 页。

人敢质疑它。可《论语》是孔子言行的真实记录,如果孔子"作"或"修"过《春秋》,那么《论语》肯定是有所反映的。但《论语》关于《春秋》的话,"简直一句也没有"。就算"'答子张问十世'和'答颜渊问为邦'两节,今文家最喜征引,说这是关于《春秋》的微言大义,但我们仔细读这两节话,觉得真是平淡无奇,一点也看不出是什么'非常异义可怪之论'",并且《春秋经》《公羊传》《春秋繁露》里"也并没有和这两节相同或相近的话"。所以说,"这样一件大事业,《论语》中找不出一点材料来,不是极可疑的吗!"①

钱玄同由《论语》没有涉及《春秋》的记载,来表明《春秋》与孔子并没有关联。在他看来,孔丘"作《春秋》"之说,是后世所误认的,而此种误认源于从"层累地造成的"《春秋》伪史,具体步骤如下:首先,"孟轲因为要借重孔丘,于是造出'《诗》亡然后《春秋》作','孔子成《春秋》而乱臣贼子惧'的话,就这部断烂朝报,硬说它有'义',硬说它是'天子之事'";其次,孟子的说法,"一变而为《公羊传》,再变而为董仲舒之《春秋繁露》,三变而为何休之《公羊解诂》,于是'非常异义可怪之论'愈加愈多了",可是公羊氏与董仲舒所讲的《春秋》之义,"虽非原始的《春秋》所有,却是有条理,有系统,自成一派学说";又次,"文理不通"的穀梁氏又"学舌"般地注解《春秋》,形成《春秋穀梁传》,"说了许多幼稚可笑的话,那便真不足道了";最后,刘歆将《左传》改编,"加上什么'五十凡'这类鬼话,算做《春秋》的传,而将用不着的部分仍留作《国语》",可《左传》"本是战国时代一个文学家编的一部'国别史',即是《国语》,其书与《春秋》绝无关系"②。故

---

① 钱玄同:《答顾颉刚先生书》,《钱玄同文集》第 4 卷,中国人民大学出版社 1999 年版,第 242—248 页。

② 钱玄同:《答顾颉刚先生书》,《钱玄同文集》第 4 卷,中国人民大学出版社 1999 年版,第 247—248 页。

而,这些对《春秋》的注解"越说越不可究诘",皆是"托《春秋》而改制"而已①。

除此之外,钱玄同在日记中也多次重申孔子与《春秋》无关。他在 1923 年 1 月 17 日记下:"自孟轲造了些谎话,说什么孔子作《春秋》同时用'天子之事','知我罪我','乱臣贼子惧','其义窃取'等话来圆谎……种种鬼话愈说愈多,而从没有一个人敢说孔丘未曾作《春秋》的话了。"②故而钱玄同为孔子叫屈道:把毫无条理、毫无系统、真假杂糅、杂乱无章的"经"硬算为孔子的著作,还编造诸多"妖魔鬼怪之谈",硬说孔子讲过什么"三统""四始"等"不通可笑的话",这真是冤诬了孔子③。

钱玄同认为,孟子等人的"作伪"是为"托《春秋》而改制"。在钱玄同看来,孟子"是第一个讲'道统'的人",而《孟子》"全书的末章,由尧、舜、汤、文王、孔子,叙到他的时候,明明有'独力肩道统'的意思",所以他提出的"孔子成《春秋》而乱臣贼子惧"等语,皆是孟子"依托孔丘以肩道统之意昭然若揭"。具体来看,《孟子》里有三处提到《春秋》的目的。一是"辟杨墨"。为证明杨朱与墨翟是"'无君无父'的学说",孟子在《滕文公下》认为,由于世衰道微,邪说暴行兴起,出现"臣弑其君""子弑其父"的现象,所以"孔子惧,作《春秋》",后来便有"孔子成《春秋》而乱臣贼子惧"的说法。而孟子在此说后面感叹的"吾为此惧,闲先圣之道""我亦欲正人心,息邪说,距诐行,放淫辞,以承三圣者"等说,便蕴含着让孔丘以肩道统的含义。二是"贵王贱霸"。孟子为崇尚王道,贱视霸道,反对礼崩乐坏,所以他在

---

① 钱玄同:《致胡适》,《钱玄同文集》第 6 卷,中国人民大学出版社 2000 年版,第 122 页。
② 杨天石主编:《钱玄同日记》,北京大学出版社 2014 年版,第 499 页。
③ 钱玄同:《论〈诗〉说及群经辨伪书》,《钱玄同文集》第 4 卷,中国人民大学出版社 1999 年版,第 233—234 页。

《离娄下》提出"王者之迹熄而《诗》亡,《诗》亡然后《春秋》作"。三是"善战者服上刑"。孟子反对"杀人盈野"的以武争霸,主张应严厉处罚发动战争的人,所以孟子在《尽心下》说"春秋无义战"①。从这三处可知,《孟子》对《春秋》的提及是"托古改制"之行为,是借孔子来表达自己的道统思想。

在钱玄同看来,此种托古改制的思路一直贯穿于《春秋》的解读史中,被延续至近代。"近代今文学者之中,有几位都是有政治思想的。他们喜用'托古改制'的手段来说《春秋》,名为诠释《公羊》古义,实则发挥自己政见"。比如庄方耕的《春秋正辞》、刘申受的《春秋公羊经何氏释例》、龚定庵的《春秋决事比》,皆是引《春秋》之义以讥切时政。又如康有为的《春秋笔削大义微言考》不言"例"而专言"义",以求"张三世"之义。再如,宋平子、夏穗卿、谭庄飞、蔡子民诸人,"虽无说《春秋》之专书,而亦皆喜引《春秋》'三世'之义以言社会进化"。所以"像他们这样利用《春秋》,与王荆公利用《周礼》是一样的,与朱晦庵利用《大学》作《格物补传》,王阳明利用《大学》作《大学问》,其性质也是一样的,总之是'托古改制'而已"②。

在传统经学的视野下,钱玄同对《春秋》的重释,既抛弃今文派"孔子作《春秋》",又否定古文派"孔子修《春秋》"的观点,彻底颠覆了《春秋》所蕴含的"微言大义""张三世""通三统""黜周王鲁"等,属于"非圣逆伦"的反儒言论。这是钱玄同"不把'六经'与'孔丘'分家,则'孔教'总不容易打倒的"③的思想革命目标之体现,推动了"五

---

① 钱玄同:《答顾颉刚先生书》,《钱玄同文集》第 4 卷,中国人民大学出版社 1999 年版,第 248—249 页。
② 钱玄同:《〈左氏春秋考证〉书后》,《钱玄同文集》第 4 卷,中国人民大学出版社 1999 年版,第 306—308 页。
③ 钱玄同:《论〈诗〉说及群经辨伪书》,《钱玄同文集》第 4 卷,中国人民大学出版社 1999 年版,第 233 页。

四"以来的经学变革。但钱玄同以《论语》为凭据而对《春秋》进行的判断,遭到后世学人的质疑。有学者认为"这种以《论语》中找不出关于《春秋》的材料来证明孔子不作《春秋》,彻底罔顾《孟子》、《庄子》、《史记》之说,完全是古史辨理性的傲慢极端化的表现"①。

二、《春秋》:"不成东西的史料而已"

在清理孔子与《春秋》关系后,钱玄同对"为万世立法"的《春秋》进行了历史重构。顾颉刚 1925 年致信钱玄同,认为"《春秋》为鲁史所书,亦当有例。故从《春秋》中推出些例来,不足为奇"②。可钱玄同反驳顾颉刚道:

> 您说"《春秋》为鲁史所书,亦当有例",我窃以为不然。其实对于历史而言例,是从刘知几他们起的;不但极幼稚的《春秋》无例可言,即很进步的《史记》、《汉书》等亦无例可言。章实斋说"迁书体圆用神,班氏体方用智",哪有这回事! 不过司马迁做文章贵自然,班固做文章尚矜炼罢了。讲到"称名无定",更不算什么一回事。比《春秋》进步得多的"《左传》"称名更无定,《史记》也是这样;《汉书》较守规矩了,但还称田千秋为"车千秋"。关于这一点,倒未必是古人的坏处,只是后人爱"作茧自缚"罢了。③

在钱玄同看来,《春秋》"乃是一种极幼稚的历史",属于"断烂朝

---

① 陈壁生:《经学的瓦解》,华东师范大学出版社 2014 年版,第 116 页。
② 顾颉刚:《致信钱玄同》,《钱玄同文集·附录》第 4 卷,中国人民大学出版社 1999 年版,第 258 页。
③ 钱玄同:《〈春秋〉与孔子》,《钱玄同文集》第 4 卷,中国人民大学出版社 1999 年版,第 262 页。

报""流水账簿","本来讲不上什么'例'"①,所以:

> 不但无所谓"微言大义"等等,并且是没有组织,没有体例,
> 不成东西的史料而已。这样,便决不是孔二先生做的孟子书中
> "孔子作《春秋》"之说,只能认为与他所述尧、禹、汤、伊尹、百里
> 奚的事实一样,不信任它是真事。孔丘的著作究竟是怎么样的,
> 我们虽不能知道,但以他老人家那样的学问才具,似乎不至于做
> 出这样一部不成东西的历史来。②

在钱玄同的审判下,《春秋》不仅毫无"微言大义"等,更是无组织、无体例的散乱"史料"。将《春秋》贬为"史料"后,钱玄同认为要对这些"史料"的真赝进行辨别。在他看来,《春秋》是一部"托古改制"之书,因为它将当时诸侯各国中的人"称某某为公,某某为侯,某某为伯,某某为子,某某为男",以所谓的"五等封爵"将当时人的阶层进行限定,"不能随便乱叫"。但现在"取钟鼎款识考之",可发现"全不是那么一回事","原来'王、公、侯、伯、子、男'六个字都是国君的名称,可以随便用的"。而《春秋》里"那样一成不变的称谓",肯定为儒家的"托古改制","特地改了来表示'大一统'和'正名'的理想"。所以"《春秋》的原本虽是鲁国的真历史,但既经'笔削',则事实的真相一定改变了很多,断不能全认为史料"③。

在钱玄同看来,经过"托古改制"之后,《春秋》的史料价值,并不

① 钱玄同:《〈春秋〉与孔子》,《钱玄同文集》第 4 卷,中国人民大学出版社 1999 年版,第 262 页。
② 钱玄同:《〈春秋〉与孔子》,《钱玄同文集》第 4 卷,中国人民大学出版社 1999 年版,第 257—258 页。
③ 钱玄同:《〈左氏春秋考证〉书后》,《钱玄同文集》第 4 卷,中国人民大学出版社 1999 年版,第 312—313 页。

值得信任。此种想法,也多见于他的日记中。他在 1922 年 2 月 15 日的日记中记下:"《春秋》一类之历史,实为古史官逐年编次之大事记。此等大事记当是逐年记下,积久成帙。若此书从夏禹起直到魏安厘王时,逐年编记,未曾间断,断无此理,若确为魏史,则上溯千数百年以前之夏,而逐年编次,亦去事理甚远,故此书实甚可疑——纵不可疑,而确为魏史,然伊尹、大禹、桀、纣等事,言之凿凿,终觉难信,要之,诸子托古改制之尧、舜、文、武固不足信,然民间传说之尧、舜等人亦岂可信耶!"①他在 1922 年 12 月 24 日日记中也认为《春秋》"在历史作品方面没有丝毫价值可言"②。

司马迁讲"万物之散聚,皆在《春秋》"③,认为《春秋》有"微言大义"亦有"信史"价值。换言之,"史"是《春秋》的外在,"义"是《春秋》的精神。旧时说经分为"今文家""古文家""宋儒"三派,虽然各自学说有差异,但都不会超越"受命改制""王道圣功"等的范畴④。钱玄同却将《春秋》"史料化",破坏其"义",使之不再具有"乱臣贼子惧"的威严与"礼义之大宗"的威信。同时他又对"史料化"后的《春秋》进行真伪判定,将其定义为"不成东西的史料而已",打破其"信史"价值,破除以往研究对《春秋》史料价值的"迷信"。这种"大逆不道"的处理方式,让《春秋》的经学价值消失殆尽,使其神圣性与崇高性被彻底否定,是钱玄同推倒经学偶像行为之体现。

---

① 杨天石主编:《钱玄同日记》,北京大学出版社 2014 年版,第 394 页。
② 杨天石主编:《钱玄同日记》,北京大学出版社 2014 年版,第 488 页。
③ 司马迁:《太史公自序》,刘飞滨、解姗编译:《最爱读国学书系:古文观止》,四川文艺出版社 2012 年版,第 134 页。
④ 钱玄同:《研究国学应该首先知道的事》,《钱玄同文集》第 4 卷,中国人民大学出版社 1999 年版,第 256 页。

三、"春秋三传"与《春秋》无关

"六经"中的《春秋》比较特殊,它言简义深,只有一万八千字,故而它的"微言大义""至圣之法"依托于"传"来解释。注释《春秋》的书,主要有左氏、公羊、榖梁三家,被称为"春秋三传",即古文家的《左传》,与今文家的《榖梁传》《公羊传》。在"经传相依"的思路中,《春秋》依赖今文经《榖梁传》《公羊传》来传达圣人的"微言大义",又凭借古文经《左传》提供解读"至圣之法"的史事。同时"传则附于经","春秋三传"亦附属于《春秋》,一旦丧失与《春秋》的关联,它们也无法独立存在。但钱玄同让《春秋》与"春秋三传"脱离关系,既彻底颠覆《春秋》经的价值,亦否定已升为"十三经"的"春秋三传"之意义。具体步骤体现为以下方面。

(一)"改《国语》为《春秋左氏传》"。《左氏春秋》是《春秋》的传,即《左传》,记事详细,属于古文经学。《左传》"传"还是不"传"《春秋》,一直是古今文经学的争论点。古文经学认为,《左传》"传"《春秋》,并且由于左丘明见过孔子,故而他的《左传》比《公羊传》《榖梁传》更贴近孔子之意愿,更"传"《春秋》。在汉平帝时王莽把持朝政的特殊历史环境中,经过刘歆的努力,《左传》被立于学官。从刘歆、贾逵,到杜预、章太炎,皆竭力证明《左传》比今文经学的《榖梁传》《公羊传》更贴近《春秋》,以求与今文经学争夺对《春秋》的解释权。钱玄同却釜底抽薪地指出,"《左传》本《国语》,不传《春秋》,故论《春秋》不当言及左氏"[1],即:

> 至于《左传》,本是战国时代一个文学家编的一部"国别史",即是《国语》,其书与《春秋》绝无关系;到了刘歆,将它改编,加上什么"五十凡"这类鬼话,算做《春秋》的传,而将用不着

[1] 杨天石主编:《钱玄同日记》,北京大学出版社2014年版,第278页。

的部分仍留作《国语》。①

　　在钱玄同看来,《左传》仅是《国语》的一部分,"并非《春秋》的传",因为《汉书·艺文志》里面的《新国语》有五十四篇,这些为"原本《国语》",可"刘歆把其中与《春秋》有关的事改成'《春秋左氏传》',那不要的仍旧留作《国语》,遂成'今本《国语》'"②。

　　为证明《左传》与今本《国语》瓜分了原本《国语》,钱玄同将瓜分的痕迹进行梳理,举出如下八条漏洞:(1)"《左传》记周事颇略,故《周语》所存春秋时代的周事尚详(但同于《左传》的已有好几条)";(2)"《左传》记鲁事最详,而残余之《鲁语》所记多半是琐事";(3)"《左传》记齐桓公霸业最略,所谓'管仲相桓公霸诸侯,一匡天下'的政迹竟全无记载,而《齐语》则专记此事";(4)"《晋语》中同于《左传》者最多,而关于霸业之荦荦大端,记载甚略,《左传》则甚详";(5)"《郑语》皆《春秋》以前事";(6)"《楚语》同于《左传》者亦多,关于大端的记载亦甚略";(7)"《吴语》专记夫差伐越而卒致亡国事,《左传》对于此事的记载又是异常简略,与齐桓霸业相同";(8)"《越语》专记越灭吴的经过,《左传》全无"③。在对比《左传》和"今本《国语》"之后,钱玄同得出结论:

　　　　《左传》与今本《国语》二书,此详则彼略,彼详则此略,这不是将一书瓜分为二的显证吗? 至于彼此同记一事者,往往大体

<hr />

① 钱玄同:《答顾颉刚先生书》,《钱玄同文集》第4卷,中国人民大学出版社1999年版,第247页。
② 钱玄同:《〈春秋〉与孔子》,《钱玄同文集》第4卷,中国人民大学出版社1999年版,第260—261页。
③ 钱玄同:《重论经今古文学问题》,《钱玄同文集》第4卷,中国人民大学出版社1999年版,第180—181页。

相同,而文辞则《国语》中有许多琐屑的记载和支蔓的议论,《左传》大都没有,这更露出删改的痕迹来了。①

在钱玄同看来,《左传》与今本《国语》不仅在叙述上存有"此详则彼略,彼详则此略"的现象,而且二者在文法上非常接近。钱玄同指出,左丘明是战国时代的魏人,与孔子非同时代之人,并且从文法上看,《左传》的文法并非"鲁语",故而《史记》里的"鲁君子左丘明"这个称谓是不准确的。他借鉴瑞典人高本汉氏的结论,指出"在周秦和汉初书内,没有一种有和《左传》完全相同的文法组织的。最接近的是《国语》。此外便没有第二部书在文法上和《左传》这么相近的了"。由此可知,《左传》与《国语》二者相似的文法组织,是"《左传》和《国语》本是一部书的一个很强有力的证据"②。

钱玄同分析,刘歆将《国语》的部分内容改作"《春秋》的传",是为抵制今文经的《公羊传》,"《汉书·刘歆传》说,'歆治《左氏》,引传文以解经',这就是他给《春秋》跟《国语》的一部分做媒人的证据。所以《左传》中的'《春秋》经',实在比《公羊传》中的还要靠不住"③。并且在钱玄同看来,为抵制《公羊传》,刘歆还伪造不少的事实,譬如"隐公元年之'费伯帅师城郎','纪人伐夷','有蜚','败宋师于黄','改葬惠公','卫侯来会葬','及邾人郑人盟于翼','新作南门'等,都是为了伪凡例而造的伪事实"。再如"'君氏卒'、'齐仲孙湫来省难'之类,乃是为了要与《公羊》立异而造的伪事实"。总之,

① 钱玄同:《重论经今古文学问题》,《钱玄同文集》第4卷,中国人民大学出版社1999年版,第181页。
② 钱玄同:《重论经今古文学问题》,《钱玄同文集》第4卷,中国人民大学出版社1999年版,第181—182页。
③ 钱玄同:《〈春秋〉与孔子》,《钱玄同文集》第4卷,中国人民大学出版社1999年版,第261页。

这些伪造出的种种"书法凡例",是为"处处故意与《公羊传》为难"①。

　　在割裂《左传》与《春秋》间的关系后,钱玄同重新审视《左传》的史料价值,指出:"古文经传虽为刘歆所伪造,但《春秋左氏传》这部书,却是拿了左丘明的《国语》来窜改而成的,所以它在伪古文中是比较可信的书,与《古文尚书》、《毛诗》、《逸礼》、《周礼》之全为伪造者不同。"②钱玄同虽承认《左传》有一定的史料价值,却强调它记录的都是"种种丑怪的历史",认为后世阅读《左传》可获得一些"周朝的事迹",但这里面的事迹是"不敢恭维"的,大多是些"鸟道理""种种丑怪的历史"。既然这些是事实,毋需"塞住耳孔吃海蜇",尽可读读看看。可如果"主张'读书以明理',要以书中人事为模范的,像那种经书似乎还以不读为宜"③。所以《左传》内含"毒素",并不适合于现代社会。这就否定了《左传》的当代价值,使其彻底成为历史旧物。

　　《左传》作为解释《春秋》的传,它的任务不是展现史事实录,而是用这些史事实录来说明《春秋》经,发挥《春秋》的经义。但钱玄同否定《左传》与《春秋》的关联,让《左传》与"经"脱离关系,使得《左传》最终成为历史的"陈迹",丧失了在经学中的权威地位。

　　(二)《穀梁传》"取《公羊》而颠倒之"。在割裂古文经《左传》与《春秋》的关联之后,钱玄同又指出今文经的《穀梁传》《公羊传》也与《春秋》毫无关系。《穀梁传》本属于今文经,但钱玄同大胆揣测《穀梁传》是因一些儒生"眼馋"当时《公羊传》势力大盛而伪造的:

---

①　钱玄同:《〈左氏春秋考证〉书后》,《钱玄同文集》第 4 卷,中国人民大学出版社 1999 年版,第 317 页。

②　钱玄同:《〈左氏春秋考证〉书后》,《钱玄同文集》第 4 卷,中国人民大学出版社 1999 年版,第 315 页。

③　钱玄同:《废话——原经》,《钱玄同文集》第 2 卷,中国人民大学出版社 1999 年版,第 235 页。

因为表彰《公羊传》的人们中间有一位董道士,名叫仲舒的,他拍上了汉武帝的马屁,居然"定孔教为国教";所以汉朝的公羊家说孔老二当时像李淳风、刘伯温那样,掐指一算,知道有个姓刘的地保将来要做皇帝,他便提起笔来做了这部《春秋》,那里面都是替姓刘的打算怎样稳坐龙廷的办法的……大概他做这部书的目的,是打算预约将来那位刘地保与他的子孙永远送牛肉给他吃的吧。孔老二的《春秋》对于姓刘的既有那样的大功,自然公羊家也交了红运,到手了一个博士,阔气起来了。于是别人便有眼红的,也来弄一部《春秋》的"传",也想骗到一个博士。那班人便把《公羊传》来改头换面,颠来倒去,弄成一部《穀梁传》。①

钱玄同不仅怀疑,还找到《穀梁传》是源自《公羊传》之作的证据:(1)从古音读法上讲,"穀梁"这姓是从"公羊"二字之音幻化而出的,因为"谷"与"公"是"群纽双声"而且韵部又是"屋钟对转","梁"和"羊"是"阳部叠韵"而声纽是"来定同阻"②;(2)从时间上看,《穀梁传》"出于《公羊》之后",并且因《穀梁传》是《公羊传》的伪作,所以"《穀梁》释经,不通可笑的话触处皆是",例如"隐公元年,夏,五月,郑伯克段于鄢",《公羊传》写道:"克之者何? 杀之也。"《穀梁传》写作:"克者何? 能也。何能也? 能杀也。"钱玄同对此评价道:"《公羊》解为'郑伯杀段于鄢',这是通的。《穀梁》欲与《公羊》立异,知'克'又有'能'义,加了一种训诂,于是变为'郑伯能段于鄢',文理实

---

① 钱玄同:《废话——原经》,《钱玄同文集》第 2 卷,中国人民大学出版社 1999 年版,第 236—237 页。
② 钱玄同:《重论经今古文学问题》,《钱玄同文集》第 4 卷,中国人民大学出版社 1999 年版,第 191 页。

在太不通了！若训'能'为'能杀'，则又成了'增字解经'的办法。"①

　　钱玄同也指出作伪者主要通过如下方式来伪造《穀梁传》：（1）"取《公羊》而颠倒之"，譬如"取《公羊》隐公三年'癸未，葬宋缪公'下'大居正'之义，改系于隐公元年'春王正月'之下"，再如"取隐公六年'秋七月'下《春秋》编年，四时具，然后为年'之文，改系于桓公元年'冬十月'之下"；（2）"删削《公羊》大义"；（3）"故意与《公羊》相反"；（4）"明驳《公羊》之说"；（5）"阴袭《公羊》之义而变其文"②。同时钱玄同分析了作伪者伪造《穀梁传》的原因：一是"作伪者殆见当时《公羊》势力大盛，未免眼馋，因取《公羊》而加以点窜涂改，希冀得立博士，与焦京之《易》相类"；二是"刘歆要建立《左氏》，打倒《公羊》，于是就利用它来与《公羊》为难耳"③。

　　在否定《穀梁传》的同时，钱玄同认为《公羊传》也与《春秋》毫无关联。在钱玄同看来，"《春秋》一书，从孟老爹以来都说是孔二先生做的，又说这里面藏着许许多多大道理；于是越说越古怪，竟说到个个字里都有意义的，名为'微言大义'，又名'非常异义可怪之论'。但若问何以见得这几个平凡的字中藏养这些微言大义呢？据他们说是孔老爹做《春秋》时想骂人，而他胆怯，恐怕骂了人，人家要拿办他，于是异想天开，把骂人的话暗暗的告诉他的徒弟们，叫他们记住，而自己却在一部鲁国的朝报《春秋》上做了许多暗号，这里挖去一个字，那里添上一个字，这里倒勾一个字，那里涂改一个字，让将来他要骂的人死尽死绝了，他的徒子徒孙们便可以把记住的那些骂人的话，

---

① 钱玄同：《重论经今古文学问题》，《钱玄同文集》第 4 卷，中国人民大学出版社 1999 年版，第 188 页。
② 钱玄同：《重论经今古文学问题》，《钱玄同文集》第 4 卷，中国人民大学出版社 1999 年版，第 191 页。
③ 钱玄同：《重论经今古文学问题》，《钱玄同文集》第 4 卷，中国人民大学出版社 1999 年版，第 191 页。

'按图索骥'的写它出来。所以到他死后三百多年(汉景帝时),便发现了这部《公羊传》,把他骂人的那些微言大义一五一十的记在上面。但是,那种说法,我们总觉得有些离奇,不敢随便相信"。所以,《春秋》本是一部与孔子无关的"鲁国的'断烂朝报'",而"《公羊传》中那些微言大义,也不过是晚周、秦、汉时候的儒家那种昏乱的政治思想与人生观罢了"①。

按照钱玄同的逻辑,《公羊传》对《春秋》"微言大义"的解释,只是晚周、秦、汉时儒家的"昏乱的政治思想与人生观"②。并且这些解释看似给了《春秋》以新的生命,可是"新解释是空的,所以新生命是假的",反而以"人参汤与强心针的功用"吊住了《春秋》中的"肺痨梅毒",使得后世儒生被"肺痨梅毒制伏",皆"愿为之伥",最后让"封建时代与宗法社会的遗物"成为"政治与道德的万古不变的正轨"③。

总之,钱玄同既否定《春秋》本身的价值,又破除它与"春秋三传"之关联,让其丧失存在的基石,是激烈的"反儒"言论。但这种言论带有很强的主观猜测,多经不起学术上的推敲。钱玄同晚年意识到自己的极端,偶尔也会修正自己对于《春秋》的激烈态度,例如他在1938年1月29日的日记中指出"《春秋》一定是史"④,在1938年2月23日的日记中认为"《春秋》——孔子自修"⑤。虽然如此,但他晚年对《春秋》的判断仍处于动态之中,没有形成一个较稳定的结论。

---

① 钱玄同:《废话——原经》,《钱玄同文集》第2卷,中国人民大学出版社1999年版,第235—236页。
② 钱玄同:《废话——原经》,《钱玄同文集》第2卷,中国人民大学出版社1999年版,第236页。
③ 钱玄同:《废话——原经》,《钱玄同文集》第2卷,中国人民大学出版社1999年版,第233—234页。
④ 杨天石主编:《钱玄同日记》,北京大学出版社2014年版,第1315页。
⑤ 杨天石主编:《钱玄同日记》,北京大学出版社2014年版,第1323页。

四、"六经"瓦解论的传播

本章以钱玄同的《诗经》论与"《春秋》经传说"为例,具体探讨钱玄同是怎样一步步地瓦解孔经。钱玄同的"六经"瓦解论,之所以能对"五四"思想革命产生巨大的影响,也与钱玄同二十多年在名校担任教职有很大的关系。审视"五四"新文化运动中的思想革命,就不能不讨论"五四"时代的北京大学、北平师范大学等校的文科。这些高校的文科学生是"五四"新文化运动的主力,他们对中国传统儒学的认识大部分来源于其授课教师。当时的大学生大多二十岁左右,其世界观还未完全成型,极易接受老师的言论。

钱玄同1913年8月从杭州来到北京,同年9月担任国立北京高等师范学校历史地理部以及附属中学国文、经学教员,兼任北京大学预科文字学的教员。1915年北京高等师范学校增设国文部,钱玄同成为国文部教授,兼任北京大学文字学教授。1918年于北大教授音韵学。1923年北京高等师范学校改名为国立北京师范大学,钱玄同仍是该校教授,主讲"群经略说"一课,在1928年担任国文系主任。他从1913年在师大执教二十余年。到1937年抗战爆发,北平师范大学与北平大学、北洋工学院迁往西安,钱玄同因病留在北平。同时自1913年以来,钱玄同长期任北大教授,这期间也在燕京大学、北京女子师范大学、孔德学校等校兼课。

北京鲁迅博物馆(北京新文化运动纪念馆)藏有北平师范大学国文系廿五年度课程时数表(钱玄同手稿,纵28.5厘米,横41.6厘米)。从藏品中,可看出不同教员的授课内容:黎锦熙"古今文法比较";钱玄同"群经略说";高步瀛"辞赋选""唐宋诗选""经史诸子文选""散文选";罗根泽"中日文学史""中日文学批评史""曲史及曲选";杨树达"中日修辞学";孙楷第"小说史";林庚"新文学略说"。从授课内容可看出,在北平师范大学国文系里的学生们对儒经的想象,大多源自钱玄同"群经略说"这门课程。那么钱玄同瓦解"六经"的言论,自然也会渗透于授课之中。后来钱玄同的学生如顾颉刚、傅斯年等对儒学的评价，延续了钱玄同的思路。这些学生毕业后，钱玄同依旧与他们联系，支持他们去从事重估"六经"的工作。顾颉刚所提倡的古史辨运动，便得到钱玄同的支持。在与钱玄同通信谈论"六经"中，顾颉刚对《诗经》《春秋》的判定深受钱玄同的启发。

北京鲁迅博物馆（北京新文化运动纪念馆）还藏有北平师范大学教师任课内容及时数表。藏品字迹潦草，授课教师的名字部分是缩写，其中可辨认的地方有：徐"学术史"；高"文学史"；黎"文字学"；陆"史"；朱"史"；商"语言文字"；顾"史"；陈垣"史"；方"史"；冯征"文学"；刘石"地"；赵"民俗"。钱玄同从 1928 年担任师大国文系的主任，负责管理该系的教学工作。从此藏品中可知钱玄同为该系学生设定的教学课程名目，亦可看出钱玄同已开始取缔经学教育，用史学与文学等代替之。此种课程的设定，直接影响了他的学生们看待"六经"的视角，让他们开始用学科化的专业眼光去认识"六经"，打破"宗经"的思维。

并且据朱金顺的文章《我保存了一份钱玄同先生的墨迹》可知，钱玄同为北平师范大学国文系四个年级设定了必修课科目：一年级共有六门，即"中国文字概略""国语发音概略""古今文法比较""中国文学史大纲""周至唐思想概要""书目举要"；二年级有三门课，即"古今音韵沿革""宋元明思想概要""经学史略"；三年级也有三门课，即"文字形义沿革""清代思想概要""诸子概要"；四年级只有一门课，即"国文教学法"①。通过这份墨迹，可看出钱玄同作为国文系主任，非常看重本科生的经学教育。而钱玄同又常担任经学课程的任课教师，所以他的"六经"瓦解论很容易影响学生们对孔子、儒学的认识。

---

① 朱金顺：《我保存了一份钱玄同先生的墨迹》，《鲁迅研究月刊》2014 年第 1 期。

　　钱玄同不仅通过自己的授课与规划授课课程的方式来影响学生
们对"六经"的看法,而且他当时所写的有关"六经"的文章也大多发
表于北平师范大学与北京大学的校内刊物,例如《〈春秋〉与孔子》发
表于 1925 年 10 月的《北京大学国学门周刊》,《论〈庄子〉真伪书》刊
发于 1925 年 1 月 27 日《北京大学国学门周刊》第 15、16 期,《读〈汉
石经周易〉残字而论及今文〈易〉的篇数问题》载于 1925 年 12 月 20
日《北京大学图书部月刊》第 1 卷第 2 期,《〈左氏春秋考证〉书后》载
于 1931 年 5 月北平师范大学的《国学丛刊》第 1 卷第 2 期等。这些
文章发表在校内的刊物中,自然会对学生产生很强的引导作用。

　　钱玄同在知名高校任职二十多年。北平师范大学、北京大学的
学生在毕业后大多进入文化界、教育界、政界等,皆是社会精英。他
们在各自岗位上延续钱玄同的"六经"瓦解论。那么钱玄同对"六
经"的思考经由他的学生们以多种形式影响着当时的教育界、文化
界、政界等对儒学的评价,最后推动"五四"反儒思想的发展。

第三章 钱玄同"五四"时关于
思想革命的其他散论

　　前二章论述钱玄同从传统经学内部对儒学的审视,展示他在"五四"思想革命中的独特贡献。本章探讨钱玄同所采用的其他思想革命方式:一是尝试从社会历史层面对儒学进行攻击,也即是对"儒效"的批判;二是主张"用耶教来排除中国旧儒"。可这两大思想革命的方式,并非独属于钱玄同在"五四"时的思想举措,而是诸多"五四"学人的共识。并且钱玄同对"儒效"的思考,缺乏系统性的审视,暴露出钱玄同作为学问家的缺陷。因此本章多罗列钱玄同的观点,无法进行深入的学理辨析,只求揭示钱玄同思想革命方式的多维面相。

第一节 钱玄同对"儒效"的批判

　　"儒效"是指儒学观念在民众的习俗、思维、情感、行为等方面所产生的效果。在钱玄同看来,儒学在中国实际生活中已丧失原始含义,产生三种负面效果:一是儒学成为献媚于权势者与异族的手段,助长了人的奴性,比如在民族危亡之际,一些读书人向异族"献经""卖教",让"四书""五经"成为保全自己生命的器物;二是让人丧失"诚"与"真",变得极为圆滑、势利,比如"中庸"本是儒家最高的道德标准,可在儒学实践中已被扭曲成"随风倒""骑墙""见风使舵";三是儒学被利用成"治民众"的工具,成为收拾弱者之手段,例如"礼教"本是以礼为教,但在实践过程中呈现出"吃人"之态。钱玄同虽然从社会历史层面指出了"儒学"在实际生活中的负面性效果,可对此的批判力度远不及鲁迅、周作人、胡适等人。故而他对"儒效"的批判,在"五四"思想革命时的影响力十分有限。

一、"献经""卖教"的贰臣行为

民族危机是中国近现代社会面临的重大问题之一。李大钊谴责在东方的法兰西人"摧残自由悖反人道"①。陈独秀将英、美、法、日等侵略者视作"第一仇敌"②。而钱玄同在坚持反侵略的立场下,提出了一个令人反思的问题:当侵略者兵临城下时,中国不少读书人何以"竟会那样不生心肝,不要脸皮,乖乖的高呼'洋大人'"?③ 钱玄同从中国传统文化的内部来审视此问题,提醒民众在反抗外来侵略的前提下,也应反思自我,以检讨中华民族内部所存在的弊病。钱玄同对民族反殖民主体性的审视,与鲁迅、周作人的思考较为一致,皆是延续其师章太炎对"献经""卖教"的"仁术"论的批判。

(一)祖传的法宝:"献经""卖教"。20 世纪 30 年代中国民族危机日益加重。日本 1931 年侵占中国东北全境,1932 年进犯上海,1933 年占领热河、察哈尔两省以及河北省北部大部分地区,直逼天津、北平。在此历史语境下,北平的不少读书人却坦然大谈儒学。譬如吴承仕 1934 年自费刊发的《文史》杂志,发表了诸多讨论中国传统文化的文章,"这些文章讲述儒学文化时多带有沾沾自喜

① 李大钊:《堕落的法兰西文明》,《李大钊全集》第 3 卷,人民出版社 2013 年版,第 346 页。
② 陈独秀:《一九二三年列强对华之回顾》,《陈独秀文集》第 2 卷,人民出版社 2013 年版,第 540 页。
③ 钱玄同:《关于反抗帝国主义》,《钱玄同文集》第 2 卷,中国人民大学出版社 1999 年版,第 178 页。

之感"①。

　　"针对一些读书人在民族危机时大谈儒学的现象,鲁迅在《文史》1934 年第 1 卷第 2 期上发表《儒术》,以元遗山、颜之推等用'献教''卖经'而苟活的例子,来借古讽今。"②鲁迅指出,金朝灭亡后,元遗山北觐,请元世祖为"儒教大宗师",元世祖大喜,颁旨"蠲儒户兵赋","盖蠲除兵赋,'儒户'均沾利益",这属于"'中国人才'们献教,卖经以来,'儒户'所食的佳果"③。中国历史上的"献经"之举让鲁迅警惕,而严峻的现实加剧了鲁迅的民族危机意识。当时的上海无线电台不断地宣传历仕梁、北齐、北周等朝的颜之推之家训,提倡"自荒乱以来,诸见俘虏,虽百世小人,知读《论语》《孝经》者,尚为人师"。鲁迅对此批判道:

　　　　知读《论语》《孝经》,则虽被俘虏,犹能为人师,居一切别的俘虏之上。这种教训,是从当时的事实推断出来的,但施之于金元而准,按之于明清之际而亦准。现在忽由播音,以"训"听众,莫非选讲者已大有感于方来,遂绸缪于未雨么?"儒者之泽深且远",即小见大,我们由此可以明白"儒术",知道"儒效"了。④

　　钱玄同虽没在《文史》上发表文章,但他对这个问题的思考与鲁迅较为接近。在他看来,中国读书人在稳定的朝代,依靠"四书""五经"来获取功名利禄。一旦遭遇异族入侵或朝代更替,这些读书人又

---

① 参见拙文《鲁迅的"儒术"论及其与清末章太炎的关系》,《中国现代文学研究丛刊》2019 年第 1 期。

② 参见拙文《鲁迅的"儒术"论及其与清末章太炎的关系》,《中国现代文学研究丛刊》2019 年第 1 期。

③ 鲁迅:《儒术》,《鲁迅全集》第 6 卷,人民文学出版社 1981 年版,第 31—32 页。

④ 鲁迅:《儒术》,《鲁迅全集》第 6 卷,人民文学出版社 1981 年版,第 33 页。

会让"四书""五经"等成为自己苟延生命的器物。他们或成为"王者师",教异族统治者的孩子们读《论语》《孝经》等,或是甘为贰臣,向异族统治者"献经",用儒经为异族歌功颂德。对于这些儒生而言,只要尊奉孔子,行孔孟之道,便是中国之主,便是自己歌颂与服务的圣君。所以,仅需尊孔崇儒,这些读书人便会向任何新朝异族俯首臣服,也即是所谓的"行中国之道即为中国之主"。钱玄同举例道:

> 有人转述一位研究古学的某先生的话道:"外国的新学,是不用研究的;我们中国人,只要研究本国的古学便得了。近来的人都说,'中国政治不好,社会不好,眼见得国就要亡了,青年学子非研究新学,改革旧污,不足以救亡';这话是不对的。要知道就是中国给别国灭了,外国人来做中国的皇帝,我们本来不是中国的官吏,就称'外国大皇帝陛下',也没有什么不可以;但是到那时候,还该研究我们的古学,不可转旁的念头。"我听了这话,觉得太奇了;便再转述给一个朋友听听。那朋友说:这又何足奇?你看满清入关的时候,一班读书人依旧高声朗诵他的《四书》、《五经》、八股、试帖。那班人的意见,大概以为国可亡,种可奴,这祖宗传下来的国粹是不可抛弃的。现在这位某先生,也不过是"率由旧章",这又何足奇?我乃恍然大悟。①

这些读书人圆滑之处在于,他们只需"献经""卖教",便可平稳地度过朝代的更替,并获得比其他俘虏更好的待遇,成为"王者师"。"面临民族危亡,一些自夸'忠孝节义'的读书人竟是这样的心态",

---

① 钱玄同:《随感录·十六》,《钱玄同文集》第 2 卷,中国人民大学出版社 1999 年版,第 11—12 页。

这展示出"民族内部卑怯的奴性心理"①。在钱玄同看来,中国二千年以来,"献经""卖教"是取悦异族的好法宝,不少读书人依靠此法宝,从未失手。当五胡、契丹、沙陀、女真、蒙古、满洲入侵之后,立即双膝跪地,高呼万岁,将此法宝敬献给这些入侵者,而入侵者也用这些法宝向他们头上一套,类似唐僧给孙悟空戴上观音菩萨给的"嵌金花帽"。套好以后,入侵者如唐僧一样,高念"紧箍儿咒",让这些读书人"扁扁服服地过那猪圈里的生活了"②。钱玄同在日记中也多次讽刺此种献媚异族的行径,例如他在 1935 年 2 月 2 日阅读谢垒之《党社考》后,记下:"清初这几位献媚虏廷之伪儒,真所谓魑魅魍魉,白昼现形,阴险卑鄙,无所不用其极。"③

钱玄同由"献经""卖教"的现象,认为中国人在反击帝国主义侵略的同时,更应反省自身:一是外国侵略者为什么总侵略中国,而不侵略其他国家;二是一些中国人为什么开始称侵略者为"洋鬼子",可当侵略者兵临城下,一些读书人竟会不要脸皮地高呼"洋大人"。在钱玄同看来,这都源自儒学"婢仆须知"对人的驯化,这些"婢仆须知"让中国人自甘奴化的思想浃髓沦肌。"婢仆须知"中的"纲常名教""忠孝节义""文圣武圣""礼教德治""安分守己""乐天知命""天下有道,则庶人不议"等"种种屁话",是中国人精神世界中的"国贼",这些"国贼"让部分国人"对于帝国主义者的侵略,能够忍受,甚至还信用他,仰赖他"。所以当异族侵入时,不少国人甘愿成为洋奴西崽:"古之帝国主义者五胡、沙陀、契丹、女真、蒙古、满洲诸族'提兵

① 参见拙文《鲁迅的"儒术"论及其与清末章太炎的关系》,《中国现代文学研究丛刊》2019 年第 1 期。
② 钱玄同:《青年与古书》,《钱玄同文集》第 2 卷,中国人民大学出版社 1999 年版,第 142 页。
③ 杨天石主编:《钱玄同日记》,北京大学出版社 2014 年版,第 1069 页。

入关,定鼎中原',该奴才们既已高呼'圣天子'矣,则今之帝国主义者条顿、拉丁、盎格鲁撒克逊、斯拉夫、大和诸族施行政治的和经济的侵略,该奴才们高呼'洋大人'正是当然了。"①

　　钱玄同批判这种"献经""卖教"的心理,极具现实针对性。在帝国主义入侵之际,中国的一些读书人不是去抵抗侵略,反而又在酝酿"卖经""献教"的"贰臣"之举。例如当时一些遗老拼命护"道",认为"禽兽真自由,要这伦常何用"②。在钱玄同看来,这些遗老在民族危机下,还要捍卫"尊夷狄而攘中国"的"道",实则是"献教"的贰臣心理之体现。这些遗老以前献媚于清朝,但清亡后,却不"给自家人守节",反而"帮同了洋鬼子来反对自家人","其人格之卑猥无耻,正与张弘范、吴三桂一样"③。所以钱玄同指出,要改变"献经""卖教"的"贰臣"文化,必须连根拔除"周公、孔子以及一切圣帝明王之道",践踏与焚毁"婢仆须知",以彻底清除中国文化中的奴性,唤醒国人,使其上升为"民国的国民",否则将会万劫不复,永沦奴籍④。

　　在从文化内部展示民族奴性的同时,钱玄同也从"对立面"来思考"献经""卖教"的危害性。侵略者欣然接受这种"献经""卖教"的法宝。日本在入侵中国时便借用此法宝,用儒学来包装自己的军国主义野心,以中日共尊孔子的名义来侵略中国。日本侵略者要求沦陷区的中小学校将"读经"列为必读课程,其主办的《顺天时报》等刊

① 钱玄同:《关于反抗帝国主义》,《钱玄同文集》第2卷,中国人民大学出版社1999年版,第178—182页。
② 转引自钱玄同:《写在半农给启明的信的后面》,《钱玄同文集》第2卷,中国人民大学出版社1999年版,第131页。
③ 钱玄同:《写在半农给启明的信的后面》,《钱玄同文集》第2卷,中国人民大学出版社1999年版,第131页。
④ 钱玄同:《关于反抗帝国主义》,《钱玄同文集》第2卷,中国人民大学出版社1999年版,第179—181页。

物,也假托孔道之名义,用孔学建立"日支共荣共存",宣传亚洲和亲。日本不仅利用所谓的"同文同种"的孔教来名正言顺地入侵中国,而且还用孔学的"道"美化侵略行径,以儒学的"圣王之道"弱化"种族之辩"。

当时一些日本历史学家也对中国宋末元初、明末清初的历史进行专门研究,或强调"天下"超越民族与地域,故而"人类全体都可以成为王治之下的民众"①;或指出"周汉都有着侵略者的资质。而支那人都讴歌他,欢迎他了。连对于朔北的元和清,也加以讴歌了。只要那侵略,有着安定国家之力,保护民生之实,那便是支那人民所渴望的王道"②。这些论述皆"盗用了'行中国之道即为中国之主'的话语策略",借"圣王之道"的名义"为日本侵华提供'合法性'的依据"③。钱玄同对此批判道:

> 这种"天经地义",这种"道","虽蛮貊之邦行矣";所以不问五胡、沙陀、契丹、女真、蒙古、满洲,只要他们一旦高兴,也向咱们舞弄棍棒刀杖枪剑起来,咱们也是同样的给他们做试武器,做踏脚凳,做屁股垫子,自己被宰被剐,妻女做婊子,儿孙做底下人。咱们三千年来在这样的生活里过着,够得上算"人"吗?④

---

① (日)田崎仁义:《王道天下之研究——支那古代政治思想及其制度》,东京内外出版会社 1926 年版,第 8—9 页。
② 中里介山氏的《给支那国民的信》,转引自鲁迅:《关于中国的两三件事》,《鲁迅全集》第 6 卷,人民文学出版社 1981 年版,第 9 页。
③ 参见拙文《鲁迅的"儒术"论及其与清末章太炎的关系》,《中国现代文学研究丛刊》2019 年第 1 期。
④ 钱玄同:《十一月五日是咱们第二个光荣的节日》,《钱玄同文集》第 2 卷,中国人民大学出版社 1999 年版,第 219 页。

在钱玄同看来,这种"圣王之道"是"狗道,贼道,鸟道",让"人"成为"猪仔","过着这种'猪仔'生活,还说什么'神明华胄',什么'泱泱大国民'!呸!好不害臊!请推开溺盆上的泡沫,照照尊范,看看是一副什么嘴脸"①。与钱玄同一样,鲁迅也极度反感"大莫大于尊孔,要莫要于崇儒"的贰臣思维②,十分警惕帝国主义对"献经""卖教"的利用,忧虑此种"贰臣心理"既容易美化帝国主义的侵略,更会"成为中国人自己代办的'心的征服'",从而"加重民族危机,走向自甘奴化之路"③,最后让中国人沦为钱玄同口中任人宰割的"猪仔"。

综上可知,钱玄同由对"献经""卖教"的批判,引出民族反殖民主体性的问题。在他看来,对待侵略,既要抵抗帝国主义,反抗殖民压迫;又要对内反奴性,让民众从"用儒学献媚的奴才"转化为具有现代意识的国民,从而恢复民族的主体性。此种反殖民主体性的意识,是鲁迅、周作人等章门弟子的共识。在面对民族危机时,章门弟子多从中国儒学内部来审视帝国主义的问题,皆提倡对外反侵略与对内反奴性的方式。

(二)批判"甘为贰臣"的思想资源:章太炎的"仁术"论。钱玄同的反殖民主体意识深受其师章太炎的启发。在清末,章太炎将"献经""卖教"讽刺为归附异族的"仁术"。章太炎对"仁术"的批判,主要集中于《訄书》中的《弭兵难》《经武》《忧教》《争教》等文。钱玄同很早便开始阅读《訄书》,其日记中多有相关的阅读记录。同时钱玄同在留日时期于《民报》社受教于章太炎,他对章太炎关于"甘为贰臣"的批判言论较为熟悉。例如,在1909年9月30日他在章太炎启

① 钱玄同:《十一月五日是咱们第二个光荣的节日》,《钱玄同文集》第2卷,中国人民大学出版社1999年版,第218—219页。
② 鲁迅:《算账》,《鲁迅全集》第5卷,人民文学出版社1981年版,第514页。
③ 参见拙文《鲁迅的"儒术"论及其与清末章太炎的关系》,《中国现代文学研究丛刊》2019年第1期。

发下,感叹"侯方域、陈其年、钱谦益、吴梅村辈,日日读书,而卒之非得罪名教,即降于异族,是空读书者反受书累也"①。

在章太炎看来,"仁术"论是指,"异族入侵之际,对侵略者大讲孔孟的'仁恩''忠恕''以礼相待',极易使'儒学'沦为讨好异族之法宝"②。在晚清,俄、美等列强竭力倡导中国"弭兵"(裁军)。这得到不少中国读书人的支持,比如唐才常在《湘学报》上认为弭兵的"仁术"论可使"强国""弱国"避免"误起争端"③。章太炎在《弭兵难》怒斥这种"弭兵之说"是献媚异族的"仁术",是替帝国主义的侵略进行辩护,是"不溥其本而肇其末"。在他看来,"今以中国之兵甲,与泰西诸强国相权衡,十不当一,一与之搏击,鲜不溃靡。是故泰西诸国之兵可弭,而必不肯弭兵于中国",那么所谓的"弭兵"说只是"特假强国以攘夺之柄"④。在《经武》中章太炎继续指出,非"大同之世"的国际邦交与国内变革皆须有"国有甲兵"作为后盾,而那些徒托空言"弭兵之说"的提倡者是"苟释其利,而倚簟席,以谋天下,以交邻国,则徐偃王已"。徐偃王在周穆王联合楚国攻打徐国时,因提倡"仁恩"而不愿出战,最后却败逃。章氏以徐偃王的故事为历史教训,表明面对侵略者只能反抗,不能讲究所谓的"仁恩"等,应如"商鞅阘戟而出,齐桓以犀甲鞼盾而立国也"⑤。

章太炎指出,献媚异族的"仁术"腐蚀人心,使得国人缺乏反殖民

---

① 杨天石主编:《钱玄同日记》,北京大学出版社 2014 年版,第 179 页。

② 参见拙文《鲁迅的"儒术"论及其与清末章太炎的关系》,《中国现代文学研究丛刊》2019 年第 1 期。

③ 转引自汤志钧编:《章太炎年谱长编》上卷,中华书局 1979 年版,第 70 页。

④ 章太炎:《弭兵难》,《章太炎全集·〈訄书〉初刻本》,上海人民出版社 2014 年版,第 89—90 页。

⑤ 章太炎:《经武》,《章太炎全集·〈訄书〉初刻本》,上海人民出版社 2014 年版,第 91 页。

主体性,导致人们愿作"外国之顺民",官员愿作"外国之总办"而"食其俸禄,资其保护",最后"顺天城之中,无不牵羊把茅,甘为贰臣"①。这些"贰臣"为追求"冠貂蝉、袭青紫"而随时改变自己的立场,故而在异族入侵时他们会倡导"行中国之道即为中国之主"的"权变":

> 为满洲之主则听之,其为欧、美之主则听之,本陈名夏、钱谦益之心以为心者,亦二百年而不变也。②

更令章太炎忧心的是,此种"仁术"论很容易被外国侵略者所利用,用以包装其奴役中国的野心。譬如清末以来的日本侵略者利用同种同文,以"王道""忠孝"等儒学符号来美化"军国"日本,试图用文化认同感来弱化中国民众对民族国家的认同,妄图使"中国"不再是明确的地理范畴或种族群体,而变成共尊儒学的文化概念。章太炎在《答梦庵》《再答梦庵》对此十分警惕,认为"日本正借用'同文同种'掩盖其侵略中国的意图"③。再如清末西方传教士李提摩太、林乐知、李佳白等宣扬"仁""义""礼"等儒学伦常是由上帝所规定的。章太炎在《忧教》《争教》等文,揭露李提摩太等实则是借儒学的名义来对中国进行文化侵略:"泰西之黠者,其于中国,且善厚结之,如桑螵蛸而箸之,勿易其土,勿变其帖经,其举者置以为冗官,或处郡县,则比于领事;又令西士之习于华者,籀读吾经纬,以号于众曰:'吾有仲尼之遗计籍焉。'若是,则西教瘉杀也,而中国自是终

---

① 章太炎:《驳康有为论革命书》,《章太炎全集·太炎文录初编》,上海人民出版社 2014 年版,第 187 页。
② 章太炎:《驳康有为论革命书》,《章太炎全集·太炎文录初编》,上海人民出版社 2014 年版,第 187 页。
③ 参见拙文《鲁迅的"儒术"论及其与清末章太炎的关系》,《中国现代文学研究丛刊》2019 年第 1 期。

于左衽矣！"①

　　章太炎对"甘为贰臣"的思考，在钱玄同身上得以延续。这种延续亦体现于鲁迅、周作人等章门弟子的思考中。鲁迅的《十四年的"读经"》《儒术》《厦门通信》《算账》等文中，指出对异族的"献经"等是"吃教"的贰臣行为，并批判了日本侵略者借用"大莫大于尊孔，要莫要于崇儒"来掩盖侵略中国的野心②。周作人也十分警惕"献经""卖教"，他在《日本与中国》《日本浪人与顺天时报》《日本的好意》《再是顺天时报》等文反对当时《顺天时报》用儒学建构的"日支共荣共存"，认为"中国与日本并不是什么同种同文，但是因为文化交通的缘故，思想到底容易了解些，文字也容易学些"③。

　　总体而言，钱玄同对"献经""卖教"的思考，是其师章太炎反殖民思路的延续。可遗憾的是，他未如鲁迅、周作人等章门弟子那样将其师的思路进行深挖与发展，只是在一些文章中偶有体现。所以他对"献经""卖教"的批判力度未能达到鲁迅、周作人等人的高度与深度。这就致使他的反殖民主体性思想，仅带有"章门"的特征，而未能产生相应的文化影响力。

二、"随风倒"的中庸

　　"中庸"的原始含义是"无过无不及"，象征儒家最高的道德标准。但钱玄同认为"中庸"在儒学实践中已被扭曲，成为"随风倒"的"折衷"，产生"骑墙""见风使舵"的儒学效果。钱玄同对"中庸"的

① 章太炎：《忧教》，《章太炎全集·〈訄书〉初刻本》，上海人民出版社2014年版，第94页。
② 鲁迅：《算账》，《鲁迅全集》第5卷，人民文学出版社1981年版，第514页。
③ 周作人：《日本与中国》，《周作人散文全集》第4卷，广西师范大学出版社2021年版，第304页。

理解,源自其师章太炎的"国愿"论。章氏以"国愿"论批判中庸者"惟在趋时"的诈伪与圆滑。

（一）"中庸"的原始含义:"无过无不及"。"中庸"是无过无不及,"过"是"激进","不及"为"保守"。孔子称"中庸其至矣乎",视其为最高的道德准则,因为"知者过之,愚者不及也。道之不明也,我知之矣:贤者过之,不肖者不及也。人莫不饮食也,鲜能知味也"①。所以要达到调和而无偏胜的"中庸",既要有智慧、博学,也需兼有仁义、毅力、坚守,更应在实践生活中动态地把握"度",以求在不偏不倚里找寻恒常之道。在历史变迁里,"中庸"的内涵逐渐丰富。朱熹曾讲"中"并非在二者之间取中,应是"当厚而厚""当薄而薄"②。"中庸"的含义随着历史变迁而逐步丰富,有如下四种基本内涵:"无过无不及"的"尚中";合乎时宜的"时中";守节秉义的"中正";"天人和谐"的"中和"。

（二）钱玄同对"中庸"的理解:"随风倒"的"折衷"。"中庸"作为儒家最高的道德标准,可其在儒学实践时多被扭曲成"不许冒尖""随大流""和稀泥"。按民间俗语来讲,这就是不前不后的"中不溜"与不快不慢的"随大流"。对"中庸"负面效果的思考,是"五四"这代知识分子关注的重点。胡哲谋强调"中庸"导致"人人皆不欲表一异众之意见,而惟以模棱两可之言"③。陈独秀也认为调和的中庸思想是中国文化史上的不幸现象,为"人类惰性"之效用④。钱玄同亦指出"中庸之道"在实践中已变质,呈现三大儒学效果。

1. 儒学效果之一:调和、"折衷"。在 1919 年 11 月 1 日第 6 卷第

---

① 王国轩译注:《大学・中庸》,中华书局 2016 年版,第 61—63 页。
② 朱熹:《朱子语类》第 4 册,崇文书局 2018 年版,第 1145 页。
③ 胡哲谋:《偏激与中庸》,《新青年》第 3 卷第 3 号,1917 年。
④ 陈独秀:《调和论与旧道德》,《新青年》第 7 卷第 1 号,1919 年。

6 号《新青年》上,郭惜黔致信钱玄同,认为中国现状是"新的太新了,旧的太旧了",让人很恍惚①。钱玄同不认同中国处在新旧对立的状态,指出"中国现在以两种人为最多:一种是僵尸相的旧人,一种是半死半活、不死不活、似死似活的'折衷派'。真的新人,恐怕是很少很少"。在他看来,中国的新人较为稀少,包括《新青年》《新潮》中的新人和"'半路出家'的和尚一样",仍"染一些旧污"。为此,要避免"折衷派",就需培养"一些旧污也不染的新人","少受他们的家庭教育,少读圣经贤传,少读那些'文以载道'的古文;多听些博爱、互助、平等、自由的真理的演讲",以洗涤旧气②。

　　钱玄同不满"折衷派",认为这会导致半阴半阳、非驴非马的文化现象。可李大钊却认为"新"与"旧"是合体的,而非对立的,所以青年在创造新生活的时候,也要包容老人,让他们也能享受"新文明的幸福"③。钱玄同反对李大钊的调和观点,强调应以"新""旧"绝对对立的思维来破除矛盾生活:"除了征服旧的,别无他法。那些残废颓败的老人,似乎不必请他们享受新文明的幸福,尝新生活的趣味;因为他们的心理,只知道牢守那笨拙迂腐的东西,见了迅速捷便的东西,便要'气得三尸神炸,七窍生烟','狗血喷头'的骂我们改了他的老样子。我们何苦把辛辛苦苦创造成功的幸福去请他们享受,还要看他们的脸,受他们的气呢?"④

　　钱玄同对新、旧"折衷"的批判,也体现于他对新文学的期待。在他看来,"五四"以来的一些自命"折衷派的文学家",一面摇头晃脑

---

① 郭惜黔:《致信钱玄同》,《新青年》第 6 卷第 6 号,1919 年。
② 钱玄同:《写白话与用国音》,《钱玄同文集》第 1 卷,中国人民大学出版社 1999 年版,第 372—373 页。
③ 李大钊:《新的! 旧的!》,《新青年》第 4 卷第 5 号,1918 年。
④ 钱玄同:《李大钊〈新的! 旧的!〉的附言》,《钱玄同文集》第 2 卷,中国人民大学出版社 1999 年版,第 27 页。

读所谓的"骈文"与"古文",做几篇"《题……太史……图序》,或《……三月三日……修禊序》,或《……公……行状》,或《清故……总督……巡抚……公神道碑》";一面又逢人宣扬"'文学是要革新的','我不反对白话文'",所以这种"折衷派的文学家"属于"蝙蝠派的文人"①。蝙蝠"亦禽亦兽","兽类不收"而"鸟类不纳",弄得它毫无立场,成为"骑墙的象征"②。以"蝙蝠"比喻"折衷派文学家",这也传递出钱玄同新旧绝对对立的新文学观。

　　钱玄同不仅批判对新、旧文学的"折衷",更反对调和新、旧政体的行为。在他看来,民国中的一些遗老想借中庸之道调和"民国"与"帝国",宣称这并非做"复辟的运动",而只是想保住"上头"的帝号,所以他们"向民国的行政官'摇辫乞怜',说什么'上头'赞成天下为公之共和政体喽;什么'上头'绝无复辟之心喽;什么前次复辟乃出于张、康之胁迫,绝非'上头'所愿喽"。可此种言论"荒谬得很","既说不复辟,为什么还要保住贵'上头'的帝号!? 既不肯抛弃帝号,为什么不做复辟的运动!? 贵'上头'既不想复辟,且赞成共和,为什么还要窃帝号以自娱!?"所以"保住帝号,便应该复辟;赞成共和,便应该废除帝号","民国"不可能存在既保住帝号而又仍是共和政体的情况③。不仅遗老,一些普通的国人还公然在民国提倡祭天、祭孔、读经,甚至主张恢复科举与御史台。钱玄同讥讽这些人:"还有什么资格来做民国国民! 还有什么脸来纪念国庆! 干脆去做遗老罢! 干脆

---

① 钱玄同:《寸铁十二则》,《钱玄同文集》第 2 卷,中国人民大学出版社 1999 年版,第 37—38 页。
② 鲁迅:《谈蝙蝠》,《鲁迅全集》第 5 卷,人民文学出版社 1981 年版,第 202—203 页。
③ 钱玄同:《告遗老》,《钱玄同文集》第 2 卷,中国人民大学出版社 1999 年版,第 101 页。

去向爱新觉罗府上的仪哥儿装矮子扮叩头虫罢!"①

在钱玄同看来,这种"调和"看似包容、接纳新事物,可仍是保守的旧物。譬如"中学为体,西学为用"便投射出"调和派"此种精神状态。"调和派"虽然承认"中国人不懂科学,不会制枪炮,不会造洋房,不会修马路",却又认为这些皆是"形而下之器",而中国的精神文明才是冠绝全球的"形而上之道";并且他们虽承认"中国的政治法律不及西洋",但又指出"政法是末,道德是本,政法穷败,不算丢脸,好在我们的道德是天下第一的"。此种调和的心态,使得中国呈现如此怪相:"李鸿章、张之洞等人要造枪炮,要造军舰,稍微明白的人也认为当务之急;康有为、梁启超等人要开议院,要改官制,稍微明白的人还来附和响应。到了陈独秀、胡适等人要戳穿'冠绝全球的精神文明'的丑相,要撕破'天下第一的道德'的鬼脸,明明白白地提倡新文化,新道德,则除了极少数的几个人外,无论顽固党与维新党,亡清遗奴与西洋博士,老头子与小孩子,都群起而攻之,誓不与之共戴天了。"②

鲁迅就指出,钱玄同所批判的"新旧调和"会致使中国社会出现"将几十世纪缩在一时"的"似新似旧"之怪相:"自油松片以至电灯,自独轮车以至飞机,自镖枪以至机关炮,自不许'妄谈法理'以至护法,自'食肉寝皮'的吃人思想以至人道主义,自迎尸拜蛇以至美育代宗教,都摩肩挨背的存在。"③所以在鲁迅与钱玄同看来,如果不连根拔去此种"调和"的二重思想,彷徨的中国人"是终竟寻

---

① 钱玄同:《赋得国庆》,《钱玄同文集》第 2 卷,中国人民大学出版社 1999 年版,第 212—213 页。
② 钱玄同:《回语堂的信》,《钱玄同文集》第 2 卷,中国人民大学出版社 1999 年版,第 150—151 页。
③ 鲁迅:《随感录·五十四》,《鲁迅全集》第 1 卷,人民文学出版社 1981 年版,第 344 页。

不出位置的"①,最后陷入陈独秀所言的"非牛非马,一样不成"②的退化之中。

2.儒学效果之二:"随风倒"。钱玄同是以"旧则旧,新则新,两者调和实在没有道理"③的立场否定"中庸"。但他的理解有些机械,缺乏深刻性。钱玄同是一位学问家,他从传统学问内部来抨击经学时"如鱼得水",而他一旦对儒学进行社会文化批判之时,便缺乏思考上的深邃功力。例如在1923年11月24日《语丝》第2期上,钱玄同对中国人的"持中"之真相进行了说明:

　　有些人们说,欧洲人"向前",印度人"向后",都不如中国人"持中"的好。我因此想起某书上记着一副挖苦叶名琛的对联:"不战,不和,不守;不死,不降,不走。"我觉得这大概可以作为"持中"的真相之说明了。④

鲁迅发现了钱玄同思维中的漏洞,他在1924年12月15日《语丝》第5期上发表《我来说"持中"的真相》进行质疑⑤,指出"持中"

① 鲁迅:《随感录·五十四》,《鲁迅全集》第1卷,人民文学出版社1981年版,第345页。
② 陈独秀:《今日中国之政治问题》,《新青年》第5卷第1号,1918年。
③ 杨天石主编:《钱玄同日记》,北京大学出版社2014年版,第580页。
④ 钱玄同:《"持中"的真相之说明》,《钱玄同文集》第2卷,中国人民大学出版社1999年版,第97—98页。
⑤ "风闻有我的老同学玄同其人者,往往背地里褒贬我,褒固无妨,而又有贬,则岂不可气呢?今天寻出漏洞,虽然与我无干,但也就来回敬一箭罢:报仇雪恨,《春秋》之义也。他在《语丝》第二期上说,有某人挖苦叶名琛的对联'不战,不和,不守;不死,不降,不走。'大概可以作为中国人'持中'的真相之说明。我以为这是不对的。"(鲁迅:《我来说"持中"的真相》,《鲁迅全集》第7卷,人民文学出版社1981年版,第56页)

的态度应该有二:一是"非彼即此",是"无主意,不盲从,不附势,或者别有独特的见解;但境遇是很危险的,所以叶名琛终至于败亡,虽然他不过是无主意";二是"可彼可此",实则是"骑墙",或者是极为巧妙的"随风倒"。这"可彼可此""在中国最得法,所以中国人的'持中'大概是这个。倘改篡了旧对联来说明,就该是:'似战,似和,似守;似死,似降,似走'①。鲁迅的"可彼可此"形象地概括出"中庸"所产生的"随风倒"的儒效,表明"持中"是"折衷"模糊的中间路线,是将矛盾双方毫无原则地糅合在一起而采用其中,犹如无立场的"叭儿狗"。这比钱玄同的思考更为深刻与准确,切实地点出了"持中"在精神上的扭曲之态。

　　钱玄同接受鲁迅的"持中"观点,后在《回语堂的信》赞赏道"说到中国人的'中庸',我以为鲁迅先生的话最痛切了"②。依据鲁迅的思路,钱玄同指出中国人的"中庸"是不敢反抗强者却欺负弱者的"随风倒",尤其在面对异族时此种"随风倒"展示得最为明显:"自己兵力强的时候,称外国人曰'夷狄、逆、寇'还要把人家的种名国名加上'犬'旁(客气一点则加'口'旁)。如果把外国人打败了,处置俘虏,那是什么惨无人道的待遇都会想出来施行的";但是"自己打了败仗,那便马上会把'夷狄、逆、寇'改为'爷爷、爹爹、叔叔'的。到了外国人长驱直入,做了中国的皇帝,则又立刻就会'天朝、圣上'叫的应天响的;一旦这位外国'圣上'和他开起玩笑来,把他绑到菜市口去'伏诛',他还要向阙谢恩,而后引颈就戮,据说这叫做'雷霆雨露,莫

---

① 鲁迅:《我来说"持中"的真相》,《鲁迅全集》第7卷,人民文学出版社1981年版,第56页。
② 钱玄同:《回语堂的信》,《钱玄同文集》第2卷,中国人民大学出版社1999年版,第154页。

非天恩',又叫做'臣罪当诛,天王圣明'"①。此种"骑墙"的怪现象,展示出"怯者愤怒,却抽刃向更弱者"②的卑怯心理,是"我们这个根本败类的民族种种糟糕的道德与思想的代表了"③。

3.儒学效果之三:善于"权变"。"中庸"强调合乎时宜的"时中",这在实际生活里,演化成依据不同形势而随时改变立场的"权变"。在新旧交替的时代,不少善于"权变"的新人出现。钱玄同在日记对此多有记载,比如在1923年2月3日的日记记下,"有一位自命为新人物之某公,他对于新道理本是丝毫不懂的,不过以骂孔丘而得名罢了",近期却"做了一件荒谬的事情,说了一句荒谬的话":"荒谬的事——他的二女儿和大女婿的兄弟一同出去看了一次电影,回家以后他大发雷霆,要将二女儿逐出";"荒谬的话——这几天参议院议员杨永泰,正大用金钱买议长票,一票值到五六千元,此公对他的女婿说:'你为什么不去投一张选举杨永泰的票? 有五六千块钱的进帐哩! 钱是最好的东西,为什么你不要,难道你想在首阳山上立碑吗? (!,!!,!!!)'这是新人物! 这是骂孔丘干禄的人!"④钱氏的寥寥数语,淋漓地刻画了一位为求取利禄而善于"权变"的"新人物"形象,展示出"中庸"在人类精神世界中的异化。

在钱玄同看来,这些善于"权变"者,对"新"与"旧"的选择,完全是源自"利益"。他举例解释:十三年前将孙先生称为"孙汶"的人,六七年前骂他是"民贼孙文"的人,半年前还讽刺他是"孙大炮"的人,在"近数月来"皆亲热地称起了"中山先生",甚至还叫起"元勋"

① 钱玄同:《回语堂的信》,《钱玄同文集》第2卷,中国人民大学出版社1998年版,第154—155页。
② 鲁迅:《杂感》,《鲁迅全集》第3卷,人民文学出版社1981年版,第49页。
③ 钱玄同:《回语堂的信》,《钱玄同文集》第2卷,中国人民大学出版社1998年版,第155页。
④ 杨天石主编:《钱玄同日记》,北京大学出版社2014年版,第509页。

"伟人"等字样。譬如一位清室遗老在十三年前想将"孙汶"处以极刑,而现在居然将其尊为"孙中山先生"。这些人对孙中山的态度发生转变,原因在于"'段执政'近来和孙先生有了往还"①。钱玄同由此例描绘出遗老们"权变"的两副面孔:一是当有权力之时,宛然一个暴君,要将"孙汶"处以极刑;二是当丧失权力后,为获得好处,又开始歌颂"孙中山先生"的伟大。

　　令钱玄同惊讶的是,不仅当时的遗老通过"权变"而冒充"新人物",而且一些在"五四"时一些颇有名气的"新人物"也是"权变"之产物。比如他指出,"打孔教店的老英雄"吴虞在"五四"看似是一位"有新思想的人",但在"五四"之后去写"淫秽不堪,真要令人作呕三日"的"歪诗",爱上了"孔家店里的伙计们最爱做"的狎娼与狎优,由此可知他只是冒牌的"孔家店打手"②。在钱玄同看来,吴虞是"权变"式的新人物,他在"五四"时的反孔,是因他不想受父母的管束,便痛骂礼教的害人;当现今他发现自己的儿女不服管束,便认为这皆是中了外国新学说的毒,便高呼"中国自有特别国情"③。

　　周作人回忆,单读钱玄同的文章,感觉"很是激烈",而见到他的人,又"极是和易,多喜说笑",这之间仍可感到"有严峻的地方存在","简单的说,大抵他所最嫌恶的是假。在处世接物上边固然人也不能不用一点假,以求相安无事,若是超过了这限度,戴了假面具于道德文字思想方面鬼鬼祟祟的行动,以损人而利己的,他便看了不能

① 钱玄同:《中山先生是"国民之敌"》,《钱玄同文集》第 2 卷,中国人民大学出版社 1999 年版,第 148 页。
② 钱玄同:《孔家店里的老家伙》,《钱玄同文集》第 2 卷,中国人民大学出版社 1999 年版,第 57—60 页。
③ 钱玄同:《〈吴虞先生的来信〉的"读后感"》,《钱玄同文集》第 2 卷,中国人民大学出版社 1999 年版,第 65 页。

忍耐,要不客气的加以一喝"①。依据周作人的回忆可知,钱玄同在日常生活中就十分讨厌"假面",所以他对"中庸"在实际生活中产生的"随风倒""折衷""权变"等"儒效"当然会发乎性情上的厌恶。

(三)钱玄同"中庸"论与章太炎的"国愿"论。《中庸》是"四书"之一,原属《礼记》的第三十一篇。钱玄同"家严教德极严",他四岁时便已入学,八岁时"先子教《礼记》",九岁时"《礼记》读毕",十岁时"始读'四子书'",十一岁时"《四子》毕"②。从钱玄同接受的儒学教育来看,他对《中庸》非常熟悉,自然明白"中庸"的原始含义。可"五四"时他却竭力攻击"中庸",他对"中庸"的反感,带有其师章太炎清末"国愿"论的影子。

在清末章太炎看来,"中庸"实为"国愿"。"国愿"源自"乡愿",孔子称"乡原,德之贼也"③。"乡原"(乡愿)是指乡中看似谨厚而实则随波逐流、趋炎附势的伪善者。"国愿"为国家级的"伪君子",有甚于"乡愿",以"矫言伪行",来"迷惑天下之主",故"一国皆称愿人"。"国愿"有两个特征:一是湛心荣利;二是为求利禄的权变诈伪。而最早的"国愿"便是孔子,带来了中国文化的"趋时"之风④。章太炎通过否定"国愿",来展示"中庸"在实际生活中产生的负面效果。章太炎对"国愿"的论述集中于《东京留学生欢迎会演说录》《诸子学略说》二文。钱玄同对此较为熟悉:一方面他在 1906 年 7 月 15

---

① 周作人:《饼斋的尺牍》,止庵校订:《周作人自编集·过去的工作》,北京十月文艺出版社 2013 年版,第 60 页。
② 钱玄同:《钱德潜先生之年谱稿(一八八七——一九〇五)》,杨天石主编:《钱玄同日记》,北京大学出版社 2014 年版,第 1—2 页。
③ 陈晓芬译注:《论语》,中华书局 2016 年版,第 238 页。
④ 章太炎:《诸子学略说》,姜玢编选:《革故鼎新的哲理——章太炎文选》,上海远东出版社 1996 年版,第 163 页。

日日记中写下"是日东京开留学生欢迎章太炎会"①,说明他在欢迎会现场听到了章氏关于"国愿"的言说;另一方面《诸子学略说》是章太炎在东京开办的国学讲习会所编的讲义,钱玄同是国学讲习会的学生,而且钱氏后来也多次提及此文。

章太炎在《东京留学生欢迎会演说录》认为,"孔教最大的污点,是使人不脱富贵利禄的思想",因为孔子处在贵族用事的社会,平民没有做官的机会,孔子想与贵族竞争,就教化三千弟子,让他们成为做官的材料,从这之后,平民开始有机会做官。但"孔子最是胆小,虽要与贵族竞争,却不敢去联合平民,推翻贵族政体。他《春秋》上虽有'非世卿'的话,只是口诛笔伐,并不敢实行的,所以他教弟子,总是依人作嫁,最上是帝师王佐的资格,总不敢觊觎帝位。及到最下一级,便是委吏乘田,也将就去做了"。在汉武帝独尊孔学以后,"这热中于富贵利禄的人,总是日多一日"。为此,章氏警告道:要想实行革命与倡导民权,需废除富贵利禄之心;若夹杂此心,犹如"微虫霉菌",会"残害全身"②。

延续演说录的思维,章太炎在《诸子学略说》指出"以富贵利禄为心"的"儒家之病",导致"随风倒"的"中庸"。他引用《艺文志》的"辟儒说",认为儒家的"随时抑扬,违离道本,苟以哗众取宠"始于孔子;他又借用庄周述盗跖的话,指出孔子是"不耕而食""不织而衣"的"伪人",通过"摇唇鼓舌""擅生是非"来迷惑天下之主,这让天下学士为"侥幸于封侯富贵"而"不反其本,妄作孝弟";同时章太炎还以《墨子·非儒》中孔子"厄于陈蔡"故事,展现孔子"时绌时伸"的"诈伪":孔子厄于陈蔡之间"藜羹不糂十日",子路为之烹豚,孔丘不

---

① 杨天石主编:《钱玄同日记》,北京大学出版社 2014 年版,第 52 页。

② 章太炎:《东京留学生欢迎会演说录》,姜玢编选:《革故鼎新的哲理——章太炎文选》,上海远东出版社 1996 年版,第 142—143 页。

问肉的由来就食。可后来鲁哀公迎接孔子,席不端不坐,割不正不食。子路疑惑道:"何其与陈、蔡反也?"孔子答:"曩与汝为苟生,今与汝为苟义。"①

　　在章太炎看来,孔子为自己的"随时抑扬"自辨,故才提出"中庸",主张"无可无不可""可与立,未可与权""君子之中庸也,君子而时中"等,可孔子"时中"的思维破坏性很大,使"孔子之教,惟在趋时,其行义从事而变,故曰'言不必信,行不必果'"。所以"中庸者"是"甚于乡愿"的"国愿",而"孔子讥乡愿,而不讥国愿,其湛心利禄又可知也"②。章太炎指出,"国愿"引发儒家"热中竞进"的"从时而变":

　　　　君子时中,时伸时绌,故道德不必求其是,理想亦不必求其是,惟期便于行事则可矣。用儒家之道德,故艰苦卓厉者绝无,而冒没奔竞者皆是……用儒家之理想,故宗旨多在可否之间,论议止于函胡之地。③

　　可"时伸时绌"的"权变"思维,会"淆乱人之思想"④,产生"随风倒""骑墙""摇摆不定"等儒学效果。章太炎的"国愿"论影响其弟子的"中庸"观。可遗憾的是,钱玄同对"中庸"的思考并未得到其师的

---

① 章太炎:《诸子学略说》,姜玢编选:《革故鼎新的哲理——章太炎文选》,上海远东出版社 1996 年版,第 162—163 页。
② 章太炎:《诸子学略说》,姜玢编选:《革故鼎新的哲理——章太炎文选》,上海远东出版社 1996 年版,第 163 页。
③ 章太炎:《诸子学略说》,姜玢编选:《革故鼎新的哲理——章太炎文选》,上海远东出版社 1996 年版,第 163 页。
④ 章太炎:《诸子学略说》,姜玢编选:《革故鼎新的哲理——章太炎文选》,上海远东出版社 1996 年版,第 164 页。

精髓,只是延续了其师在性情上对"中庸"的厌恶。最后仍是鲁迅、周作人等人延续其师的路径,对中国人"时伸时缩"的国民劣根性进行批判。例如鲁迅认为,中国"中庸"的"余毒"沦肌浃髓[1],并用"是狗,又很像猫"的"叭儿狗"来描绘"中庸"相[2]。周作人也指出,"中庸"之道是千余年来文人养成的一套"油腔滑调",这能够"胡说乱道,似是而非,却也说的圆到",可此套圆滑之道是"拿来给强权帮忙",已"吠影吠声的闹上几百年",使"社会人生"大受其害[3]。

(四)对钱玄同"中庸"论之反思。钱玄同延续清末章太炎的"国愿"论,将"中庸"的儒学效果定义为"折衷""骑墙""模棱两可""随风而倒""随波逐流"等。这几乎是鲁迅、周作人、朱希祖等章门弟子在"五四"时的共识。

但一些后世学者认为,钱玄同等"五四"学人将"中庸"的"中"定义为"随风倒",是对中庸的误读与歪曲。王岳川认为,中庸并非走"中间路线",而是认识到天地宇宙之规律,为"追求不急不缓、不过不及、不骄不馁的人生至境"[4]。徐克谦指出,中庸的"中立不倚"绝非一种在激烈斗争里的骑墙派主张,而是儒家所提倡的可贵的君子节操,并且"中"的道德信念一旦确立,便"至死不变",这就要求不论"治世有道"还是"乱世无道",君子皆需保持信念,坚守节操,故而儒家的"中庸"实则是"不调和,不妥协"[5]。

① 鲁迅:《我还不能"带住"》,《鲁迅全集》第 3 卷,人民文学出版社 1981 年版,第 243 页。
② 鲁迅:《论"费厄泼赖"应该缓行》,《鲁迅全集》第 1 卷,人民文学出版社 1981 年版,第 271 页。
③ 周作人:《过去的工作》,止庵校订:《周作人自编集·过去的工作》,北京十月文艺出版社 2013 年版,第 89 页。
④ 王岳川:《〈中庸〉在中国思想史上的地位——〈大学〉〈中庸〉讲演录(之三)》,《西南民族大学学报(人文社科版)》2007 年第 12 期。
⑤ 徐克谦:《"中庸"新探》,《学术月刊》1984 年第 10 期。

　　同时在这些后世学者眼里,真正的"中庸"者秉受于自己的原则,反对随风倒与骑墙的圆滑。冯友兰指出,遇事模棱两可,不仅并非"儒家的理想人物",反而是儒家"最痛恨底人物",这种人便是儒家所批判的"乡原"①。庞朴也认为,儒家的"中庸"反对"折衷主义""调和主义",例如孔子的"乡愿,德之贼也"就批判了乡愿式的"随遇而安,毫无原则,八面玲珑,四处讨好",所以乡愿式的中正之道不过是"媚世取宠、随声附和的骗术而已"②。这些后世学者认为,将"中庸"理解为"折衷主义"是简单与肤浅的论断,因为"中庸主张和,是以承认对立并保持对立为前提的,和是对立的结合,不是对立的泯灭",例如鲁莽和怯弱的"中"是勇敢,挥霍与吝啬的"中"是慷慨,奉承与慢待的"中"是好客③。

　　不可忽略的是,后世学者与钱玄同等"五四"学人对"中庸"的理解是处在不同的历史语境下。在稳定的社会里,后世提倡"中庸"的原始含义,希望以此来塑造社会道德。可钱玄同等"五四"学人看到的却是,"中庸"在社会历史变迁中已经变形为"圆滑""骑墙"等,所以他们并没有否定"中庸"原初的意义,其批判的对象是"中庸"所产生的负面性的儒学效果。所以说,如果从"中庸"所致的负面性"儒效"来理解的话,钱玄同等人的"中庸"观具有历史的合理性。但如将这种负面效果扩大化,全部否定"中庸"之价值,也是过于激烈。晚年章太炎对他清末时的"国愿"论有所反思,声明自己有诋毁孔子之误,承认曾经态度之极端④。由此可知,对"国愿"中"中庸"观的理解,需要立足于特殊的历史语境,不可将其绝对化。

① 冯友兰:《新世训》,《三松堂全集》第4卷,河南人民出版社1986年版,第428页。
② 庞朴:《浅说一分为三》,新华出版社2004年版,第170页。
③ 庞朴:《"中庸"平议》,《中国社会科学》1980年第1期。
④ 章太炎:《致柳翼谋书》,《章太炎政论选集》,中华书局1977年版,第764—765页。

三、"礼教吃人"

"礼教"本是以礼为教,具有道德约束力,但它在实践中却呈现出"吃人"之态。钱玄同对"礼教吃人"的批判,是"五四"反礼教的历史缩影。但对"礼教吃人"的揭露,并非是钱玄同等"五四"学人的独创。这可溯源于章太炎等人在清末时期提出的"理学杀人"。

(一)"礼教"的原始含义:以礼为教。"礼教"源自《礼记·曲礼》中的"为礼以教人,使人以有礼",强调"道德仁义,非礼不成;教训正俗,非礼不备;分争辨讼,非礼不决;君臣上下,父子兄弟,非礼不定;宦学事师,非礼不亲;班朝治军,莅官行法,非礼威严不行;祷祠祭祀,供给鬼神,非礼不诚不庄。是以君子恭敬、撙节、退让以明礼"①。《荀子·礼论》主张"礼者,人道之极也","从之者治,不从者乱;从之者安,不从者危;从之者存,不从者亡"②。《左传》讲"礼,经国家,定社稷,序民人,利后嗣者也"③。《孔子家语·贤君》中的孔子认为"敦礼教,远罪疾,则民寿矣"④。由此可知,"礼"既是人之"大端",为尊卑有序的人伦关系;更是国之"大柄",为法理纲纪。

在儒学视野里,"礼教"是用"仁""义""礼""智"来教化天下,这主要通过"六经"来实现。在原始儒家的设想中,"礼教"展现了对人、社会、国家等的完美想象,有极强的道德约束力。但是"礼教"中的"仁""义""礼""智"在施行的过程中,常常变形与异化,呈现出"吃人"之态。

(二)对"礼教吃人"的批判。"礼教"的"吃人性"体现于它对人心的压抑与戕害。这一点钱玄同有切身的体会。钱玄同是家中的庶

① 胡平生、张萌译注:《礼记》,中华书局 2017 年版,第5—6页。
② 方勇、李波译注:《荀子》,中华书局 2015 年版,第306页。
③ 左丘明:《左传》,上海古籍出版社 2016 年版,第37页。
④ 王国轩、王秀梅译:《孔子家语》,中华书局 2014 年版,第110页。

子,"凡事都须禀命于其兄",经历包办婚姻,"被'旧礼教'拘束得太紧"①。钱玄同十二岁时其父病逝,十六岁时生母去世。可此后每逢家祭,钱玄同的生母并没有牌位与画像,只有"每年岁余祭晚,于我嫡母之右侧贴一红纸条曰'庶母周太孺人之位'"②。同时他视自己的包办婚姻是"恶姻缘","乐得做一世鳏夫罢了"③,自嘲是"纲伦压迫下的牺牲者"④。在个人成长中,钱玄同有作为庶子的委屈,他也能感受到自己母亲为妾所遭遇的不公,又经历了不满意的包办婚姻。这些独特的个人体验,是钱玄同反礼教的现实情感源头。

对于"礼教"的危害性,钱玄同常引用《儒林外史》中"烈妇殉夫"一节来进行展示:

> 一连过了几天,女婿竟不在了。……三姑娘道:"我而今辞别公婆父亲,也便寻一条死路,跟着丈夫一处去了!"……王玉辉……向女儿道:"我儿! 你既如此,这是青史上留名的事,我难道反拦阻你! 你竟是这样做罢。我今日就回家去,叫你母亲来和你作别。"亲家再三不肯。王玉辉执意,一迳来到家里,把这话向老孺人说了。老孺人道:"你怎的越老越呆了! 一个女儿要死,你该劝他,怎么倒叫他死! 这是甚么话说!"王玉辉道:"这样事,你们是不晓得的。"老孺人听见,痛哭流涕,连忙叫了轿子去劝女儿,到亲家家去了。王玉辉在家,依旧看书写字,候女儿的信息。老孺人劝女儿,那里劝的转! 一般每日梳洗,陪着母亲

---

① 黎锦熙:《钱玄同先生传》,曹述敬:《钱玄同年谱·附录》,齐鲁书社1986年版,第177—178页。
② 杨天石主编:《钱玄同日记》,北京大学出版社2014年版,第614页。
③ 杨天石主编:《钱玄同日记》,北京大学出版社2014年版,第151页。
④ 黎锦熙:《钱玄同先生传》,曹述敬:《钱玄同年谱·附录》,齐鲁书社1986年版,第179页。

坐,只是茶饭全然不吃。母亲和婆婆着实劝着,千方百计,总不肯吃。饿到六天上,不能起床,母亲看着,伤心惨目,痛入心脾,也就病倒了,抬了回来,在家睡着。又过了三日,二更天气,几个火把,几个人来打门,报道:"三姑娘饿了八日,在今日午时去世了!"老孺人听见,哭死了过去,灌醒回来,大哭不止。王玉辉走到床面前,说道:"你这老人家真正是个呆子! 三女儿他而今已是成了仙了,你哭他怎的! 他这死的好! 只怕我将来不能像他这样一个好题目死哩!"因仰天大笑道:"死的好! 死的好!"大笑着走出房门去了。

钱玄同评价道:"这一段描写三姑娘饿死之凄惨和王玉辉的议论态度之不近人情,使人看了,觉得这种'吃人的礼教'真正是要不得的东西。但是王玉辉究竟是个人,他的良心究竟也和平常人一样。他居然忍心害理的看着女儿饿死,毫不动心,这是他中了礼教之毒的原故,并非他生来就是'虺蜴为心,豺狼成性'的。"①钱玄同从三姑娘的自残与其父的鼓励,揭示出"礼教吃人"的罪恶。其父居然狠心让女儿饿死,以求"伦纪生色"与"青史留名",可见中礼教之毒颇深。这足以证明"礼教是'杀人不眨眼'的恶魔"②。

钱玄同对《儒林外史》"烈妇殉夫"的批判,有很强的现实针对性。当时北洋政府的《褒扬条例》明文规定表彰"节烈",而且一些报刊也褒扬"贞节可风"的节妇烈妇。例如江女士在未婚夫胡某病死后,"原欲以身殉节,经其亲族劝慰始允缓死,惟誓不二夫,即抱木主

① 钱玄同:《〈儒林外传〉新叙》,《钱玄同文集》第 1 卷,中国人民大学出版社 1999 年版,第 397—398 页。
② 钱玄同:《〈儒林外传〉新叙》,《钱玄同文集》第 1 卷,中国人民大学出版社 1999 年版,第 399 页。

成亲。亲操井臼,上侍太姑,下抚嗣子,含辛茹苦",而后江苏省长送江女士匾额曰"崇迈世教"①。又如陈女士在未婚夫王某病故后"闻耗即背人仰药自尽",后与王某合葬,"将男女主牌行阴配礼,一时往观者途为之塞,咸谓陈女贞烈可风"②。再如陈烈女在未婚夫病卒后,"潜自仰药,拥衾涕泣",并"泣然曰:儿志早决,生虽未获见夫,殁或相从地下"③。这种节烈的现象在当时还有很多。钱玄同用《儒林外史》的故事,批判以"礼教"名义引导女子做烈女的行为,是丧失天良的罪恶,等同于故意杀人。

　　钱玄同由节烈观来展示"礼教"的"吃人性",是"五四"思想革命的重要方式之一。当时的《新青年》《新潮》《少年中国》《晨报》《妇女周刊》《妇女杂志》《女子月刊》《教育与人生》《民众周刊》《野玫瑰》《现实》《无锡评论》等杂志刊发了《我之节烈观》《贞操问题》《美国的妇人》《一个贞烈的女孩子》《吃人的礼教是专压迫女子的》《贞节坊:是一块礼教吃人的幌子》《实话:礼教吃人》《礼教吃人:老名士坐以待毙》《论吃人礼教下之"情海惨剧"》《打倒吃人的旧礼教,女子的经济要独立》《旧礼教下牺牲者》《礼教下牺牲的女子》《可怜的寡妇:可诅咒的礼教》《牺牲于旧礼教的女子》《我受不了旧礼教的束缚了》《在旧礼教压迫下的我国妇女》等文,表明"礼教"只是"模模糊糊传下来的道理",属于"无主名无意识的杀人团"④。

　　在批判"礼教吃人"的历史氛围中,钱玄同对此非常关注,指出这种让人甘愿做奴隶的"礼教"已不适合于现代社会。例如姚明辉是武昌高等师范学校的史地部长,却创作《三从义》《妇顺说》等文来鼓吹

① 《女士贞节可风》,《申报》1918 年 4 月 18 日。
② 《烈女殉夫之可敬》,《申报》1918 年 5 月 5 日。
③ 《陈烈女殉夫事略》,《申报》1918 年 6 月 22 日。
④ 鲁迅:《我之节烈观》,《鲁迅全集》第 1 卷,人民文学出版社 1981 年版,第124 页。

礼教道德。在《三从义》他认为"妇人有三从之义,无专用之道,故未嫁从父,既嫁从夫,夫死从子"①。在《妇顺说》,他反对"夫妇平权",认为"阴伏于阳",那么"妻道之以顺为正",有"从夫之理"②。钱玄同在《请看姚明辉的〈三从义〉和〈妇顺说〉》认为,姚明辉所歌颂的"礼",早已被中国"人"存放到"博物馆",所以他来昌明"三从""妇顺"等"古训"的行为是历史之倒退③。

在钱玄同看来,现代社会的人如还以"礼教"的名义来压制人,是最不可恕的。在 1925 年 8 月 28 日《猛进》周刊第 26 期,钱玄同因女师大学潮而致信徐炳昶,认为反对章士钊的宣言"数章氏之罪未免有舍本逐末之病",指出:章士钊之根本罪恶不是"媚段"的无耻,也不是反对新文化与国语的复古,亦非用武力驱逐女师大学生的手段,因为这些虽然顽旧,尚且可恕。但"自做解散女师大之呈文起,直至刘伯昭侮辱女生,处处着眼于什么贞操的问题,此辈思想与目光不出屎卵之交涉,真可谓污秽卑劣之至,此实最不可恕者"④。徐炳昶复信钱玄同,道:"你对于女师大风潮的意见,我完全表示同意。我这一次所作的《再论礼教问题》,也正是想从根本上把'屎卵之交涉'轰出道德的中心地位。"⑤

从上可知,钱玄同对"礼教"的思考,与时代主潮保持一致,并未

① 姚明辉:《三从义》,《钱玄同文集·附录》第 1 卷,中国人民大学出版社 1999 年版,第 383 页。
② 姚明辉:《妇顺说》,《钱玄同文集·附录》第 1 卷,中国人民大学出版社 1999 年版,第 386 页。
③ 钱玄同:《请看姚明辉的〈三从义〉和〈妇顺说〉》,《钱玄同文集》第 1 卷,中国人民大学出版社 1999 年版,第 382 页。
④ 钱玄同:《反对章士钊的通信》,《钱玄同文集》第 2 卷,中国人民大学出版社 1999 年版,第 202 页。
⑤ 徐炳昶:《徐炳昶的信》,《钱玄同文集·附录》第 2 卷,中国人民大学出版社 1999 年版,第 203 页。

有创造性的探索。这也可看出钱玄同并不擅长于从社会文化层面去进行思想革命。"礼教"的颠覆,需要有外部与内部的双重力量。在"五四"时,鲁迅、胡适、陈独秀等主要从外部,借助"德先生""赛先生"等西方精神资源,揭示"孔教"的吃人性。如本书第一章所讲,钱玄同擅长的是从传统学问内部瓦解"礼教"的经学基础。他的传统学问储备,使得他在从内部攻击"礼教"时游刃有余,能精确地颠覆"礼教"在传统学问中的立足根基。可若从外部来攻击"礼教"时,钱玄同就力所不逮,缺乏异域的视野与理论的武器。这使得钱玄同从外部对"礼教"的批判,欠缺历史的独特性,无法超越"五四"学人的共识,远远比不过鲁迅等人。

(三)"礼教吃人"的源头之一:章太炎的"理学杀人"。钱玄同涉及"礼教吃人"的文章不多,却体现了"五四"的历史氛围。但揭露"礼教吃人"的话题,并非"五四"的独创。在清末时,诸多报刊便已讨论儒学道德对人的压迫。例如《天义报》发表《女子复仇论》《女子劳动问题》《女子解放问题》《废纲篇》等,认为"儒家之学术,偏于专制,便于男子之自私",所谓三纲礼教让"吾女子之死于其中者,遂不知凡几",所以"儒家之学术,均杀人之学术也"①。《民报》《浙江潮》《河南》等杂志也对此话题多有涉及。其中最有影响的是,章太炎提出的"理学杀人"主张。在清末,章太炎已多次批判儒学造成的现实残酷性,展示传统礼教对人精神的奴役。钱玄同、鲁迅在"五四"对"礼教吃人"的批判,也可溯源于其师。

章太炎的"理学杀人",源自戴震之学说。戴震在清代被奉为"考据大师",提出:"酷吏以法杀人,后儒以理杀人,浸浸乎舍法而论

---

① 何震:《女子复仇论》,夏晓虹编:《中国近代思想家文库·金天翮、吕碧城、秋瑾、何震卷》,中国人民大学出版社 2015 年版,第 150 页。

理,死矣! 更无可救矣!"①章太炎在清末多次肯定戴震对理学的批判。他在《东京留学生欢迎会演说录》就以戴震为思想资源,指出专制者的暴虐是"理学助成的",因为专制者以理学取代法律,从而可杀人于无形:

> 　　姓戴名震,称为东原先生,他虽专讲儒教,却是不服宋儒,常说"法律杀人,还是可救;理学杀人,便无可救"。因这位东原先生,生在满洲雍正之末,那满洲雍正所作朱批上谕,责备臣下,并不用法律上的说话,总说"你的天良何在? 你自己问心可以无愧的么?"只这几句宋儒理学的话,就可以任意杀人。世人总说雍正待人最为酷虐,却不晓是理学助成的。②

　　在章太炎看来,"明死于法可救,死于理即不可救",专制者借用纲常伦理来控制与扼杀个体生命,以"洛、闽儒言"为法宝,将"士民"置于"丛棘"之中,使其"摇手触禁"③。这导致有"理"而无"生命"的现象,构成思想文化的"吃人性"。并且"理学杀人"会引发"人"之危机,因为"理"已不仅是一种外在理论,而且内化为民族的集体无意识并禁锢民族的"心灵",给民族精神结构造成沉重的损伤。那么社会改革应从"人"开始,以改造民族的精神气质,打破"理"的禁锢。所以章太炎提出"用宗教发起信心"与"用国粹激动种性"④,激发国人

① 戴震:《与某书》,《戴震全书》第 6 册,黄山书社 1995 年版,第 496 页。
② 章太炎:《东京留学生欢迎会演说录》,姜玢编选:《革故鼎新的哲理——章太炎文选》,上海远东出版社 1996 年版,第 148 页。
③ 章太炎:《释戴》,《章太炎全集·太炎文录初编》,上海人民出版社 2014 年版,第 122—123 页。
④ 章太炎:《东京留学生欢迎会演说录》,姜玢编选:《革故鼎新的哲理——章太炎文选》,上海远东出版社 1996 年版,第 142 页。

的精神主体性,建立民族的"自立",从而避免被"理学"所杀的愚昧
现象。

章太炎对"理学杀人"的批判,在钱玄同、鲁迅、周作人等弟子这
里得到延续,并在鲁迅、周作人等人的文章中得到新的演绎。"五四"
时,吴虞与陈独秀的"打倒孔家店"的文字,虽然很激烈,但他们以强
烈的政治意识来处理作为思想文化的儒家,有些片面。而鲁迅等人
以"礼教吃人"来清理儒家在思想文化中的破坏性,更能激荡人们的
心灵,确定了"五四"思想革命的基调。

四、作为学问家的缺陷

对"儒效"的批判,是"五四"思想革命的实绩之一。钱玄同虽对
"甘为贰臣"的"献经""卖教"、"随风倒"的"中庸"、"礼教吃人"等
"儒效"进行批驳,但他批判的力度与深度远不如鲁迅、周作人等人。
钱玄同作为学问家,从传统学问的内部对儒学进行瓦解时,知道如何
借用与转化前人的思想资源,并祛除前人资源里的尊儒元素,形成彻
底的反传统思路,这是他在"五四"思想革命中的独特贡献。在"五
四",钱玄同处于新文化运动的中心地带,任职于北平师范大学、北京
大学等高校,是《新青年》《语丝》等杂志的编辑,与鲁迅、周作人、胡
适、陈独秀等接触甚多。可钱玄同作为新文化运动的重要参加者,为
何只擅长于从传统学问的内部来推行思想革命?

钱玄同与周氏兄弟皆对中国传统学问极为熟悉,但他们看待传
统文化的视角、深度却有不小的差别。周氏兄弟在谙熟中国传统学
问的同时,又对域外文学、哲学等思想资源有深博的研究。在"五四"
新文化时期,周氏兄弟大量翻译外国作品,积极吸取异域的思想资
源。鲁迅翻译了《现代小说译丛》《一个青年的梦》《桃色的云》《现代
日本小说集》《苦闷的象征》等文,他的翻译作品的字数超过他创作
的字数。周作人也是如此,有诸多的翻译作品。在进行思想革命时,

周氏兄弟既有传统学问的资源,又带有异域的陌生眼光,这使他们能从中西贯通的多维度视角来审视与反思儒学。并且他们接受了异域的资源,容易摆脱儒学思想体系对他们思维与语言的束缚,使得他们拥有一种全新的富有想象力的语言体系去批判中国传统文化。

钱玄同虽在"五四"时提倡全盘西化,但他不懂西方语言,也很少阅读西学著作。从日记来看,在编辑《新青年》《语丝》时,钱玄同很少购买西学作品,大多购买《戴氏遗书》《汉宋奇书》《礼记通论》《草堂诗笺》等中国传统典籍。钱玄同对外国作品的了解,只限于他周围朋友的翻译,例如他曾买过周作人翻译希腊小说《红星佚事》。并且钱玄同的日记有很多他阅读中国传统典籍的记录,却缺乏他对外国作品的阅读记录。现今北京鲁迅博物馆藏有钱玄同的遗书,其中大多是中国传统的典籍,涉及的外国书籍较少。

从钱玄同的阅读习惯可看出,他很少阅读外国著作。异域思想资源的缺乏,导致钱玄同无法多维度地来反思中国传统文化。在"五四"新文化时期,他虽然处于舆论的中心地带,也尝试以社会历史角度来审视儒学,却少有留在历史上的成熟论点。欠缺多维度的批评眼光,这让钱玄同不能像周氏兄弟一样敏感地发现儒学在历史进程中所产生的负面效果,更无法击中"儒效"的要害。所以,钱玄同对"儒效"的批判力度与深度,无法与周氏兄弟相比。这反映出他作为一位学问家的思维局限性。

第二节 "用耶教来排除中国旧儒"

在"五四"思想革命中,钱玄同也曾有过"用耶教来排除中国旧儒"的想法。钱玄同在鲁迅启发下,希望"逃入耶稣教",将耶教里的博爱、平等、牺牲等精神注入中国文化,以消除儒学的负面作用。这种观念,明显体现于他对"非基督教运动"的态度之中。可是钱玄同对此的涉及较少,未形成系统的论述。故本节对此只有简单的观点罗列。

(一)"用耶教来排除中国旧儒"。钱玄同此想法未见于公开的言论,只留存于他的日记之中。他在 1919 年 1 月 7 日记下:

> 和半农同访周氏兄弟,豫才说:如其大东海国大皇帝竟下了吃孔教的上谕,我们惟有逃入耶稣教之一法。豫才主张用耶教来排除中国旧儒。我本来是不赞成的,但彼等若竟要叫大家吃孔教来研究那狗屁的"三纲五常",则我们为自卫计,惟有此法而已。颂平说:他入耶稣教全为反对丧礼,这是和豫才一样的意思。①

鲁迅也在 1919 年 1 月 7 日日记中,记有"夜刘半农、钱玄同来"②。钱玄同日记中的"大东海国大皇帝",是指当时担任北洋政府总统徐世昌。在"五四"时期,徐世昌下令"祭孔",倡导"尊孔读经",让复古崇儒的呼声甚嚣尘上。徐世昌曾是北京"孔社"的名誉社长,他主导的"尊孔读经"可看成是第二次"国教运动"之延续。为此,钱玄同在 1919 年 1 月 5 日的日记中讽刺道:"这几天徐世昌在那里下什么'祈天永命',什么'股肱以膂',什么'吏治',什么'孔道'的狗屁上谕! 这才是你们的原形真相呢!"③他在 1919 年 1 月 6 日,讥讽徐世昌是"子惠元元""祈天永命"的伪总统,还比不上山西军阀阎锡山④。

---

① 杨天石主编:《钱玄同日记》,北京大学出版社 2014 年版,第 339 页。
② 鲁迅:《己未日记》,《鲁迅全集》第 14 卷,人民文学出版社 1981 年版,第 345 页。
③ 杨天石主编:《钱玄同日记》,北京大学出版社 2014 年版,第 338—339 页。
④ 杨天石主编:《钱玄同日记》,北京大学出版社 2014 年版,第 339 页。

　　鲁迅的"逃入耶稣教之一法",是视"耶教"为废除孔教的方式之一。他对耶教的好感是"五四"学人在 1919 年前后所特有的情绪。吴虞就认为,"欧美主耶教,重平等;中国主孔孟,重纲常",所以"耶教所主,乃平等自由博爱之义,传布浸久,风俗人心皆受其影响,故能一演而为君民共主,再进而为民主平等自由之真理,竟著之于宪法而罔敢或渝矣",可"孔氏主尊卑贵贱之阶级制度,由天尊地卑演而为君尊臣卑,父尊子卑,夫尊妇卑,官尊民卑",最后使"专制之威愈衍愈烈"①。陈独秀也认为,"中国底文化源泉里,缺少美的、宗教的纯情感",而基督教是"爱的宗教",能教会我们"崇高的牺牲精神""伟大的宽恕精神""平等的博爱精神"②。周作人也认为"原始的基督教思想"是"人道主义思想的一部分的根本",而"中国不曾得到同样的益处"③。由此可知,"五四"学人并非信奉耶教,而是想以耶教中的平等自由等内容来摆脱传统儒学所产生的负面效果,用耶教的博爱、救世、宽恕等精神来改善中国的国民性。

　　(二)钱玄同对耶教态度之转变。在清末,钱玄同受其师章太炎的影响,反感耶教。章太炎在《无神论》就破除耶和华的"全知全能""绝对无二""无所不备"等说④。他在《东京留学生欢迎会演说录》还以通俗的语言表达道:

　　　　真基督教,今日还不可用。因为真基督教,若野蛮人用了,

① 吴虞:《儒家主张阶级制度之害》,《吴虞集》,中华书局 2013 年版,第 43 页。
② 陈独秀:《基督教与中国人》,《陈独秀文集》第 1 卷,人民出版社 2013 年版,第 568—572 页。
③ 周作人:《文学上的俄国与中国》,《周作人散文全集》第 2 卷,广西师范大学出版社 2021 年版,第 263 页。
④ 章太炎:《无神论》,《章太炎全集·太炎文录初编》,上海人民出版社 2014 年版,第 415 页。

可以日进文明;若文明人用了,也就退入野蛮。试看罗马当年,政治学术,何等灿烂,及用基督教后,一切哲学,都不许讲,使人人自由思想,一概堵塞不行,以致学问日衰,政治日散,罗马也就亡了。那继起的日耳曼种,本是野蛮贱族,得些基督教的道德,把那强暴好杀的心,逐渐化去,就能日进文明,这不是明白的证据么? 今日的中国,虽不能与罗马并称,却还可称伯仲,断不是初起的日耳曼种可相比例。所以真正的基督教,于中国也是有损无益。①

　　钱玄同认同其师的反耶教思想。他在 1906 年 10 月 12 日的日记中记下:"《民报》首有章太炎《无神论》一篇,驳耶稣之自相矛盾,极好。"②此种对耶教的反感,贯穿于钱玄同留日时期的日记中。他在 1907 年 4 月 4 日写下:"数日前,忽欲〈遇〉一西洋鬼子叫做赫德的,竟明目张胆大张广告,声明将假早稻田大讲堂宣讲神理于今日午后云。余等初不知其有何神通广大,诓意往听,尽是一派胡言乱道。夫耶教亦岂无玄理之可谈,而乃专门说我将在天堂和你们相见,曰耶稣爱你们。噫! 所谓美国神学博士之学固如是乎?"③继而他在 1907 年 4 月 5 日说道:"昨午后,神田亦有一西洋鬼子叫做穆德的演说。今日问往听者,言末了以彼询问愿否向善而不起立者,悉被赶出场外。夫善谁不愿向,然何必聆汝几句诳骗三岁童子而不能信之肤浅议论,遂必做出改过迁善之举而向汝耶? 噫! 崇拜彼者其谛思! 谛思!!"④由以上日记可知钱玄同当时对耶教的排斥态度。

① 章太炎:《东京留学生欢迎会演说录》,姜玢编选:《革故鼎新的哲理——章太炎文选》,上海远东出版社 1996 年版,第 143 页。
② 杨天石主编:《钱玄同日记》,北京大学出版社 2014 年版,第 62 页。
③ 杨天石主编:《钱玄同日记》,北京大学出版社 2014 年版,第 91 页。
④ 杨天石主编:《钱玄同日记》,北京大学出版社 2014 年版,第 92 页。

从日记上看,1919 年鲁迅的"用耶教来排除中国旧儒"对钱玄同的耶教观有所影响。钱玄同虽然在 1918 年就赞赏耶教是"最高等最进化的宗教",但他认为"在这二十世纪科学昌明的时代"也不应迷信耶教①。可在 1919 年 1 月 7 日与鲁迅谈论过耶教后,钱玄同也如其他"五四"学人一样,主张将耶教的爱、牺牲注入中国,以改变旧儒的纲常名教。这一点在 1919 年以来的文章中有所体现。比如,他在 1919 年 8 月引用圣经《路加福音》第二十三章第三十四节中耶稣被钉死时所说的"父阿,赦免他们,因为他们所做的事,他们不晓得",认为应该采用耶稣式的宽容来对待"思孟"②。"思孟"中的"思"是指"子思","孟"是指"孟子",这代表儒家的正统学说。钱玄同竟以耶教的宽容精神来对待儒学,这也可窥出耶教对他的潜在作用。再如,他 1920 年致信周作人时还引用基督教的"天国"一词,来表达自己对理想社会的期待。在信中,他吐露自己近来的"宗教思想很发达",认为"天国"常是"一天近似一天",犹如黑暗的"屋漏",总会有"透进光明之时"③。总之,对耶教的赞赏,延续于钱氏的后半生。他 1937 年 12 月 25 日记下,"今日为耶诞,我虽非基督教徒",但"觉一千九百卅余年前,有如此伟大,实人类之光,简单直捷,将仁与恕之真理扼要道尽,真值得纪念也"④。

(三)非基督教运动中的钱玄同。鲁迅虽在私下与钱玄同谈及"用耶教来排除中国旧儒"的想法,却未在公开言论中明确提出此

---

① 钱玄同:《随感录·八》,《钱玄同文集》第 2 卷,中国人民大学出版社 1999 年版,第 11 页。

② 钱玄同:《寸铁十二则》,《钱玄同文集》第 2 卷,中国人民大学出版社 1999 年版,第 40 页。

③ 钱玄同:《1920 年 8 月 16 日致周作人》,《钱玄同文集》第 6 卷,中国人民大学出版社 2000 年版,第 26 页。

④ 杨天石主编:《钱玄同日记》,北京大学出版社 2014 年版,第 1300 页。

观点。反而是钱玄同对此还有所涉及,这体现于他对"非基督教运动"的态度之中。"非基督教运动"肇端于 1922 年 3 月,为反对清华大学即将在 1922 年 4 月 4 日召开的世界基督教学生同盟第十一届会议,国内一些青年学生与部分知识阶层人士组织了"非基督教学生同盟""非宗教大同盟",谴责基督教是"'帮助有产者掠夺无产者,扶植有产者压迫无产者'的恶魔",指出在中国设立基督教的青年会"无非要养成资本家的良善走狗",其"目的即在于吮吸中国人民底膏血"①。"非基督教运动"的支持者较多。其中陈独秀放弃了"五四"时"以耶教排斥孔教"的思维,认为在帝国主义与资本主义的侵略之下,基督教会是"政府殖民政策底导引",会压迫弱小民族②。在殖民语境中,陈独秀对基督教的思考有其历史的合理性。可非基督教运动却逐步地走向"一尊"的偏执状态,徐庆誉评价道:

> 自京沪发起非宗教同盟以后,全国学生界,群起响应,通电一天一天的加多,舆论一天一天的激烈,群情愤慨,不减于五四运动的精神;仿佛宗教与中国不两立,宗教不灭,中国将亡。果宗教之为恶,真如洪水猛兽,那末,凡有血气者,都应该尽力反对。若我们对于宗教的真理,还没有澈底的研究,徒凭一时之意气与误解,就同声附和,开口反对,这都不是科学的态度。③

---

① 《上海非基督教学生同盟宣言及通电》,唐晓峰、王帅编:《民国时期非基督教运动重要文献汇编》,社会科学文献出版社 2015 年版,第 533—534 页。

② 陈独秀:《基督教与基督教会》,唐晓峰、王帅编:《民国时期非基督教运动重要文献汇编》,社会科学文献出版社 2015 年版,第 20 页。

③ 徐庆誉:《非宗教同盟与教会革命》,唐晓峰、王帅编:《民国时期非基督教运动重要文献汇编》,社会科学文献出版社 2015 年版,第 220 页。

钱玄同虽不信奉耶教,可非常反感非基督教运动中"尊一"式的偏执,认为这给人带来精神上的压迫。他在 1922 年 3 月 31 日的日记里记下,"近来有'非宗教大同盟'出现,我们很反对他"①。同时他1922 年 3 月 24 日致信周作人,感叹道:

> 近来有什么"非基督教的大同盟",其内容虽不可知,但观其通电(今日《晨报》),未免令人不寒而栗,我要联想及一千九百年的故事了。中间措词,大有"灭此朝食""食肉寝皮""罄南山之竹……决东海之波……""歼彼小丑,巩我皇图"之气概。你看了作何感想? 我昨日(廿三)应刘廷芳之要求,在《生命月刊》上发表《我对于耶教之意见》,我很主陈独秀和你(宗教与文学之关系)之说,恐怕"彼等"要将我归入"汉奸"之列了。但我宁可蒙"卫耶道"之名,却不愿蒙"改良拳匪"之名。②

在钱玄同看来,非基督教运动看似维护民族自由,可其中"灭此朝食""食肉寝皮"等口吻却体现出攻击、绝灭"与己不同者"的"尊一"思维。这属于不容异己的"学术思想专制",正是中了"孔老爹之毒",是"一尊"的儒学负面作用之产物③。当时梁启超也指出非基督教同盟电文中的"灭此朝食""划除恶魔"等语,暴露了国民的性格弱点,"失天下人的同情"④。周作人同样反对这种"铲除恶魔""灭此

---

① 杨天石主编:《钱玄同日记》,北京大学出版社 2014 年版,第 402 页。
② 钱玄同:《1922 年 3 月 24 日致周作人》,《钱玄同文集》第 6 卷,中国人民大学出版社 2000 年版,第 46 页。
③ 钱玄同:《1920 年 9 月 25 日致周作人》,《钱玄同文集》第 6 卷,中国人民大学出版社 2000 年版,第 32 页。
④ 梁启超:《评非宗教同盟》,唐晓峰、王帅编:《民国时期非基督教运动重要文献汇编》,社会科学文献出版社 2015 年版,第 36 页。

朝食"的极端口吻,认为非基督运动此种以"众志"压制的方式是"思想界的压迫"①,并指出中国所谓的"非宗教同盟"实则是"复古潮流"的一支,这运动的"非意识"的目的只是"执殳前驱为圣教清道",是"孔教复兴之前兆"②。当时钱玄同、周作人、沈兼士、马裕藻、沈士远五位北大教授联合刊登《主张信教自由宣言》,公开反对非基督教运动中的"尊一"思维。

在非基督教运动中,钱玄同不仅批判其中的"尊一"思维,而且也应用了"用耶教排斥旧儒"的思路,认为中国的现代文化建设需接受耶教中的积极性元素。他在《我对于耶教的意见》中,大量引用陈独秀当年倾向耶教的文章来提倡:一是要将"耶稣崇高的伟大的人格""热烈的深厚的情感"培育于中国人的血液里,把中国人从堕落的"黑暗淤泥坑"中救出;二是要将耶教的牺牲、宽恕、平等精神,融入中国的"文化源泉",以治愈社会的"麻木不仁"③。同时钱玄同以非宗教性的眼光来审视耶稣:

> 耶稣基督虽是一个能实行博爱、平等、牺牲各主义的伟人,但千余年来的基督教徒能实行基督教义的却很少很少。其故由于他们只知崇拜基督,遵他为"上帝之子",而不敢以基督自居。我以为基督的可佩服,是由于他打破旧习惯,自创新说,目空一切,不崇拜谁何的革命精神;基督教徒不学他的革命精神,却一

①　周作人:《思想压迫的黎明》,《周作人散文全集》第 2 卷,广西师范大学出版社 2021 年版,第 626 页。
②　周作人:《关于非宗教》,《周作人散文全集》第 4 卷,广西师范大学出版社 2021 年版,第 113 页。
③　钱玄同:《我对于耶教的意见》,《钱玄同文集》第 2 卷,中国人民大学出版社 1999 年版,第 43—44 页。

味去崇拜他,这真是基督的罪人。①

在这里,钱玄同用的是"原基督""原基督教义"的思维,这与他在反儒时所用的"原孔子""原经"的思路是一致的。在他看来,"原基督"的博爱、平等、牺牲、"敢于革命"等精神是值得提倡的,可后世的基督徒却"舍本逐末",只崇拜宗教化的教主基督,却抛弃了基督本身最重要的博爱等精神。按照钱玄同的思路,"用耶教排斥旧儒"并非是去接受宗教化的"耶教",而是去接受"原基督"中的博爱、平等、牺牲、"敢于革命"等精神。正如上节所讲,中国儒学在实践中,渐渐脱离了原始的含义,演化成了"随风倒""骑墙""见风使舵"的持中之风,呈现出"吃人"之态。而钱玄同对"原基督"中博爱、平等、牺牲的提倡,是想以此来驱除中国儒学所产生的负面性"儒效"。

虽然钱玄同期盼用"原基督"的博爱等精神来排斥中国儒学的负面性作用,但他也清晰地知道"原基督"的限度,指出:"基督是古代一个有伟大和高尚精神的'人',他的根本教义——博爱、平等、牺牲——是不可磨灭的,而且是人人——尤其是现在的中国人——应该实行的;但他究竟是一个古代的人,是一个世界尚未交通时代的人;他的知识和见解,断不能完全支配现代的社会。"②钱玄同对基督宗教化与神圣化的拒绝,使得他对"耶教"的接受是带有历史进化的眼光,而非宗教膜拜的信仰。

在非基督教运动中,除了钱玄同,其他"五四"学人也再次提及用耶教的平等、博爱等精神来改造中国社会的想法。周作人认为,"基

① 钱玄同:《我对于耶教的意见》,《钱玄同文集》第 2 卷,中国人民大学出版社1999 年版,第 42 页。
② 钱玄同:《我对于耶教的意见》,《钱玄同文集》第 2 卷,中国人民大学出版社1999 年版,第 42—43 页。

督教的精神是很好的"，蕴含着"人道"与"爱"，可"一新中国的人心"①。胡适也指出："基督教的道德教训，虽然也是二千年前的产物，但因为人类行为上的进步远不如知识进步的快，故还有一部分可以保存。"②张东荪也认为，"西洋文化的根本精神是向前的"，而耶教"很有许多地方可以矫正中国的习惯"③。以上学人与钱玄同一样，并非出于宗教上的信仰，只是想将耶教中的精华部分引入到中国现代文化的建设之中，以清除儒学所产生的"吃人性"等负面效果。

　　总之，钱玄同对"原基督"的博爱、平等、牺牲等精神的提倡，是其"用耶教排斥旧儒"思维的体现，是想用异域文化中的积极性元素来抵抗中国儒学文化中的"吃人性"。可此种方式，并非钱玄同的独创。这几乎是"五四"学人的共识。这些学人是站在"拿来主义"的立场，敢于"拿来"与接受异域精神资源，使中国现代文化在内具有中国传统固有之血脉，在外不落后于世界之思潮，从而形成"取今复古，别立新宗"④的新文化。

---

① 周作人：《我对于基督教的感想》，唐晓峰、王帅编：《民国时期非基督教运动重要文献汇编》，社会科学文献出版社 2015 年版，第 24 页。
② 胡适：《我对于基督教的感想》，唐晓峰、王帅编：《民国时期非基督教运动重要文献汇编》，社会科学文献出版社 2015 年版，第 27 页。
③ 张东荪：《我对于基督教的感想》，唐晓峰、王帅编：《民国时期非基督教运动重要文献汇编》，社会科学文献出版社 2015 年版，第 25 页。
④ 鲁迅：《文化偏至论》，《鲁迅全集》第 1 卷，人民文学出版社 1981 年版，第 56 页。

第四章　钱玄同的白话文章观与
"五四"文学革命

前三章论述了钱玄同在"五四"思想革命中的贡献。本章展示钱玄同在"五四"文学革命中的作用。钱玄同加入"五四"文学革命阵营时,借用、转化章太炎的文学语言资源,为"五四"文学革命提供了具体的着力点与历史凭依。并且钱玄同发挥"声韵训诂大家"的优势,从文字音韵学中博搜例证为"文章即说话"提供了理据,确立"音本位"的白话文章观,并采用复音词等方式以完成"言文一致"在表意、语气上的实现,又提出确立白话文的适用范围等主张,破除"五四"白话文学的历史困境。这使得他的白话文章观较沉重地打击了文言文及以它为根柢的中国传统文章学。同时钱玄同也加入到"五四"时期的传统白话小说之争中,拓展了"五四"文学革命的内涵,将"文体结构""语言文字""文学表达的底线"等话题引入新文学的建设之中。

第一节　章太炎的文学语言观与钱玄同的
"五四"文学革命

钱基博认为"五四"白话文运动得到章炳麟弟子钱玄同的"强佐",才能"声气腾跃"①。王丰园也强调"钱玄同是国学大师章太炎

---

① 钱基博:《现代中国文学史》,上海古籍出版社2011年版,第390页。

的学生","自他参加了文学革命以后,文学革命的声势,突然大起来
了"①。这些评述甚有道理。钱玄同作为章太炎的嫡传学生,既借助
了其师的名气,又转化其师的文学语言观,以促进新文学的发展。章
太炎1906年7月抵达日本东京,钱玄同1906年9月于日本早稻田大
学"进校上课"②,同年10月21日第一次与章氏见面,而后视其师的
主张为"绝对之是而不容他人之匡正"③。章太炎对钱玄同的影响颇
深,不仅启发他的经学变革思想,也影响了他的白话文章观。

一、"五四"新文学的着力点与对手

陈独秀的《文学革命论》以"鲜血洗净旧污"④的激进,对传统文
学进行近乎全面的否定。这种处理方式看似激烈,却简单地将中国
传统文学浓缩为一个整体,让人找不到实际的着力点。胡适的《文学
改良刍议》也缺乏具体的对手,甚至"暧昧"地认为传统文学中"用典
之工者"有其妙处⑤。这令钱玄同不满,直言"凡用典者,无论工拙,
皆为行文之疵病"⑥。胡适接受了钱氏的意见,称赞"用白话就可以
'驱除用典'了,正是一针见血的话"⑦。钱、胡二人的默契,确立了以

---

① 王丰园:《中国新文学运动述评》,新新学社1935年版,第66页。
② 杨天石主编:《钱玄同日记》,北京大学出版社2014年版,第58页。
③ 钱玄同:《三十年来我对于满清的态度的变迁》,《钱玄同文集》第2卷,中国
　人民大学出版社1999年版,第113页。
④ 陈独秀:《文学革命论》,《陈独秀文集》第1卷,人民出版社2013年版,第
　202页。
⑤ 胡适:《文学改良刍议》,《胡适文集》第2卷,北京大学出版社2013年版,第
　11页。
⑥ 钱玄同:《反对用典及其他》,《钱玄同文集》第1卷,中国人民大学出版社
　1999年版,第4页。
⑦ 胡适:《中国新文学运动小史》,《胡适文集》第1卷,北京大学出版社2013年
　版,第113页。

彻底的"不用典"说作为新文学攻击旧文学的突破口。钱玄同对这种策略的选择,是受到章太炎文学观的启发。

钱玄同对章太炎文学观的接受,可溯源于1906年他留学日本之际。章太炎关于文学的论述皆围绕1902年的《文学说例》而展开,而后在1906年于东京国学讲习会作了一场名为《论文学》的演讲,同年依据《论文学》增订成《文学论略》,而后收入《国故论衡》中,名为《文学总略》。这期间,正是章太炎与钱玄同认识、熟知之时。章太炎的《文学总略》等文主张文学"质实而远浮华"①,在致钱玄同的信中也反复提及。章太炎于1910年10月3日致信钱玄同,不满于桐城文风,讽刺林纾辈是"托名古文辞者"②,又在1910年10月20日的信中讥讽林纾等为"文辞之坏"的"罪魁",提出"议论欲直如其言,记叙则直书其事,不得虚益华辞,妄增事状"以及"文章最要老实,所谓修辞,立诚也"③。钱玄同深受熏陶,在"五四"时建构"不用典"论时对此多有借用、转化。

(一)雅俗层面。"五四"时钱玄同观察到,一些与现代生活无关的典故仍然流行,"头发已经剪短了,还说'束发受书';晚上点的是lamp,还说'挑灯夜读';女人不缠脚了,还说'莲步珊珊'"④。这种滥用典故现象在文学作品与公文写作中更为严重,比如"改'龙门'为'虬户'、易'东西'为'甲辛'"⑤。为此,钱玄同引用章太炎原话批

---

① 章太炎:《论文学》,《章太炎全集·演讲集》,上海人民出版社2015年版,第43页。
② 马勇编:《与钱玄同》,《章太炎书信集》,河北人民出版社2003年版,第116页。
③ 马勇编:《与钱玄同》,《章太炎书信集》,河北人民出版社2003年版,第118页。
④ 钱玄同:《随感录·四五》,《钱玄同文集》第2卷,中国人民大学出版社1999年版,第20页。
⑤ 钱玄同:《论世界语与文学》,《钱玄同文集》第1卷,中国人民大学出版社1999年版,第18页。

判道：

> 文学之文，用典已为下乘；若普通应用之文，尤须老老实实
> 讲话，务期老妪能解，如有妄用典故，以表象语代事实者，尤为恶
> 劣。章太炎先生尝谓公牍中用"水落石出"、"剜肉补疮"诸词为
> 不雅。……满清及洪宪时代司法不独立，州县长官遇婚姻讼事，
> 往往喜用滥恶之四六为判词。既以自炫其淹博，又藉以肆其轻
> 薄之口吻。此虽官吏心术之罪恶，亦由此等滥恶之四六有以助
> 之也。①

钱玄同传达的意思很明显：不论文学之文，还是应用之文皆需老
老实实地叙事说理，让人容易理解，便是"上乘"（雅）；而使用一些滥
恶浮夸之词表现事理，使人不明真意，就是"下乘"（不雅）。此处引
用的原话与论证思路来自章太炎《论文学》：

> 所谓雅者，谓其文能合格。公牍既以便俗，则上准格令，下
> 适时语，无屈奇之称号，无表象之言词，斯为雅矣。……古之公
> 牍，以用古语为雅，今之公牍，以用今语为雅？或用军门、观察、
> 守令、丞倅，以代本名，斯所谓屈奇之称号也。或言水落石出、剜
> 肉补疮，以代本义，斯所谓表象之言词也。其余批判之文，多用
> 四六。昔在宋世，已有《龙筋凤髓》之书。近世宰官，相率崇效，
> 以文掩事，猥渎万端。此弊不除，此公牍所以不雅也。②

---

① 钱玄同：《反对用典及其他》，《钱玄同文集》第 1 卷，中国人民大学出版社
  1999 年版，第 4—5 页。
② 章太炎：《论文学》，《章太炎全集·演讲集》，上海人民出版社 2015 年版，第
  45—46 页。

　　钱玄同是文字学家,明白"先求训诂,句分字析,而后敢造词"的困难性,懂得这太考量作者的文字学功底,一般人很难做到,如果以此为要求进行文学创作的话,会形成佶屈聱牙的文风。故而钱玄同放弃了立于文字训诂的"雅",只转化了其师"便俗致用"中"以用今语为雅"的原则:一方面反对模拟古人,倡导"用今语达今人的情感,最为自然;不比那用古语的,无论做得怎样好,终不免有雕琢硬砌的毛病"①,建议"道古时事,自当从古称,若道现代事,必当从今称。故如古称'冠、履、袷、筦、豆、尊、鼎',仅可用于道古。若道今事,必当改用'帽、鞋、领、裤、盌、壶、锅'诸名",反对"避去习见,改用隐僻"②;另一方面提倡语贵自然,以平易的白话为"雅",拒绝"浮词多而真意少",并举例论证《诗经》《楚辞》是"以今语为雅"的典型而"后世文人无铸造新词之材,乃力竞趋于用典,以欺世人,不学者从而震惊之,以渊博相称誉。于是习非成是,一若文不用典,即为俭学之征,此实文学窳败之一大原因"③。钱玄同的转化,树立了"古人用古语,今人用今语"④的文学理念,表明"五四"白话文学为"上乘"(雅),并非林纾所说的下流人之语。

　　(二)**骈散层面**。清末以来,骈散之争一时较为激烈,形成门户之争⑤,二派各执一偏,或独尊散体,或视骈文为文章正宗。这种骈、散对立的文体思路,在"五四"仍十分流行。钱玄同认为骈散之争毫无

---

① 钱玄同:《〈尝试集〉序》,《钱玄同文集》第 1 卷,中国人民大学出版社 1999 年版,第 84 页。

② 钱玄同:《反对用典及其他》,《钱玄同文集》第 1 卷,中国人民大学出版社 1999 年版,第 6 页。

③ 钱玄同:《反对用典及其他》,《钱玄同文集》第 1 卷,中国人民大学出版社 1999 年版,第 3—5 页。

④ 钱玄同:《论世界语与文学》,《钱玄同文集》第 1 卷,中国人民大学出版社 1999 年版,第 19 页。

⑤ 曹道衡:《中古文学史论文集》,中华书局 1986 年版,第 28 页。

意义：

> 一文之中，有骈有散，悉由自然。凡作一文，欲其句句相对，与欲其句句不相对者，皆妄也。……阮元以孔子《文言》为骈文之祖，因谓文必骈俪。……则当诘之曰，然则《春秋》一万八千字之经文，亦孔子所作，何缘不作骈俪？ 岂文才既竭，有所谢短乎？①

钱玄同在这里虽未提及章太炎，可他的论点与所举案例几乎全取自其师。章太炎认为"散、骈各有专用，可并存而不能偏废"②，并在《论文学》以阮元的骈散论为例，否定骈、散对立的思维：

> 近世阮伯元氏，以为孔子赞《易》，始著《文言》，故文必以骈俪为主，而又牵引文、笔之分，以成其说。夫有韵为文，无韵为笔，则骈散诸体，皆是笔而非文。藉此证成，适足自陷。既以《文言》为文，则《序卦》《说卦》，又将何说？ ……必以俪辞为文，何以《十翼》不能一致？ 岂波澜既尽，有所谢短乎？③

通过反驳阮元以骈偶之文为正统说，章太炎一方面强调文各有体，或骈或散，各适所需，正如孔子的《十翼》或用骈偶，或用散体，或用韵，或不用韵，皆视各自内容而定，而非作者才力已尽；另一方面主张不可刻意使用骈偶词藻声韵，指出阮元《文言说》"以采饰为文"的

---

① 钱玄同：《反对用典及其他》，《钱玄同文集》第 1 卷，中国人民大学出版社 1999 年版，第 6—7 页。
② 章太炎：《国学概论》，泰东图书局 1922 年版，第 30 页。
③ 章太炎：《论文学》，《章太炎全集·演讲集》，上海人民出版社 2015 年版，第 34 页。

观点曲解了《易·文言》,并以孔子为例表明"义理"高于"文饰",而以"用韵""用偶"来限定文学是不科学的。而后章太炎的《文学总略》在《论文学》基础之上,再次强调骈偶或散体应"各任其事",犹如世间的事物一样"未有一用单者,亦未有一用复者",并重申"盖人有陪贰,物有匹耦,爱恶相攻,刚柔相易,人情不能无然,故辞语应以为俪……目不可只,而胸腹不可双,各任其事"①。"陪贰",犹副手、助手,骈偶声韵藻彩并非"文学"构成的关键元素,不可越俎代庖。

　　"章太炎主张骈散结合很符合汉语的美学特质。"②近代以来,汉语虽渐有双音词的趋势,可仍保留很多单音节的词,故骈散结合的语言符合汉语自身特点。钱玄同是文字学家,自然会将这种语言逻辑融入新文学之中,提倡今后之文学"若骈散之事,当一任其自然",主张白话文可采用白话骈语的句型,以增强白话文之美感,譬如胡适所用的"近于语言之自然而无牵强刻削之迹"等白话骈句"自在当用之列"③。但钱玄同反对刻意使用骈偶,批判这是"做律诗勉强对对子,填词硬扣字数,硬填平仄"的"劳苦而无谓"行为④:例如近人仪征某君"行文必取骈俪。尝见其所撰经解,乃似墓志";又如"某君之文,专务改去常用之字,以同训诂之隐僻字代之,大有'夜梦不祥,开门大吉'改为'宵寐匪祯,辟札洪庥'之风,此又与用僻典同病"⑤。这两例不恰当地使用骈偶,过分偏于辞藻、音律,是矫揉造作之风。章太炎

①　章太炎:《文学总略》,《章太炎全集·国故论衡校定本》,上海人民出版社2017年版,第221页。
②　文贵良:《抵抗与让步:章太炎的"文学"观》,《思想与文化》2016年第1期。
③　钱玄同:《反对用典及其他》,《钱玄同文集》第1卷,中国人民大学出版社1999年版,第7页。
④　钱玄同:《论小说及白话韵文》,《钱玄同文集》第1卷,中国人民大学出版社1999年版,第53页。
⑤　钱玄同:《反对用典及其他》,《钱玄同文集》第1卷,中国人民大学出版社1999年版,第6—7页。

和钱玄同的论述,打破了清末以来骈、散对立的思维,表明文章风格应各有不同,相互自由,而非某种理念下的产物。

(三)文质层面。以上章太炎、钱玄同关于雅俗、骈散的论述,皆建立在文质的基础上。"文"与"质"的关系,亦是历来被争论的话题。钱玄同也对此进行了处理:

> 世人说到"文学"一名词,即存心以为必须堆砌种种陈套语、表象词,删去几个虚字,倒装宾主名动……文学之真价值,本在内容,不在形式。①

钱玄同这种"尚质"思路源自章太炎。章太炎是朴学大师,崇尚质实,欣赏"辞无枝叶"的文风,反对空论,批判将文学窄化为文辞的做法:

> 言语不能无病,然则文辞愈工者,病亦愈剧。是其分际,则在文言质言而已。文辞虽以存质为本干,然业曰"文"矣,其不能一从质言,可知也。文益离质,则表象益多,而病亦益笃。②

在章太炎看来,文辞之"工"容易使文质分离,让人一味沉迷于雕刻曼辞,有损真意实感。他在《〈革命军〉序》反对"足以堕吾实事"的"空言"③,又在《辨诗》中认为用典过多的作品不能流转久远,反而是

---

① 钱玄同:《论世界语与文学》,《钱玄同文集》第 1 卷,中国人民大学出版社 1999 年版,第 18 页。
② 章太炎:《正名杂议》,《章太炎全集·〈訄书〉重订本》,上海人民出版社 2014 年版,第 216 页。
③ 章太炎:《〈革命军〉序》,《章太炎全集·太炎文录补编》,上海人民出版社 2014 年版,第 232 页。

自然天成之诗方可流传千古。据此,他对中国传统文辞进行了整体性的评价:"魏、晋以后,珍说丛兴,文渐离质",做史者即"不能为表谱、书志",中唐以后,降及北宋,"论锋横起,好为浮荡恣肆之辞,不惟其实","疏证"之学也日渐粗疏,以致文辞"日趋浮伪"①。以诗歌为例,中唐之后,"近体昌狂,篇句填委,凌杂史传,不本情性",到了清朝"考征之士,睹一器,说一事,则纪之五言,陈数首尾",使"歌诗失纪,未有如今日者",故"本情性,限辞语则诗盛;远情性,喜杂书则诗衰"②。

　　章太炎的判定完整地在钱玄同的论述中得以延续。钱玄同强调"押韵""对仗""用典"是"非文学"元素③,他在"五四"时便主张:所谓的华辞不过是"堆砌种种陈套语、表象词","说得客气一点,像个泥美人,说得不客气一点,简直像个金漆马桶"④,譬如"重文"的骈文"外貌虽极炳烺,而叩其实质,固空无所有"⑤。钱玄同也以"重质"的眼光对传统文学进行了估定:"古代文学,最为朴实真挚。始坏于东汉,以其浮词多而真意少。弊盛于齐梁,以其渐多用典也。唐宋四六,除用典外,别无他事,实为文学'燕山外史'中之最下劣者。"⑥他

① 章太炎:《论文学》,《章太炎全集·演讲集》,上海人民出版社 2015 年版,第43 页。
② 章太炎:《辨诗》,《章太炎全集·国故论衡校定本》,上海人民出版社 2017 年版,第 265—266 页。
③ 钱玄同:《1923 年 7 月 1 日致周作人》,《钱玄同文集》第 6 卷,中国人民大学出版社 2000 年版,第 56 页。
④ 钱玄同:《论世界语与文学》,《钱玄同文集》第 1 卷,中国人民大学出版社 1999 年版,第 19—20 页。
⑤ 钱玄同:《反对用典及其他》,《钱玄同文集》第 1 卷,中国人民大学出版社 1999 年版,第 9 页。
⑥ 钱玄同:《反对用典及其他》,《钱玄同文集》第 1 卷,中国人民大学出版社 1999 年版,第 5 页。

对传统文学的评价与其师几乎完全重合,皆以西汉之前的魏晋文章为楷模,认为中国文学渐微于南北朝,而颓败于唐宋。

(四)具体攻击对象落在"选学妖孽,桐城谬种"上。章太炎从雅俗、骈散、文质三层面建构了修辞立诚的文学观,针对的是清末以来的桐城派与文选派。清末以来,以阮元、刘师培为代表的文选派尊六朝骈文,追求音律辞句;而以林纾、严复为代表的桐城派尊韩愈的散文为正宗,提倡"载道",讲究"义法"。章太炎认为二派皆是表面的笔墨工夫,并非发乎性情,讽刺道:"下流所仰,乃在严复、林纾之徒。复辞虽饰,气体比于制举,若将所谓曳行作姿者也。纾视复又弥下,辞无涓选,精采杂汙,而更浸润唐人小说之风。夫欲物其体势,视若蔽尘,笑若龋齿,行若曲肩,自以为妍,而只益其丑也。"①这在当时"有效地打击了当时的古文'载道'说、桐城'义法'说和'骈文正宗'说"②。

钱玄同在"五四"多次强调不可"违反'修辞立诚'之道"③,赓续章太炎的思路,将新文学革命的对象引向桐城派与文选派,提出"选学妖孽,桐城谬种"④之口号,使文学革命有了具体的"革命"对象。他解释道:从雅俗层面上讲,"选学妖孽"中多是"臭架子",会贻害今后的新国民⑤,而"桐城谬种"中"格局有一定,用字的范围有一定,篇

① 章太炎:《与人论文书》,马勇编:《章太炎书信集》,河北人民出版社 2003 年版,第 287 页。
② 童庆炳等:《中国现代文学理论价值观的演变》,北京大学出版社 2005 年版,第 63 页。
③ 钱玄同:《施行教育不可迎合旧社会》,《钱玄同文集》第 1 卷,中国人民大学出版社 1999 年版,第 154 页。
④ 钱玄同:《赞文艺改良附论中国文学之分期》,《钱玄同文集》第 1 卷,中国人民大学出版社 1999 年版,第 1 页。
⑤ 钱玄同:《论应用文之亟宜改良》,《钱玄同文集》第 1 卷,中国人民大学出版社 1999 年版,第 31 页。

幅的长短有一定,句法的排列有一定",弄得最后只好"削足适履","改事实以就文章"①,皆非用今语表达今人之情感,为"不雅";从骈散层面上讲,"所谓桐城巨子,能作散文;选学名家,能作骈文",可所填之词"必用陈套语",所造之句矫揉造作,只是"变形之八股"而已②,违背了文体结构的自由,二者中的"义法""轨范"都等于"狗屎"③;从文质层面上讲,"文选派""桐城派"皆是"文妖",或搬运"那些垃圾的典故,肉麻的词藻",或卖弄"那些可笑的义法,无谓的格律"④,皆为"有害文学之毒菌"⑤。

综上,钱玄同"不用典"论的主要框架来自章太炎,从雅俗、骈散、文质三层面提倡以今语为雅,反对骈偶与"尚文"之风,即主张不可滥用古人之典,不可堆砌华丽之典,不可恣肆"不惟其实"之典,并将具体的攻击对象落在"选学妖孽,桐城谬种"上。他的"不用典"论从根本上支持了陈独秀、胡适的文学革命论,所不同的是,他不是将其口号化,而是学理化,使"五四"文学革命找到着力点与对手。

二、"五四"白话文的学理依据

钱玄同最早的白话文实践与章太炎有关。1910 年章太炎、钱玄同与陶成章等在日本东京创办《教育今语杂志》。"教育",是以教化

---

① 钱玄同:《新文体》,《钱玄同文集》第 1 卷,中国人民大学出版社 1999 年版,第 300 页。

② 钱玄同:《反对用典及其他》,《钱玄同文集》第 1 卷,中国人民大学出版社 1999 年版,第 10 页。

③ 钱玄同:《赋得几分之几》,《钱玄同文集》第 2 卷,中国人民大学出版社 1999 年版,第 245 页。

④ 钱玄同:《〈尝试集〉序》,《钱玄同文集》第 1 卷,中国人民大学出版社 1999 年版,第 90 页。

⑤ 钱玄同:《文字改革及宗教信仰》,《钱玄同文集》第 1 卷,中国人民大学出版社 1999 年版,第 190 页。

培育,开启民智,趋近"启蒙"一词。"今语"的含义是"今天的语言",即"白话"。章太炎①与钱玄同皆在此刊发表了白话文章,尝试以白话文为媒介启蒙大众。章太炎作为一名文字训诂大家,爱用古字,可他在清末时居然主编白话报,撰写白话文章。这本身就属于极其革新的行为,必然影响到钱玄同对白话文的态度。

　　清末章太炎虽有一些白话文实践,但他又极其保守,主张汉字复古。其弟子各趋极端,"守旧派"以黄侃为代表,"开新派"以钱玄同为代表②。在"五四",反对白话文最激烈者之一便是黄侃等"守旧派"弟子,他们认为,"语言以随世而俗,文章以师古而雅",作文需模仿古人;白话随时代变化而变化,文言相对固定,即"言在唇吻,随世迁流;文著于书,其性凝固"③。同时"五四"白话文还遭遇了其他阻力:胡先骕责备白话文"以浅陋文其浅陋"④;林纾讽刺"行用土语为文字"⑤。面对批评,钱玄同表明自己对于白话文的主张大都是受章太炎的影响,借用其师的观点为"五四"白话文找到相应的学理依据。

　　(一)验证"言文一致"观的合法性。"五四"反对派讽刺白话文"随世而俗",矛头指向的是"言文合一"主张。钱玄同则直接将此主张上溯于章太炎的学术专著《新方言》:

---

① 章太炎在《教育今语杂志》,以独角为笔名共发表 7 篇文章。关于这些白话文,曾有一场归属权的争论。通过汤志钧、谢樱宁、刘思源与陈平原的考证,这场争论尘埃落定,署名为独角的文章乃为章太炎所作。

② 沈尹默:《我和北大》,《文史资料选辑》编辑部编:《文史资料精选》第 5 卷,中国文史出版社 1990 年版,第 428 页。

③ 黄侃:《黄侃日记》,中华书局 2007 年版,第 203 页。

④ 胡先骕:《中国文学改良论(上)》,郑振铎编:《中国新文学大系·文学论争集》,上海文艺出版社 2003 年版,第 103 页。

⑤ 林纾:《致蔡鹤卿太史书》,胡适编:《中国新文学大系·建设理论集》,上海文艺出版社 1981 年版,第 172 页。

> 章先生于一九〇八年著了一部《新方言》。他说："考中国
> 各地方言，多与古语相合，那么古代的话也就是现代的话，现在
> 所谓古文，倒不是真古，不如把古语去代替所谓古文，反能古今
> 一体，言文一致。"这在现在看，虽然觉得他的话不能通行，然而
> 我得了这"古今一体，言文一致"之说，便绝对不敢轻视现代的白
> 话，从此便种下后来提倡白话文的根。①

　　钱玄同的回忆，一方面无形中抬高了"言文一致"观的地位，拉近
了语言、文字之间的距离；另一方面逆转了章太炎反对白话文的形
象，将其拉入到新文化运动的阵营。章太炎爱用古体字，而其追随者
在"五四"多成为白话文的对立面。一旦将"言文一致"上溯到章太
炎"一字千金"之作《新方言》，有釜底抽薪之效用，瓦解了对立面的
核心力量。

　　钱玄同引章太炎的名气为自己辩护，同时他本身也受到其师白
话观的影响。依据章太炎观点，诸多文言源自当时的方言口语，而最
终言文分离的原因在于俗儒鄙夫不懂文字音韵之学，因为"方言处处
不同，俗儒鄙夫，不知小学，咸谓方言有音而无正字，乃取同音之字用
相摄代。亦有声均小变，猝然莫知其何字者，如耳耵之作耳光"②，所
以"果欲文言合一，当先博考方言，寻其语根，得其本字，然后编为典
语，旁行通国，斯为得之"③。为此章太炎编撰《新方言》，解释当今各
地方言词在古语中的源头，表明"古今语言，虽递相嬗代，未有不归其
宗，故今语犹古语也"④，设想了一条通过方言的语音寻根实现"言文

---

① 熊梦飞：《记录玄同先生关于语文问题谈话》，《文化与教育》1934 年第 27 期。
② 章太炎：《论汉字统一会》，《章太炎全集·太炎文录初编》，上海人民出版社 2014 年版，第 333 页。
③ 章太炎：《博征海内方言告白》，《民报》1908 年 6 月 10 日第 21 号。
④ 太炎：《自述学术次弟》，《制言》1936 年第 25 期。

一致"的道路。钱玄同熟悉其师的想法,称赞《新方言》"弄明白了许多古义",有"拨云雾而见青天"之效用①。同时钱玄同认为章太炎的设想过于高蹈超脱,很难通行,故而在"五四"时并未从"语音寻根"的层面主张"言文一致",可他重视方言,认为文学创作有时候"非用方言不能传神"②。

钱玄同还借鉴了章太炎的论证策略。"古代言文合一,梁启超、黄遵宪都曾说过这句话,不过梁、黄只是一句空话,至章氏则博搜例证以大畅其旨。"③换言之,章太炎发挥了文字学家的优势,举证了大量的语言实例彰显"言文一致"的合理性,比如他指出:"语言文字出于一本……孔之与好,同训为嘉。古音本以旁纽双声相转,故《释器》云'肉倍好,好倍肉'者,好即借为孔字。古者谓甚曰孔,今者谓甚曰好,好大、好快,若古语则言孔大、孔快矣。《小尔雅》肆训极,《说文》肆训极陈。《大雅》'其风肆好',肆好者,极好也。今辽东谓极备曰有得肆,苏州谓极热曰热得肆,训肆为极,是与古同。"④以上例子表明,古书中的雅言实则只是当时的口语而已,提升了白话的历史地位。章太炎从文字学上验证了"言文一致"的合法性,但其表述过于古奥晦涩,很难被一般读者理解。

钱玄同是章氏文字学方面的继承者之一,采用了直白通俗的语言将其师的想法进一步展开,以文字实例论证道:(1)"《诗经》训大

---

① 钱玄同:《1922 年 8 月 27 日致胡适》,《钱玄同文集》第 6 卷,中国人民大学出版社 2000 年版,第 106 页。
② 钱玄同:《〈尝试集〉序》,《钱玄同文集》第 1 卷,中国人民大学出版社 1999 年版,第 85 页。
③ 吴文祺:《论章太炎的文学思想》,章念驰编:《章太炎生平与学术(上)》,上海人民出版社 2016 年版,第 384 页。
④ 章太炎:《驳中国用万国新语说》,《章太炎全集·太炎文录初编》,上海人民出版社 2014 年版,第 354—355 页。

之'骏',《武成》《管子》训速之'骏',似不当以'拙劣不通'讥之,因为经子中常用此字,后世往往变了,别用彼字,于是觉得此字古奥难解"①;(2)《盘庚》《大诰》后世读了虽觉得"佶屈聱牙,异常古奥;然而这种文章,实在是当时的白话告示",而《尧典》中的"都""俞""吁"等字与现今白话中的"阿呀""嗄"等字同,而"《孟子》里说的,'洚水者洪水也','泄泄犹沓沓也',这是因为古今语言不同,古人叫'洚水'和'泄泄',孟轲的时候叫'洪水'和'沓沓',所以孟轲自己行文,必用'洪水'和'沓沓',到了引用古书,虽未便直改原文,然而必须用当时的语言去说明古语"②;(3)"李耳、孔丘、墨翟、庄周、孟轲、荀况、韩非这些人的著作,文笔无一相同,都是各人做自己的文章,绝不摹拟别人",而司马迁写《史记》,虽采用《尚书》,但一定要改去原来的古语,以符合汉代通用的语言表达,像将"庶绩咸熙"改为"众功皆兴",又将"嚚庸可乎"改为"顽凶勿用"等,"可知其时言文虽然分离,但是做到文言,仍旧不能和当时的白话相差太远;若是过于古奥的,还是不能直用"③。

　　经过一番举证后,钱玄同既从文字学上确认了"什么时代的人,便用什么时代的话"的正确性;又将孔学经典《诗经》《盘庚》《大诰》等中的语言视为当时的白话,标示李耳、孔丘、墨翟、庄周、孟轲、荀子、司马迁等在著述时采用了"今语",增强了"言文一致"观念的历史合理性。这种举例的范围与论述的逻辑皆发挥了章太炎的学说。文学史家吴文祺较早注意到钱玄同的学术来源,强调钱玄同在"五

---

① 钱玄同:《新文学与今韵问题》,《钱玄同文集》第 1 卷,中国人民大学出版社 1999 年版,第 60 页。
② 钱玄同:《〈尝试集〉序》,《钱玄同文集》第 1 卷,中国人民大学出版社 1999 年版,第 88 页。
③ 钱玄同:《〈尝试集〉序》,《钱玄同文集》第 1 卷,中国人民大学出版社 1999 年版,第 88 页。

四”所作的《〈尝试集〉序》等文中所提出“言文一致”观“发挥章氏之说”①。有学者认为章太炎清末宣传白话文的目的是“借此辅翼‘排满’革命，使运动能更广泛、更深入地在全国各地、各阶层成功推行”②。虽然章太炎并非主观上喜爱白话文，但他为白话确立了文字学上的阐释框架。钱玄同借此框架，使“言文一致”理念具有了学理上的说服力。

（二）论述白话文“用字繁”的优势。在“五四”，白话文的凝练性备受质疑，反对者多指责“白话用字繁，不及古文之简”。钱玄同反驳道“简的文章，不但意思笼统，粗疏，含糊；即揆之文理，亦多有不通的地方”，并以《尚书》为例论述道：“中国现在存留的最古的文章，不是《尚书》吗？就第一篇《尧典》而论，从‘曰若稽古帝尧’到‘黎民于变时雍’一段，是后代作史的人追记尧的名字和他的什么‘圣德神圣’，所以说‘曰若稽古’。‘乃命羲和’以下，是叙尧改的政治了。‘命’竟没有主格，照文义看来，倒好像和上文一气相承。这种晦涩欠通的文笔，到了左丘明就改良了，到司马迁就更没有的了。但是《左传》比《尚书》繁，《史记》比《左传》又繁。《左传》因为嫌《尚书》的‘粗疏’，他要做的‘精密’一点，因此就繁了。《史记》对于《左传》也是这样。”③

钱玄同以《尚书》为切入口，从文字学的立场上表明语言越进化，文章则越“繁”。有意味的是，他将此种说法追溯于章太炎：

① 吴文祺：《论章太炎的文学思想》，章念驰编：《章太炎生平与学术（上）》，上海人民出版社2016年版，第400页。

② 陈学然：《再造中华——章太炎与“五四”一代》，上海人民出版社2019年版，第193页。

③ 钱玄同：《文学革新杂谈》，《钱玄同文集》第1卷，中国人民大学出版社1999年版，第156—157页。

记得前几年,吾师章太炎先生说:"《尚书》中《甘誓》一篇,文理实在有些欠通;第一句'大战于甘',竟不知谁和谁战;第二句'乃召六卿',也不知是谁召的;第三句'王曰',才算出了一个主格;直到第六句'有扈氏威侮五行',才知道是一个什么'王'和一个什么'有扈氏'打仗。但终不知道这'王'是谁,所以闹到《禹誓》、《启誓》争不明白。"我想太炎师这话,说的真不错。……不要瞎恭维《尚书》。——恭维《尚书》却也可以;但只可说,四千年以前的野蛮人居然已经会做这样成片段的文章,总算他聪明,总算难为他。如其说,那是古圣先儒的妙文,百世之下应该景仰效法,那便叫做胡说八道。①

章太炎对《尚书》语言含混欠通的批评,表明文言用字的"简"并非是文字成熟的表现,也有可能是意思笼统、模糊的体现,所以不能用字的"简"与"繁"来判断语言的高下优劣。可钱玄同将此观点绝对化,极端地强调用字"简"是表达不成熟的表现,而用字"繁"是语言"精当""文明""进化"的展示:"愈分晰、愈精密、愈朗畅的文章,字数一定是愈多的。因为要他分晰,要他精密,要他朗畅,则介词连词之类应该有的,一个也缺少不得;名词动词之类,复音的比单音的要明显,——譬如一个'道'字,则容易误解。若用复音语,曰'道路',曰'道理',则一望便明白了。"②

同时章太炎选择文言经典《尚书》为切入口,从文字训诂学上考量语言"繁简",这一策略也启发了钱玄同。钱玄同多次站在文字训

---

① 钱玄同:《文学革新杂谈》,《钱玄同文集》第 1 卷,中国人民大学出版社 1999 年版,第 157 页。
② 钱玄同:《文学革新杂谈》,《钱玄同文集》第 1 卷,中国人民大学出版社 1999 年版,第 158 页。

诂学的角度,从传统文言经典入手,找出多处文言文"简"的弊病:
(1)"清朝末年,有一个小学堂的教习教国文,遇到一句文章,叫做
'若汝狗,白而往,黑而归,汝能无异乎?'这位教习把'若汝狗'三字
解释作'譬如你是一只狗',因此新闻纸上传为笑谈。我想,这位教习
固然欠通,可是编教科书的人的文章也太求简古了。如作'若汝之
狗',或作'若汝所豢之狗',则学生容易领会,教习就是不通,也不至
于误解了"①;(2)"一句诗,叫做'天刮吃陈团',意谓'等到天亮了,
外面的鞭爆声刮拉刮拉响的时候,我们去吃陈家的汤团'。这样的意
思,用五个字来包括,真要算'简'到极处了。耐人寻思吗? 别有趣味
吗? 就算耐人寻思,就算别有趣味,还不是耐一班摇头晃脑的斗方名
士寻思,别有刁钻古怪的趣味?"②通过以上二例,钱玄同反证出白话
文"用语繁"的优势,阐明:白话文"张口见喉咙,一切说尽,毫无含
蓄",没有"什么特别的架子",而"简"的文言看似有"耐人寻思"之趣
味,却表达不精确,时常闹"笑话"③。

　　此外,钱玄同还从文学的"经济"层面正面考证"用语繁"的合理
性。当时有人担心,白话文中的名词、动词大多是复音词,在具体表
达时还需加入介词、连词等,那么其字数就比文言文多出很多,"一般
人觉得本来只要写三百字就完事的,现在要写到五百个字才算完事,
于是就说:'这是不经济。'"但钱玄同指出,从"看的人"看,"假定一
分钟看二十个字,看那古文,因为文章笼统、粗疏、含糊,所以三百个
字,十五分钟就已看完,可是还要仔细推求,才能明白。……或者还

---

① 钱玄同:《文学革新杂谈》,《钱玄同文集》第 1 卷,中国人民大学出版社 1999
　　年版,第 160 页。
② 钱玄同:《文学革新杂谈》,《钱玄同文集》第 1 卷,中国人民大学出版社 1999
　　年版,第 160—161 页。
③ 钱玄同:《文学革新杂谈》,《钱玄同文集》第 1 卷,中国人民大学出版社 1999
　　年版,第 160 页。

要费上两三个十五分钟也未可知。若看白话的文章,因为文章分晰、精密、朗畅,所以五百个字虽然要看到二十五分钟,可是看完了,意思也明白了,用不着再瞎费仔细推求的工夫";从"写的人"看,"虽然多写二百个字,好像多费一点时间,但写的人的意思,老老实实照着说话写了,不必去用那什么'推敲'的工夫,比那少写二百个字的反可以少耗时间,所以实际上反是经济的"①。

（三）应用朴学的辩论方式。章太炎是朴学大师,讲究考证,常以用字之误来抓住人痛处。这一点被钱玄同延续继承。"五四"反对者多指责"五四"白话文用字用语的"荒谬",钱玄同作为有朴学功底、考据功夫立身的章门弟子,反其道而行之,考证出传统文学在"用字""用词"的漏洞,产生了"以子之矛攻子之盾"的效果。譬如他考证出《史记》对"而"字的误用,说道:"《史记·殷本纪》的《赞》末了一句,叫做'孔子以殷辂为善而色尚白'。殷朝的车叫做辂,是一件事;孔子以辂车为善,又是一件事;殷朝色尚白,又是一件事;三件事绝不相干,忽然用一个'而'字,把他连成一句,这真是不通到极点了。恐怕现在略通文理的高小学生,都不至于闹这笑话罢。"②再如他认为《尚书》中的"乃命羲和"中的"命"竟没有主格,属于晦涩欠通的笔法③,讽刺"杜诗'香稻啄余鹦鹉粒,碧梧栖老凤皇枝',香稻与鹦鹉,碧梧与凤皇,皆主宾倒置,此皆古人不通之句也"④。钱玄同的这些考证,为陈

---

① 钱玄同:《文学革新杂谈》,《钱玄同文集》第1卷,中国人民大学出版社1999年版,第158—159页。
② 钱玄同:《文学革新杂谈》,《钱玄同文集》第1卷,中国人民大学出版社1999年版,第158页。
③ 钱玄同:《文学革新杂谈》,《钱玄同文集》第1卷,中国人民大学出版社1999年版,第156页。
④ 钱玄同:《反对用典及其他》,《钱玄同文集》第1卷,中国人民大学出版社1999年版,第7页。

独秀等宣扬的反传统文学理念提供了证据,避免其沦为口号性的呐喊。

　　钱玄同多次以朴学考证的方式回击对手,借助了"五四"前后章太炎的文字训诂学盛行于世的时机。回到历史语境来看,1903 年至 1913年,桐城派学人占据着北大等高校的文科,主张经世致用。可章太炎弟子 1911 年北上,二派斗争开始。随着姚永概、林纾等在北大等校的离职,桐城派势力衰微,而章太炎的文字训诂学居于主流。钱玄同与刘半农 1918 年在《新青年》上所扮演的"双簧信"就抓住了此时机,死死地揪住林纾 1917 年 2 月发表的《论古文之不当废》中"方姚卒不之踣"的错误,因为"踣"为内动词,前面不当有止词"之";可以说"方姚卒不踣",亦可以说"方姚卒不因之而踣",但不可说"方姚卒不之踣"①。当时文字训诂学正鼎盛于世,林纾的"一字之错"致使其"满盘皆输"。

　　不仅钱玄同如此,鲁迅等章门弟子也爱以"用字错误"来抓人痛处。比如学衡派吴宓、胡先骕等倡导"昌明国粹,融化新知"②,抨击新文化的偏执与激进。鲁迅则针对学衡派等人所自傲的古学,从文字训诂学的角度考证出吴宓等人用字的错误,也产生"一字不慎,满盘皆输"的效用。按鲁迅的话讲:"诸公掊击新文化而张皇旧学问,倘不自相矛盾,倒也不失其为一种主张。可惜的是于旧学并无门径,并主张也还不配。倘使字句未通的人也算是国粹的知己,则国粹更要惭惶煞人!'衡'了一顿,仅仅'衡'出了自己的铢两来,于新文化无伤,于国粹也差得远。"③

　　总之,在"五四",批评者质疑新文化学人开出的"药方"是猛剂,在学理上是空洞肤浅的。而钱玄同对章太炎资源的借用、转化,从文字学上暗示"五四"新文化运动有着自己的理论源泉,并非一时冲动、

────────────

① 程巍:《为林琴南一辩"方姚卒不之踣"析》,《中国图书评论》2007 年第 9 期。
② 《学衡杂志简章》,《学衡》1922 年第 1 期。
③ 鲁迅:《估〈学衡〉》,《鲁迅全集》第 1 卷,人民文学出版社 1981 年版,第 379 页。

盲从之举,从而支持了"五四"白话文学理念,有助于破除"五四"学人面临的困境。

三、文学语言观的区别

曹聚仁回忆称:"章太炎弟子之中,对于新文学运动的推动与影响,周氏兄弟和钱玄同是同样重要的。"①钱玄同虽没有如周氏兄弟一样进行文学创作,但他对章太炎文学语言资源的引入,为"五四"文学革命提供了具体的着力点与历史理据。同时他的文学语言观并非囿于其师的见解,二者有三点不同。

(一)文学的核心是否为"小学"问题。章太炎是以小学家的身份谈论文学,强调小学是精通文学的根本方式,提出:"文辞的本根,全在文字,唐代以前,文人都通小学,所以文章优美,能动感情。两宋以后,小学渐衰,一切名词术语,都是乱搅乱用,也没有丝毫可以动人之处。……可惜小学日衰,文辞也不成个样子。若是提倡小学,能毂达到文学复古的时候,这爱国保种的力量,不由你不伟大的。"②章太炎的逻辑很明确,要恢复唐代之前的文学盛况,需要实现"文学复古",而这依赖的是"提倡小学"。这种将文字训诂视为文学创作基础的观念,自然会排斥、反对欠缺小学根基而擅长文辞的桐城派、文选派。诸多章门弟子延续师教,譬如黄侃将训诂奉为一切学问之根柢,主张"文章之事,不可空言"③,并以小学的思路理解《文心雕龙》。

钱玄同虽然小学功夫深湛,也引用、转化了章太炎从文学上对桐城派、文选派的批判观点,但他从根柢上并未坚持其师以文字训诂为

---

① 曹聚仁:《文坛五十年》,生活·读书·新知三联书店 2011 年版,第 188 页。
② 章太炎:《在东京留学生欢迎会上之演讲》,《章太炎全集·演讲集》,上海人民出版社 2015 年版,第 9—10 页。
③ 黄季刚:《复许仁书》,《制言》1939 年第 52 期。

核心的文学观。他明白:以文字训诂来考量、要求文学,虽可让文章不浮夸、不雕琢,避免桐城派、文选派的堆砌、空疏之风,但这对作家的小学功夫要求太高,如果对文学作品中每一个字都要进行训诂考证的话,很容易形成一种艰涩古奥的文风,反而拘囿了文学的情感与思想,也拉开了作品与读者之间的距离。在"五四",钱玄同提倡的"文学革命",是希望让文学变得平易通俗,以唤醒大众,实现启蒙。从这一方面思考,钱玄同只转化了其师文学观与"五四"新文学契合的观点与内容。譬如本节在关于雅俗观的论述中,就强调钱玄同放弃立于文字训诂的"雅",只转化了其师"便俗致用"中"以用今语为雅"的观点。同时在钱玄同看来,文学的核心应是感情,其目的在于感物道情、吟咏性情。而章太炎以小学为核心的文学观与之相反,秉持"文学者,不得以感情为主"①,故而二人的文学观在本质上是有所区别的。

(二)"言文合一"是否存有"危害"。章太炎虽提出用方言的"语音寻根"实现"言文一致"之设想,可他担心"言文合一"会导致相应的"危害":"以语代文,便将废绝诵读;若以文代语,又令丧失故言。"②这里是以语音的差异来反思"言文一致",因为白话文(今语)与口语之间存有差异,口语有语音的区别,如果让白话文(今语)成为书面语的话,会淹灭这种区别。在"言文一致"观念较为盛行的1922年,章太炎仍坚持"文章之妙,不过应用,白话体可用也"③,并用具体

---

① 章太炎:《文学论略》,《章太炎全集·演讲集》,上海人民出版社2015年版,第39页。

② 章太炎:《章太炎全集·国故论衡校定本》,上海人民出版社2017年版,第216页。

③ 1922年4月16日,上海《申报》刊载一则"章太炎讲学第三日记",记录了章太炎关于白话文与白话诗的观点。此处对"章太炎讲学第三日记"内容的引用,转引自姚奠中、董国炎:《章太炎学术年谱》,山西古籍出版社1996年版,第329页。

的例子解释了自己的担心：

> 现在的白话文只是使人易解,能曲传真相却也未必。"语录"皆白话体,原始自佛家,宋代名儒如二程、朱、陆亦皆有语录,但二程为河南人,朱子福建人,陆象山江西人,如果各传真相,应纪各异,何以语录皆同一体例呢? 我尝说,假如李石曾、蔡孑民、吴稚晖三先生会谈,而令人笔录,则李讲官话,蔡讲绍兴话,吴讲无锡话,便应大不相同,但记成白话文却又一样。所以说白话文能尽传口语的真相,亦未必是确实的。①

　　章太炎用方言语音的差别来呈现"言文合一"会面临的困境。钱玄同虽遵循其师以"声音"为中心的语言变革思路,但他并未选择从"语音寻根"的方式实现"言文合一",而是以进化论的纬度分析"言"与"文"的关系。在他看来,"文字本来是语言的记号"以及"字形一定跟着字音转变",譬如"那'父''母'两个字,音变为 Pa、ma,就别造'爸'、'妈'两个字;'矣'字音变为 li,就别造'哩'字;夫(读为扶)字在句末——表商度——音变为 bo,就别造'啵'字,再变为 ba,就再借用'罢'字(夫的古音本读 buo)"②。故而按照正常的语言进化规律,"中华的字形,无论虚字实字,都跟着字音转变,便该永远是'言文一致'的了",但二千年来这却被"最喜欢摆架子"的"独夫民贼"与卖弄他义法词藻的"文妖"弄坏了,使言文脱离③。因此,"五四"新文学的重任就是要恢复"言文一致"的历史进化的正道。

---

① 章太炎:《国学概论》,泰东图书局 1922 年版,第 22 页。
② 钱玄同:《〈尝试集〉序》,《钱玄同文集》第 1 卷,中国人民大学出版社 1999 年版,第 85—86 页。
③ 钱玄同:《〈尝试集〉序》,《钱玄同文集》第 1 卷,中国人民大学出版社 1999 年版,第 86—87 页。

　　对于章太炎所提出的担心,钱玄同也从语言学上进行了思考,设想通过制定"标准国语"来予以解决。为此,他多次在《新青年》上进行讨论。譬如他在1917年8月1日致信陈独秀,反对只用一种特有方言作为国语,而是希望采用各省多数人通用的语言,并认为"这个'标准国语',一定是要由我们提倡白话的人实地研究、'尝试',才能制定。我们正好借这《新青年》杂志来做白话文章的试验场"①。陈独秀赞同钱玄同的做法,认为只有这样才可"文求近于语,语求近于文",然后真正实现"文言一致"的地步②。同时在"五四"及之后,钱玄同坚持从语言学的角度,视注音字母、罗马字母为统一国音的利器,多次向教育部国语筹备会提交《请组织"国语罗马字委员会"案》等提案,倡导制定标准的国音与国语字典,希望通过政府的力量来完成"言文一致"。

　　(三)白话是否能脱离文言。章太炎虽从学理上为白话争得了一席之地,可坚持强调"白话"不能离开"文言",文章也不能尽是白话。在白话文业已较为普遍的1935年,他在《白话与文言之关系》重提文言与白话不可截然分离:

　　　　今人思以白话易文言,陈义未尝不新,然白话究能离去文言否? 此疑问也。白话亦多用成语,如"水落石出"、"与狐谋皮"之类,不得不作括弧,何尝尽是白话哉? 且如"勇士"、"贤人",白话所无,如欲避免,须说"好汉"、"好人"。"好汉"、"好人",究与"勇士"、"贤人"有别。元时征求遗逸,诏谓征求有本领的好人,当时荐马端临之状曰"寻得有本领的好人马端临"。(见《文献通考·序》)今人称有本领者曰"才士",或曰"名士",如必

---

① 钱玄同:《致信陈独秀》,《新青年》第3卷第6号,1917年。
② 陈独秀:《致信钱玄同》,《新青年》第3卷第6号,1917年。

改用白话,亦必曰"寻得有本领的好人某某"。试问提倡白话之
人,愿意承当否耶? 以此知白话意义不全,有时仍不得不用文
言也。①

在章太炎看来,语言是一种文化积淀,历代的白话皆有文言融入
其中,如果脱离文言,白话会变得含糊、空疏、散漫。钱玄同受进化论
影响,认为文言只是历史的旧物,是"僵死的语言",已不符合现代社
会,会闹出"叫人人嘴可以生今人的,手一定要生数千年前的僵尸的"
的笑话②。他强调道:"现在我们认定白话是文学的正宗:正是要用
质朴的文章,去铲除阶级制度里的野蛮款式;正是要用老实的文章,
去表明文章是人人会做的,做文章是直写自己脑筋里的思想,或直叙
外面的事物,并没有什么一定的格式。"③这确立了"白话='活的语
言',文言='死的语言'"的逻辑。在此逻辑下,钱玄同的"不用典"
论比其师更苛刻。章太炎虽排斥雕琢浮词,可并不杜绝用典。钱玄
同则有"斩草除根"之意,认为新文学的基础要稳固就应该"极端驱
除、淘汰净尽"④文言典故,甚至指责胡适在文中使用"自相矛盾""退
避三舍"等典故⑤。

同时钱玄同否定了章太炎强调的白话对文言的依赖,认为白话、

---

① 章太炎:《白话与文言之关系》,马勇编:《章太炎演讲集》,河北人民出版社
2004 年版,第 218 页。
② 钱玄同:《答姚寄人论 Esperanto》,《钱玄同文集》第 1 卷,中国人民大学出版
社 1999 年版,第 265 页。
③ 钱玄同:《〈尝试集〉序》,《钱玄同文集》第 1 卷,中国人民大学出版社 1999 年
版,第 90 页。
④ 钱玄同:《〈尝试集〉序》,《钱玄同文集》第 1 卷,中国人民大学出版社 1999 年
版,第 90 页。
⑤ 钱玄同:《论应用文之亟宜改良》,《钱玄同文集》第 1 卷,中国人民大学出版
社 1999 年版,第 30 页。

文言皆有自己的语言发展脉络,二者相互独立,边界清楚。为此,他整理了白话文的演进规律:从《国风》到宋以前的白话诗词,到元朝的北曲、南曲等白话戏剧,再到明朝的《水浒传》《金瓶梅》《西游记》等白话小说,继续到清朝的《红楼梦》《儒林外史》《儿女英雄传》等小说,又到鲁迅、郁达夫等创作的"许多新的白话文学的作品"①。钱玄同通过史学上的梳理,表明白话文是一线相传的,从未断绝,而"五四"白话文正是中国白话文时机成熟之体现。这被胡适所借鉴,他在《白话文学史》中将《诗经》《水浒传》《西游记》等视为中国白话文学的经典,表明白话文具备绝对的独立性,拥有一条成熟的语言发展历史,独立于文言的演变线路之外。

　　综上可知,章太炎的文学语言观是以小学为核心,视文言为主体,而钱玄同尊白话为文学之正宗,并从进化论的角度,主张废除文言,强调白话文的绝对正确性与独立性,故而二人的文学语言观存有明显的区别。但这种区别,无法抹去章太炎对钱玄同的影响,如果未借助章太炎的声望与理论资源,钱玄同不可能在文学革命中有"振臂一呼"的影响。其他"五四"主将也不同程度地吸收了章太炎的文学语言观。胡适从章太炎《文学论略》中的"文者,包络一切著于竹帛者而为言"②引发出"文是起于应用的,是一种代言的工具"③,为自己的白话语文工具论提供了历史参照。鲁迅、周作人从章太炎的"凡文理、文字、文辞皆谓之文"④出发,打破文体限制。由此可见,章太

① 钱玄同:《〈世界语名著选〉序》,《钱玄同文集》第 2 卷,中国人民大学出版社 1999 年版,第 71 页。
② 章太炎:《章太炎全集·国故论衡先校本》,上海人民出版社 2017 年版,第 51 页。
③ 胡适:《五十年来中国之文学》,《胡适文集》第 3 卷,北京大学出版社 2013 年版,第 206 页。
④ 章太炎:《讲文学》,《章太炎全集·演讲集》,上海人民出版社 2015 年版,第 32 页。

炎虽不是文学家,但他的文学语言观与"五四"文学革命的关系,仍是一个值得勘探的话题。

第二节　"声韵训诂大家"如何
介入"五四"新文学

——论钱玄同的白话文章观

有学者感叹,中国现代文学史写作"没有一部是沿着语言发展的线索而写作的",不仅如此,"无论是轰轰烈烈的关于汉语汉字的各种讨论,还是作家各自的语言实践和语言风格,都只是在文学史中作为点缀出现"①。因"语言"未成为文学史写作的线索与关键词,钱玄同在中国现代文学史中位置较为"尴尬"。在目前文学史叙述中,他或是《新青年》杂志"双簧信事件"的策划者,或是成为陈独秀、胡适等人新文学主张的追随者。这些叙述,弱化了钱玄同在"五四"新文学中的作用。陈独秀称赞,钱玄同作为"声韵训诂大家"而提倡新文学,"何忧全国之不景从也"②。钱玄同精研音韵训诂之学,以"文章即说话"为核心来建构新文学,其视角与方法在"五四"时较为独特。按其自述,他讲的"文章革命",与胡适之、周作人、刘半农、陈独秀诸公的新文学设计"观念完全不同"③。

----

① 文贵良:《回归与开拓:语言—文学汉语作为中国现代文学史书写的关键词》,《华东师范大学学报(哲学社会科学版)》2008年第2期。

② 陈独秀:《致钱玄同》,《新青年》第2卷第6号,1917年。

③ 此条引文来自钱玄同的《写白话与用国音》(《新青年》第6卷第6号,1919年)。《钱玄同文集》(中国人民大学出版社1999年版)却将引文中的"文章革命"误写成"文学革命"。这种误写,可略窥出面对"五四"新文学时人们正在"无意识"地用"文学革命"取代"文章革命"。

一、"文章即说话"及其理据

在传统的文言文逻辑中,文字一经产生,就会作用于语言,形成了"音随字变"的语言规则。这种以文字为基础的文章观,使"语言"成为"文字"的附庸。即便清末的白话文运动,也是"用古文想出来之后,又翻作白话写出来的"①,延续的仍是"文字规约语言"之思维。"五四"时,钱玄同彻底颠覆传统语言逻辑中的主从关系,大胆提出"音本位"的思路:"文字本来是语言的记号,嘴里说这个声音,手下写的就是表这个声音的记号,断没有手下写的记号,和嘴里说的声音不相同的。"②在他看来,"文字"是表音的记号,为辅助性的工具,那么"说话"(声音)才是文章写作的根柢与前提,而文章写作的重点与本色应去靠近、迁就"说话"(声音)。这将"说话"与"文章"置于同一性关系中,"文章"的优劣在于是否呈现出"说话"的"真"。"五四"初,陈独秀、胡适等人虽也倡导"文章即说话",可"没有高深的道理"③,只是一句空话而已。直到钱玄同从文字音韵学中博搜例证以大畅其旨,才让以"言"为本质的文章观得以立足。

钱玄同选择从古人"造字"的角度思考"字随音变"的问题,认为:"古人造字的时候,语言和文字,必定完全一致。……拿'六书'里的'转注'来一看,很可以证明这个道理:像那表年高的意义和话,这边叫做 lau,就造个'老'字;那边叫做 Khau,便又造个'考'字。同是一个意义,声音小小不同,便造了两个字,可见语言和文字必定一致。因为那边既叫做 Khau,假如仍写'老'字,便显不出他的音读和

---

① 周作人:《中国新文学的源流》,《周作人散文全集》第 6 卷,广西师范大学出版社 2021 年版,第 95 页。
② 钱玄同:《〈尝试集〉序》,《钱玄同文集》第 1 卷,中国人民大学出版社 1999 年版,第 85 页。
③ 周作人:《中国新文学的源流》,《周作人散文全集》第 6 卷,广西师范大学出版社 2021 年版,第 96 页。

lau 不同,所以必须别造'考'字。"①从"老""考"等"因声造字"之例子,可知文字不过是表音的工具,语音不同,文字自然各异,也即是钱玄同所说的"若是嘴里声音变了,那就手下记号也必须跟着他变的"②。

　　不仅在"造字"时是"以文字合之语言",钱玄同还以文字学上的实例证明"中华的字形,无论虚字实字,都跟着字音转变":一是可从《说文》里的"形声"字来看,"正篆和或体所从的'声',尽有不在一个韵部里的;汉晋以后的楷书字,尽有将《说文》里所有的字改变他所从的'声'的;又有《说文》里虽有'本字',而后人因为音读变古,不得不借用别的同音字的",这些皆是"今音与古不同而字形跟了改变的证据"③;二是能从文言与白话的变迁史中窥出,譬如"那'父''母'两个字,音变为 Pa、ma,就别造'爸'、'妈'两个字;'矣'字音变为 li,就别造'哩'字;夫(读为扶)字在句末——表商度——音变为 bo,就别造'啵'字,再变为 ba,就再借用'罢'字(夫的古音本读 buo);'无'字在句末——表问——音变为 mo,就借用'么'字,再变为 ma,就再别造'吗'字。(无的古音本读 mu)这更可见字形一定跟着字音转变"④。钱玄同建构的"字"随"音"变之逻辑,使"言语"取代了"文字"在中国传统文化中的中心地位,让"文章即说话"理念具有了语言学上的事实依据,而非空洞的口号。

---

① 钱玄同:《〈尝试集〉序》,《钱玄同文集》第 1 卷,中国人民大学出版社 1999 年版,第 85 页。
② 钱玄同:《〈尝试集〉序》,《钱玄同文集》第 1 卷,中国人民大学出版社 1999 年版,第 86 页。
③ 钱玄同:《〈尝试集〉序》,《钱玄同文集》第 1 卷,中国人民大学出版社 1999 年版,第 86 页。
④ 钱玄同:《〈尝试集〉序》,《钱玄同文集》第 1 卷,中国人民大学出版社 1999 年版,第 86 页。

　　从语言学意义上阐释"文章即说话"的合理性后,钱玄同又从汉语文章发展史上搜寻到极具说服力的例证,表明先秦以来的文章"大都是用白话"①:(1)《盘庚》《大诰》"后世读了虽然觉得佶屈聱牙,异常古奥",可这些文章"实在是当时的白话告示";(2)《尧典》中的"都""吁"等字和现今白话文所用的"阿呀""哎""唉"等字并无分别,而"《公羊》用齐言,《楚辞》用楚语"与"现在的小说里搀入苏州、上海、广东、北京的方言"也没有什么分别;(3)李耳、孔丘、墨翟、庄周、荀况、孟轲、韩非等人的著作"文笔无一相同,都是各人做自己的文章,绝不摹拟别人"②。以上例子,通过《盘庚》《大诰》《公羊》《楚辞》等传统学术经典或文学作品,辅以李耳、孔丘、庄周、孟轲等传统名家的著作,来表明古书中的雅言只是当时的"今语"。这提高了白话的地位与历史说服力,使"文章即说话"成为自然而来的正统的语言发展规律。

　　同时钱玄同用大量的例子说明,先秦至西汉的古人为避免"言文分离",在撰文时"所用的白话,若是古今有异,那就一定用今语,决不硬嵌古字,强摹古调":比如,"《孟子》里说的,'洚水者洪水也','泄泄犹沓沓也',这是因为古今语言不同,古人叫'洚水'和'泄泄',孟轲的时候叫'洪水'和'沓沓',所以孟轲自己行文,必用'洪水'和'沓沓',到了引用古书,虽未便直改原文,然而必须用当时的语言去说明古语";又如,西汉司马迁的《史记》采用《尚书》时,"一定要改去原来的古语,做汉人通用的文章",使之"不能和当时的白话相差太远"③。

① 钱玄同:《〈尝试集〉序》,《钱玄同文集》第 1 卷,中国人民大学出版社 1999 年版,第 87—88 页。
② 钱玄同:《〈尝试集〉序》,《钱玄同文集》第 1 卷,中国人民大学出版社 1999 年版,第 88 页。
③ 钱玄同:《〈尝试集〉序》,《钱玄同文集》第 1 卷,中国人民大学出版社 1999 年版,第 88 页。

以上例子传递出"言文一致"的另一标准:文章写作不仅要"今人用今语",而且当遇到"古今有异"时,也只可舍"古"而留"今",以真正实现不同时代的人用各自时代的"话"。

钱玄同从汉字发展史的角度指出,"文章"(书面语)与"说话"(口语)自先秦至西汉都是一致的,可这种正常的文章规律却在西汉末年逐步被打破。他解释道:首先,西汉末年的扬雄,刻意摹拟古人,其辞赋浮伪雕琢,"东汉一代"颇受其影响,"到了建安七子,连写封信都要装模做样,安上许多浮词";而后的六朝骈文更是"满纸堆垛词藻,毫无真实的情感",只要"打开《文选》一看,这种拙劣恶滥的文章,触目皆是";唐朝以来的韩愈、柳宗元纠正了"文选派"的弊害,"所做的文章,却很有近于语言之自然的",如果"继起的人能够认定韩柳矫弊的宗旨",便可"渐渐的回到白话路上来";宋朝的欧阳修、苏洵等人"名为学韩学柳,却不知道学韩柳的矫弊,但会学韩柳的句调间架,无论什么文章,那'起承转合',都有一定的部位",此种"可笑的文章"与那"文选派"相比,真如"半斤和八两的比例";明清时期的归有光、姚鼐、曾国藩等人更是"拼命做韩柳欧苏那些人的死奴隶",立了"桐城派"的名目,将"文章即说话"的写作规则"搅得昏天黑地"①。

在钱玄同的论述中,从扬雄开启的"言文歧异"之路,中断了以"音"为中心的语言逻辑,让文章沦为堆砌各种陈套语、表象词的"泥美人"②,破坏了语言文字发展的自然规律,是历史的"逆流"。这种"逆流"在"五四"时依然很有势力,导致了荒谬的语言现象:"行鞠躬

---

① 钱玄同:《〈尝试集〉序》,《钱玄同文集》第 1 卷,中国人民大学出版社 1999 年版,第 89 页。
② 钱玄同:《论世界语与文学》,《钱玄同文集》第 1 卷,中国人民大学出版社 1999 年版,第 20 页。

或点头的礼,还说'顿首''再拜';除下西洋式的帽子,还说'免冠'……更有在改阳历以后写'夏正',称现在的欧美诸国为'大秦'者"。以此例推,"则吃煎炒蒸烩的菜,该说'茹毛饮血';穿绸缎呢布的衣,该说'衣其羽皮';住高楼大厅,该说'穴居野处';买地营葬死人,该说'委之于壑'"①。这种荒谬,投射出言文截然分离的危害性——使语言变得矫揉造作,脱离实际。

　　所以"五四"新文学的使命就在于,恢复被中断的以"音"为中心的语言发展规律:"今人要用今语做文章,不要用古语做文章",而且"古人做的矫揉造作不合当时语言的文章固不当学;就是古人做的很自然的白话文章,也不当学",因为"在他当时是今语,该这样做",而"在我们现在已经变为古语,不该照样去学他"②。为此,钱玄同还制定了"文章即说话"在应用时的具体规则:一是"只可拿现在的声音来做标准","例如某本字,在文言里现读甲音,白话里应该用这个本字的地方也读甲音,这类本字,自然应该采用;又如某本字在文言里虽读甲音,而白话里应该用这个本字的地方,却读了乙音,那就只可写一个和乙音相同的假借字了"③;二是"道古时事,自当从古称,若道现代事,必当从今称",比如"冠""履""袷""筶""豆""尊"等古称只可用于"道古",若道今事,这些必当改成"帽""鞋""领""袴""盌""壶"等名,"断不宜效法'不敢题糕'之迂谬见解"④。

① 钱玄同:《随感录·四五》,《钱玄同文集》第 2 卷,中国人民大学出版社 1999 年版,第 20 页。
② 钱玄同:《关于新文学的三件要事》,《钱玄同文集》第 1 卷,中国人民大学出版社 1999 年版,第 356 页。
③ 钱玄同:《新文学与新字典》,《钱玄同文集》第 1 卷,中国人民大学出版社 1999 年版,第 105 页。
④ 钱玄同:《反对用典及其他》,《钱玄同文集》第 1 卷,中国人民大学出版社 1999 年版,第 6 页。

此种语音中心主义的逻辑在"五四"就备受质疑。按中国传统的文字常识来讲,中国汉字是主形的,虽与言语(声音)有关,但并非一体。这也是"五四"反对者批判语音中心论的理念支撑。而钱玄同直接提出中国汉字多是主音不主形。在他看来,汉字构造上有"象形""指事""会意""形声""转注""假借"六大阶段,故从这"六书发生的次序"来看,汉字是从象形到表意,再由表意至表音,等到"纯粹表音的假借方法"发生时,这便离拼音"只差一间了"①。并且"离形表音"的"假借字"从殷商以来便已开启发展的历史:假借字在殷代的甲骨文字中已出现,例如借"唐"为"汤",借"凤"为"风",借"果"为"婐"等;而后到春秋战国儒学作品如《诗经》《尚书》《春秋》里的假借字又多了,这几部书历史久远,且因传写人不同,"所以彼此异文甚多,这些异文,什九都是假借字";再到汉代的《史记》《汉书》等"触目都是假借字",而后的唐宋元仍流行假借字的风气;至"五四"时此风仍未断绝,比如"北京的书店掌柜写书签子,'《汉书》'作'《汗书》'"②。钱玄同通过对汉字构造的历史考察,极端地从学理上表明"文章即说话"符合汉字"离形就音"之趋势。

综上,钱玄同发挥自己文字音韵学家的优势,验证出"文章即说话"在历史上已有很坚固的基础。这一理念不仅是语言问题,更是权力问题:一方面表明"五四"白话运动并非莽撞的新设计,而是去恢复被文言文中断的言文一致的语言发展规律,使"言语"在现代中国取代"文字"的主流地位,颠覆"言语以就文字"的文言书写传统;另一方面展示出"文章人人会做"的"五四"平民精神,"打通'说''写'

---

① 钱玄同:《汉字革命》,《钱玄同文集》第3卷,中国人民大学出版社1999年版,第68页。
② 钱玄同:《汉字革命》,《钱玄同文集》第3卷,中国人民大学出版社1999年版,第69—70页。

'读'之间的阻隔,解构传统文章义法及其至尊地位,也有助于新思潮的传播和接受"①。

二、"说话"如何入"文章"

钱玄同的"文章即说话",要求文章"老老实实照着说话写了"②。可"笔写的白话",无法全然等同于"口说的白话"③。章太炎就认为,白话文不能"尽传口语的真相"④。为此钱玄同又从语言文字学上进行了相应的思考,以使白话文章能传出口语之"真相"。

(一)多用复音词、虚词,实现表意上的"言文一致"。"中国语言为文字形体所牵制",口头上的白话"很多复音词,大半是用两个或两个以上音节来表示一个意义",并借助介词、连词等虚词展示言语间的逻辑;而书面上的文言为使文章凝练、齐整,少用或不用虚字,多是"一音一字,一字一形"⑤。因此钱玄同认为,要使"说话"真正入文,需完全接受"说话"中的复音词、虚词,让"口说的白话"与"笔写的白话"在表意上得以统一。"白话"入文时,用字用语比"文言"繁多。当时一些白话反对者深究于此,认为白话文章字句冗长,语言啰唆。钱玄同则反其道而行之,举出大量语言实例,论证文言文的"简"是"文法的不完整"之表现,譬如:

> 《史记·殷本纪》的《赞》末了一句,叫做"孔子以殷辂为善而色尚白"。殷朝的车叫做辂,是一件事;孔子以辂车为善,

① 王本朝:《白话文运动中的文章观念》,《中国社会科学》2013 年第 7 期。
② 钱玄同:《文学革新杂谈》,《钱玄同文集》第 1 卷,中国人民大学出版社 1999 年版,第 159 页。
③ 朱我农:《革新文学及改良文字》,《新青年》第 5 卷第 2 号,1918 年。
④ 章太炎:《国学概论》,泰东图书局 1922 年版,第 22 页。
⑤ 乐嗣炳编:《国语概论》,中华书局 1936 年版,第 6 页。

又是一件事；殷朝色尚白，又是一件事；三件事绝不相干，忽然用一个"而"字，把他连成一句，这真是不通到极点了。……要知二千年前的大学问家司马迁竟会闹这笑话的缘故，就坏在一个"简"字上。只因简了，于是就做出这样笼统、粗疏、含糊的句子来了。①

在钱玄同的逻辑中，文言的"简"，看似耐人寻思、饶有趣味，却让语脉与意脉分离，破坏了日常的习惯语法，最后成了笼统的"糊涂账"。他提出清晰、精密、朗畅的文章，其字数一定是多的：例如"一个'道'字，则容易误解。若用复音语，曰'道路'，曰'道理'，则一望便明白了"②；再如"'每星期的评论'，这六个字何等明了。'星期'是嘴里常常说的，又是一个复音名词。'周'是嘴里所不说的（这名词是从日本贩来；其实日本称为'周间'，也是复音名词），又是一个单音名词。自然是'星期'比'周'要适用了。'每星期'之下加一个'的'字，文法便很完备了"③。这二例表明使用"名词动词之类"时"复音的比单音的要明显"④，更有助于文意的实现。

"名词动词改用复音"⑤，可使"文章"传达"说话"的意义时"正确明显"，能清晰、准确地展示事物的性质、状态、范围、程度。在使用复音词的同时，"文章即说话"在表意上的实现，也需借助虚词来连接

---

① 钱玄同：《文学革新杂谈》，《钱玄同文集》第 1 卷，中国人民大学出版社 1999 年版，第 158 页。

② 钱玄同：《文学革新杂谈》，《钱玄同文集》第 1 卷，中国人民大学出版社 1999 年版，第 158 页。

③ 钱玄同：《同音字之当改与白话文之经济》，《新青年》第 6 卷第 6 号，1919 年。

④ 钱玄同：《文学革新杂谈》，《钱玄同文集》第 1 卷，中国人民大学出版社 1999 年版，第 158 页。

⑤ 钱玄同：《文学革新杂谈》，《钱玄同文集》第 1 卷，中国人民大学出版社 1999 年版，第 158 页。

不同的词组、短语以及分句,将"说话"中的各种情感关系、逻辑语义完整呈现。在钱玄同看来,虚词有分清语言结构层次与避免语意歧义的作用,而文言文为求"简",时常省略虚字,这极易闹笑话:

> 从前听见人家讲笑话,说有一付对联,叫做"今年真好晦气全无财帛进门",有两种读法:(1)"今年真好晦气,全无财帛进门。"(2)"今年真好,晦气全无,财帛进门。"又听说有两句话,叫做"雨落天留客天留人不留",也有两种读法:(1)"雨落天留客,天留人不留。"(2)"雨落天,留客天,'留人不?''留!'"①

钱玄同从此笑话,揭示了文言文因虚字缺少而导致的文意含糊现象。在他看来,"'虚字'的缺少",会削弱语言的逻辑性,使语言单位间的相互关系不能被明晰地表现出来,故而"五四"白话文写作时"介词连词之类应该有的,一个也缺少不得"②,并"应该把含糊的弄他清晰,缺少的一一补足",同时"规定一种极周密极完备的语法",纠正文言文"任意省略,任意颠倒,任意变换"介词连词之类的"用'虚字'的杂乱无章"③。只有这样,白话文章才能"张口见喉咙,一切说尽,毫无含蓄"④,防止"文失其实",让读者明白文意。

可名词、动词改用复音,并加入介词、连词等虚词后,文章的字数比旧日古文"必至成五比三的比例",甚至"加了一倍","一般人觉得本来只要写三百字就完事的,现在要写到五百个字才算完事,于是就

① 钱玄同:《同音字之当改与白话文之经济》,《新青年》第6卷第6号,1919年。
② 钱玄同:《文学革新杂谈》,《钱玄同文集》第1卷,中国人民大学出版社1999年版,第158页。
③ 钱玄同:《同音字之当改与白话文之经济》,《新青年》第6卷第6号,1919年。
④ 钱玄同:《文学革新杂谈》,《钱玄同文集》第1卷,中国人民大学出版社1999年版,第160页。

说:'这是不经济。'"①为此,钱玄同从文章的写作与接受两方面进行辩护:从读者角度来讲,"假定一分钟看二十个字",因古文"笼统、粗疏、含糊",十五分钟看完三百字的古文后,"还要仔细推求,才能明白",需"费上两三个十五分钟",但"若看白话的文章,因为文章分晰、精密、朗畅,所以五百个字虽然要看到二十五分钟,可是看完了,意思也明白了,用不着再瞎费仔细推求的工夫";从作者一面来看,"虽然多写二百个字,好像多费一点时间,但是写的人的意思,老老实实照着说话写了,不必去用那什么'推敲'的工夫,比那少写二百个字的反可以少耗时间"②。可见,白话文不用读者"推求",亦不需作者"推敲",所耗费的时间实际上比古文是少的。

　　同时,钱玄同依据汉语文法进化的规律,论证使用复音词、虚词乃是文章历史进化之表现。在他看来,"书愈古,文法愈疏漏,不但介词、连词常常缺略,而且句子也不大完备":例如《尚书》的《甘誓》,起首曰:'大战于甘,乃召六卿,王曰⋯⋯'谁与谁战,哪一方面召六卿,王是哪一朝称的某王,都没有说明";又如"《左传》首句曰'惠公元妃孟子',连写三个名词,就可算作一句。若是现在的小学生做出这种文章来,教员一定批他不通"③。由于欠缺复音词、虚词,夏、商、周"三代"留存下来的"高文典册"存有此种"不通的文句"。汉唐以来,文章渐渐进化,不再忽略复音词与虚词,故而用字用句"明白而且完备得多。后来明清的施耐庵、曹霑、吴敬梓诸人用白话创作小说,比之前"是大大的进化了",而"五四"以来的白话小说、戏剧、诗歌的

---

① 钱玄同:《文学革新杂谈》,《钱玄同文集》第 1 卷,中国人民大学出版社 1999 年版,第 158 页。

② 钱玄同:《文学革新杂谈》,《钱玄同文集》第 1 卷,中国人民大学出版社 1999 年版,第 159 页。

③ 钱玄同:《国文的进化》,《钱玄同文集》第 3 卷,中国人民大学出版社 1999 年版,第 108 页。

用字造句"比施、曹诸人又精密得多"①。这里的"文章逐渐进化"之线索,实则就是复音词、虚词从少到多进入"文章"的历史脉络。

在钱玄同的论证下,复音词、虚词大量入文是语言进化之体现,能改变文言文难懂、朦胧的句法关系,使句意的逻辑关系更加严密,让"说话"中具体的态度、感受、思想、情感得以完整传达,实现表意上的"言文一致"。此种文章观,对"五四"新文学影响深远,使其摆脱了古文的诗性传统,走向表意明白、求真通俗的写实之路。

(二)全用西式标点,实现语气上的"言文一致"。"说话"入文时,其外在的语气如何在具体文章中得到精准的展示?语气语调是"说话"里极为重要的部分,可声音的大小起伏、轻重缓急很难真正进入书面语的字里行间。朱我农就以此质疑"五四"白话文:"口说时有声调状态帮助表明人的意思,笔写时就没有此等辅助品了",比如"你不要瞎说"一句话,"在口说时或作笑容,或作怒态,或作和声,或作激调,语意随声调状态级级不同",倘若写在纸上,就算加上什么"拍案怒道""低声道""微笑道"等语,仍是"不能形容尽致的"②。

为此,钱玄同提出全面引入西式标点,想用其来帮助"语气"的呈现,使"说话"中的种种声调状态进入书面语,让文章成为"有声"的"活语言",以符合"口语"之"真相"。在他看来,"文字里的符号是最不可少的,在小说和戏剧里,符号之用尤大;有些地方,用了符号,很能传神;改为文字,便索然寡味"③,以刘半农翻译的《天明》为例:

---

① 钱玄同:《国文的进化》,《钱玄同文集》第 3 卷,中国人民大学出版社 1999 年版,第 108 页。
② 朱我农:《革新文学及改良文字》,《新青年》第 5 卷第 2 号,1918 年。
③ 钱玄同:《刘半农译〈天明〉的附志》,《钱玄同文集》第 1 卷,中国人民大学出版社 1999 年版,第 82 页。

　　本篇中"什么东西?"如改为"汝试观之此何物耶";"迪克?"如改为"汝殆迪克乎";"我说不相干!"如改为"以予思之实与汝无涉。"又像"好——好——好一个丈夫!"如不用"——""!"符号,则必于句下加注曰:"医生言时甚愤,用力跌宕而去之";"先生! 他是我的丈夫!"如不用"!"符号,则必于句下加注曰:"言时声音凄惨,令人不忍卒听",——或再加一恶滥套语曰:"如三更鹃泣,巫峡猿啼",——如其这样做法,岂非全失说话的神气吗?①

　　以上例子表明,疑问号、破折号、感叹号等标点能留存"说话"中的语气、情感、气势、神韵,使作品中人物说的话不再是由作者刻意模仿的,而是作品人物自身的真实声音。这提升了作品在语气上的真实感,亦使读者在阅读时犹如与书中人当面对话。而中国传统文言文,句式简短,不曾注意到标点符号的作用,只讲究字字匀整,并于每字之旁施以圈点。钱玄同认为这让文章变得模糊晦涩,比如:

　　《孟子》:"季孙曰异哉子叔疑。"这一句有两种解法。

　　(1)季孙曰:"异哉!"子叔疑。(赵岐说)

　　(2)季孙曰:"异哉! 子叔疑。"(朱熹说)

　　《左传》:"遂置姜氏于城颍。"这一句也有两种解法。

　　(1)遂置姜氏于城颍。(杜预说)

　　(2)遂置姜氏于城,颍。(金人瑞说)②

---

① 钱玄同:《刘半农译〈天明〉的附志》,《钱玄同文集》第 1 卷,中国人民大学出版社 1999 年版,第 82 页。

② 钱玄同:《〈新青年〉改用左行横行的提议》,《钱玄同文集》第 1 卷,中国人民大学出版社 1999 年版,第 36—37 页。

可其中"朱熹和金人瑞的解说都是错的","假使当日孟轲、左丘明做书的时候有了符号,自己记得明明白白,那么朱熹、金人瑞也不至于随便乱解了"①。钱玄同的辩解,有一定道理。中国文言文拒绝标点,故"只有平铺直叙的写,只有依照顺序的写",以至于"平易者流为浅俗,奇险者成为艰涩"②。这所致的"艰涩",很容易沦为钱玄同所批评的模糊不清之状态。

故而钱玄同认为,传统文言文要想重获生命力,需加入标点。他以省略号的使用举例道:例一,"《史记・高祖本纪》:'诸君必以为便……便国家。……'""在两个'便'字的中间,用'……'号表说话停顿,'家'字底下再用'……'号表语意未完,便活跳画出一个正要做皇帝时候的汉高祖来了",展示出"汉高祖那时看见诸侯将相做出一种'天命攸归奏请登极'的样子来,请他做皇帝,心里虽然快活得很,面子上觉得有些不好意思答应出来,于是胀红了脸,说出这样一句不爽快不完全的话来";例二,"《史记・张丞相列传》:"昌为人吃,又盛怒。曰:'臣口不能言,然臣期……期知其不可。陛下虽欲废太子,臣期……期不奉诏。'""这都应该用'……'号去表他口吃的神情。"③以上二例中的省略号有"显精神"之效,捕捉到人物心理的细微变化,让汉高祖等人物的形象有了历史的温度。

钱玄同主张文章全改西式标点的思路,比较大胆。当时一些"五四"主将对此有所犹豫,认为汉语的语气词较多,可取代相应的西式标点。胡适认为:"疑问之号,非吾国文所急需也。吾国文凡疑问之

① 钱玄同:《〈新青年〉改用左行横行的提议》,《钱玄同文集》第1卷,中国人民大学出版社1999年版,第37页。
② 郭绍虞:《新文艺运动应走的新途径》,《语文通论》,开明书店1941年版,第96—97页。
③ 钱玄同:《〈新青年〉改用左行横行的提议》,《钱玄同文集》第1卷,中国人民大学出版社1999年版,第36页。

语,皆有特别助字以别之。故凡'何,安,乌,孰,岂,焉,乎,欤,哉'诸字,皆即吾国之疑问符号也。故问号可有可无也。"①刘半农也指出:"至于符号,则'?'一种似可不用。以吾国文言中有'欤哉乎耶'等,白话中有'么呢'等问语助词,无须借助于记号也。"②钱玄同则认为中国文章里的部分语气词可以表达多种语气,例如:

> "乎""哉"这类字,疑问也用他,嗟叹也用他。像"人焉廋哉"的"哉"字是"?","恶用是鶃鶃者为哉"的"哉"字是"!";"其然岂其然乎"的"乎"字是"?","使乎使乎"的"乎"字是"!"。诸如此类,倘使不加符号,实在不能明白。③

在胡适、刘半农看来,汉语语气词"安""乎""欤""哉"等就是疑问助词,如果在文中再用疑问号就会显得啰唆重复。钱玄同通过以上语言学实例,表明中国传统汉语中的"乎""哉"等词所表示的语气时常处在不稳定的状态,它们既有当疑问词的情况,也表感叹的语气。这表明中国语气词无法与西方标点符号完全等同。另外,胡适主张以"△"代";",以"ゝ"代":"④。钱玄同却认为,胡适的办法"若自己圈点古书,原无不可",可从现代排版上看,排印新书杂志时"△""ゝ"等号"皆为铅模所无",所以"与其定铸,不如全

① 胡适:《论句读及文字符号》,《胡适文集》第 9 卷,北京大学出版社 2013 年版,第 683 页。
② 刘半农:《我之文学改良观》,《新青年》第 3 卷第 3 号,1917 年。
③ 钱玄同:《〈新青年〉改用左行横行的提议》,《钱玄同文集》第 1 卷,中国人民大学出版社 1999 年版,第 35 页。
④ 胡适:《论句读及文字符号》,《胡适文集》第 9 卷,北京大学出版社 2013 年版,第 681—682 页。

用西号了"①。

钱玄同根据中国传统语气词的特殊性与现代书籍排版情况,认为"五四"白话文章需要全面使用西式标点。他在1918年《新青年》第4卷第2号发表《句读符号》,将标点符号进行了相应的介绍,并通过对"五四"同人们各种主张进行去取,拟定了繁简两种标点规则:

　　(甲)繁式　用西文六种符号——,(读);(长读):(冒或结).或。(句)!(叹)
　　(乙)简式　仍照以前用句读两号——、(读)。(句)②

此后钱玄同与胡适、陈独秀等人的想法渐趋一致。1919年《新青年》第7卷第1号与第2号附有《本志所用标点和行款的说明》,对西式标点进行系统的说明与要求。至此《新青年》的作者有意识地使用西式标点,譬如鲁迅1919年4月28日完成小说《药》,就叮嘱负责《新青年》编务工作的钱玄同去鉴定、改正小说中的"那些外国圈点之类"③。并且钱玄同1919年11月与周作人、胡适、陈独秀等人提出《请颁行新式标点议案(修正案)》,不久便得到教育部的通过。1920年2月教育部通令全国采用新式标点符号。而后,西式标点正式进入"五四"白话文之中,随后逐步定型,成为新文学的文法之一。这些标点的进入,拉近了新文学与"说话之真相"的距离。正如朱自清所讲,"白话文之所以为白话文,标点符号是主要成分之一,标点符号表

① 钱玄同:《句读符号》,《钱玄同文集》第1卷,中国人民大学出版社1999年版,第113页。
② 钱玄同:《句读符号》,《钱玄同文集》第1卷,中国人民大学出版社1999年版,第112页。
③ 鲁迅:《致钱玄同》,《鲁迅全集》第11卷,人民文学出版社2005年版,第376页。

明词句的性质,帮助达意的明确和表情的恰切"①。

三、"五四"白话文学的困境与钱玄同的突围

"五四"白话文学是建立在"文章即说话"理念的基础上,尽力采用复音词、虚词、西式标点,期盼作文实现"说话"时那种明白自然之境界。但这种理念施行时遭遇诸多困境。钱玄同再次凭借语言学家的优势,进行了突围。

(一)选择"五四"白话文学的"敌手"。"五四"时,陈独秀等人虽以"必不容反对者有讨论之余地"②的激烈态度在新文学中推行"文章即说话"理念,可他们在处理文言、白话文学关系时,界限较为模糊,没有着力点。这让新文学陷入"自鸣得意"而无"敌手"的困境中,犹如挥拳于空中。

钱玄同加入新文学阵营后,借助其师章太炎文字训诂之学在1917 年前后鼎盛于世的契机,将新文学攻击的目标集中于"选学妖孽,桐城谬种"③之上。章太炎认为,作文应"先求训诂"④,而后才可遣词造句,以避免空洞华辞。这对作者的文字学功底要求极高,故而他鄙视欠缺文字训诂基础而擅长文辞的"桐城"与"文选",讽刺桐城文风"笑若龋齿,行若曲肩,自以为妍,而只益其丑"⑤;同时也不满

---

① 朱自清:《论标点符号的用法》,张烨主编:《朱自清散文全集》,中国致公出版社 2001 年版,第 258 页。
② 陈独秀:《再答胡适之》,《陈独秀文集》第 1 卷,人民出版社 2013 年版,第 236 页。
③ 钱玄同:《赞文艺改良附论中国文学之分期》,《钱玄同文集》第 1 卷,中国人民大学出版社 1999 年版,第 1 页。
④ 章太炎:《论文学》,《章太炎全集·演讲集》,上海人民出版社 2015 年版,第 45 页。
⑤ 章太炎:《与人论文书》,《章太炎全集·书信集》,上海人民出版社 2017 年版,第 384 页。

"文以耦俪为主"①的文选派,强调骈偶声韵藻彩并非文章构成的决定元素。钱玄同虽未认同章太炎"先求训诂"的文章立场,却将其师所鄙视的"文选""桐城"视为"弄坏白话文章的文妖",指出文选派虚益华辞,"甚至用了典故来代实事,删割他人名号去就他的文章对偶",而桐城派只是"拼命做韩柳欧苏那些人的死奴隶",卖弄"可笑的义法"②。

钱玄同不仅借助其师的理论资源③,还结合语言文字进化规律,对二派进行否定。在他看来,"无论何种语言文字,凡是有载思想学术的能力的,都是很庞杂不纯的。那纯而不杂的,惟有那文化的初开,思想简单的时候,或者可以做得到。到了彼此一有交通,则语言即有混合;学问日渐发达,则字义日有引申;一义转注为数语,一语假借为数义,那就要庞杂不纯了。愈混合,则愈庞杂,则意义愈多;意义愈多,则应用之范围愈广;这种语言文字,就愈有价值了"④。而桐城派"文章的格局有一定,用字的范围有一定,篇幅的长短有一定,句法的排列有一定;弄到无可如何只好仿'削足适履'的办法,改事实以就文章"⑤,文选派也是"敷引故实,泛填词藻","外貌虽极炳烺,而叩其

---

① 章太炎:《文学总略》,《章太炎全集·国故论衡》,上海人民出版社 2017 年版,第 49 页。
② 钱玄同:《〈尝试集〉序》,《钱玄同文集》第 1 卷,中国人民大学出版社 1999 年版,第 89—90 页。
③ 拙文《章太炎的语言文学观与钱玄同的"五四"文学革命》(《文艺理论研究》2020 年第 5 期)对此有详细的论述。
④ 钱玄同:《新文体》,《钱玄同文集》第 1 卷,中国人民大学出版社 1999 年版,第 299—300 页。
⑤ 钱玄同:《新文体》,《钱玄同文集》第 1 卷,中国人民大学出版社 1999 年版,第 300 页。

实质,固空无所有"①。这二派或寄生般地追附古人,或让作为点缀的文辞成为目的,皆违背了语言越进化越庞杂的规律,使文章做来做去,仍在"旧圈子"里转。钱玄同以实例讽刺道:

> 有人讲笑话说:"一个塾师替人家做祭文,抄错了一篇成文。人家来质问。塾师大怒,说,我的文章是有所本的,决无错理,除非他们家里死错了人。"桐城派的做古文,正是如此,他所以要如此者,就是要纯不要杂的缘故。②

由此可窥出"要纯不要杂"的危害性,使语言束缚于骈偶对仗、义法辞章的藩篱中,而丧失其活力与灵性。所以钱玄同指出,"桐城派"与《选》学家"是"有害文学之毒菌",其烈于"八股试帖"与"淫书秽画":"八股试帖"只是骗"状元""翰林"的敲门砖而并非学问,"淫书秽画"也是"不正当之顽意儿",故"有人中毒,尚易消除";可是"桐城""选学"则"无论何人,无不视为正当之文章,后者流毒已千余年,前者亦数百年"③。

钱玄同对二派的攻击,使批判传统文言文时有了切实的论据,而"选学妖孽,桐城谬种"也成了当时标语式的革命口号,具有极强的号召力与鼓动性。钱玄同等人策划的"双簧信事件",更是将"桐城"与"选学"视为攻击的靶子,并将这个"靶子"具体外化到林纾等人的身上。由此新文学才有了切实的敌手,引发了林纾等人对"五四"白话

---

① 钱玄同:《反对用典及其他》,《钱玄同文集》第1卷,中国人民大学出版社1999年版,第9页。
② 钱玄同:《新文体》,《钱玄同文集》第1卷,中国人民大学出版社1999年版,第300页。
③ 钱玄同:《文字改革及宗教信仰》,《钱玄同文集》第1卷,中国人民大学出版社1999年版,第190页。

文的关注与批判,破除了挥拳于空中的困境。

(二)建构白话文学史理念。"五四"初,陈独秀《文学革命论》等简单地将中国传统文学浓缩成一个整体来进行否定。这斩断了"五四"白话文学与传统文学之间的联系,使其缺乏历史根基。钱玄同较早意识到,没有历史积淀与基础的文学,犹如无源之水、无根之花。他加入新文学团体后,立即对"五四"白话文学进行历史溯源。

钱玄同1917年已有构筑白话文学发展脉络的想法,将胡适的白话诗与"杜、白之诗""周、辛之词""关、马之曲""施、曹之小说"纳入到"古人用古语,今人用今语"①的"言文合一"线索之中。这一想法在1920年的《〈儒林外史〉新叙》中进一步展开,呈现出白话文学演变的基本面貌:"中国白话文学的动机"源于中唐以后,"如白居易诸人,很有几首白话诗";到了宋朝,辛弃疾、柳永等人的词以及程颢、程颐、张载、朱熹等人的说理之文和信札"很多用白话来做的",但这些文章中的白话是文人们"有时候觉得古语不很适用,就用当时的白话来凑补";元曲出世,关汉卿、马致远、白仁甫、郑德辉诸人"才把以前的文体打破,自由使用当时的北方语言来做新体文学",进入"以当时的白话为主而以古语补其不足"的时期;又到明清的《水浒传》《儒林外史》,使很自然的白话文学得以逐步完全成立,这些确立的白话语言规则"到了现在还是没有甚么变更"②。

钱玄同建构的中国白话文学史框架,依据的是"音本位"标准,将"作文接近于说话"的作品挑选出来。这为"五四"白话文提供了历史的合法性,使唐朝白话诗、宋词、元曲、明清小说都成了"文章即说

① 钱玄同:《论世界语与文学》,《钱玄同文集》第1卷,中国人民大学出版社1999年版,第19页。
② 钱玄同:《〈儒林外史〉新叙》,《钱玄同文集》第1卷,中国人民大学出版社1999年版,第391—393页。

话"理念的文学支撑,替新文学搜寻到很好的模范,回应了"什么是活文学"的问题。并由此而推出"五四"白话文学并非偶然、刻意的现象,而是中国白话文学传统的复兴,为新陈代谢之自然演化。同时这条历史演变线索,也明显是与传统文言文传统争夺"作家"与"作品",将白居易、柳永、辛弃疾、关汉卿等经典作家的作品强行扭转成白话文学的历史注解,期盼通过这些经典作家的影响力来抬高白话文的历史底气。

胡适 1921 年的《国语文学史》将钱玄同对白话文学历史的设计衍变成更为系统的进化思路:从汉朝的白话文学,到魏晋南北朝的平民文学,又到白话文学发达时期的唐代文学,再到白话词极盛的宋朝文学,继而到白话文学渐趋正统的元朝文学,又到白话文学"成人"时期的明代文学,最后到清朝曹雪芹的《红楼梦》等有著者姓名的白话作品之出现①。看到胡适的《国语文学史》后,钱玄同提出白话文学的上限应该从《诗经》讲起,称其中的《国风》是"千真万真的白话诗",故应大大地表彰"这样很古很美的白话文学",以让《诗经》"洗一个澡",并"换上平民的衣服帽子"②。选择让《诗经》作为白话文学的源头,反映出钱玄同富有策略性的一面:一是因为白话文学进化史发生得越早,其现代的合法性就越充分;二是《诗经》作为"六经"之一,是"经国之大典"。钱玄同却将此从"经"扭转为中国白话文学的源头,让新文学的开头有了一个强大的学术凭藉,巩固了"五四"白话文的历史基础。

胡适接受此建议,并在 1922 年拟订相应的计划,可此计划最终

---

① 此处是对胡适《国语文学史》整体思路的概括。见《国语文学史》,《胡适文集》第 8 卷,北京大学出版社 2013 年版。

② 钱玄同:《致胡适》,《钱玄同文集》第 6 卷,中国人民大学出版社 2000 年版,第 103—104 页。

未能完成。后来,从《诗经》开启的白话文学史脉络,还是由钱玄同公开提出:"中国的白话文学,虽然屡屡被文人学士们踢到阴沟里去,而实际上却是从《三百篇》以来绵延至今,并未中断,不过宋以前的白话文学只有一些诗词,偶然有几篇散文,还不是有意做的,所以没有多大的势力";而后"元朝产生了北曲、南曲这许多伟大的白话戏剧",明清时昆剧、京剧等相继而起,并且明朝产生了《西游记》《水浒传》《金瓶梅》等几部"伟大的白话小说",而清朝的《红楼梦》《儒林外史》等作"跟着继起";再到"五四"以来鲁迅、胡适、郁达夫诸先生"努力地创造许多新的白话文学的作品"①。

这条从《诗经》至"五四"新文学演变两千多年的白话文线索,呈现出白话文学自身的魅力。在钱玄同看来,这些白话作品"绝没有哪个来有意的提倡它们,绝没有哪个来认它们为文学的正宗,只因它们是文学的作品,有文学的价值,便能歆动人们对于它们的爱好心"②。这些话语以退为进地确立了白话文学史中心观,表明白话文虽未被有意提倡,却始终是历史的主旋律,并绵延了两千多年,由此可证明白话是文学的正宗,而"文章即说话"理念则具有无可反驳的历史权威性。

(三)确立白话文的适用范围。"五四"初,陈独秀等人将"文章即说话"理念的实践范围集中于"文学之文",认为"文学之作品,与应用文字作用不同"③,默许新闻社论、法律条文、书信通知等"应用之文"对文言的采用。并且他们所写的《文学革命论》《文学改良刍

---

① 钱玄同:《〈世界语名著选〉序》,《钱玄同文集》第 2 卷,中国人民大学出版社 1999 年版,第 70—71 页。
② 钱玄同:《〈世界语名著选〉序》,《钱玄同文集》第 2 卷,中国人民大学出版社 1999 年版,第 71 页。
③ 陈独秀:《答胡适之(文学革命)》,《陈独秀文集》,人民出版社 2013 年版,第 176 页。

议》等倡导白话文的文章,其本身仍是用文言文做的。以"文言"讨论"白话文学",用"死文字"来提倡"活文学",让人感到十分别扭。这模糊了白话文的使用范围,易消解"五四"白话文改革的意义。钱玄同察觉到确立白话文适用范围的迫切性,提出只有当白话文既是"文学之文"亦是"应用之文"之时,"五四"白话文才算获得真正的胜利。他在 1917 年 1 月 1 日的日记中感叹:"往访尹默,与谈应用文字改革之法。余谓文学之文,当世哲人如陈仲甫、胡适之二君,均倡改良论。……应用文之改革,则二君所未措意。其实应用文之弊,始于韩、柳,至八比之文兴,桐城之派倡,而文章一道遂至混沌。"①故他在1917 年 2 月 25 日致信陈独秀道:

> 文学之文,用典已为下乘;若普通应用之文,尤须老老实实讲话,务期老妪能解,如有妄用典故,以表象语代事实者,尤为恶劣。……对于应用之文,以为非做到言文一致地步不可。②

在钱玄同看来,"应用之文"也应遵守"文章即说话"的规则,并且它牵涉的范围更广,它的言文合一比"文学之文"更为重要。对于"文学之文","苟有文才,必会说老实话,做白描体",若无文才,"简直可以不做";可"无文才者"虽"不必做文学之文",却"终不能不做应用之文"③。因此,钱玄同于 1917 年 8 月 1 日又提出应用文改良的十三条大纲,认为应用文使用白话"是根本上之改革",而"所选之字,皆取最普通常用者",并"绝对不用典",以完成"老老实实讲话"

---

① 杨天石主编:《钱玄同日记》,北京大学出版社 2014 年版,第 296 页。
② 钱玄同:《反对用典及其他》,《钱玄同文集》第 1 卷,中国人民大学出版社 1999 年版,第 4—10 页。
③ 钱玄同:《论白话小说》,《钱玄同文集》第 1 卷,中国人民大学出版社 1999 年版,第 44—45 页。

的作文原则①。钱玄同关于应用文的改良方案是对胡适等人白话文主张的有力补充,陈独秀对此回应道:"先生所说的应用文改良十三样,弟样样赞成。"②由此,确立白话文使用范围的必要性才可得以被重视。

钱玄同对应用文的主张使"五四"白话文的内涵与外延得以明晰。"文言就是古代的文学语言,换句话来说,就是古代的书面语言和人民大众诗歌创作的语言,它不仅为文学服务,而且为一般的文牍和政治、历史、哲学、科学方面的著作服务。"③故而"白话"要替代"文言",成为现代的"文学语言",那它不仅要服务于文学本身,也要为政治、历史、哲学等方面服务,最后普及于各类文体之中,用白话写作小说、诗歌、散文、书信、日记、新闻报告、报纸社论等,从而真正地确立白话文的权威性。只有"白话"被普及,"五四"白话文学才会得到广泛的传播与发展。这也是钱玄同在大家关注"文学之文"时而提倡应用文改革的意义所在。

由上可见,"文章即说话"理念在实施时遭遇的困境,钱玄同通过选择"对手"、建构文学史以及确立白话文的范围等手段进行了突围,弥补了胡适等人在新文学设计中的缺漏,减少了"文章即说话"在实践中的阻力,使得"白话文学"这一口号真正成为能说服人心的"旗号"。正如周作人所讲,"五四"初胡适等人对文学革命的意见"还很简单",直到钱玄同等人参加进去,"'文学运动''白话文学'等等旗

① 钱玄同:《论应用文之亟宜改良》,《钱玄同文集》第 1 卷,中国人民大学出版社 1999 年版,第 26—29 页。
② 陈独秀:《答钱玄同》,《新青年》第 3 卷第 5 号,1917 年。
③ 周祖谟:《从"文学语言"的概念论汉语的雅言、文言、古文等问题》,北京大学中国语言文学系语言学、汉语教研室编:《"文学语言"问题讨论集》,文字改革出版社 1957 年版,第 28 页。

帜口号才明显地提了出来"①。

四、钱玄同白话文章观的意义

目前学界多认为"钱玄同的语言文字革命论属于'乌托邦的语言观'"②。可他的白话文章观,表明其在"五四"时关于语言文字的设想,并非空论,已成为新文学不可或缺的部分,是推动"五四"文学革命向前发展的关键。钱玄同发挥声韵训诂大家的优势,从文字音韵学中博搜例证为"文章即说话"提供了学理支撑,并提倡采用复音词、虚词、西式标点,以解决"白话"如何入"文章"的问题,又确立与建构了白话文学的"对手""历史脉络""使用范围",破除"五四"白话文学的历史困境。这使传统文言文从中国文化的主导地位中退出,在现代文学史以及文化史上的作用是巨大的。由钱玄同的白话文章观,我们可窥出"五四"语言变革与文学革命是同时进行的,二者息息相关,并形成合力,共同推动新文学的发展。故而"语言"并不只是文学史写作中的"点缀",而应成为现代文学史中的"关键词"与"重要线索"。

钱玄同对语言、文字的极端态度贯彻一生,其白话文章观也有需被后世反思之处。一是语音中心论。钱玄同坚持"语音中心主义",认为由于大量同音假借字的存在,中国汉字大多是主音不主形,距离拼音文字只差"猛进一步"③,故而可废汉文而彻底采用西方的拼音文字。这抹杀了汉字的丰富性与特殊性。外国语言"无字形",皆由

① 周作人:《中国新文学的源流》,《周作人散文全集》第6卷,广西师范大学出版社2021年版,第96页。
② 孟庆澍:《"'用石条压驼背'的医法"——无政府主义与钱玄同的激进主义语言观》,《中国现代文学研究丛刊》2005年第2期。
③ 钱玄同:《国语罗马字》,《钱玄同文集》第3卷,中国人民大学出版社1999年版,第349页。

字母拼音组成，通过朗诵就可表达感情思想，可"汉字除字音还有字形，然后才产生字义"，通过"字形"能"唤起一定视觉，然后引起想象，进入意境"①。汉字特有的字形，是汉语言文学美感的重要来源，一旦废除字形，中国文学的独创性也随之消失。二是语言工具论。钱玄同主张，"文字同语言，都是表示思想事物的符号"②，因一时代有一时代的语言工具，所以对于文言文传统"极端驱除，淘汰净尽"③。但不可忽略的是，"语言"并非只是"工具"，其本质上仍是"艺术"，其背后是"有文化的"，如果忽略语言的"艺术性"，"白话文"很容易沦为"大白话"，是"一种没有文化的语言"④。

　　虽然钱玄同的白话文章观存有极端元素，可这些极端元素却帮助"五四"白话文闯出了一条生路。正如鲁迅所言，"中国人的性情是总喜欢调和"，"没有更激烈的主张，他们总连平和的改革也不肯行"。钱玄同因极端坚持语音中心论而提出"废止汉字"，引起"五四"反对者的注意，故而他们"便放过了比较的平和的文学革命，而竭力来骂钱玄同"，"白话乘了这一个机会，居然减去了许多敌人，反而没有阻碍，能够流行了"⑤。

① 汪曾祺：《关于文学的语言问题》，《汪曾祺全集》第9卷，人民文学出版社2018年版，第178页。
② 钱玄同：《罗马字与新青年》，《钱玄同文集》第1卷，中国人民大学出版社1999年版，第286页。
③ 钱玄同：《〈尝试集〉序》，《钱玄同文集》第1卷，中国人民大学出版社1999年版，第90页。
④ 汪曾祺：《中国作家的语言意识》，《汪曾祺全集》第9卷，人民文学出版社2018年版，第435页。
⑤ 鲁迅：《无声的中国》，《鲁迅全集》第4卷，人民文学出版社1981年版，第13—14页。

第三节　钱玄同的中国传统白话小说观

前两节分析了钱玄同利用中国传统的小学训诂资源来建设新文学,本节则讨论钱玄同的传统白话小说观与"五四"文学革命之间的关系。贺麟讲:"从旧的里面去发现新的,这就叫作推陈出新。必定要旧中之新,有历史有渊源的新,才是真正的新。"①钱玄同关于中国传统白话小说的思考,便是在传统中发现新精神。而钱玄同对中国传统小说的思索,多是在与胡适的对话中完成的。故而本节以钱、胡二人关于中国传统小说的合作与论争为中心,来展示钱玄同的传统白话小说观在"五四"文学革命中的独特性。

一、"五四"白话文学的典范

在新文化运动时期,《新青年》同人多将"文学革命"简化为"文学工具的革命"②,视"五四"白话文学为"活文学",讽刺传统文学是"死文学"。这虽用强硬的姿态从理念上确立了"五四"白话文的"独尊"地位,却无法构成实质性的对抗。近代翻译家林纾提出"不能为古文,亦并不能为白话"③。从美国哈佛大学留学归来的胡先骕、梅光迪、吴宓指责钱玄同、胡适等"务为诡激,专图破坏。然粗浅谬误"④。在学界与官场皆具盛名的章士钊以"二桃杀三士"为例,论证"文言"优于"白话"。从反对者的身份来看,不论擅长古文的传统知

---

① 贺麟:《近代唯心论简释》,上海人民出版社 2009 年版,第 275 页。
② 胡适:《中国新文学运动小史》,《胡适文集》第 1 卷,北京大学出版社 2013 年版,第 133 页。
③ 林纾:《致蔡鹤卿太史书》,胡适编选:《中国新文学大系·建设理论集》,上海文艺出版社 2003 年版,第 172 页。
④ 吴宓:《论新文化运动》,《学衡》1922 年第 4 期。

识分子,还是精通西学的留学归国者,一致地批判独尊白话的文学理念。

面对质疑,鲁迅等新文学家凭借各自的文学创作,从审美上展示了"五四"白话文的活力。钱玄同与胡适则发挥了理论家的优势,最早调整新文学的发展策略,一改"五四"与"传统"的绝对对立。据胡适回忆:"究竟什么是活的语言,什么是死的语言,什么是活的文学,什么是死的文学,这更是偶然加上偶然的事体。他们大家都反对我的主张,我便要找证据来反驳。……于是我就找历史的证据,如《水浒传》《红楼梦》都是大家公认的白话小说。"①此回忆呈现了胡、陈二人的高明之处。为论证自我的合法性,他们转向中国传统小说资源,从《水浒传》《红楼梦》等中寻求"活文学",既可通过这些小说的审美力量让人从感性上接受"以白话为文学正宗"的观念,又能表明传统文学中存有一道与文言文相对抗的白话文学传统,替"五四"白话文学找寻到颇具说服力的历史范本。

从具体行动上看,钱玄同首先用"五四"新文学理念整理出中国白话文学渐臻完善的轨迹:中国的白话文学从《诗经》以来绵延发展,并未中断;宋以前的白话诗词或白话散文,因不是有意做得,所以"没有多大的势力";"元朝产生了北曲、南曲这许多伟大的白话戏剧,明清以来的昆剧、京剧等等跟着继起";直到明清时施耐庵《水浒传》、曹雪芹《红楼梦》、吴敬梓《儒林外史》等有价值的白话小说出现,中国白话文学开始走向成熟,显示了白话文不可抵挡的生命力②。胡适也循此理路,认为:宋代白话文学还在幼稚时代;元代还不曾脱离

---

① 胡适:《提倡白话文的起因》,《胡适文集》第 12 卷,北京大学出版社 2013 年版,第 36 页。
② 钱玄同:《〈世界语名著选〉序》,《钱玄同文集》第 2 卷,中国人民大学出版社 1999 年版,第 71 页。

幼稚的时期;到了明朝,白话文学方才到了"成人"时期,《水浒传》《金瓶梅》《西游记》都出现在这个时代。自此,白话文学在中国才拥有了很大的势力①。

钱、胡的概括自然生发出以《水浒传》《红楼梦》《儒林外史》等为标志的白话文学脉络,表明"白话"拥有不可消灭之趋势,而"五四"白话文并非偶然之现象,只是历史规律发展必然之结果。正如钱玄同所讲,这些白话作品"绝没有哪个来有意的提倡它们,绝没有哪个来认它们为文学的正宗,只因它们是文学的作品,有文学的价值,便能歆动人们对于它们的爱好心"②,譬如《水浒传》《红楼梦》等"因多用白话之故",才可成为近代文学之正宗,使得从明代以来的六百年里"文人学士"或"引车卖浆之徒"都爱读③。

同时钱、胡等用《水浒传》《红楼梦》等论证"白话"比"文言"更有历史的生命力:从艺术上看,"白话小说能曲折达意,某也贤,某也不肖,俱可描摹其口吻神情,故读白话小说,恍如与书中人面语"④;从观念上看,施耐庵、曹雪芹等的小说可表明"骈文律诗乃真小道耳"⑤,更不容辩地证明"盖白话之可为小说之利器"⑥;从出版数量

① 此处对胡适白话小说线索的归类,参照的是胡适《国语文法概论》与《五十年来中国文学》二文。参见胡适:《国语文法概论》,《胡适文集》第2卷,北京大学出版社2013年版,第302页;《五十年来中国文学》,《胡适文集》第3卷,北京大学出版社2013年版,第226页。
② 钱玄同:《〈世界语名著选〉序》,《钱玄同文集》第2卷,中国人民大学出版社1999年版,第71页。
③ 钱玄同:《〈世界语名著选〉序》,《钱玄同文集》第2卷,中国人民大学出版社1999年,第71页。
④ 钱玄同:《反对用典及其他》,《钱玄同文集》第1卷,中国人民大学出版社1999年版,第9页。
⑤ 胡适:《文学改良刍议》,《胡适文集》第2卷,北京大学出版社2013年版,第13页。
⑥ 胡适:《寄陈独秀》,《胡适文集》第2卷,北京大学出版社2013年版,第23页。

看,每年销售的《水浒传》《三国演义》等有一百万部以上,表明明清时期"流行最广,势力最大,影响最深的书",并不是"四书""五经",亦非性理的语录,而是那几部"言之无文行之最远"的《水浒传》《红楼梦》等①;从发展历史来看,在科举制度的重压下,"功名富贵的引诱居然买不动施耐庵、曹雪芹、吴敬梓","政府的权威居然压不住《水浒》《西游》《红楼》的产生与流传"②;从字的数量上看,"白话的字数比文言多的多",比如"《红楼梦》用的字和一部《正续古文辞类纂》用的字相比较,便可知道文言里的字实在不够用"③。

钱玄同、胡适的论证,传达出文言无法产出活文学的一元价值观念,让"白话""文言"之间绝无两存之余地。一些学人虽支持"新文学",但试图调解独尊《红楼梦》《水浒传》等白话文学的现象。譬如朱经认为左丘明《春秋传》、司马迁《史记》与曹雪芹《红楼梦》、施耐庵《水浒传》一样具有"生命力",希望新文学"须吸收文字之精华,弃却白话的糟粕,另成一种'雅俗共赏'的'活文学'"④。这种调和愿望,违背了胡适、钱玄同的设计。胡适强调,"只有白话的文学是'雅俗共赏'的,文言的文学只可供'雅人'的赏玩"⑤,故而建设新文学要"发誓不用文言作文",而需多读《水浒传》《儒林外史》《红楼梦》等"模范的白话文学"⑥。钱玄同讽刺调和"文言""白话"的"折衷派"为"蝙蝠

---

① 胡适:《五十年来中国文学》,《胡适文集》第3卷,北京大学出版社2013年版,第226页。
② 胡适:《五十年来中国文学》,《胡适文集》第3卷,北京大学出版社2013年版,第226页。
③ 胡适:《国语文法概论》,《胡适文集》第2卷,北京大学出版社2013年版,第312页。
④ 朱经:《致胡适》,《新青年》第5卷第2号,1918年。
⑤ 胡适:《致朱经农》,《新青年》第5卷第2号,1918年。
⑥ 胡适:《建设的文学革命论》,《胡适文集》第2卷,北京大学出版社2013年版,第47页。

派的文人"①,认为:要使"五四"白话文学的"新基础"稳固,必须极端驱除那些"腐臭的旧文学"②,故而要采用《水浒传》《儒林外史》等中的白话,并旁搜博取"今日的白话"等,以造成"有价值有势力"的形势③。

综上,不论从历史溯源,还是从具体论证,钱玄同、胡适对《红楼梦》《水浒传》的塑造,展示了一个非常值得玩味的现象:他们在反传统文学的时候最先求助的却是传统中的非正统源头,以呼应"五四"文学革命中的白话文运动。但这种做法有些功利,时被质疑。周作人不建议将《水浒传》等明清小说视为白话文学的榜样,因为它们"毕竟只是我们所需要的国语的资料,不能作为标准"④。1922年胡适介绍周作人到燕京大学教国语文学史时,周作人明确拒绝了胡适建构的中国白话文学史传统,说道:"我不知道应当怎样教法,要单讲现时白话文,随后拉过去与《儒林外史》《红楼梦》《水浒传》相连接,虽是容易,却没有多大意思,或者不如再追上去,到古文里去看也好。"⑤

二、中国白话文学成熟的标准

在建构了一道与文言文相对抗的白话文学传统后,"选定古人所做可以作为模范的文学书"成了建设新文学"很要紧"的事情⑥。为

---

① 钱玄同:《寸铁十二则·八》,《钱玄同文集》第 2 卷,中国人民大学出版社 1999 年版,第 38 页。

② 钱玄同:《〈尝试集〉序》,《钱玄同文集》第 1 卷,中国人民大学出版社 1999 年版,第 90 页。

③ 钱玄同:《新文体》,《钱玄同文集》第 1 卷,中国人民大学出版社 1999 年版,第 299 页。

④ 周作人:《国语改造的意见》,《周作人散文全集》第 2 卷,广西师范大学出版社 2021 年版,第 754 页。

⑤ 周作人:《关于近代散文》,《周作人散文全集》第 9 卷,广西师范大学出版社 2021 年版,第 588 页。

⑥ 潘公展、钱玄同:《关于新文学的三件要事》,《新青年》第 6 卷第 6 号,1919 年。

挑选出世人以为"规矩准绳"的最成熟的古代白话作品,钱玄同、胡适竟生起龃龉来,矛盾集中在对《儒林外史》《水浒传》的评价上。钱玄同在 1917 年 3 月 1 日《新青年》第 3 卷第 1 号致信陈独秀,写道:

> 小说之有价值者,不过施耐庵之《水浒》、曹雪芹之《红楼梦》、吴敬梓之《儒林外史》三书耳。今世小说,惟李伯元之《官场现形记》、吴趼人之《二十年目睹之怪现状》、曾孟朴之《孽海花》三书为有价值。①

但胡适指出钱玄同忽略了作品的"结构"问题,他在 1917 年 6 月 1 日《新青年》第 3 卷第 4 号发表《再寄陈独秀答钱玄同》说道:

> 钱先生谓《水浒》、《红楼梦》、《儒林外史》、《官场现形记》、《孽海花》、《二十年目睹之怪现状》六书为小说之有价值者,此盖就内容立论耳。……适以为《官场现形记》、《文明小说》、《老残游记》、《孽海花》、《二十年目睹之怪现状》诸书,皆为《儒林外史》之产儿。其体裁皆为不连属的种种实事勉强牵合而成。②

胡适一直不满于中国传统白话小说文体的单调,坚持"论文学者固当注重内容,然亦不当忽略其文学的结构。结构不能离内容而存

① 钱玄同:《反对用典及其他》,《钱玄同文集》第 1 卷,中国人民大学出版社 1999 年版,第 8 页。
② 胡适:《再寄陈独秀答钱玄同》,《胡适文集》第 2 卷,北京大学出版社 2013 年版,第 29 页。

在。然内容得美好的结构乃益可贵"①,强调不知文体布局会导致
"许多又长又臭的文字"②。其后他在《论短篇小说》《建设的文学革
命论》《五十年来中国之文学》等文梳理了《儒林外史》在结构上的
"不成熟":(1)名为长篇的"章回小说",其实是"许多短篇凑拢来"
的长篇小说,"阻碍了白话短篇小说的发达"③;(2)这种"没有结构,
没有布局"的懒病,产生"体裁结构太不紧严"的"坏处",例如"娄府
一群人,自成一段;杜府两公子自成一段;马二先生又成一段;虞博士
又成一段;萧云仙、郭孝子又各自成一段"④;(3)其结构最容易学,所
以"这种一段一段没有总结构的小说体就成了近代讽刺小说的普通
法式"⑤,使"这一千年的小说里,差不多都是没有布局的"⑥。

　　胡适对《儒林外史》的批评,投射出他关于传统白话小说成熟起
点的思考。他用文体结构上的弊病否定了《儒林外史》作为最佳白话
文学的可能性。胡适选中的是《水浒传》,赞赏它故事完整、情节集
中,符合"五四"新文学的文体理论。在他看来,宋元时戏剧家虽采用
民间盛行的"梁山泊故事",但他们只发挥了"水浒的一方面",或创
造一种人物,甚至"有时几个文人各自发挥一个好汉的一片面",故而

① 胡适:《再寄陈独秀答钱玄同》,《胡适文集》第 2 卷,北京大学出版社 2013 年
　　版,第 29 页。
② 胡适:《建设的文学革命论》,《胡适文集》第 2 卷,北京大学出版社 2013 年
　　版,第 49 页。
③ 胡适:《论短篇小说》,《胡适文集》第 2 卷,北京大学出版社 2013 年版,第
　　103 页。
④ 胡适:《建设的文学革命论》,《胡适文集》第 2 卷,北京大学出版社 2013 年
　　版,第 48 页。
⑤ 胡适:《五十年来中国文学》,《胡适文集》第 3 卷,北京大学出版社 2013 年
　　版,第 218 页。
⑥ 胡适:《五十年来中国文学》,《胡适文集》第 3 卷,北京大学出版社 2013 年
　　版,第 222 页。

"这些都是一个故事的自然演化,又都是散漫的,片面的,没有计划的,没有组织的发展"。直到施耐庵用"四百年来逐渐成熟的文学技术"把"那些僵硬无生气的水浒人物一齐毁去",继而"重兴水浒,再造梁山,画出十来个永不会磨灭的英雄人物,造成一部永不会磨灭的奇书"①。为此,胡适赞赏道:

> 这部七十回的《水浒传》不但是集四百年水浒故事的大成,并且是中国白话文学成立的一个大纪元。②

胡适从文体结构上肯定了《水浒传》在中国传统白话文学转型中的功绩,尊其为白话文学成熟的起点。钱玄同不同意胡适,认为《水浒传》还有"小小地方不尽适宜",而《儒林外史》则有《水浒传》"之长而无其短"③,说道:

> 适之先生的《〈水浒传〉考证》中说:"这部七十回的《水浒传》是中国白话文学完全成立的一个大纪元。"我以为这话说的很对。但是白话文学之中,有"方言的文学"和"国语的文学"之区别。《水浒》还是方言的文学,《儒林外史》却是国语的文学了。《水浒》和《儒林外史》之间,并没有国语的文学之大著作,所以《儒林外史》出世之日,可以说他是中国国语的文学完全成

---

① 胡适:《〈水浒传〉考证》,《胡适文集》第 2 卷,北京大学出版社 2013 年版,第366—367 页。

② 胡适:《〈水浒传〉考证》,《胡适文集》第 2 卷,北京大学出版社 2013 年版,第367 页。

③ 钱玄同:《〈儒林外史〉新叙》,《钱玄同文集》第 1 卷,中国人民大学出版社1999 年版,第 388 页。

立的一个大纪元。①

在"五四"学人看来,"国语的文学"是"白话"的集大成者,它吸收了白话文字的精华,而弃绝其糟粕。钱玄同视《儒林外史》为"国语的文学完全成立的一个大纪元",这直接确立其无法辩驳的地位,表明它是中国传统白话文学的集大成者,从而区分了它与《水浒传》的高下。换言之,《水浒传》只是"方言的文学","与现在的话实不相近"②,不能成为白话文学完全成熟的起点,而《儒林外史》是"国语的文学"之开端,为白话文学完全成立的标志。

为表明《水浒传》只是"方言的文学"的代表,钱玄同梳理了中国白话方言文学的发展脉络:"中国白话文学的动机,起于中唐以后",如白居易等的白话诗;到了宋朝柳永、辛弃疾、程颢、朱熹等多用白话,可他们只是"有时候觉得古语不很适用,就用当时的白话来凑补",故这些"不但去国语的文学尚远,就连方言的文学也还够不上说";元代的关汉卿、马致远、白仁甫等使用当时的北方语言做新体文学,在其中夹杂古书中的成语,是"以当时的白话为主而以古语补其不足",故"元曲可以说是方言的文章",但"曲文是要歌唱的,虽用白话来做,究竟不能很合语言之自然";"很自然的方言的文学完全成立,总要从《水浒》算起",因《水浒传》描写的是"强盗社会"的口吻,"若用当时的普通话来描写,未免有不能真切的地方";明代的《金瓶梅》是"写一种下流无耻、龌龊不堪的恶社会,自然更不能用普通话了";直到《儒林外史》才采用了从元至明清演化

① 钱玄同:《〈儒林外史〉新叙》,《钱玄同文集》第 1 卷,中国人民大学出版社1999 年版,第 391 页。
② 钱玄同:《关于新文学的三件要事》,《钱玄同文集》第 1 卷,中国人民大学出版社 1999 年版,第 355—356 页。

形成的普通话①。

钱玄同的归纳,凸显了"方言的文学"向"国语的文学"演化的历史线索。接着,钱玄同从语言的成熟度,解释了《儒林外史》在国语文学史中的价值与意义:

自从宋朝南渡以后,到了元朝,蒙古人在中国的北方做了中国的皇帝,就用当时北方的方言作为一种"官话"。因为政治上的关系,这种方言很占势力。明清以来,经过几次的淘汰,去掉许多很特别的话,加入其他各处较通行的方言,就渐渐成为近四五百年中的普通话。这种普通话,就是俗称为"官话"的,我们因为他有通行全国的能力,所以称他为"国语"。《儒林外史》就是用这种普通话来做成的一部极有价值的文学书,所以我说他是国语的文学完全成立的一个大纪元。②

《儒林外史》突破白话方言的束缚,以元明以来的北方方言为主,而"加入其他各处较通行的方言"所成的国语,也即是最适用最普通的长江流域的官话。这些国语是白话成熟的标志,所以吴敬梓对它们的采用,表明《儒林外史》不仅是中国国语文学成立的标志,更能启发"五四"时的国语运动。按照钱玄同的想法,要使"国语的文学"成为大的趋势,就需要多读国语的文学书,才能"做出好的国语文,讲出好的国语",而"这部《儒林外史》虽然是一百七八十年前的人做的,但是他的文学手段很高,他的国语又做得很好,这中间的国语到了如

① 钱玄同:《〈儒林外史〉新叙》,《钱玄同文集》第 1 卷,中国人民大学出版社1999 年版,第 391—393 页。
② 钱玄同:《〈儒林外史〉新叙》,《钱玄同文集》第 1 卷,中国人民大学出版社1999 年版,第 393 页。

今还没有甚么变更,那么,现在的青年学生大可把他当做国语读本之一种看了"①。

　　钱、胡二人对关于《儒林外史》《水浒传》的论争,投射出他们关于新文学的设计思路之不同。胡适以西方文体理论为参照,认为"白话"是文学表达的工具,但单有"工具",没有结构方法,也"还不能造新文学"②。钱玄同作为语言学家,坚持文学是"学一种语言文字之唯一的好工具"③,强调新文学应着眼于"语言",认为判断新文学优劣的标准在于它对"白话"应用的熟练程度。这种差异在关于《尝试集》的评价上也有体现。胡适常自诩《尝试集》在诗体变革中的价值。但钱玄同从"语言"的角度认为,《尝试集》并非纯粹的白话诗,只是洗刷过的旧诗,并在日记里抱怨道:"适之之《尝试集》寄到。适之此集是他白话诗的成绩,而我看了觉得还不甚满意,总嫌他太文点,其中有几首简直没有白话的影子。我曾劝他既有革新文艺的弘愿,便该尽量用白话去做才是,此时初做,宁失之俗,毋失之文。"④

　　出于对新文学的不同设计,钱、胡二人心中的古代白话作品的成熟标准也不完全一致。胡适以"文体结构"的成熟度,肯定《水浒传》是中国白话文学完全成立的纪元。而钱玄同以"文学语言"的成熟度,赞赏《儒林外史》为中国白话文学成熟的标志。这也预示了他们在新文学建设中所走的两条不同道路。胡适在"五四"及之后竭力进行中国小说的文体变革,比如写作《论短篇小说》等文,将西方的文体

① 钱玄同:《〈儒林外史〉新叙》,《钱玄同文集》第1卷,中国人民大学出版社1999年版,第393—394页。
② 胡适:《建设的文学革命论》,《胡适文集》第2卷,北京大学出版社2013年版,第48页。
③ 钱玄同:《〈世界语名著选〉序》,《钱玄同文集》第2卷,中国人民大学出版社1999年版,第70页。
④ 杨天石主编:《钱玄同日记》,北京大学出版社2014年版,第324页。

规范注入中国传统的白话文学形式之中,以探索"五四"白话文学在文体结构上的突破。而钱玄同则走上了"语言革命"之路,掀起了"简体字运动""国语罗马字运动""汉字革命"等,希望用"语言革命"推动"文学革命"的发展。

三、关于"无价值的白话文学"的分歧与新文学的道德观

在彻底否定文言文的前提下,钱玄同、胡适面临着对白话文学内部进行清理的问题。胡适指出,对"文言"的否定并不意味着"凡是用白话做的书都是有价值有生命的",因为"白话能产出有价值的文学,也能产出没有价值的文学",譬如"可以产出《儒林外史》,也可以产出《肉蒲团》"①。钱玄同也认为传统白话小说存有很多弊病:不是"诲淫诲盗之作",就是"神怪不经之谈",或者是"造前代之野史",最下者"所谓'小姐后花园赠衣物''落难公子中状元'之类,千篇一律,不胜缕指"②。这表明,中国传统白话小说参差不齐,需进行分辨。

为此钱玄同、胡适一方面视《红楼梦》《水浒传》《儒林外史》为白话产出的"有价值的文学",另一方面反思了白话产出的"无价值的文学"。但他们心中的"无价值的文学"却是不一致的,特别是关于《金瓶梅》与《三国演义》的分歧最大。钱玄同在 1917 年 8 月 1 日《新青年》第 3 卷第 6 号《致胡适》认为:

　　　　《金瓶梅》一书,断不可与一切专谈淫猥之书同日而语。此书为一种骄奢淫泆不知礼义廉耻之腐败社会写照。观其书中所

---

① 胡适:《建设的文学革命论》,《胡适文存》第 2 卷,北京大学出版社 2013 年版,第 43 页。
② 钱玄同:《反对用典及其他》,《钱玄同文集》第 1 卷,中国人民大学出版社 1999 年版,第 8 页。

叙之人,无论官绅男女,面子上都是老爷太太小姐,而一开口,一动作,无一非极下作极无耻之语言之行事,正是今之积蓄不义钱财,而专事"打扑克""逛窑子""讨小老婆"者之真相。语其作意,实与《红楼梦》相同。①

钱玄同提醒不可因描写淫态而否定《金瓶梅》,具体指出:(1)从文学效果上讲,描写男女情爱的笔墨"若用写实派文学之眼光去做,自有最高之价值。若出于一己之儇薄思想,以秽亵之文笔,表示其肉麻之风流,则无丝毫价值之可言"②,以此为标准,《西厢记》《长生殿》《燕子笺》多是"秽亵之文笔",而《金瓶梅》具有"写实派文学"的价值,对沉溺于权力、食色等原始欲望的"病态社会"做了不加粉饰的描写;(2)从文学眼光上看,"喜描淫亵"是中国古人的通病,远之如《左传》"详述上烝、下报、旁淫,悖礼逆伦,极人世野蛮之奇观",近之如唐诗宋词中的淫话处也不少,元曲《西厢记》《牡丹亭》等则有"直叙肉欲之事"者矣,明清的《水浒传》《红楼梦》等"何尝无描写此类语言,特不如《金瓶梅》之甚耳",故"若抛弃一切世俗见解,专用文学的眼光去观察,则《金瓶梅》之位置固亦在第一流也"③;(3)从文学进化上讲,"社会进化,是有一定的路线,固不可不前进,亦不能跳过许多级数,平地升天",不可"以为今之写实体小说不作淫亵语为是,而前之描摩淫亵为非",那么"《金瓶梅》自是十六世纪中叶有价值之文学",而"二十一世纪时代之人"诋《金瓶梅》《品花宝鉴》为淫书,是文

---

① 钱玄同:《论白话小说》,《钱玄同文集》第 1 卷,中国人民大学出版社 1999 年版,第 48 页。
② 钱玄同:《反对用典及其他》,《钱玄同文集》第 1 卷,中国人民大学出版社 1999 年版,第 8 页。
③ 钱玄同:《论白话小说》,《钱玄同文集》第 1 卷,中国人民大学出版社 1999 年版,第 48 页。

学进化之体现①。

　　钱玄同的辩解,可用日本学者盐谷温 1919 年所说的话语进行概括,即《金瓶梅》"为极其写实的小说,所以在认识社会底半面上,实是一种倔强的史料"②。在写实的参照系下,钱玄同发现了《金瓶梅》的独特价值。但胡适在 1918 年 1 月 15 日《新青年》第 4 卷第 1 号《答钱玄同书》反驳道:

　　　　今日中国人所谓男女情爱,尚全是兽性的肉欲。今日一面正宜力排《金瓶梅》一类之书,一面积极译著高尚的言情之作,五十年后,或稍有转移风气之希望。此种书即以文学的眼光观之,亦殊无价值。何则? 文学之一要素,在于"美感"。请问先生读《金瓶梅》,作何美感?③

　　在胡适看来,"全是兽性的肉欲"的赤裸裸描写,并非高尚的言情方式,也无任何价值,这会让小说的批判、讽刺功能因"写淫太过"而变得模糊不清,反导致"遗害青年"的恶果。但钱玄同依据现实主义文学理想,认为《金瓶梅》写活了各色人物,可作为当时社会百态的借鉴,展示了一流的文学手法,是写实艺术的成就,而后的《红楼梦》便是在其基础上延伸而成的。这种差异也使他们对其他白话小说家的评价也存有分歧。比如钱玄同称苏曼殊"思想高洁,所为小说,描写

① 钱玄同:《论白话小说》,《钱玄同文集》第 1 卷,中国人民大学出版社 1999 年版,第 49 页。
② (日)盐谷温著,孙俍工译:《中国文学概论讲话》,山西人民出版社 2015 年版,第 459 页。
③ 胡适:《答钱玄同书》,《胡适文集》第 2 卷,北京大学出版社 2013 年版,第 32 页。

人生真处,足为新文学之始基乎"①,并认为他的《碎簪记》等并非"描写淫亵",而是"写人生之真"②。胡适却"实不能知其好处",讽刺苏曼殊创作的《绛纱记》等"全是兽性的肉欲"③。

钱、胡对"什么样的白话文学是没有价值的"问题之思考,引发了《金瓶梅》之争。胡适视《金瓶梅》为轻薄浮艳之作,钱玄同却称赞它的写实价值,反将胡适欣赏的《三国演义》纳入"无价值的白话",讽刺《三国演义》《说岳》之类,"以迂谬之见解,造前代之野史"④。胡适认为将《三国演义》《说岳》并举"未尽平允",说道:

> 《三国演义》在世界"历史小说"上为有数的名著。……且三国一时代之史事最繁复,而此书能从容记之,使妇孺皆晓,亦是一种大才;岂作《说岳》及《薛仁贵》、《狄青》诸书者所能及哉?⑤

胡适将《三国演义》拔高至"历史小说",肯定其在文学、历史上的双重意义。钱玄同却反讽《三国演义》"谓其有文学上之价值乎,则思想太迂谬。谓其为通俗之历史乎,则如'诸葛亮气死周瑜'之类,全篇捏造",并具体指出:(1)从文学上讲,所塑造的人物形象过于单

---

① 钱玄同:《反对用典及其他》,《钱玄同文集》第1卷,中国人民大学出版社1999年版,第8页。
② 杨天石主编:《钱玄同日记》,北京大学出版社2014年版,第306页。
③ 胡适:《答钱玄同书》,《胡适文集》第2卷,北京大学出版社2013年版,第32页。
④ 钱玄同:《反对用典及其他》,《钱玄同文集》第1卷,中国人民大学出版社1999年版,第8页。
⑤ 胡适:《再寄陈独秀答钱玄同》,《胡适文集》第2卷,北京大学出版社2013年版,第29页。

一,例如"写刘备,成了一个庸懦无用的人。写诸葛亮,成了一个阴险诈伪的人。写鲁肃,简直成了一个没有脑筋的人。故谓其思想既迂谬,文才亦笨拙";(2)从历史上讲,所写严重失实,比如"盖曹操固然是坏人,然刘备亦何尝是好人。论学,论才,论识,刘备远不及曹操。论居心之不良,刘备、曹操正是半斤八两。'帝蜀寇魏'之论,原极可笑";(3)从社会影响上讲,《三国演义》既出,朱熹借"帝蜀寇魏"之论"以正东晋、南宋",而"一班愚夫愚妇,无端替刘备落了许多眼泪,大骂曹贼该千刀万剐",导致"关公""关帝""关老爷""关夫子"在社会上"闹个不休"①。

胡适认为钱玄同对《三国演义》有所误会,并一一反驳:(1)从文学上看,"写刘备成一庸懦无用的人,写诸葛亮成一阴险诈伪的人"的原因并非作者"文才笨拙",乃是"其所处时代之影响",因为"彼所处之时代,固以庸懦无能为贤,以阴险诈伪为能,故其写刘备、诸葛亮,亦只如此";(2)从历史上看,"褒刘而贬曹"不过是"朱熹的议论",并非独抒己见,而"此书于曹孟德,亦非一味丑诋。如白门楼杀吕布一段,写曹操人品实高于刘备百倍。此外写曹操用人之明,御将之能,皆远过于刘备、诸葛亮";(3)从社会影响上看,"中国人早中了朱熹一流人的毒,所以一味痛骂曹操",譬如"戏台上所演《三国演义》的戏,不是《逼宫》,便是《战宛城》,凡是曹操的好处,一概不编成戏"②。

关于《三国演义》与《金瓶梅》的论争,钱玄同在 1918 年 1 月 15日《新青年》的《答胡适书》总结道:

> 《三国演义》所以具这样的大魔力者并不在乎文笔之优,实

---

① 钱玄同:《论白话小说》,《钱玄同文集》第 1 卷,中国人民大学出版社 1999 年版,第 45—46 页。
② 胡适:《答钱玄同书》,《胡适文集》第 2 卷,北京大学出版社 2013 年版,第 31 页。

缘社会心理迂谬所致。因为社会上有这种"忠孝节义""正统"
"闰统"的谬见，所以这种书才能迎合社会，乘机而入。我因为要
祛除国人的迂谬心理，所以排斥《三国演义》，这正和先生的排斥
《金瓶梅》同一个意思。①

这总结了钱、胡二人殊途同归之处。他们都对新文学的道德观
进行了思考，认为小说如果承载了迂谬心理，便丧失了文学应坚守的
底线，沦为"无价值的白话文学"。唯一不同的是，胡适否定《金瓶
梅》，反对的是淫秽纵欲的狎邪心理。钱玄同批判《三国演义》，讽刺
的是鼓吹"忠孝节义"的假道学心理。对于钱氏的总结，胡适未有回
应，他后来对中国传统白话小说大多都进行了考证研究，可未涉及
《金瓶梅》。并且他给中学生推荐的国语文教材中甚至提到了《镜花
缘》《侠隐记》等，但不建议中学生读《金瓶梅》②。但胡适后来对《三
国演义》的态度有所变化，将其从"历史小说"贬为"历史演义"，认为
它缺乏小说上的意义。

在胡、钱的论争里，鲁迅明显地站在钱玄同的阵营里。鲁迅赞赏
《金瓶梅》"著此一家，即骂尽诸色"③，讽刺中国盛行《三国演义》的
原因在于"社会还有三国气"④。当时的一些文学史研究者也支持钱
玄同。比如王丰园的《中国新文学运动述评》称赞钱玄同对传统小说

---

① 钱玄同:《论小说及白话韵文》,《钱玄同文集》第 1 卷,中国人民大学出版社
1999 年版,第 52 页。
② 胡适:《中学国文的教授》,《胡适文集》第 2 卷,北京大学出版社 2013 年版,
第 142 页。
③ 鲁迅:《中国小说史略》,《鲁迅全集》第 9 卷,人民文学出版社 1981 年版,第
180 页。
④ 鲁迅:《叶紫作〈丰收〉序》,《鲁迅全集》第 6 卷,人民文学出版社 1981 年版,
第 220 页。

的判断,认为"《金瓶梅》是下流社会的写实文学"而"《三国演义》思想太迂腐"①。还有如郑振铎的《插图本中国文学史》、谭正璧的《中国小说发达史》、施慎之的《中国文学史讲话》都与钱玄同思路相似,称赞《金瓶梅》是描写日常生活人情世故的伟大的写实小说。

　　钱玄同、胡适在"五四"时关于中国传统白话小说的借用与论争,与"文学革命"息息相关:一方面,他们用"五四"白话观附着于《儒林外史》《红楼梦》等,为"文学革命"寻求历史的合法性,并且由于钱玄同是国学大师章太炎的嫡传弟子,所以他对"五四"白话小说的历史溯源,很有时代的影响力;另一方面,在具体挪用、整理传统白话资源时,触发了"中国传统白话文成熟的起点"与"无价值白话文学的界定"等争论,拓展了"五四"文学革命的内涵,将"文体结构""语言文字""文学表达的底线"等话题引入新文学的建设之中。

---

① 王丰园:《中国新文学运动述评》,新新学社 1935 年版,第 64—65 页。

第五章　钱玄同的汉字论与
"五四"汉字革命

钱玄同的汉字革命与"五四"思想革命是联系在一起的。他在对孔学、孔教进行批判、瓦解的同时,提出"欲废孔学,不可不先废汉文"①。周作人指出,钱氏的主张"看似多歧",总结起来仅是"反对礼教",而"废汉文乃是手段罢了"②。本章从两方面对此进行论述:首先,从文字学上探讨钱玄同"汉字论"与孔学之关联,解释他为什么选择在"废孔学"之前"废汉文";其次,借助《钱玄同日记》,辅以北京鲁迅博物馆(北京新文化运动纪念馆)中的钱玄同文物,理解钱玄同从"汉字复古"到"废除汉字"的汉字观之变迁。

第一节　钱玄同的汉字论与"废汉文"

钱玄同作为小学训诂大家,却在"五四"时提出"欲废孔学,不可不先废汉文"③,并强调在"废汉文"后可用 Esperanto(世界语)、国语

① 钱玄同:《中国今后之文字问题》,《钱玄同文集》第 1 卷,中国人民大学出版社 1999 年版,第 162 页。
② 周作人:《钱玄同的复古与反复古》,沈永宝编:《钱玄同印象》,学林出版社 1997 年版,第 14 页。
③ 钱玄同:《中国今后之文字问题》,《钱玄同文集》第 1 卷,中国人民大学出版社 1999 年版,第 162 页。

罗马字等"拼音文字"来替代。陈独秀认为"这种用石条压驼背的医法,本志同人多半是不大赞成的"①。林语堂讥讽钱氏是"精神病患者",让人"胆战心惊"②。惟有鲁迅称赞钱玄同的"废止汉字"是"很平常"的"文字革新"③。可后世对钱玄同的主张多有不解,常指责其极端。但如果参以钱玄同的汉字论,可理解他极端之缘由。

一、孔学造成:"真字跟假字,混淆杂糅"

钱玄同在"五四"时期认为,孔学"捣乱"了中国文字,让"真字"与"假字"混淆杂糅,《说文解字》便是其"罪证"之一。在"五四"前,钱玄同曾对《说文解字》有所肯定。比如他 1910 年创作的《中国文字略说》便认为,现在使用的文字"总逃不出《说文解字》这一部书"④。可"五四"以来,钱玄同对《说文解字》的态度逆转,讥讽它为"伪字举要"⑤,指出:

> 因为汉儒也是爱造谣言的,东汉的"古文经师"尤其爱造谣言,许慎的《说文》是一部集伪古字、伪古义、伪古礼、伪古制和伪古说之大成的书,他引孔丘的话,决不可信为真是孔丘的话,但决可信为真是汉儒的话。⑥

① 陈独秀:《本志罪案之答辩书》,《新青年》第 6 卷第 1 号,1919 年。
② 林语堂:《我这一生——林语堂口述自传》,江苏人民出版社 2014 年版,第 64 页。
③ 鲁迅:《无声的中国》,《鲁迅全集》第 4 卷,人民文学出版社 1981 年版,第 13 页。
④ 钱玄同:《中国文字略说》,《钱玄同文集》第 4 卷,中国人民大学出版社 1999 年版,第 10 页。
⑤ 钱玄同:《论〈说文〉及壁中古文经书》,《钱玄同文集》第 4 卷,中国人民大学出版社 1999 年版,第 278 页。
⑥ 钱玄同:《跋汪荣宝〈歌戈鱼虞模古读考〉》,《钱玄同文集》第 4 卷,中国人民大学出版社 1999 年版,第 45—46 页。

《说文解字》中的"古文"来源于壁中的"古文经"。孔学主要分为"古文经学"与"今文经学"两派。按古文经派的说法,古文虽在秦朝时已亡灭,但孔子以古文写的六经还藏于孔子家里,而汉朝时,鲁恭王毁掉孔子的房子,在房中墙壁里发现了所藏的六经,于是古文重新被人看见。对其源头,钱玄同质疑道:

> 要问这种古文是否真古文,先要问壁中书等是否真物。关于这一点,从刘逢禄、龚自珍诸人疑《左传》起,至康有为著《伪经考》,崔觯甫先师著《史记探源》跟《春秋复始》,而壁中书之为刘歆诸人所伪作,得了种种极确切的证明。据我看来,壁中书一案,经康、崔两君之发覆,伪证昭昭,无可抵赖,所谓"汉古文经"者,此后应与晋古文《尚书》、《家语》、《列子》等书同等看待,归入一切伪书之中。①

在钱玄同看来,孔子没写过"什么劳什子的《六经》",那么"汉朝突然发现的壁中书",本来就无法相信,而且"年代跟传授处处露出作伪的马脚",加上"文字又与商周的真古文差得最远",而《说文》的"古文"采自壁中书,故绝不能将其"认作真的古字"②。同时他指出,《说文》的"古文"与甲骨、钟鼎上的文字不符合。他引用王国维的说法,解释道:汉代所出的鼎彝不多,《说文》里的"古文"又自成体系,与殷商古文截然不同。并且有些字明显是"依傍小篆而改变者",因为"商代的甲骨文能合于秦汉的小篆跟隶书,反不能合于《说文》所

---

① 钱玄同:《论〈说文〉及壁中古文经书》,《钱玄同文集》第 4 卷,中国人民大学出版社 1999 年版,第 272 页。
② 钱玄同:《论〈说文〉及壁中古文经书》,《钱玄同文集》第 4 卷,中国人民大学出版社 1999 年版,第 278 页。

录出于壁中书之古文,则壁中古文之为后人伪造,非真古字,即此已足证明"①。故而许慎对"伪经"的"迷信","扰乱"了中国文字。钱玄同总结说:

> 可惜许老爹既没有历史的眼光,又没有辨伪的识力,竟把不全的《史篇》中的大篆,《仓颉篇》等中的小篆,跟刘歆他们"向壁虚造"的伪经中的古文羼在一处,做成一味"杂拌",于是今字跟古字,真字跟假字,混淆杂糅,不可理析,不但不可以道古,就是小篆也给他捣乱了。②

但是后来研究文字史者大多"跪在许老爹的膝前",做"许老爹的忠奴",不鉴定《说文》里的"假字误体","因为缺乏'勇于疑古'的胆量,所以'创获'未免太少了;正因为太'熟读许书',对于假字误体不敢'议疑古',所以承误袭谬的解说又未免太多了"③。

尽管有学者发现"壁中古文"与"殷周古文"是不同的,却不敢大胆说"壁中书是假造的,它所用的古文也是假造的",反而制造更大的"伪说"。钱玄同举例道,罗振玉知道《说文》的古文与甲骨钟鼎文字相差太远,却"不敢怀疑于壁中书之为伪物",曲解"壁中古文"是"晚周文字"。钱玄同以退为进地否定罗振玉的"无稽之谈",说道:"若认这古文是真的,那就应该承认是孔、左两公所写的。那两公所写的古文,至迟也只能是春秋时候的文字(这话其实不对,照《说文序》的

---

① 钱玄同:《论〈说文〉及壁中古文经书》,《钱玄同文集》第4卷,中国人民大学出版社1999年版,第273—274页。

② 钱玄同:《论〈说文〉及壁中古文经书》,《钱玄同文集》第4卷,中国人民大学出版社1999年版,第271页。

③ 钱玄同:《论〈说文〉及壁中古文经书》,《钱玄同文集》第4卷,中国人民大学出版社1999年版,第268—269页。

口气看来,这古文应是'周宣王太史籀著《大篆》十五篇'以前的文字),决不能是晚周文字。若是晚周文字,则非请孟轲、荀况之流重抄不可(!)。但即使请孟、荀用晚周文字重抄《六经》,还是不能与壁中书及张苍所献的《左传》并为一谈。既相信张苍献传跟鲁恭得经是真事实,则非相信这古文是周宣王以前的真古文不可。此用旧说而与旧说又不合者也。"①

　　有人认为,壁中古文经虽是"伪经",但它的字来源于六国文字,"不可目为刘歆之伪字"。钱玄同反驳道,刘歆的"古文"虽来自"六国的兵器、陶器、玺印、货币上的文字",但这些东西中的文字,数目很少,"拿来写经,是决不够用的"。他举例道:"清代吴大澂用尊彝文字写《论语》与《孝经》二书,并且也兼采兵器、陶器、玺印、货币上的文字。……而吴氏仅写《论语》、《孝经》二书,刘歆则要写《尚书》、《仪礼》、《礼记》、《春秋》、《论语》、《孝经》这许多书,还要写《左传》(《说文序》谓左丘明用古文写《左传》,又谓张苍所献《左传》中的字与壁中古文相似),是刘歆需用的字,应该多于吴氏者当在百倍以上。可是吴氏用那样丰富的材料写那么简少的书,还是要多多的拼合偏旁,造许多假古字,又加上许多《说文》中的篆字,才勉强写成;则刘歆用那样贫乏的材料写那么繁多的书,岂能不拼合偏旁,造极多量的假古字呢?"②由此推测,"实际上壁中经的字用真六国文字写的,不知有没有百分之一,而拼合偏旁的假古字一定占了最大多数,这是无疑的。所以说刘歆的古文源出于六国文字是对的;若说它就是六国文字,那可大错了。然则目壁中古文为刘歆之伪字,不但可以,而且是

① 钱玄同:《论〈说文〉及壁中古文经书》,《钱玄同文集》第4卷,中国人民大学出版社1999年版,第274—275页。
② 钱玄同:《重论经今古文学问题》,《钱玄同文集》第4卷,中国人民大学出版社1999年版,第206—207页。

应该的"①。

钱玄同以《说文解字》展现孔学对中国文字的破坏,指出这种破坏并不局限于此,因为《说文解字》所录的"壁经的伪字"仅可称为"举要",却无法称为"大全",其他的如《三体石经》《古文四声韵》《汗简》《书古文训》"保存着《说文》所未录的壁经伪字不少,不过辗转传写,失其本真,伪字又须晋'误'衔了"②。在钱玄同思维中,汉代刘歆伪造的"古文经","捣乱"了汉字,让真字与伪字"混淆杂糅",这也可理解他在"五四"时的"欲废孔学,不可不先废汉文"主张。

二、孔学影响汉字的字形、字义

钱玄同在"五四"时不仅指责孔学"捣乱"了中国文字,而且认为汉字"专用于发挥孔门学说"③。这可从他的汉字观中找寻解释。他在文字学著作中,对汉字的字形结构、构字意图以及所表意义有过论述,涉及了汉字与儒家学说之间的关联。以下用三个例子,进行介绍。

例一,"王"字。钱玄同认为,"王"应读"往",源自儒家"王者应以仁义为丽,便能天下所归往"的理想:

> 古时的王,却和后世不同。后世无论甚么大盗小贼,止要有点权柄,有点兵力,多杀些人,多抢些地,便可以称皇称帝(古时称王,秦朝以后称皇帝),宰制全国了。但是这样的皇帝,试问于

① 钱玄同:《重论经今古文学问题》,《钱玄同文集》第 4 卷,中国人民大学出版社 1999 年版,第 207 页。
② 钱玄同:《论〈说文〉及壁中古文经书》,《钱玄同文集》第 4 卷,中国人民大学出版社 1999 年版,第 278—279 页。
③ 钱玄同:《中国今后之文字问题》,《钱玄同文集》第 1 卷,中国人民大学出版社 1999 年版,第 164 页。

百姓有甚么好处？况且世界上,总没有天生成的真命天子,推溯到初有皇帝的时候,一定是从百姓中间推出来的。但是全国许多人中,为甚么独推这一个人呢？一定是这一个人,能够为天下兴公利,能够为天下除公害,使全国百姓能够安安逸逸的过太平日子,这样的人,自然为全国百姓所同心归往(归往的意义,是说归心到他这个人身上去,和归附一样意思),要请他来料理全国的事情。因为他是百姓所归往,所以称他叫"王",就因"王"、"往"两个字声音相近的缘故。你想,王字的意义是这样,试问这个王可是容易做的么,要是像后世这种皇帝,翦截是强盗罢了,哪里配称做王呢？①

"王"字是合"丨、三"两个字成义,它的字形结构也是儒家赋予的,钱玄同解释说:

　　王字的意义,既然是这样了,为甚么这字体,是写一直三横呢？……汉武帝的时候,有个学者,叫做董仲舒。他说,往古时候造字的人,写了三横(就是三字),中间再写一直(就是丨字),连起那三横来,这便算个王字。②

因为"一"为"太极","二"为"两仪"(阴阳),"三"为"三才",这"三才"是指"天地人三样东西",为"天地人之道"③。由于"三横"是

① 钱玄同:《说文部首今语解》,《钱玄同文集》第 4 卷,中国人民大学出版社1999 年版,第 18—19 页。
② 钱玄同:《说文部首今语解》,《钱玄同文集》第 4 卷,中国人民大学出版社1999 年版,第 19 页。
③ 钱玄同:《说文部首今语解》,《钱玄同文集》第 4 卷,中国人民大学出版社1999 年版,第 17 页。

"天地人",那么"用一直连起来,就是参通天地人的意思",故而"如果有一个人,能够上通天文,下识地理,中明人事,有这样的资格,才配做王。所以王字的字体,是会'丨、三'两个字的意义成的,就是贯通三才的意思"。同时钱玄同分析"王"的字义结构的儒学源头,指出:董仲舒的"古之造文者,三画而连其中,谓之王。三者,天地人也,而参通之者,王也",并不是杜撰的,而是取自孔子的"一贯三为王",所以"把一(就是丨)来贯通三,'就是三才',叫做王。董君这番解说,是原本于孔夫子这句话的"①。

　　例二,"玉"字。钱玄同认为,"玉"不过是"上好的石头",虽然贵重,"总不过是个矿物罢了",可是《礼记》讲"君子比德于玉",发现"玉"有"许多好德性",而"人的品行,可以和他相比较"。这样"玉"被注入了儒学倡导的"君子之德",即"仁德""义德""智德""勇德""絜德"。钱玄同解释道:

　　　　计玉的德性,共有五种,玉是山川精华所结成者,所以很是温厚滋润,仿佛君子的仁德一样。因看外面的文理(鳃理和文理的意思差不多),就可以知道他里边的好处,真个表里如一,没有丝毫的掩饰,仿佛君子的义德一样。敲石头的声音,滞而且浊,而且很短,敲金子的声音,起首大,后来小,独有玉这样东西,声音舒展远扬,而且专壹纯粹,始终如一,和金石的声音都各别,仿佛君子的智德一样。"不桡而折"这句话,是倒装文法,其实是"折而不桡"。桡是弯曲的意思,说要去弯他,是弯不断的,仿佛君子的勇德一样。锐是玼(俗作尖)锐,廉是棱角,忮是害的意思。锐廉而不忮,是说虽有锋棱,不肯伤害别的东西,犹如君子

―――――――――
① 钱玄同:《说文部首今语解》,《钱玄同文集》第4卷,中国人民大学出版社1999年版,第17—19页。

的威,虽然像是不可犯,其实并非凶横,到底还是仁爱温柔,仿佛君子的絜德一样(絜字有圜转的意思和"和气"差不多)。这是玉的五种德性。①

由于"玉"有儒学推崇的诸多"德性","所以古时的君子,常要把玉佩在身上。你看现在的老辈,身上还有挂汉玉的,虽是玉以汉重,是喜欢古董的脾气,然而也是古来相沿的旧习惯了"②,也即是《礼记·玉藻》的"君子无故玉不去身"③。

例三,"士"字。钱玄同认为,"士"的字形结构与所表意义取自"孔夫子的'推一合十为士'那句话"④。

"一"表示"万物之始","十"代表"万物之终","士"由"一"与"十"合成,寓含儒家对"士"的期待,钱玄同分析:"士既然是担任事体的人,那便必须博古通今,深明事理了,所以这字是从一从十。数目里边,一二三四五六七八九十,个个字都有专名,到了十一,就把'十'和'一'两个字合在一起叫,并不在一二三四五六七八九十这十个字以外别造一个字,去算'十一'的专名,所以数目字到了'十'字,是算完备了。士的智识,最浅最深,是没有标准的东西,所以借个数目字来做记认。数目起头的字是一,譬做那最浅的智识,数目末了的字是十,譬做那最深的智识,从一到十,就是说,士的智识,从最浅的

① 钱玄同:《说文部首今语解》,《钱玄同文集》第4卷,中国人民大学出版社1999年版,第21—22页。
② 钱玄同:《说文部首今语解》,《钱玄同文集》第4卷,中国人民大学出版社1999年版,第22页。
③ 陈莉选注:《礼记》,高等教育出版社2008年版,第141页。
④ 钱玄同:《说文部首今语解》,《钱玄同文集》第4卷,中国人民大学出版社1999年版,第27页。

到最深的,他一五一十都知道了。"①

通过钱玄同对"王""玉""士"三字的解释来看,汉字的"所象之形"以及"所指之事"与儒学的"意""理""道"密不可分,那么认识汉字的过程,实则是接受儒家价值理念与意识形态之过程。如"恕"是"如"+"心",表示"如己之心",是指用对待自己之心来对待他人,即孔子所讲的"己所不欲勿施于人"。又如"仁",是儒家最高的道德标准,它从"人"从"二","人"表示站立的人,"二"表示"天地",而"仁"从"二"不从"三",意味着仁者要效法"天地",化掉"人心",存有"天地之心",从而产生博爱、包容之心,也是孔子所说的"仁者,爱人"。

孔学不仅影响汉字的字形、字义,而且左右其使用,导致汉字沦为服务于儒家学说的工具。在钱玄同看来,虽然汉字发生在"黄帝之世",但春秋战国之前,不存在所谓的学问,"文字之用甚少"。自从诸子学的兴起,汉字开始发挥"学术之用",但自汉朝之后,"儒家以外之学"皆被罢黜。二千年来所谓的学问、道德、政治皆推衍"孔二先生一家之学说"②。《四库全书》里"除晚周几部非儒家的子书"之外,其余的十分之八皆是"教忠教孝"之书。所以二千年来以汉字写的书籍,不论打开哪一部,不到半页,都会有"发昏做梦的话"。若是知识正确、头脑清晰的人看了此等书籍,肯定不至"堕其彀中",但让初学童子读之,"必致终身蒙其大害而不可救药"③。

同时钱玄同还发现,为了让汉字更好地服务于孔学,儒家制造了很多"伪古说""伪古字",将汉字的形体结构、构字意图等与儒家学

① 钱玄同:《说文部首今语解》,《钱玄同文集》第 4 卷,中国人民大学出版社1999 年版,第 26—27 页。
② 钱玄同:《中国今后之文字问题》,《钱玄同文集》第 1 卷,中国人民大学出版社 1999 年版,第 163 页。
③ 钱玄同:《中国今后之文字问题》,《钱玄同文集》第 1 卷,中国人民大学出版社 1999 年版,第 163 页。

说勾连在一起。例如他认为"孔子曰，一贯三为王"以及"楚庄王曰，止戈为武"等是"伪古说"，而"告，牛触人角着横木，所以告人也"与"射，弓弩发于身而中于远也"等是"伪古义"与"伪古字"①。并且由于儒家的等级秩序，有些汉字早已丧失原有的意义，只服务于享有特权的"独夫民贼"，比如"朕""御""钦""玺"等字，其中的"朕"字，原有的含义是"我"之意，而后被等级化，为皇帝"独占了去"②。

在钱玄同看来，汉字的字形、字义、服务对象，皆与孔学密切相联，使汉字沦为记载"三纲五伦"的"符号"。这种对汉字的理解，让"欲废孔学，必先废汉文"在文字学上得到一定的合理性，也是他大胆提出此主张的理论源泉。

三、汉字本是"主音不主形"

"五四"时，钱玄同认为废汉文后"当采用文法简赅，发音整齐，语根精良之人为的文字 ESPERANTO"③。可在"五四"后期钱玄同发现，废汉字后无法立即采用 Esperanto（世界语），故应当"绝对的废弃现行的汉字而改用拼音新字"④。他指出"拼音新文字"有注音字母与罗马字母两种类型，说道："什么是'汉字之根本改革'？就是将汉字改用字母拼音，像现在的注音字母就是了。什么是'汉字之根本改

① 钱玄同：《答顾颉刚先生书》，《钱玄同文集》第 4 卷，中国人民大学出版社 1999 年版，第 251—252 页。
② 钱玄同：《〈尝试集〉序》，《钱玄同文集》第 1 卷，中国人民大学出版社 1999 年版，第 86—87 页。
③ 钱玄同：《致陈独秀〈中国今后之文字问题〉》，《钱玄同文集》第 1 卷，中国人民大学出版社 1999 年版，第 167 页。
④ 钱玄同：《高元〈国音学〉序》，《钱玄同文集》第 3 卷，中国人民大学出版社 1999 年版，第 10 页。

革的根本改革'？就是拼音字母应该采用世界的字母——罗马字式的字母。"①为推广国语罗马字,钱玄同曾向教育部国语统一筹备会提交《请组织"国语罗马字委员会"案》,希望能"定出一种正确便用的'国语罗马字'来"②。钱玄同解释称,他研究国语罗马字的"终极目的"是为了"废除汉字"③。

钱玄同选择以世界语、国语罗马字等"拼音文字"来替代汉字的缘由,亦可通过他的汉字论进行理解。汉字在构造上的变迁,经历"象形""指事""会意""形声""转注""假借"六个阶段。据此,钱玄同提出:

> 照这六书发生的次序看,可知汉字是由象形而表意,由表意而表音;到了纯粹表音的假借方法发生,离开拼音,只差一间了。④

他将"假借字"视为"离形表音"的文字,对其历史演变过程进行如下梳理:(1)假借字在殷代的甲骨文字中已出现,例如借"唐"为"汤",借"凤"为"风",借"果"为"婐"等,后来的周代钟鼎文字里,"假借字更多了";(2)春秋战国时,儒学作品如《诗经》《尚书》《春秋》里的假借字又多了,因为"这几部书,都是从那个时代流传下来

① 钱玄同:《汉字革命》,《钱玄同文集》第 3 卷,中国人民大学出版社 1999 年版,第 76 页。
② 钱玄同:《请组织"国语罗马字委员会"案》,《钱玄同文集》第 3 卷,中国人民大学出版社 1999 年版,第 126 页。
③ 钱玄同:《对于许锡五君的〈国语字母钢笔书写法〉说的话》,《钱玄同文集》第 3 卷,中国人民大学出版社 1999 年版,第 134 页。
④ 钱玄同:《汉字革命》,《钱玄同文集》第 3 卷,中国人民大学出版社 1999 年版,第 68 页。

的;因为传写之人不一,所以彼此异文甚多,这些异文,什九都是假借字";(3)汉代的《史记》《汉书》、"汉碑"等"触目都是假借字";(4)从晋到唐,"写假借字的风气"仍很流行;(5)宋元以来书籍出现刻版,"写假借字的风气"慢慢地流行于"所谓'士人'的社会";(6)至"五四"时,从全社会来看这种"写假借字的风气"还颇为流行①。

钱玄同分析,假借字的产生是源于汉字的"造字"与"用字"的不同。因为最初的汉字确实是"主形"的,但等到应用时便完全"主音","对于字形只看作音的符号,它为什么造成那样的形,那样的形表什么意义,是不去理会它的"。比如"古文籀篆变为隶楷行草,又变为破体小写,把初造时那个有意义的形变到不可究诘,在应用上只觉得书写之日趋于便利,从没有人感到因原形消失而发生意义不明瞭的弊病"②。这表明:

> 汉字在造时虽然主形,而用时却把有意义的形只看作音的符号罢了。因此,再进一步,只要是同音的字,那许多不同的形,用的人把它们只看作一个东西——某音的符号,凡用到这个音,无论写哪个形都可以。③

在钱氏看来,同音假借字的使用范围很广,"六书"里的"假借",除"引申"与"本无其字,依声托事"两类之外,"同音假借"在里面"占极大部分",不论古今的很多文章,"同音假借的字"在十个字里至少

① 钱玄同:《汉字革命》,《钱玄同文集》第 3 卷,中国人民大学出版社 1999 年版,第 69—70 页。
② 钱玄同:《历史的汉字改革论》,《钱玄同文集》第 3 卷,中国人民大学出版社 1999 年版,第 394—395 页。
③ 钱玄同:《历史的汉字改革论》,《钱玄同文集》第 3 卷,中国人民大学出版社 1999 年版,第 395 页。

"总有两三个"①。他举例道:例如"伏羲",有"伏戏""虑戏""宓戏""宓羲""包牺""炮羲"等,而"仲尼"有"仲泥"等写法;譬如《诗经》的有齐、鲁、韩、毛四家,他们的文字互有异同,十分之九以上都是把同音的字随便写哪个,以致岐异,这都可以查考得出的";又如"《春秋》有《左传》、《公羊》、《穀梁》三家,他们的传虽不同,而经是同的,但经中的字也很不相同:例如隐公元年经中有一个地名,《左传》作蔑,《公羊》和《穀梁》都作昧,这也不过作为 Mieh 或 Mey 音的符号罢了";另如"周秦诸子、《史记》、《汉书》等书,它们里面所用的字,这本写这个字,那本写另一个字,也是只顾字音而不顾字形的缘故"②。不仅如此,钱玄同指出殷甲文、殷周金文、汉碑、六朝碑志等"古人实物",里面到处皆为"同音假借字",这些都是古人书写遗留的实物,其可信度胜于"屡经传写之经书"万倍③。

钱玄同强调"同音假借"是文字的进化,他又以两例来解说:(1)"从前做八股的时候,有陆润庠其人也者看考卷,看见一本卷子把'感慨'写作'感概',他说:'这一定是写白字,感慨是从心里发出来的,不是从木头里发出来的,如何可以写木旁呢!'别人笑他:'自己没有读过《汉书》,反要来说人家写白字,岂不可笑!'原来《汉书》里是有'感概'这个写法的。那时对于'慨'、'概'两字,也不过作为 kae 或 gay 音的符号罢了,心旁也可,木旁也可,就是牛旁、犬旁、鱼旁、鸟旁、火旁、土旁、山旁,乃至形体全异的也无不可,只要同音就行"④;(2)

① 钱玄同:《历史的汉字改革论》,《钱玄同文集》第 3 卷,中国人民大学出版社 1999 年版,第 395 页。
② 钱玄同:《历史的汉字改革论》,《钱玄同文集》第 3 卷,中国人民大学出版社 1999 年版,第 395—396 页。
③ 杨天石主编:《钱玄同日记》,北京大学出版社 2014 年版,第 1361 页。
④ 钱玄同:《历史的汉字改革论》,《钱玄同文集》第 3 卷,中国人民大学出版社 1999 年版,第 396 页。

"飞"与"蜚"两个字,皆可作为"fei 音"的符号,故《史记》将"飞鸿"写成"蜚鸿"。现在的人认为"蜚"字非常古雅,常以"蜚声"来颂扬人,但是"蜚"的本义是"臭虫","那么,'蜚声'不是'臭气洋溢'吗?"所以用"蜚声"的颂扬岂不可笑。但这并没错,因为使用"蜚"字的时候,只注意它的音是"fei",却并不在意它的本义是"臭虫"①。以上例子表明,文字在演化的过程里,已失其"本形"与"本义",只是表音的符号而已。

同音假借字虽是文字的进化,但钱玄同指出"假借字还只是一种未曾统一而且不甚简便的注音字母",因为"(1)还没有把许多同音的注音字母并用一个;(2)还没有把这种注音字母的笔画改到极简;(3)还没有把同声的字归纳为一个声母,同韵的字归纳为一个韵母"②。所以"把国语写成拼音文字,这是咱们今后极切要的工作",从而与世界并驾齐驱,顺应汉字在历史上变迁的趋势③。

钱玄同认为"中国文字的进化,走的路也和欧西文字相同,最初是象形,稍进是象意,再进是象声"④,分析道:

> 现在的欧洲拼音字,源出于埃及的象形字,自从腓尼基人把埃及的象形字变成极简单的形式,作为拼音用的字母,由是而渐变为希腊、拉丁,及今之英、法、德等等文字,这是大家知道的事。

---

① 钱玄同:《历史的汉字改革论》,《钱玄同文集》第 3 卷,中国人民大学出版社 1999 年版,第 396 页。

② 钱玄同:《汉字革命》,《钱玄同文集》第 3 卷,中国人民大学出版社 1999 年版,第 73 页。

③ 钱玄同:《历史的汉字改革论》,《钱玄同文集》第 3 卷,中国人民大学出版社 1999 年版,第 401—402 页。

④ 钱玄同:《初中国语教育及汉字问题》,《钱玄同文集》第 3 卷,中国人民大学出版社 1999 年版,第 191 页。

那么,现在的欧洲拼音字最初也是象形字。中国字的象形字,到了周末,已经不成其为象形字了。秦汉畅写假借字,改用隶书乃至草书,正是走到音标的路上来。那时的情形,跟腓尼基颇相像:他们把写到不象形的字作为表音的符号,咱们也是这样。①

但中国与西方不同的是,西方"猛进一步,改为拼音",以后"便以形式极简而数目极少的几十个符号拼成上千下万的文字,分合改变既极自由,书写印刷又极便利";中国却"误入歧途",更加野蛮,"只知道把一个一个字的笔画改简,而不知约成几十个符号,只知道把许多同音的字随便通用,而不知道单用一个"。这已经"对于腓尼基望尘莫及了",更为严重的是中国"重以开倒车者之再复简为繁,复假借字为本字,于是倒退复倒退,愈走愈远了"②。

对比中、西方文字发展史后,钱玄同得出结论:西方与中国的文字本来都是从"象形"进化到"表音",只是中国又退化到"象形文字"。那么"象形"与"表音"之间的差异,是"古今的不同",更是"野蛮文明的不同",并非"中西的不同",如果"说中国字永远是象形字,中国人永远该用象形字,好比说中国人永远是野蛮人,中国人永远该做野蛮人一样"。所以他提出废除汉字,改用拼音,顺应文字的进化规律,从而"努力振拔,拼命前进",以赶上西方文字的发展速度③。

目前学界大多从"无政府主义思潮""进化论"等方面诠释钱玄同的"废汉文"说,而他的"汉字论"又可提供新的思路去认识此主

① 钱玄同:《国语罗马字》,《钱玄同文集》第3卷,中国人民大学出版社1999年版,第349页。
② 钱玄同:《国语罗马字》,《钱玄同文集》第3卷,中国人民大学出版社1999年版,第349—350页。
③ 钱玄同:《国语罗马字》,《钱玄同文集》第3卷,中国人民大学出版社1999年版,第350页。

张。钱玄同对汉字的理解,在学术上仍需要商榷,存在一些漏洞。可这却是我们理解他激进主张的媒介,也是进入"五四"激进主义的一个切入口。鲁迅认为汉字是"带病的遗产"①。陈独秀指出汉字废除是"循之进化公例"②。傅斯年强调汉字是"又笨又粗、牛鬼蛇神"之文字③。到底是何种原因让"五四"学人如此冲动与极端?这代人的汉字论,或许可提供一种理解的途径,让我们进入他们激烈的内心世界。"五四"学人深受传统文化滋养,对孔学经典非常熟悉,深知孔学对中国汉字的破坏。他们的"废汉文"主张,或许并非一时极端之举,而是深思熟虑后的一种文化选择。我们认识这代人的"废汉文"主张时,有必要对他们的汉字论进行梳理,尝试探究他们提出此主张的原因,以窥出他们的真实想法,而非用今天的眼光对其一味谴责。

第二节　钱玄同对汉字的态度变迁

——以《钱玄同日记》与北京鲁迅博物馆藏钱玄同文物为线索

钱玄同自述,他 1907 年以来就持有"保存国粹文论"④的"复古"思想,后因袁世凯的复辟犹如"响霹雳震醒迷梦"⑤,使他走向"反复古"。本节借助《钱玄同日记》,辅以北京鲁迅博物馆(北京新文化运动纪念馆)所藏的钱玄同文物,发现钱玄同在汉字上从"复古"到"反

---

① 鲁迅:《汉字和拉丁化》,《鲁迅全集》第 5 卷,人民文学出版社 1981 年版,第556 页。
② 陈独秀:《致信钱玄同》,《新青年》第 4 卷第 4 号,1918 年。
③ 傅斯年:《汉语改用拼音文字的初步谈》,《新潮》第 1 卷第 3 号,1919 年。
④ 杨天石主编:《钱玄同日记》,北京大学出版社 2014 年版,第 296 页。
⑤ 钱玄同:《保护眼珠与换回人眼》,《钱玄同文集》第 1 卷,中国人民大学出版社 1999 年版,第 281 页。

复古”的态度变迁,并非完全贴合于钱玄同的自述。

一、章太炎与留日时期钱玄同的汉字复古

第一章已提及,钱玄同 1906 年 9 月 17 日在日本早稻田大学“进校上课”①,1910 年 3 月回国②。章太炎 1906 年 9 月 5 日至 1908 年 10 月 10 日在日本主编《民报》,1911 年 11 月回到上海。钱玄同 1906 年 10 月 21 日于民报社首次拜谒章太炎,并在当天日记中评价章氏“道貌蔼然,确是学者样子”③。此后,钱玄同对章太炎“极端地崇拜”,视其主张“绝对之是而不容他人之匡正”④,且于日记中尊其师为“章公”“炎师”“章先生”“先生”“枚叔”“老夫子”等。

留日时期的钱玄同曾对 Esperanto(世界语)抱有好感,爱读吴稚晖、李石曾等人所办的《新世纪》。《新世纪》视世界语为“求世界和

---

① 杨天石主编:《钱玄同日记》,北京大学出版社 2014 年版,第 58 页。
② 《钱玄同年谱》(曹述敬著,齐鲁书社 1986 年版)认为:“这年(笔者注:1910 年)五月,钱玄同从日本回国,经朱希祖介绍,在浙江省海宁中学堂任国文教员”,以及“这年(笔者注:1911 年)春天,任浙江嘉兴中学堂国文教员。暑假后,回家乡吴兴,任浙江第三中学国文教员”。换言之,钱玄同是 1910 年 5 月回国,先任教于海宁中学,1911 年再到浙江嘉兴中学堂。可按《钱玄同日记》(杨天石主编,北京大学出版社 2014 年版),以上记述还需商榷。钱玄同在 1912 年 9 月 1 日的日记写下:“余自上章阉茂之年正月,应梦耕之招,归自日本。至嘉兴中校讲教小学,日记遂于是中止。其年五月,学子与梦耕牾,梦耕去职,予亦离禾。至海宁中学校,仍授小学,兼及《左传》。翌年重光大渊献,伯兄念痀先生长湖州中校,招往讲授《左传》,遂携妇子居故乡。”“上章阉茂之年正月”,按照公历纪年的话,应是 1910 年 3 月。并且钱玄同在 1910 年 3 月 5 日(也即是农历的 1910 年正月二十四日)记载道:“午后季谦、树恩饯行。晚餐叔美、宰平、颂三饯行。”这可看出,钱玄同应该是公历的 1910 年 3 月回国,而不是 5 月。
③ 杨天石主编:《钱玄同日记》,北京大学出版社 2014 年版,第 64 页。
④ 钱玄同:《三十年来我对于满清的态度的变迁》,《钱玄同文集》第 2 卷,中国人民大学出版社 1999 年版,第 113 页。

平之先导也,亦即大同主义实行之张本也"①。钱玄同对于《新世纪》
鼓吹的世界语"心痒难熬,恨不得立刻就学会它"②,在其留日日记中
对世界语多有推崇,譬如他在 1908 年 2 月 7 日记下:"余谓近日
Esperanto 日盛,闻去秋在英国 Cambridge 城开大会时(丁未阳八
月),其已译出各书,如科学、工艺、文法、航海诸书,均有编成者,而
以专门字典大多。看此情形,新语通行之日,知必不远。以后中国
小孩,授以普通科学时,吾谓定以新语授之。缘汉文定名,触处皆
非,如谈化学其尤甚也。若以英、德、法、日本诸文者授之,则学文
法既须费时日,而又不免起崇拜强权以为文明之劣根性(如近日上
海各学堂是也)。何如以 Esperanto 之世界语书之文法简易者授之
乎(窃谓自小学始,除国文外,必兼有新语,与国文同视)!"③同时
钱玄同还参加刘师培开办的 Esperanto 课,他在 1908 年 3 月 22 日
听到刘师培对开设 Esperanto 课程的提议④;3 月 29 日他记下"Es-
peranto 事亦将定夺,大约每星期五时(土曜无课),分二班,一用英
文书教授,一用日文书教授"⑤;4 月 6 日他已成为世界语练习课程
的乙班学生⑥。

　　后来因与章太炎的关系,钱玄同中断 Esperanto 课。据钱玄同回
忆,"1908 年,刘申叔先生在日本请了大杉荣先生来讲授世界语,我
赶紧去学,学了一星期光景,总算认得了二十八个字母。后来为了某

---

① 醒:《万国新语》,《新世纪》1907 年 7 月 27 日第 6 号。
② 钱玄同:《〈世界语名著选〉序》,《钱玄同文集》第 2 卷,中国人民大学出版社
　 1999 年版,第 67 页。
③ 杨天石主编:《钱玄同日记》,北京大学出版社 2014 年版,第 114 页。
④ 杨天石主编:《钱玄同日记》,北京大学出版社 2014 年版,第 123 页。
⑤ 杨天石主编:《钱玄同日记》,北京大学出版社 2014 年版,第 124 页。
⑥ 杨天石主编:《钱玄同日记》,北京大学出版社 2014 年版,第 125 页。

种事件,我不愿与申叔见面"①。刘申叔即刘师培。"某种事件"是
指:在与刘师培夫妇同住一宅时,章太炎无意发现刘师培的妻子何震
与汪公权私通的秘密,私下告诉刘师培,可刘师培却不信,刘师培的
母亲则"大骂章造谣离间人家骨肉",汪公权更是嚷道"我们白刀子
进去,红刀子出来";随后章太炎只能迁回《民报》社居住,不久"《民
报》社发生了毒茶案,又是汪公权的主谋"②。钱玄同日记对此有所
记录。譬如钱玄同在 1908 年 4 月 24 记下:"在太炎处者竟日。知刘
林生与汪寄生拟调和章、刘间,章颇愿。因致函规刘,托刘林生携去。
申叔亦本无不可,而何震、汪公权二人坚执不可调停。申叔内受制于
房闱,外被弄于厮养,默默无言,事遂不果。噫!"③又如钱玄同在
1908 年 5 月 6 日不满汪公权的"种种陷害人之手段"④。

　　从留日日记上看,钱玄同对《新世纪》中 Esperanto 态度的转变,
不只与刘师培有关,也受吴稚晖、章太炎嫌隙之事的影响。章太炎清
末时对《新世纪》的批判,也投射出他与吴稚晖之间因"苏报案"而起
的旧恶。章太炎 1907 年 3 月撰写的《邹容传》,揭发了吴稚晖在"苏
报案"中向俞明震"告密"的投敌卖友行为。钱玄同"因章师疑吴君
为'苏报案'之告密者,遂乃薄其为人"⑤。钱玄同日记对此事的相关
记录,明显站在章太炎的阵营中。他在 1908 年 3 月 2 日阅读《新世
纪》时,"见有吴敬恒《与章炳麟书》,诘向〈问〉章作之《邹容传》中言

① 钱玄同:《〈世界语名著选〉序》,《钱玄同文集》第 2 卷,中国人民大学出版社
　　1999 年版,第 66—67 页。
② 汪东:《辛亥革命前后片段回忆》,中国人民政治协商会议江苏省苏州市委员
　　会文史资料研究委员会编:《文史资料选辑》第六辑,中华书局 1981 年版,第
　　38 页。
③ 杨天石主编:《钱玄同日记》,北京大学出版社 2014 年版,第 129 页。
④ 杨天石主编:《钱玄同日记》,北京大学出版社 2014 年版,第 130 页。
⑤ 杨天石主编:《钱玄同日记》,北京大学出版社 2014 年版,第 300 页。

吴告发一事。想章必有答,惟未知如何作答耳"①。1908 年 8 月 11 日他在章太炎的住处见到吴稚晖的"第二次复炎信",认为此信竟然是"满纸谩骂","而于告密一事绝不提及矣"②。1909 年 1 月 20 日他讽刺吴稚晖的"不用汉字"是"丧心病狂"③。这些记录用词激烈,可见钱玄同对吴稚晖的愤懑之情。

依据日记,不仅与章太炎的私人纠葛有关,更主要是章太炎的国粹思想影响了钱玄同对 Esperanto 的态度。钱氏在 1908 年 4 月 22 日,认为章太炎的《驳中国用万国新语说》将《新世纪》上的《万国新语之进步》一文"驳尽",并称赞章文"多精义"④。《新世纪》中的《万国新语之进步》等文皆认为采用万国新语是"万国平和"的前提与社会进步之必然⑤,故"欲使中国日进于文明,教育普及全国,则非废弃目下中国之文字而采用万国新语不可"⑥。而坚持"用国粹激动种性"⑦的章太炎讽刺《新世纪》诸人为"趋时之士",是"冥行盲步,以逐文明,往往得其最野者"⑧。在章太炎看来,万国新语"本以欧洲为准,于他洲无所取",并无普遍的实用性,在地理环境、文化习惯以及社会生活等方面根本无法适宜于中国;同时语言文字最能表达民族的特质,与民族国性息息相关,如果"语言文字亡",会使"性情节族

---

① 杨天石主编:《钱玄同日记》,北京大学出版社 2014 年版,第 119 页。
② 杨天石主编:《钱玄同日记》,北京大学出版社 2014 年版,第 136 页。
③ 杨天石主编:《钱玄同日记》,北京大学出版社 2014 年版,第 211 页。
④ 杨天石主编:《钱玄同日记》,北京大学出版社 2014 年版,第 128 页。
⑤ 醒:《万国新语之进步》,《新世纪》1908 年 2 月 15 日第 34 号。
⑥ 醒:《续万国新语之进步》,《新世纪》1908 年 2 月 29 日第 36 号。
⑦ 章太炎:《在东京留学生欢迎会上之演讲》,《章太炎全集·演讲集》,上海人民出版社 2015 年版,第 4 页。
⑧ 章太炎:《驳中国用万国新语说》,《章太炎全集·太炎文录初编》,上海人民出版社 2014 年版,第 369 页。

灭,九服崩离"①。钱玄同支持章太炎的观点,在 1908 年 4 月 29 日日记中写下:"《新世纪》四十号到。愈出愈奇。前拟用万国新语代汉语,已觉想入非非,今复有创中国新语者,其编造之字身、句身,以知字能识万国新语为目的,此等可笑之事,太炎谓其发疯,诚然。"②

在章太炎的启发下,钱玄同形成了"当壹志国学,以为保持种性,拥护民德计"③的国粹思想。他对文字的理解几乎是其师观点的翻版,这在其留日时期的日记中多有体现。他在 1909 年 11 月 2 日记下:

> 东西留学生,上海僮仆,学堂洋奴,相继辈起,首倡废国文,废旧书之论,而退率遂大剧。近来莘莘髦士,试作便条且多不通者矣,此诚可叹,亦可见文化之易移乃如是也。愚谓立国之本要在教育,果使学术修明,必赖文字正确,士生今日,诚能潜心正名之事,实为扼要之所在也。文字一灭,国必致亡。借观印度、波兰,可为殷鉴。④

"文字一灭,国必致亡"等语,将"文字"视为民族精神的凝聚与国家存亡的关键。钱玄同是站在其师章太炎国粹派的文化立场,强调"文字"在民族精神结构中的重要性。在留日日记中,他多次提出汉字复古的观点,认为:"宜复古者,即后世事物不如古昔者,宜复古焉",而文字是"一国之表旗",中国的汉字"古来已尽臻美善,无以复

---

① 章太炎:《规新世纪》,《章太炎全集·太炎文录补编》,上海人民出版社 2017 年版,第 328—336 页。
② 杨天石主编:《钱玄同日记》,北京大学出版社 2014 年版,第 130 页。
③ 杨天石主编:《钱玄同日记》,北京大学出版社 2014 年版,第 145 页。
④ 杨天石主编:《钱玄同日记》,北京大学出版社 2014 年版,第 187 页。

加,今日只宜举行"①,所以"文字、音韵之必不可不复古"②。依据汉字复古的思路,钱玄同在日记中多次骂"废汉文"而采用西语者是"王八蛋"③,嘲讽那些主张简字与罗马字母者"下二之多之荒谬不待言"④,讽刺"甚以《新世纪》为是,又谓世界语言必可统一"的刘师培"果哉其难化也"⑤,并称赞"输汉文之真价值于欧米人为己任"⑥的欧美学者。

　　在章太炎的影响下,钱玄同呈现出极端的文字复古思想,认为"字音应该照顾亭林的主张,依三代古音去读;字体应该照江艮庭的主张,依古文籀篆去写,在普通应用上,则废除楷书,采用草体,以期便于书写"⑦。但这些关于字音与字体的极端复古思想,未得到章太炎的支持。一是钱玄同认为在"字音"上用"三代古音去读"。章太炎在 1910 年致信钱玄同,指出"古之音纽,随语变迁,非有常准",并且古音虽"韵部可知",可"纽或未定",加之古音"但有平、上,初亡去、入,今日欲强效之,必不能也"⑧。二是钱玄同在"字体"上主张废楷用篆。据钱玄同日记,这一主张被章太炎否定。钱玄同在 1909 年1 月 29 日写道:"晚间在炎师处谈天,余主张废楷用篆说,炎师不甚许可,意其难行也。惟谓《说文》所无之字,作宋体之楷书太不佳,无

① 杨天石主编:《钱玄同日记》,北京大学出版社 2014 年版,第 180 页。
② 杨天石主编:《钱玄同日记》,北京大学出版社 2014 年版,第 149 页。
③ 杨天石主编:《钱玄同日记》,北京大学出版社 2014 年版,第 141 页。
④ 杨天石主编:《钱玄同日记》,北京大学出版社 2014 年版,第 259 页。
⑤ 杨天石主编:《钱玄同日记》,北京大学出版社 2014 年版,第 134 页。
⑥ 杨天石主编:《钱玄同日记》,北京大学出版社 2014 年版,第 189 页。
⑦ 钱玄同:《亡友单不庵》,《钱玄同文集》第 2 卷,中国人民大学出版社 1999 年版,第 287 页。
⑧ 章太炎:《致钱玄同二十八》,《章太炎全集·书信集》,上海人民出版社 2017 年版,第 192 页。

已,则作隶或八分,庶稍雅观。余亦甚然师言。"①

　　钱玄同在处理汉字复古的方法上虽与其师章太炎有所不同,但他坚持其师以小学为根基的汉字复古思想。"小学分形、音、义三部"②:文字学讲究无一"形"无来历,音韵学追求无一"音"无来历,训诂学讲究无一"义"无来历。章太炎以小学为基础的汉字复古思想,倡导从《说文解字》等著中找寻"字"的本字、本义、本音。钱玄同在留日时期延续其师的思路,认为汉字复古者需有小学功底,以求从《说文解字》等中寻求本字本音。他在 1909 年 9 月 23 日日记中赞赏道:"《说文》实中国文字之矩矱,故今日所有之文,无论借字、俗字,稽诸《说文》,无不各有其本,断无有凭空突起无本可求之假借字也(有之,必宋元以后之俗音、俗义,治正名之学者所当屏绝也)。除草、木、虫、鱼之本名无义可稽,止取其声者外,其他名、代、动、静诸词必有语柢可寻。"③

　　在 1910 年与章太炎合办《教育今语杂志》时,钱玄同的汉字复古思想从日记私语变为公开言论。他在《刊行〈教育今语杂志〉之缘起》一文中表示:"我国文字发生最早,组织最优,效用亦最完备,确足以冠他国而无愧色。惟自唐宋以降,故训日湮,俗义日滋,致三古典籍罕能句读,鄙倍辞气亦登简牍,习流忘源,不学者遂视为艰深无用,欲拨弃之以为快。夫文字者,国民之表旗,此而拨弃,是自亡其国也。"④不仅提倡汉字复古思想,钱玄同还在《教育今语杂志》专门开设"中国文字学"的门类,来详述中国文字的制字源流,诠释六书正

---

① 杨天石主编:《钱玄同日记》,北京大学出版社 2014 年版,第 145—146 页。
② 黄侃:《论斯学大意》,《新辑黄侃学术文集》,南京大学出版社 2008 年版,第78 页。
③ 杨天石主编:《钱玄同日记》,北京大学出版社 2014 年版,第 177 页。
④ 钱玄同:《刊行〈教育今语杂志〉之缘起》,《钱玄同文集》第 2 卷,中国人民大学出版社 1999 年版,第 313 页。

则、字音、字形、字义等,"以获通国人人识字之效",制止"斥弃国文"
"芟夷国史"之行为①。

　　从日本归国后,钱玄同"锐意'复古'",穿戴"深衣冠服"去办
公②,在文字上继续推行汉字复古思想。在 1912 年 9 月 9 日他于高
等学校"拟以章师论语言文字之学首篇首部为之讲演,俾知小学之
要,次则以《艺文志论》《小学指要》《六书略例·通借条例》授之而
已"③。他在 1912 年 12 月 3 日日记中感慨:中国人的劣根性在于
"不顽固"与"不自大",特别是自庚子以来,很多人都"尊欧美"而"过
先祖,贱己国,过僮隶",这会导致无法"善立其国于大地者"④。在
1912 年 12 月 30 日他记道:"逖先来,携来读音统一会□□□一本。
无论所主张之荒谬,即其文义尤不可解,盖吴稚晖笔墨也。以此等人
而操统一国语之事,文字语言乌得不亡!"⑤在 1913 年 3 月 10 日,他
讽刺王照的"废汉字,用切音文字",是"欲传播其谬种计"⑥。

　　钱玄同在 1917 年曾总结自己留日时期的复古思想:"余自一九
〇七年(丁未)以来,持保存国粹文论,盖当时从太炎□□□问学,师
邃于国学,又丁满洲政府伪言维新改革之时,举国不见汉仪,满街尽
是洋奴,师因昌国粹之说,冀国人发思古之幽情,振大汉之天声,光复
旧物,宏我汉□□然。"⑦钱玄同虽追溯他是从 1907 年信奉国粹文
论,但由他的汉字观可知,他从 1907 年至 1908 年初对 Esperanto 是有

①　钱玄同:《刊行〈教育今语杂志〉之缘起》,《钱玄同文集》第 2 卷,中国人民大
　　学出版社 1999 年版,第 312—313 页。
②　黎锦熙:《钱玄同先生传》,沈永宝编:《钱玄同印象》,学林出版社 1997 年版,
　　第 70 页。
③　杨天石主编:《钱玄同日记》,北京大学出版社 2014 年版,第 221 页。
④　杨天石主编:《钱玄同日记》,北京大学出版社 2014 年版,第 244 页。
⑤　杨天石主编:《钱玄同日记》,北京大学出版社 2014 年版,第 250 页。
⑥　杨天石主编:《钱玄同日记》,北京大学出版社 2014 年版,第 261 页。
⑦　杨天石主编:《钱玄同日记》,北京大学出版社 2014 年版,第 296 页。

好感的,所以他应是从 1908 年中期以后发生转变,一度是绝对的复古者。

二、1916 年:钱玄同反复古与钱恂退出政界

在自述中,钱玄同认为袁世凯复辟的洪宪纪元"始如一个响霹雳震醒迷梦,始知国粹之万不可保存,粪之万不可不排泄"①,故他走上激烈的"反复古"之路。他在 1919 年以后的日记中也多次提及"洪宪纪元"对他的刺激,如在 1919 年 1 月 1 日的日记中总结道:由于 1916 年"袁世凯造反做皇帝,并且议甚么郊庙的制度,于是复古思想为之大变",刚开始只是反对衣冠复古,可读到《新青年》上那些提倡"改国文为国语"的文章之后,便逐步倡导白话作文,但"于孔氏经典尚不知其为不适用共和时代";而从 1917 年"始知孔氏之道断断不适用二十世纪共和时代",而后"废汉文"等思想随之出现②。总之,钱玄同在"五四"以来不停地建构:"玄同自丙辰春夏以来,目睹洪宪皇帝之反古复始,倒行逆施,卒致败亡也,于是大受刺激,得了一种极明确的教训。知道凡事总是前进,决无倒退之理。"③这些建构,让钱玄同完成了自我形象的塑造,使他具有了与"五四"思想相契合的现代性。

虽然钱玄同在"五四"时强化"袁世凯复辟"与他"反复古"的关系,但依据其 1914 年与 1915 年的日记来看,他当时对"袁世凯复辟"的态度并非完全等同于他在"五四"时的自述。例如 1914 年 9 月 25 日袁世凯颁发"祭孔告令",准备在同年 9 月 28 日率领百官祭孔,这是复辟的前奏。可钱玄同对此并不反感,他在 1914 年 9 月 26 日如

---

① 钱玄同:《保护眼珠与换回人眼》,《钱玄同文集》第 1 卷,中国人民大学出版社 1999 年版,第 281 页。
② 杨天石主编:《钱玄同日记》,北京大学出版社 2014 年版,第 336—337 页。
③ 钱玄同:《论应用文之亟宜改良》,《钱玄同文集》第 1 卷,中国人民大学出版社 1999 年版,第 31 页。

此写道：

> 午后访季莳，知后日丁祭，总统亲往，外人不得往观。索取
> 祭祀冠服图一本。所定斟酌古今，虽未尽善，而较之用欧州〈洲〉
> 大礼服而犹愈乎！①

在 1914 年 9 月 28 日袁世凯正式祭拜孔子的日子，钱玄同在日
记中对此并未记录，反而记的是生活琐事：

> 仍取崔君《复始》说之驳《左》者记出。
> 购得《钦定左传读》一本，预备分四类记之，以为复《左传》
> 为《左丘国语》之预备。②

钱玄同的日记多直录其心中的喜怒爱憎，属于"私语言说"。在
日记中，钱玄同毫无顾忌，他敢笑、敢怒、敢骂，根本不会约束自己的
情绪。譬如他会在日记中发泄对妻子的情绪，甚至在新婚之夜还书
写对妻子的不满。那么如果钱玄同真对袁世凯"祭孔"等事愤怒，他
的日记也会有相应的投射。由 1914 年的日记可知，袁世凯为复辟所
做的"祭孔"等事对当时钱玄同的刺激并不大，或者说钱玄同对这些
事情并不上心。

1915 年 12 月 12 日，袁世凯改"中华民国"为"中华帝国"。现在
出版的钱玄同日记，这一天的日记是缺失的。但是钱玄同对袁世凯
的"中华帝国"之态度，可通过他在 1916 年 1 月 1 日的日记看出：

---

① 杨天石主编：《钱玄同日记》，北京大学出版社 2014 年版，第 275 页。
② 杨天石主编：《钱玄同日记》，北京大学出版社 2014 年版，第 276 页。

　　　　在幼渔处见官报，乃知自今日始改称中华帝国洪宪元年，是
　　　民国历数尽于昨日。溯自壬子元旦，迄于乙卯岁除，整四年也。
　　　午后，至中央公园，兼至古物陈列所，其中颇有彝器，然色泽似不
　　　甚旧，恐什九皆赝器也。①

　　由此日记，看不出钱玄同对"洪宪元年"的厌恶与对"中华帝国"
的愤怒，也感受不到"洪宪帝制"带给钱玄同内心深处的巨大冲突和
震荡。并且他还在此日去鉴赏古物，证明他当时的心情还不错，并没
有所谓的愤懑、悲痛、苦闷等情绪。钱玄同 1916 年 1 月 1 日后的数
日日记与之前一样，或记载他读经论学的想法，或记录一些生活小
事，未有"民国"不再的哀痛，也无"响霹雳震醒迷梦"的历史刺激。
在日记中，钱玄同当时并不抵触"洪宪改制"，反而他还以"洪宪改
制"来探讨纪年的方式，从学术上讨论"洪宪纪年"的准确性。在
1916 年 1 月 5 日他记下：

　　　　中国纪年之当统一，近世通人皆言之矣。光复以后，浅人皆
　　　用民国前几年，其说始自海上不学无术之书贾，继而黉舍教师亦
　　　相率仿效，吾尝笑之，谓若尔则民国未兴以前，中国竟算无史？
　　　至今则民国已成前代，吾不知彼等又将创为何种纪年？将曰帝
　　　国前几年乎？则自黄帝以迄清宣统四千余年中间，惟周称王，余
　　　悉帝国也。将称洪宪前几年乎？则洪宪之名，正如明之洪武，清
　　　之顺治，及日本之明治。日本人虽极崇拜明治，亦知当称神武纪
　　　年元若干年，不能用明治前若干年也。余以为余杭师之用共和
　　　纪年，康长素之用孔子纪年，二者皆可用。以共和为纪年者，本
　　　于《史记》，盖自此而始有甲子可推也。以孔子纪年者，因中国文

────────────

① 杨天石主编：《钱玄同日记》，北京大学出版社 2014 年版，第 282 页。

化孔子出始订定,始昌明,垂教万世,用以纪年亦不啻历史也。盖前乎孔子者,其历史皆在明昧之间也。孔子至共和不过□□百年,称为前若干年,尚无不大顺。顾世或疑用共和为附会共和政体,用孔子效法耶稣纪年,含宗教性质(此义始用孔子纪年之康君即如此说,其实为看小孔子,我主张用孔子纪年与此绝异),此则不可不辨。吾意则用孔子尤善于用共和也。①

上文中的"民国已成前代""帝国前几年"等语,只是日记中客观平和的叙述用语,并未有不满、憎恶、愤怒、谴责等感情成分。这再次证明"中华民国"变为"中华帝国"的历史事件对当时钱玄同的刺激并非如他后来所追忆的那般强烈。1916 年 3 月袁世凯被迫取消帝制,同年 6 月 6 日袁氏因病而亡。由于钱玄同 1916 年 2 月 21 至 9 月 12 日前的日记缺失,故而无法看出他对此二事的看法。从留存的日记来看,他当时对袁世凯的称帝祭孔并未抵触。鲁迅讲,从作家的日记上"往往能得到比看他的作品更其明晰的意见,也就是他自己的简洁的注释"②。那么钱玄同在袁世凯称帝祭孔时的日记记录,正是钱玄同当时最为"简洁的注释",比他自己后来的追忆更为真实。

在"中华民国"成为"中华帝国"的历史语境下,为何钱玄同在1914 年与 1915 年的日记中却未有相关的愤怒与不满?从私人领域来讲,这与其兄钱恂的政治身份或有关联。钱恂是中国近现代史上知名的外交家,在清末历任中国驻日、英、法、德、俄、荷兰、意大利等

---

① 杨天石主编:《钱玄同日记》,北京大学出版社 2014 年版,第 283—284 页。
② 鲁迅:《孔另境编〈当代文人尺牍钞〉序》,《鲁迅全集》第 6 卷,人民文学出版社 1981 年版,第 415 页。

国的公使或参赞。清末时翁同龢①称赞钱恂"与谈泰西事,有识见,于舆地讲求有素,可用也"②。张之洞曾向光绪帝上折保荐钱恂:"该员中学淹通,西学切实,识力既臻坚卓,才智尤为开敏。历充欧洲各国出使大臣随员、参赞,于俄、德、英、法、奥、荷、义、瑞、埃及、土耳其各国俱经游历,博访深思,凡政治、律例、学校、兵制、工商、铁路靡不研究精详,晓其利弊,不同口耳游谈,洵为今日讲求洋务最为出色有用之才。"③张之洞极为器重钱恂,先后两次向光绪帝推荐他。时人曾以《红楼梦》中王熙凤、平儿来比拟张之洞、钱恂④。

在清末,钱恂与袁世凯多有接触。"1898年钱恂奉旨入京召见,以出使大臣记名。时值戊戌变法高潮期间,袁世凯有意荐张之洞入军机处"⑤,袁世凯"将这个意思告诉了钱恂,而钱恂则是张之洞的重要助手,此时正在北京充当张之洞的代表。当天,钱恂就将袁世凯的这层意思电告张之洞"⑥,张之洞在第二天回电钱恂道:"袁如拟请召不才入京,务望力阻之。"⑦所以在戊戌变法时,钱恂成为袁世凯与张之洞沟通的桥梁,"在此类敏感政治问题上,也得了充分的信任"⑧。此后,钱恂仕途亨通,在民国时也得到袁世凯的重用。钱恂在1913

---

① 翁同龢与钱恂有亲戚关系。钱恂的父亲是钱振常。钱振常之兄钱振伦是道光十八年的进士,官至国子监司业。钱振伦是体仁阁大学士、太子太保翁心存的女婿,是大学士、两朝帝师(同治、光绪)翁同龢的姐夫。

② 翁同龢:《翁同龢日记》第6卷,中西书局2012年版,第2688页。

③ 张之洞:《保荐使才折并清单(光绪二十四年六月初一日)》,《张之洞全集》第2册,河北人民出版社1998年版,第1317页。

④ 孙宝瑄:《忘山庐日记》上册,上海古籍出版社1983年版,第372页。

⑤ 戴海斌:《钱恂:晚清外交史上的"异才"》,《江海学刊》2013年第2期。

⑥ 马勇:《戊戌政变的台前幕后》,江苏人民出版社2012年版,第449页。

⑦ 张之洞:《致京钱念劬》,《张之洞全集》第9册,河北人民出版社1998年版,第7654页。

⑧ 戴海斌:《钱恂:晚清外交史上的"异才"》,《江海学刊》2013年第2期。

年被征为总统府顾问,又在 1914 年 5 月 26 日至 1916 年 6 月 29 日,成为参政院的参政。并且在章太炎被袁世凯囚禁期间,钱恂就试图调节章太炎与袁世凯的矛盾。章太炎在囚禁期间致信其妻道,"友人相助,以李柱中、钱念劬为最力。二君皆劝接眷以坚当事之心"①。钱念劬即是钱恂。"当事"即是袁世凯。所以基于钱恂与袁世凯的关系以及他的政治职务,钱恂肯定清楚袁世凯的称帝祭孔之事,甚至可能支持此事并参与其中。

　　钱恂比钱玄同大三十四岁,承担着"长兄当父"的责任。钱玄同 1906 年能到日本早稻田大学学习,1913 年及之后能在北京高校任教,都与其兄的帮助、提携密不可分。钱玄同虽"切齿纲伦斩毒蛇",可却是纲常名教中的"完人",在"子臣弟友"上"已办到完全'尽分'",其婚姻与早年事业的选择皆听从于其兄钱恂的安排,"民七提倡'新文化'打破'旧礼教'以后:他对于他哥哥,还是依旧恭顺,他总怕他哥哥看见了《新青年》"②。钱玄同在内心也十分佩服其兄,称赞钱恂"卅载周游,用新知新理,启牖颛蒙,具上说下教精神,宜为国人所矜式。一生作事,务自洁自尊,不随流俗,此特立独行气象,永诒子弟以楷模"③。

　　故而对于袁世凯"称帝祭孔"的理解,钱玄同在 1914 年与 1915 年时不会脱离其兄的影响,更不会违逆其兄。在袁世凯 1916 年 6 月 6 日去世后,钱恂逐渐脱离了政界。上文已谈及,钱玄同 1916 年 2 月 21 至 9 月 12 日前的日记是缺失的,所以钱玄同走向"反复古"的具

① 章太炎:《与汤国梨》,马勇编:《章太炎书信集》,河北人民出版社 2003 年版,第 546 页。

② 黎锦熙:《钱玄同先生传》,沈永宝编:《钱玄同印象》,学林出版社 1997 年版,第 72 页。

③ 钱玄同:《挽伯兄念劬》,《钱玄同文集》第 2 卷,中国人民大学出版社 1999 年版,第 327 页。

体时间点是模糊的。但从留存的日记来看,钱玄同在 1916 年 9 月便有"反复古"的倾向,而到 1917 年之后便越来越明显。

　　所以依据现有的日记来看,钱玄同走向"反复古"的时间点极大可能地发生在其兄钱恂 1916 年后期逐步脱离政界的时期。那么钱玄同在自述时对他"反复古"与"袁世凯称帝"之间关系的强化,很有可能带有后来建构的色彩,并不准确。目前学界比较信奉钱玄同的自述,并多从无政府主义的角度来解释钱玄同从"复古"到"反复古"的转变,认为"政局动荡又使他思想激变,开始重新认同无政府主义"①。可从私人领域来讲,其兄钱恂在 1916 年后期对政界的逐步脱离,也是理解钱玄同从"复古"走向"反复古"的重要元素之一。同时依据北京鲁迅博物馆(北京新文化运动纪念馆)所藏的钱玄同亲笔编订的有关他名与字的变迁表,他是在 1916 年 9 月 12 日后将原名"师黄""夏"改为"玄同",以展示其"反复古"之志。

三、"废汉文"及过渡方式

　　从现存的日记上看,钱玄同的"反复古",并非全然地始自袁世凯 1915 年末"称帝祭孔"之时,而极大可能是在 1916 年后期其兄钱恂逐步脱离政界之后。钱玄同对汉字的"反复古"态度也发生在 1916 年后期。这明显体现于他对《新世纪》的态度转变。1916 年 9 月 19 日他于日记中感叹:"八九年前初读《新世纪》,恶其文章鄙俚,颇不要看,后又以其报主张用世界语及吴、章嫌隙之事,尤深恶之。由今思之,此实中国始创 Anar 主义之印刷物也。"②在 1917 年 1 月 11 日他又记,"《新世纪》之报,即为吾国言 Anarhismo 之元祖,且其主张新

①　孟庆澍:《"'用石条压驼背'的医法"——无政府主义与钱玄同的激进主义语言观》,《中国现代文学研究丛刊》2005 年第 2 期。
②　杨天石主编:《钱玄同日记》,北京大学出版社 2014 年版,第 291 页。

真理,针砭旧恶俗,实为一极有价值之报"①。在 1917 年 9 月 24 日他也感慨:"阅《新世纪》。九年前阅此,觉其议论过激,颇不谓然。现在重读,乃觉其甚为和平。社会不进步欤? 抑我之知识进步欤?"②

北京鲁迅博物馆(北京新文化运动纪念馆)藏有 1919 年吴稚晖寄赠钱玄同的两帧照相片,背后皆有吴亲笔题字:一幅是"独立泰山之顶,亦未见天下之小也"(纵 9.2 厘米,横 7.6 厘米);另一副是"俯首于孔仲尼之朽骨甚恭,胡所取义耶"(纵 8.6 厘米,横 7.4 厘米)。该馆还藏有吴稚晖 1919 年 2 月 1 日致钱玄同的新年贺帖(纸本一页,纵 19 厘米,横 34.2 厘米),此贺卡的正面是用注音字母,背面的文字是汉字。该馆也藏有吴稚晖 1918 年《致钱玄同信》手稿(纸本一通十八页,每页纵 27.3厘米,横 19.3 厘米),此稿是吴稚晖就注音字母问题与钱玄同交换意见。以上照片、贺卡与书信,预示二人关系的变化,也象征着钱玄同对汉字态度的变迁,即从"汉字复古"到"废除汉字"。

从 1916 年后半期开始,钱玄同逐步进入"反复古"。尤其是他加入"五四"新文化阵营之后,他的"汉字复古"思想愈加激烈。在日记中,钱玄同认为"汉字"是"非废不可的东西"③,如"废弃汉字"成为"事实","则国民之福也,文化之福也"④。对此,钱玄同日记也分析了原因:一是"西文五经"可保存与传播中华经典的精义,他在 1916年 9 月 29 日日记中认为,"经典之精义"并非凝聚在文字里,就算将今日的中国书全部"焚毁净尽",只要有精译本的"西文五经",经典也是不会灭亡的⑤;二是汉字过于繁难,比不上西文,钱玄同在 1918

---

① 杨天石主编:《钱玄同日记》,北京大学出版社 2014 年版,第 300 页。
② 杨天石主编:《钱玄同日记》,北京大学出版社 2014 年版,第 318 页。
③ 杨天石主编:《钱玄同日记》,北京大学出版社 2014 年版,第 331 页。
④ 杨天石主编:《钱玄同日记》,北京大学出版社 2014 年版,第 388 页。
⑤ 杨天石主编:《钱玄同日记》,北京大学出版社 2014 年版,第 292 页。

年3月4日记下,"这汉文实在是要不得的东西。论其本质,为象形字之末流,为单音语之记号。其难易巧拙已不可与欧洲文字同年而语矣"①;三是汉字已是历史旧物,根本无法记载新文明新文化,他在1919年1月5日写下,"中国的语言文字总是博物院里的货色,与其用了全力去改良他,还不如用了全力来提倡一种外国语为第二国语——或简直为将来的新国语,那便更好"②;四是汉字所承载的思想不利于当下的青年,他在1918年3月4日指出,汉字书籍里面的"百分之五十五"是记载"二千年来孔门忠孝干禄","百分之二十"是"阴阳五行""三焦"等"屁话",剩下的"百分之二十五"是宣扬"说鬼谈狐""诲淫诲盗"等思想,所以"此等书籍断不可给青年阅看,一看即终身陷溺而不可救拔"③。

在"废汉文"后,应采用何种替代物,钱玄同在日记中也有相关的思考。

(一)采用 Esperanto。钱玄同在"五四"时期于日记与公开言论中皆多次强调"诚欲保种救国,非废灭汉文及中国历史不可",并指出Esperanto"为改良进化之西文,比专用某一国之西文或用拉丁文实在好得多"④。陶孟和讽刺钱玄同选择 Esperanto 是因他"未曾学过外国语者,不能示以外国语中之新天地也",毕竟"今日欲研究学问,至少必通两国文字,多则英、法、德、意、俄、日(此为吾国人言)六国文字",可"玄同乃谓须费十年,此乃教授者之不得法耳"⑤。为此钱玄同回应道,自己提倡 Esperanto,纯粹是源于自己的良心,并非标新立

---

① 杨天石主编:《钱玄同日记》,北京大学出版社 2014 年版,第 334 页。
② 杨天石主编:《钱玄同日记》,北京大学出版社 2014 年版,第 338 页。
③ 杨天石主编:《钱玄同日记》,北京大学出版社 2014 年版,第 334—335 页。
④ 杨天石主编:《钱玄同日记》,北京大学出版社 2014 年版,第 326 页。
⑤ 陶孟和:《答孙国璋先生》,《孟和文存》,上海书店出版社 2011 年版,第 178 页。

异,更非自己不通英、法、德、意等文之浅陋①。

　　可从钱玄同的日记来推测,陶孟和的说法有一定道理。在日记中,钱玄同因不懂英、德、法等语言而遭遇不少尴尬,并且他在学习英、德、法等语言时也遭受不少挫折,这些"尴尬"与"挫折"促使他去提倡 Esperanto。1917 年 1 月 3 日,他在遭遇不懂英文的尴尬之后,希望 Esperanto 能通行全球,写道:"中国大学校中请外国教员本是彼为客,而我为主,论理彼既来吾国,应通吾国语言,即曰中国今日不配语此,然外国教员不仅为英美人,以中国人对法、德人讲英国话,两面都是不相干的,岂非奇谈。吾谓异日 Esperanto 通行全球,则遇与异国人相聚一堂之时,自可于本国语外,别译为 Esp,若在今日则断当专用本国语也。"②在 1918 年 1 月 21 日,钱玄同因学习法语感到非常困难,加强了他对 Esperanto 的好感,记道:"晚至法文夜班学校听讲。今日为铎尔孟之正音及彭济群之会话。我因未曾读过,茫然不解所谓,但觉法文拼音其难几与英文相埒。于此益信 Esperanto 为改良之西文矣。"③由上可知,钱玄同对 Esperanto 的好感,也与学习英、法等语言时所遭受的挫折有一定的关系。

　　"五四"时期钱玄同的 Esperanto 主张遭遇诸多质疑。钱玄同在 1919 年 1 月 7 日写下"看《国民公报》,蓝公武有一封给傅斯年的信,同我大过不去","对于我主张废汉文的话大骂了一顿"④;1 月 8 日又记下"看一月五日《时事新报》,其中有骂我的图画,说我要废汉文用西文,苦于讲话不能酷肖西人,乃请医生把我的心挖了换上一个外

① 钱玄同:《关于 Esperanto 讨论的两个附言》,《钱玄同文集》第 1 卷,中国人民大学出版社 1999 年版,第 209 页。
② 杨天石主编:《钱玄同日记》,北京大学出版社 2014 年版,第 297 页。
③ 杨天石主编:《钱玄同日记》,北京大学出版社 2014 年版,第 330 页。
④ 杨天石主编:《钱玄同日记》,北京大学出版社 2014 年版,第 339 页。

国狗的心,于是我讲出话来和外国狗叫一样"①。除了外来的批判,《新青年》同人也不支持他。胡适就认为中国文字改革问题用 Esperanto 来解决的话,只是"想寻一条'近路'"的"偷懒的主张"而已,"不但断断办不到,还恐怕挑起许多无谓纷争,反把这问题的真相弄糊涂了",并且这很容易沦为"没有讨论的价值""只可付之一笑"的"高论"②。主张"废汉文"的鲁迅也认为"灌输正当的学术文艺,改良思想,是第一事;讨论 Esperanto,尚在其次"③。

　　针对钱玄同所遭遇的质疑,当下研究者多认为"钱玄同的世界语主张遭到了失败。1920 年以后,钱玄同就放弃了这一主张"④。但依据钱玄同日记,他在 1920 年后并没有完全放弃 Esperanto。1922 年 1 月 2 日日记记录了钱玄同尝试用 Esperanto 来制作中国音,他说:"今日至国语讲习所上课,下堂以后,有学生安毓文来谈,他是学过世界语的,他劝我在讲堂上提倡提倡世界语,此亦无所不可。但我以为世界语极应提倡,而国语及其拼音文字亦非竭力提倡不可。我因安君一说,忽然想起,何不拟一种采用世界语字母的国音字母呢? 午后回舍即草新纂国音字母二种。(一)用罗马字母的。(二)用世界语字母的。"⑤在 1922 年 3 月 30 日他写道:"日前借得世界语《新约》一部(向启明借)。今晚取其中人名、地名与汉译对照,并取注音字母译世界语之音,以比较其与汉译译音合否。"⑥在 1922 年 9 月 17 日他"用

① 杨天石主编:《钱玄同日记》,北京大学出版社 2014 年版,第 339—340 页。
② 胡适:《致钱玄同》,《胡适全集》第 23 卷,安徽教育出版社 2003 年版,第 193—194 页。
③ 鲁迅:《渡河与引路》,《鲁迅全集》第 7 卷,人民文学出版社 1981 年版,第 35 页。
④ 刘贵福:《钱玄同思想研究》,北京师范大学出版社 2011 年版,第 97 页。
⑤ 杨天石主编:《钱玄同日记》,北京大学出版社 2014 年版,第 383—384 页。
⑥ 杨天石主编:《钱玄同日记》,北京大学出版社 2014 年版,第 401 页。

Esperanto 拼中国音",发现"所修改的国音"个个都将它拼出,竟然没有一个"相混的",里面有"几个国音所用而 Esp 所没有的字母",皆可用"相近的替代"①。他 1922 年 10 月 29 日主张"以 Esperanto 补充国语",指出国语需要 Esperanto 里的"所有之音",惟有"v、h、z"三音是"国音所不用者"②。

　　并且依据日记可知,钱玄同一直未放弃在中小学设立 Esperanto 课程的设想。这一设想在"五四"时期得到蔡元培的认同与支持。蔡元培留学德国时便已自学世界语,在 1917 年就任北京大学校长后就"决定在中文系开设世界语选修课"③。钱玄同在 1918 年 1 月 26 日,记载蔡元培有在小学中增设 Esperanto 课程的想法:"蔡先生说我侪若回南,则拟办一理想的小学,其中有外国语,有 Esperanto。外国语是欲藉以输入欧化,Esperanto 则培养为将来之国文。吾谓此事如果做,做到,那真造福不浅了。"④钱玄同也建议蔡元培可在孔德中学加设 Esperanto 的课程,他在 1923 年 1 月 18 日写道:"午后四时,孔德学校开校务委员会。我以前曾经写过一封信给蔡先生,主张孔德学校中应该增加 Esp 一科,从五年级教起,而法语则改为从七年级教起(现在法语从五年级教起)。蔡先生[者]拟在今日的会中讨论,因此,我于三时半女高师授课毕后急急忙忙的赶了去,一到才知道,蔡先生已于今晨出京了。Esp 的问题今日拟不讨论。我本为这事而去,既不讨论,我也无心与会了。"⑤

　　这些日记表明,在 1920 年后钱玄同并未放弃 Esperanto,他既主张用 Esperanto 来制造国音与国语,又坚持推行在中小学设立 Espe-

---

① 杨天石主编:《钱玄同日记》,北京大学出版社 2014 年版,第 438 页。
② 杨天石主编:《钱玄同日记》,北京大学出版社 2014 年版,第 469 页。
③ 侯志平:《世界语运动在中国》,中国世界语出版社 1985 年版,第 26 页。
④ 杨天石主编:《钱玄同日记》,北京大学出版社 2014 年版,第 331 页。
⑤ 杨天石主编:《钱玄同日记》,北京大学出版社 2014 年版,第 500 页。

ranto 课程的设想。可钱玄同在 1920 年公开发表的文章中,对这些设想提及甚少。

（二）**制造拼音新文字**。在 1920 年后钱玄同虽未完全放弃 Esperanto,但在公开言论中他已逐步提倡用拼音新文字来替代汉字。在他看来,拼音新文字有注音字母与罗马字母两种类型。其一,"注音字母"是为汉字注音而设定的符号,以章太炎的记音字母为蓝本。这 39 个注音字母"原来都是中国固有的字,取那笔画极简单的,借来做注音的符号"①。注音字母在 1913 年由中国读音统一会制定,1918 年北洋政府教育部正式执行,它原有 39 个,排列照"三十六字母"顺序以"ㄍㄅ"开头,1920 年改订顺序,增加一个"ㄜ"共计达 40 个。其二,"国语罗马字"即指罗马字母式的字母,指用 26 个罗马字母作为中文拼音符号,即是用世界公用的罗马字母来标中国字的音。钱玄同在日记中虽承认注音字母是"统一国音的利器"②,但在公开言论中他更看重罗马字母,认为"注音字母虽然是改革过了的汉字,虽然是拼音的字母,但和世界的字母——罗马字母式的字母——还隔了一层",为此他提出:"汉字之根本改革"是将汉字改成"字母拼音",即现在的"注音字母";"汉字之根本改革的根本改革"是使用"罗马字母式的字母"③。

钱玄同的拼音新文字设想,在其日记中有明显的痕迹。他在 1922 年 6 月 8 日日记中表示中国将来的拼音新字要"不妨杂",一方面对于"新名词"采用"西洋原字";另一方面可在汉字里"嵌西文",

---

① 钱玄同:《论注音字母》,《钱玄同文集》第 1 卷,中国人民大学出版社 1999 年版,第 67 页。
② 杨天石主编:《钱玄同日记》,北京大学出版社 2014 年版,第 501 页。
③ 钱玄同:《汉字革命》,《钱玄同文集》第 3 卷,中国人民大学出版社 1999 年版,第 76—80 页。

而字上均标上"注音字母","以便读音"①。在 1922 年 1 月 25 日与周作人、沈兼士谈及文字改革问题时,钱玄同主张可从两方面来进行:一是改用拼音,二是句法欧化②。同年 9 月 21 日还与黎锦熙商议孔德中学的国文教科书之事,决定"一年级不用汉字,单用字母",指出"这是实行改革文字的初步"③。钱玄同在 1925 年 9 月 5 日更为激烈地主张"用活人的话,拼其音,写成活文字,发表活思想,而打倒古文,打倒汉字,打倒国粹"④。

　　钱玄同不仅提倡拼音新文字,而且在私下生活中也使用拼音新文字。北京鲁迅博物馆(北京新文化运动纪念馆)收存的五件藏品便可体现他在这方面的努力:(1)钱玄同抄写的《国音千字文》(纸本一册,纵 21 厘米,横 18 厘米),此抄稿左开横行,第一行用黑色毛笔书写汉字,第二行用红笔书写相对应的注音字母,第三行用紫色铅笔书写相对应的罗马字母;(2)钱玄同手书的化学元素表(纸本六页,纵 28.4 厘米,横 31.4 厘米),此稿标出了每一个化学元素的化学符号、国语罗马字拼法、注音字母拼法及序号;(3)钱玄同用注音字母抄写的歌谣(纸本一册,纵 28 厘米,横 24.5 厘米),此稿是用拼音新文字来记录方言方音,以使注音字母成为"歌谣的音标"⑤;(4)吴稚晖 1919 年 2 月 1 日致钱玄同的新年贺帖,此贺卡的正面是用注音字母,背面是汉字(纸张一页,纵 19 厘米,横 34.2 厘米);(5)钱玄同对赵元任著的国语罗马字与国际音标的对照表进行批注的原件(纸张一页,纵 28 厘米,横 21.7 厘米)。

　　北京鲁迅博物馆(北京新文化运动纪念馆)还藏有钱玄同撰写的

---

① 杨天石主编:《钱玄同日记》,北京大学出版社 2014 年版,第 416 页。

② 杨天石主编:《钱玄同日记》,北京大学出版社 2014 年版,第 389 页。

③ 杨天石主编:《钱玄同日记》,北京大学出版社 2014 年版,第 440 页。

④ 杨天石主编:《钱玄同日记》,北京大学出版社 2014 年版,第 653 页。

⑤ 钱玄同:《歌谣音标私议》,《钱玄同文集》第 3 卷,中国人民大学出版社 1999 年版,第 141 页。

《呈大学院请公布国语罗马字拼音法式》手稿。此稿写于 1928 年 8 月 3 日,阐述了拼音法式应公布的理由,言辞恳切,至今未发表。钱玄同在此稿写下:

> 　　呈为请公布国语罗马字拼音法式事。窃查统一国语,当以统一国音为首务,而表示国音,非有精确适用之国音字母不可。故民国元年,前教育部特开读音统一会,制定注音字母,该项字母,曾于七年十一月由前教育部正式公布在案。惟注音字母虽于普通教育极为便用,而罗马字母在学术上、在国际上,应用极广,已成为全世界之公用字母。从前因标准国音未曾规定,故国人尚未措意及之。遇有需用,大都随意拼切,不特读音无一定之标准,即字母之取用亦至为纷杂。惟前驻华英使威妥玛所拟之法式,拼音较为精切,行用亦较广,而缺点尚颇不少。前国语统一筹备会因此于十二年第五次全体大会中议决,组织“罗马字母拼音研究委员会”。该委员会成立以后,蒐罗材料,调查实况,专家意见则广事征求,国外学者亦通函讨论,研究两载有余,制定国语罗马字拼音法式,作为国音字母第二式,与第一式之注音字母相辅而行,于十五年九月召集全体委员正式通过。查此国语罗马字拼音法式,对于中国语言中与声韵有同样重要之声调,即旧所谓四声者,悉加分别,一洗从前拼法将同音异调者混用一形之弊,亦不采用以符号分别声调之法。因用符号,则书写既苦繁芜,印刷尤多障碍。故用不同之拼法以分别声调,而此种种不同之拼法,务使有合于罗马字母之习惯的拼法,庶形式得免于奇觚吊诡之病,阅读不致感佶屈聱牙之苦。将此不同之拼法约为条例九则,尚颇简单明了,又因威妥玛式虽缺点尚多,而施用较广,故凡可以沿用者悉不更改。综观此式,在标音上分别不厌精详,在形式上拼切务求平易,实为简当可行。当此式制成之日,北平

已在反动势力之下,而国民政府尚远在南服,北伐之师初兴,不免形格势禁,迫不得已,只能将此法式印为小册,于十五年十一月暂用国语统一筹备会名义布告社会。今幸北平已告底定,统一即在目前,建设事业,百端待举,此国语罗马字拼音法式,对于学术上专名术语之音译,图书上目录索引之编排,邮务电报、铁路以及各机关或私人种种名称译音之正确与统一,在在皆为需要孔亟之一物,拟请钧院迅予正式公布,以便传习而利通行,实为公便。谨呈大学院院长。国语统一会筹备员钱玄同、黎锦熙谨呈。

钱玄同撰写的《呈大学院请公布国语罗马字拼音法式》之手稿,上面有黎锦熙用铅笔修正之痕迹。1928 年,南京国民政府成立,蔡元培就任当时最高教育机关大学院的院长。钱玄同、黎锦熙以国语统一筹备会的名义函请大学院颁布"国语罗马字拼音法式"。同年 9 月 16 日,大学院正式颁布《国语罗马字拼音法式》,使国语罗马字获得官方的承认。这也是钱玄同"新拼音文字"理想的一次实践。

(三)采用简体字。"五四"后期的钱玄同在提倡以拼音新文字来替代汉字的同时,也积极主张对汉字的简化。在他看来,"改用拼音"为"治本"的办法,无法立即实现,但是"现行的汉字,笔画太多,书写费时,是一种不适用的符号",并且"现行汉字在学术上、教育上的作梗,已经到了火烧眉毛的地步,不可不亟图补救的方法",所以进行"减省现行汉字"实是"目前最切要的办法"①。

对简体字的设想也体现于钱玄同日记之中。在 1922 年 1 月 25

---

① 钱玄同:《减省现行汉字的笔画案》,《钱玄同文集》第 3 卷,中国人民大学出版社 1999 年版,第 85 页。

日他指出"汉字未灭之时,必须大大地采用简体字,极古与极俗均可采用",比如"'集'可作'��'"①。在 1922 年 4 月 18 日,他说"至教育部访劢西,谈简笔字问题,我打算我干"②。在 1922 年 6 月 1 日,他认为除了简笔字之外还须"大大的裁减汉字",指出:可将"古、俗之一字通作数用者均合之",以"国音音同"为标准,"古者"如"'琥珀'作'虎魄'、'胭脂'作'燕支'","今者"如"'舅、舊、旧'同作一'旧'",这样既能"可少识字",又会使"同音字减少",从而"减之又减,而拼音字成矣"③。在 1922 年 6 月 4 日,他认为"鳝鱼,醃肉,白麵"可简化为"善鱼,咸肉,白面"④。在 1922 年 6 月 8 日他指出,汉字改良既要"笔划简少",也需"文字省并",从而凡是同音字"古俗曾通用者",均可通用,"只用一以删其余"⑤。

北京鲁迅博物馆(北京新文化运动纪念馆)藏有钱玄同 1922 年编写的《简笔字初稿》手稿。此手稿的封面是用注音字母所写的"简笔字,初稿。钱玄同,Aprilo,1922"。钱玄同在此稿将"��""什""仁""仆""仇""今""仕""仍""介""仗""付""仙""令""代""令""仲"等字作为简化的汉字。钱玄同在 1920 年的《减省汉字笔画的提议》中就提及"对于汉字形体难写的改良"的计划:"现在打定主意,从一九二〇年一月起,来做一部书,选取普通常用的字约三千左右,凡笔画繁复的,都定他一个较简单的写法,——那本来笔画很简的,如'一'、'二'、'上'、'下'、'天'、'人'、'尺'、'寸'等字,自然无须改作。就是在十画以内的字,如其没有更简的写法,也可以不必改。照

---

① 杨天石主编:《钱玄同日记》,北京大学出版社 2014 年版,第 389 页。
② 杨天石主编:《钱玄同日记》,北京大学出版社 2014 年版,第 405 页。
③ 杨天石主编:《钱玄同日记》,北京大学出版社 2014 年版,第 412 页。
④ 杨天石主编:《钱玄同日记》,北京大学出版社 2014 年版,第 413 页。
⑤ 杨天石主编:《钱玄同日记》,北京大学出版社 2014 年版,第 415 页。

此办法,预计这三千字的笔画,平均总可减少一半。"①北京鲁迅博物馆(北京新文化运动纪念馆)所藏的《简笔字初稿》手稿正是此计划的产物。遗憾的是,《简笔字初稿》最终没有编订完成。

北京鲁迅博物馆(北京新文化运动纪念馆)还藏有钱玄同编纂的《隶书中可用之简体字》手稿(纸本一册,纵24.5厘米,横20.5厘米)。钱玄同在此稿中,将隶书中的"惠""无""卒""祭""逸""武"等字,纳为可用之简体字。钱玄同在公开的文章中,认为简体字可从"现在通行的俗体字""宋元以来小说等书中俗字""章草""行书与今草""《说文》中笔画简少的异体""碑碣上的别字"②等六处取材,而未提及从隶书中取材。这本《隶书中可用之简体字》手稿非常珍贵,表明钱玄同对简体字的思考范围,已逐步扩大。

1922年8月,钱玄同于教育部国语统一筹备会第四次常年大会上提出《减省现行汉字的笔画案》,认为"改用拼音是治本的办法,减省现行汉字的笔画是'治标'的办法③。关于此提案的结果,钱玄同在1922年8月15日日记中记下:"钱玄同'减省汉字笔划案'议决通过。组织一个汉字省体委员会",并拟定钱玄同、陆基、胡适、王璞、杨树达、方毅、廖立勋、黎锦熙、沈兼士、周作人、赵纶士等十三人为委员④。后在1934年国语委员会第二十九次常务委员会上,钱玄同又提出《搜集固有而较适用的简体字方案》,教育部予以通过,并委任钱玄同等人起草《简化字谱》。北京鲁迅博物馆(北京新文化运动纪念

---

① 钱玄同:《减省汉字笔画的提议》,《钱玄同文集》第1卷,中国人民大学出版社1999年版,第401页。

② 钱玄同:《搜采固有而较适用的"简体字"案》,《钱玄同文集》第3卷,中国人民大学出版社1999年版,第471—472页。

③ 钱玄同:《减省现行汉字的笔画案》,《钱玄同文集》第3卷,中国人民大学出版社1999年版,第85页。

④ 杨天石主编:《钱玄同日记》,北京大学出版社2014年版,第427页。

馆)藏有 1935 年 1 月 29 日黎锦熙、汪怡《关于教育部讨论公布简体字的会议情况致钱玄同函》(纸本一通三页,每页纵 26.2 厘米,横 18.2 厘米)。黎锦熙、汪怡在信中写道:

> 此简体字的决议,是一致赞成先生主张(未示原笺,不知部中何人没收了,好在有了油印本,且已寄北报矣),即席公推先生完成《实用简体字表》,注意暂不求备,作数次陆续公布亦可,春假时公布第一批,俾各家据以编入读本。故此事要请先生作为未了案之最急重者矣,要请多把几夜三点睡觉矣,非"受命"也,恐过时"不能令"也。

1936 年 6 月钱玄同等人完成《第一批简体字表》草稿。同年 8 月,教育部公布《第一批简体字表》,并颁布《各省市教育行政机关推行部颁简体字办法》,规定从 1936 年 7 月起学校的考试答案皆需采用简体字。这里面的一些简体字沿用至今,如"東"简化为"东",再如"個"简化为"个"。

四、"废汉文"时的犹豫

钱玄同在公开言论中,以"非'改弦而张之'不可"的决绝态度来提倡"废汉文"的汉字革命,认为:"应该明目张胆地鼓吹革命:对于旧的,尽力攻击,期其破坏,消灭;对于新的,尽力提倡,期其成立,发展。这才是正当的行为! 要是既想改革,又怕旧势力的厉害,于是做出遮遮掩掩、偷偷摸摸的样子,说上许多不痛不痒的话,对于四面八方一律讨好,希望做到什么'妥协'、什么'调和'的地步,那是一定不会有好结果的;不但没有好结果,而且还要发生'是非混淆'、'新旧糅杂'的坏现象",所以对于"社会上那些'骸骨之迷恋者'"要"明目张胆地说一声'不要汉字'"①。但依据北京鲁迅博物馆(北京新文化运动纪念馆)中的钱玄同文物,并借助钱玄同的日记,可知钱玄同在"废汉文"时内心是复杂的,并非完全如他在公开言论中所宣扬的那般决绝。

(一)**不断改动的手稿**。北京鲁迅博物馆(北京新文化运动纪念馆)藏有《汉字革命与国故》的手稿。此手稿字迹潦草,既有黑色笔改动的痕迹,亦有红色笔改动的记录,改动很大,大概修改了68处。这可看出钱玄同写作时的思路在不断地进行调整,例如手稿上的开头是"汉字革命的目的,要把国故写成拼音文字,要采用世界通用的罗马字母来做国语拼音文字的字母",最后被改为"我是主张汉字革命的一个人。我主张把国语写成拼音文字,我主张采用世界通用的罗马字母来做国语拼音文字的字母";又如正文中的"我从现在和将来的教育和文化普及上着想,断定国语应该用拼音文字"被改为"我从教育普及和文化革新上研究,断定国语应该采用罗马字母";再如正文中的"但是据我看来,这全是外行话"被改成"但是据我看来,那种议论简直是不通得很"。此稿中几乎每段话皆有大量改动的痕迹,尤其是文章的最后部分被反复地修改与增添,使得此手稿有密密麻麻的改动笔迹,很难辨认。

《汉字革命与国故》手稿的修改痕迹,反映出钱玄同对此问题的思考处于流动、不成熟的状态。这可从他的日记中找到明确的证据。在1923年11月16日他记下,"撰《汉字革命与国故》一文,起了一个全不相干之头,做不下去,只好不做了"②;在17日他又记下"午后撰文,做了许多,觉得甚不恰意,仍未做完"③;继而在20日他再写下

---

① 钱玄同:《汉字革命》,《钱玄同文集》第3卷,中国人民大学出版社1999年版,第60页。
② 杨天石主编:《钱玄同日记》,北京大学出版社2014年版,第559页。
③ 杨天石主编:《钱玄同日记》,北京大学出版社2014年版,第559页。

"师大、女高师本星期起均罢课了,故今日无事,便将《汉字革命与国故》一文做完,一共二千字光景,真是不知所云,姑且封好,明天送交伏园"①。钱玄同的无能为力、纠结尽在字里行间。这些日记中的"做不下去""甚不恰意""不知所云"等语,暴露了钱玄同内心私密性的情感活动,表明《汉字革命与国故》一文只是钱玄同逼迫自己写的文章,并非是他准备充分与思想成熟之产物。

　　北京鲁迅博物馆(北京新文化运动纪念馆)藏有《汉字革命》一文印本的钱玄同校对稿。在此校对稿中,钱玄同的校改痕迹较多,涂抹之处亦有不少。例如《汉字革命》的原题目可能是《汉字中革命》或者是《汉字与革命》,再如正文中的"汉字改革的事业,才有成立"被改为"汉字改革的事业才有成功"。最有意味的是,钱玄同将印稿中的简体字改为繁体字,比如正文中的"聲討旧文学"被改为"聲討舊文學"。这些改动,蕴含着钱玄同当时极为微妙的心理。此种微妙心理,可从其日记中找到相关的线索。钱玄同在 1923 年 1 月 17 日自嘲道:"将《汉字革命》稿又略略修改了一些,决定明日寄出。汉字在将来总是废得成的,不过究竟在若干年之后,则此次实难有把握,我那篇文章上以十年为期,这不过聊作快语,以鼓励同志罢了。实际上恐未必能够这样的如心如意。"②《汉字革命》本是钱玄同以"非'改弦而更张之'不可"③的决绝态度来提倡"废汉文"的文章,也被黎锦熙称为"废汉文"中"放一大炮"之文④。可钱玄同日记中的"实难有把握""聊作快语""鼓励同志罢了"等语却暴露出他在写作《汉

---

①　杨天石主编:《钱玄同日记》,北京大学出版社 2014 年版,第 560 页。

②　杨天石主编:《钱玄同日记》,北京大学出版社 2014 年版,第 499 页。

③　钱玄同:《汉字革命》,《钱玄同文集》第 3 卷,中国人民大学出版社 1999 年版,第 60 页。

④　黎锦熙:《钱玄同先生传》,沈永宝编:《钱玄同印象》,学林出版社 1997 年版,第 48 页。

字革命》时的不自信与无力之感,让人感受他当时内心难以割舍而又
无能为力的精神状态。

　　除了《汉字革命与国故》《汉字革命》二文,钱玄同所写的其他
"废汉文"文章多有"为写而写"的可能性。这一点仍可从其日记中
找到不少的证明。例如在1918年1月13日钱玄同写下,"下午作致
陶孟和信,论 Esperanto,写至十时许始完,但写的甚不惬意,脑子甚
乱,即再做也做不好"①。《致陶孟和信》一文是钱玄同回应陶孟和关
于"废汉文"的质疑。在此文中,钱玄同仍坚持的是以进化论为中心
的世界大同观,认为 Esperanto"拼法简易,发音有定则","宜采入国
语"②。可此文并未解决陶孟和所提出的"一民族有一民族之言语"
"关于世界语最大之问题,厥为世界主义之观念"等问题③。并且由
日记可知,钱玄同回应陶孟和的信,写得比较勉强,有"硬凑"之感。
而其中的"写的甚不惬意,脑子甚乱"等语,也表明钱玄同已意识到此
文根本无法反驳陶孟和对 Esperanto 的质疑。

　　"日记"本来"不会像自传那样展开自我塑造或给自我披上伪
装,而是毫无防备地打开自己的心扉,摘去日常生活中示于外人的面
具,因此它具有其他文体难以企及的真诚与自由"④。而钱玄同写日
记,是为自我寻求心灵的安顿,其日记亦是其自我表白与内在情感宣
泄的工具。所以关于他对"废汉文"的态度,其日记的记录比公开言
论更具心灵上的真实性。而北京鲁迅博物馆(北京新文化运动纪念

---

① 杨天石主编:《钱玄同日记》,北京大学出版社2014年版,第328页。
② 钱玄同:《答陶履公论 Esperanto》,《钱玄同文集》第1卷,中国人民大学出版
　社1999年版,第100页。
③ 陶孟和:《致陈独秀先生》,《孟和文存》,上海书店出版社2011年版,第176—
　177页。
④ 张高杰:《中国现代作家日记研究》,中国社会科学出版社2014年版,第10—
　11页。

馆)所藏的《汉字革命与国故》《汉字革命》等手稿上的改动状态,亦能印证钱玄同在"废汉文"时备受煎熬而有心无力之状态。

(二)钱玄同未发表的藏信。北京鲁迅博物馆(北京新文化运动纪念馆)珍藏有三封他人致信钱玄同的手稿原件。这三封信件讨论的皆是钱玄同"废汉文"主张,表示支持赞赏,且均未公开发表,乃是钱玄同私下的收藏。从时间上看,皆是在 1920 年前后寄给他的,正值钱玄同"废汉文"主张备受质疑之时,可钱玄同却并不将此三封信公开发表,这或许投射出他在"废汉文"时的矛盾心理。

1. 张晋安在 1920 年以后致胡适、陈独秀、钱玄同的书信(纸本线装一通十页,每页纵 22.3 厘米、横 14.6 厘米)①。张晋安在信中,希望《新青年》能够继续提倡"废汉文",言道:"《新青年》杂志全卷,弟均阅完。对于先生等的议论,实是佩服的很,就中文学革命一事,弟尤十分赞成。关于汉文应当改革,不能存在的理由,诸位先生在《新青年》讨论得明明白白,不用弟再重叙。惟是废除汉文一事,因种种困难和阻力,实行的希望尚遥遥无期。贵志自七卷以来,对于这个问题似有一些冷淡,弟以为中国若欲普及教育,必须先从改革文字入手不可,此事虽难,也得设法去干一下子,也不必管傍人反对不反对,或是学外国不学外国。文字这个东西,无非是人生日用的个工具,现在这个东西适用,咱就留着,不适用咱就抛了,另找傍的。譬如早先年由燧石取火,现在有了火柴,比燧石利便的多,咱们就赶快把燧石抛了,改用火柴,何用管他国粹不国粹、历史不历史。中国古时文字改革,有好几次在周秦汉时代甚么籀文、甚么大篆改革的最凶,现在翻翻古书,从未见古人有一个反对的。现在那些国粹党,对于文学革新的

---

① 张晋安在信中提到《新青年》自第七卷以后对于汉文改革问题"似有一些冷淡",表明此信是写于 1920 年以后。其中"废除汉文一事"之"废",原作"费"。

人，不是说‘数典忘祖’，就是说‘率兽食人’，那些老顽固只知迷古，作破纸堆的忠臣，却不学古人那份改革能力。像这样腐败式的国粹党，不但不能保存国粹，真正是国粹的蟊贼。古人有知，当必斥为该死的东西。”

2. 在日本京都大学学习的安体诚在1920年2月18日致钱玄同书信（纸本一通七页，每页纵22.3厘米，横14.6厘米）。钱玄同视“减省现行汉字”为“废汉文”前的治标办法，故在《新青年》1920年2月1日发表《减省汉字笔画的提议》。安体诚对于钱玄同《减省汉字笔画的提议》非常赞同，致信道：“（一）贵提议很有代表众望的性质。因为汉字底实用上和用汉字的人底心理上——除了迷古派、惮改派——差不多对于繁难的汉字，早起反抗和不信任了！况且从前中国的情形，多半可以说是搀着‘字用人’的关系——人用于字——（科举时代写字作‘积字’——不是文章——不避圣讳就犯罪，写减笔字就遭驳斥……字管人的权力很大，只有不想作官僚的平民，写豆付账，抄唱本倒真能从人用字得以自由。）到如今，我们明白了人事该以人为本——人道——自然要照着平民的自由，不得不变为‘人用字’的关系——字用于人——了！贵提议，不但很得我底同情，一定还能得公众底赞成，因为我想大家都该尊重‘真理’‘实用’。（二）贵提议是负责任的提议。提议中说：‘现在打定主义，从一九二〇年一月起来作一部书……’有主意，有预算，有方法，说了话负责任，这才是热心的提议，有益的发言。我想若是提议讲和等等，也当如此；发那主张公理正义等等的言，也当如此！……皆当如此！”

3. 施存统在1919年11月11日致钱玄同的书信（纸本一通二页，每页纵29.5厘米，横18.4厘米）。施存统在信中，景仰钱玄同“废汉文”时的无畏精神，指出自己及同学也在模仿这种无畏精神：“我在《浙江新潮》上发表了一篇《非孝》，弄得反对唾骂的人满于全省，这真好有趣呵！我记得先生主张废汉文，反对唾骂的人满于全国，上海的《时事新报》天天以骂先生为业,先生都不以为意。我现在也和先生一样,随他们去反对去唾骂罢!"

钱玄同"五四"时的"废汉文"主张遭遇不少反对,反对者视钱玄同为令人"胆战心惊"的"精神病患者"①。《新青年》同人对"废汉文"也十分犹疑。陈独秀认为这属于"用石条压驼背"的极端"医法"②。胡适批评钱玄同的极端,认为"中国文字问题"并非简单的事,"须有十二分的耐性,十二分的细心,方才可望稍稍找得出一个头绪来",不可"抄近路"③。在备受质疑之时,钱玄同的支持者并不多,他的"废汉文"主张极需后援。可钱玄同却没有公开发表张晋安等人所写的支持他"废汉文"的三封信件。并且这三封信的写作时间皆在1920年左右,钱玄同当时在《新青年》的编辑权尚未失去,他完全有能力将此三信在《新青年》上发表出来。钱玄同来往的信件保存下来的并不多,而这些支持他的信件却能留存至今,也能折射出钱玄同对于"废汉文"略显矛盾的隐秘心理。

通过藏品与日记可知,钱玄同在"废汉文"时的心理并非如他公开所宣扬的那般坚决与无所畏惧。钱玄同在1923年8月19日致信周作人,就吐露了自己"废汉文"时的"有心无力",感叹"废汉语则不可能的。但我总想去做"④。这一点他在日记中也多次表达,譬如他在1923年1月3日写道:"满清政府杀了谭嗣同等六人,便促进了变法的事业","又杀了徐锡麟诸人,便促进了革命的运动。照此看来,凡革新事业,多一个牺牲的人,在时间上便可提早实现。那么,我们

---

① 林语堂:《我这一生——林语堂口述自传》,江苏人民出版社2014年版,第64页。
② 陈独秀:《本志罪案之答辩书》,《新青年》第6卷第1号,1919年。
③ 胡适:《致钱玄同》,《胡适全集》第23卷,安徽教育出版社2003年版,第193页。
④ 钱玄同:《1923年8月19日致周作人》,《钱玄同文集》第6卷,中国人民大学出版社2000年版,第64页。

若肯为了'纲伦革命'和'汉字革命'而牺牲,甚且至于流血,则新家庭和拼音新文字必可提早实现。这种牺牲是最值得的。我于是便问我自己道:'玄同! 你肯这样光荣的牺牲吗?'但答案却是'……'!"①此日记中的"……",已将钱玄同心中的犹豫与无力之感尽诉笔端。

　　钱玄同由"汉字复古"到"废汉文"的心灵历程是曲折发展的,并非是单一的"直线"脉络。上文所涉及的钱玄同日记与北京鲁迅博物馆(北京新文化运动纪念馆)的钱玄同文物,在揭示钱玄同从"复古"到"反复古"过程中的心理方面有着特殊的价值,展示出其师章太炎与其兄钱恂带给他的影响,也表明钱玄同当时对"袁世凯复辟"的态度未有他后来追忆的那般愤怒,亦呈现了钱玄同对"废汉文"在私人领域的思考与实践,更能让人感受到钱玄同在"废汉文"时的有心无力与犹豫。"日记"与"文物"本是钱玄同人生中的有机组成部分,是探寻钱玄同心灵史的重要参照。重新阐释其留世的"日记"与"文物",就是重新发掘钱玄同思想,是在钱玄同内部找到对其进行重新研究的起点。如果将其与钱玄同的公开言论相互印证,不仅能从长时段绘制钱玄同思想变迁的全景,使得钱玄同形象更为完整与准确;也可对"五四"学人在进行现代思想、语言变革时的心理状态有更深刻与细致的把握,使"五四"新文化研究更富有历史的温度。

---

① 杨天石主编:《钱玄同日记》,北京大学出版社 2014 年版,第 494 页。

结语　并非"扩音器"

——重评钱玄同在"五四"新文化运动中的作用

　　目前研究者多将钱玄同视为"五四"新文化运动①中的"扩音器"。譬如王富仁认为,"大凡一个社会运动,正像一次文艺演出,是少数人向有着相当距离的观众的表演,它的声音绝不能像平常谈话一样大小。只有将其声音在原来基础上扩大,才能够引起广大公众的注意,实现自己的社会目的。钱玄同在五四新文化运动中起的作用,便是这样一个扩音器的作用。他把五四新文化运动的声音提高了整整八度,从而扩大了它的影响"②。此种定义,并未触及钱玄同的本质,弱化了钱玄同的历史作用。在新文化运动中,钱玄同利用中国传统学问中的经学、小学资源来建设"五四"思想革命、文学革命、汉字革命,使他有自己独立、独特的"声音",并非只是"鲁迅声音""胡适声音""陈独秀声音"的"扩音器"。本结语重述前文的观点,以

————————

① "五四"新文化运动的起止时间,一直是学界的争论话题。当下的中国现代文学史教材,多将1915年《青年杂志》的创刊作为"五四"新文化运动的起点,而将1928年开始的无产阶级文学运动("普罗文学")的兴起作为"五四"新文化运动的落幕。但钱玄同作为"五四"新文化的主将,在1928年后依然坚持"五四"时的文化思路,继续推动新文化的向前发展,使得"五四"新文化作为一种结构性的存在贯穿于中国现代文化思想的变革之中。

② 王富仁:《五四新文化运动的扩音器——钱玄同印象》,《王富仁学术文集》第2卷,北岳文艺出版社2021年版,第16页。

求整体性地展示钱玄同在"五四"新文化运动中的历史贡献。

一、在思想革命中的作用：从经学内部反叛传统

当下的"五四"新文化史很少谈及中国经学变革之于"五四"思想革命的作用，并多采用"冲击—回应"①的理论框架，认为新文化的发生源于西方文化的冲击。不可否认，"五四"思想的发生、发展离不开西方文化的启发。但此种"冲击—回应"模式一旦绝对化，会低估钱玄同等人从传统经学内部寻求中国文化变革的努力。"五四"时钱玄同转化了清末时章太炎与康有为的经学资源。在清末，章太炎与康有为的经学思想属于截然相反的"两个极端"，章太炎"专信古文，而认今文为全非"，康有为则"专信今文，而认古文为全非"②。钱玄同延续章、康二人的"不信"态度，却否定他们所"相信"的内容，颠覆所有经书，从经学内部获得反叛传统的可能性。

以儒家"六经"为核心的经学体系，是中华文明的根源所在。从秦汉至明清，"经"是"中国民族无上之法典，思想与行为、政治与风习，皆不能出其轨范"③，为万古长存之道，是儒家伦理立足之基。"五四"学人进行思想革命时，首先质疑的便是中国传统经学，视经学伦理为"以己属人之奴隶道德"④、"无主名无意识的杀人团"⑤、"历

---

①　"冲击与回应"的理论来自费正清等人的《冲击与回应——从历史文献看近代中国》。费正清等认为："我们斗胆假设'西方冲击'曾发生在前，仅仅是因为我们称之为'中国回应'的行为发生在后。"（美）费正清、邓嗣禹著，陈少卿译，《冲击与回应——从历史文献看近代中国》，民主建设出版社2019年版，第9页。

②　转引自任访秋：《中国近代文学作家论》，河南人民出版社1984年版，第326页。

③　蒙文通：《经学抉原》，上海人民出版社2006年版，第209页。

④　陈独秀：《一九一六年》，《青年杂志》第1卷第5号，1916年。

⑤　唐俟（鲁迅）：《我之节烈观》，《新青年》第5卷第2号，1918年。

代帝王专制之护符"①。在质疑传统经学时,鲁迅借用了尼采等哲人的学说,周作人依傍于蔼理斯等学人的思想,陈独秀依靠于法兰西革命思想,李大钊凭借着马克思主义传统。这些学人以西方现代文明的眼光,从外部批判传统经学所产生的尊卑有序的纲常阶级制、以家族为本位的宗法伦理、禁锢个性的精神专制。因鲁迅等人的引领,《新青年》等杂志多是以域外视角来抨击经学。钱玄同在《新青年》等杂志上发表了不少文章来响应鲁迅等人的思路,尝试站在西学的人道主义与个性主义立场来控诉经学伦理的"吃人性",并反思"经学"被"权力"左右后所带来的"奴性文化",可这些文章是《新青年》等杂志语境之产物,缺乏思想的突破性与独创性。

　　对经学的外部攻击,钱玄同比不过鲁迅等人。但钱玄同对经学的内部性突围,却发挥了鲁迅等人无法替代的作用。钱玄同"大逆不道"地夷"经"为"史料"②,认为《书》《礼》《春经》等"经"只是古时的"史料"③。在他看来,"'经'是什么? 它是古代史料的一部分,有的是思想史料,有的是文学史料,有的是政治史料,有的是其他国故的史料"④。"经"一旦成了真伪难分的"史料",会使"经学"的"宫殿"被拆分成一堆"砖""瓦""土块""木材"等材料,最终让这座神圣的"宫殿"轰然倒塌。"经"的史料化过程,是其常道、常法价值消亡的过程,那么依附于其中的传统儒家伦理道德也会丧失生存之基。并且当"经"成为材料之后,后人便有资格对其进行整理、审视、评价,使新文化运动获得了反传统的历史合法性。这从传统经学内部颠覆了

----

① 李大钊:《孔子与宪法》,《李大钊全集》第 1 卷,人民出版社 2013 年版,第 423 页。
② 钱玄同:《研究国学应该首先知道的事》,《读书杂志》1923 年第 12 期。
③ 疑古玄同(钱玄同):《废话》,《语丝》1925 年第 54 期。
④ 钱玄同:《重论经今古文学问题》,《钱玄同文集》第 4 卷,中国人民大学出版社 1999 年版,第 138 页。

"天不变,道亦不变"的经学伦理秩序,具有彻底的反传统意义。

　　钱玄同对"经"的史料处理,来源于其师章太炎的"六经皆史"观①。在章太炎看来,"经"即"史"②,其作用在于"存古"而非"适今"③。"六经皆史"的提法,并非章太炎的原创,前辈学人章学诚就已提出。但章学诚是为将"史"提升到"经"的位置,而章太炎则贬"经"为"史",所以二人对"经"的态度完全相反。章太炎让"经"史学化,否定了康有为等今文学家的"孔教"说。清末以来,康有为等人"俦孔子于基督"④,视"六经"为"教义",用"共尊孔子"的文化统一性来跨越满汉对立的种族界限,以实现"尊孔保皇"的政治理想。而章太炎用"六经皆史",视孔子为历史学家,瓦解了康有为等今文学家的"共尊孔子"设想。这对其弟子影响深远。钱玄同多次承认他接受其师章太炎"经为古史之说"⑤,并延续其师思路,反对康有为等今文学家对孔子、儒经的宗教化,指出孔子只是历史中的人物,而儒家学说无法融合于现代社会⑥。

　　章太炎夷"经"为"史"的做法在清末时较为极端。清末时,古文经学与今文经学处于博弈中。章太炎的本意是想颠覆康有为等今文学家对孔子的宗教化处理,可"为了瓦解今文经学,而将经学视为史籍,经学一旦成为史籍,无形中,却连古文经学视经为'法'的意义,也被完全瓦解"⑦。章太炎夷"经"为"史",颠覆了所有经书(古文经与

① 拙文《钱玄同的思想革命论对章太炎"黜经为史"观的发展》(《中国现代文学研究丛刊》2020 年第 3 期)对此有详细的论述。

② 独角(章太炎):《论经的大意》,《教育今语杂志》1910 年第 2 期。

③ 章太炎:《与人论〈朴学报〉书》,《章太炎全集·书信集》,上海人民出版社2017 年版,第 231 页。

④ 梁启超:《清代学术概论》,中国人民大学出版社 2004 年版,第 201 页。

⑤ 杨天石主编:《钱玄同日记》,北京大学出版社 2014 年版,第 1286 页。

⑥ 钱玄同:《致陈独秀》,《新青年》第 3 卷第 4 号,1917 年。

⑦ 陈壁生:《经学的瓦解》,华东师范大学出版社 2014 年版,第 43 页。

今文经)的"法"之意义。钱玄同比其师更极端,夷"经"为"史料"。"史"与"史料"虽只有一字之差,意义却是天渊之别:"史"是史家实录的有生命温度的人类社会,寓含着史家的学问精神与时代关怀;"史料"却是一堆凌乱无序的"冷冰冰"的材料,其价值是需要史家来进行判定的。"经"成为"史",虽丧失跨越古今的"常道"价值,可它仍是一个国家民族的文化记忆;但"经"成了"史料",其资治、借鉴、垂训、治乱兴衰的"信史"价值与政治功能就会被瓦解。

在传统文化视域中,原始的"六经"是中华文明的基本价值,不同时代的解经师以"原经"为根柢,"通过说经、注经的方式,以表达他们对理想的政治、良善的礼俗、有意义的生活的追求,并以此影响政治、社会"①。那么以"六经"为本源的经学伦理体系,不仅有"原经",更包含着历朝历代的解经师对"原经"进行的"传""笺""解""注""疏""说""诂""训"。这些"解""疏"等是历代的政治、学术、文化等方面智慧的汇聚,让"原经"获得新的时代生命力。但钱玄同夷"经"为"史料",彻底否定了"经"的发展史,因为当"原经"只是"史料"时,它就没有超越时代的普世性,根本无法参与不同时代的思想建构,那么这些关于"史料"的"解""疏"等自然丧失意义。按照钱玄同的说法,这些"解""疏"等之于"原经"的"新解释"是"空的",是后世强加的"人参汤与强心针",那么"经"在不同时代的"新生命"亦是"假的"②。故而汉儒"妖妄"的"微言大义"、宋代理学"专制"的"奴隶的道德"都与"原经"无关,反而使"真相益晦"③。

钱玄同用史料的方式,分离"经"与历代"注""疏"间的关联,使

---

① 陈壁生:《经学、制度与生活——〈论语〉"父子相隐"章疏证》,华东师范大学出版社 2010 年版,第 5 页。

② 疑古玄同(钱玄同):《废话》,《语丝》1925 年第 54 期。

③ 杨天石主编:《钱玄同日记》,北京大学出版社 2014 年版,第 676 页。

"经"失去了"生命力",将以"六经"为核心的经学体系压缩成一堆被"史料化"的"原经"。例如,祛除关于《诗经》的历代注疏,《诗经》仅剩下"光秃秃的诗句"①,《诗》教"温柔敦厚"的涵义随即消失。由此类推,废除历代的"注""疏"等,"经"的价值只能留存于文献学的层面,疏通知远的《书》教、广博易良的《乐》教、絜静精微的《易》教、恭俭庄敬的《礼》教、属辞比事的《春秋》教②也会不复存在。这是以"经学"的名义架空了"经学",使"经"成为历史博物馆中的一堆"材料",釜底抽薪地否定了"经"以及以它为中心的传统伦理参与新时代思想建构的可能性。

成为"史料"的"六经",又被钱玄同用西方学科类别进行归纳:《诗经》被归入文学学科,成为研究中国早期白话诗歌的材料③;《尚书》被归入历史学科,是"一些不甚可靠的古史史料"④;《礼》亦归入历史学科,是周朝时候"琐碎繁缛的无谓的节文"⑤,为研究早期宗教、制度及风俗的历史材料;"乐本无经"⑥,不用分析;《易》为"原始的易卦",其中的《象传》《彖传》是"孔丘以后的儒者借它来发挥他们的哲理"⑦,能代表儒家的政治观、人生观、道德观⑧,应归入哲学学

---

① 陈壁生:《经学的瓦解》,华东师范大学出版社 2014 年版,第 151 页。
② 《礼记》记有:"孔子曰:'入其国,其教可知也。其为人也,温柔、敦厚,《诗》教也;疏通、知远,《书》教也;广博、易良,《乐》教也;絜静、精微,《易》教也;恭俭、庄敬,《礼》教也;属辞、比事,《春秋》教也。"胡平生、张萌译注:《礼记》,中华书局 2017 年版,第 951 页。
③ 疑古玄同(钱玄同):《废话》,《语丝》1925 年第 54 期。
④ 疑古玄同(钱玄同):《废话》,《语丝》1925 年第 54 期。
⑤ 疑古玄同(钱玄同):《废话》,《语丝》1925 年第 54 期。
⑥ 疑古玄同(钱玄同):《废话》,《语丝》1925 年第 54 期。
⑦ 钱玄同:《答顾颉刚先生书》,《读书杂志》1923 年第 10 期。
⑧ 钱玄同:《〈左氏春秋考证〉书后》,《钱玄同文集》第 4 卷,中国人民大学出版社 1999 年版,第 310 页。

科;《春秋》仅为历史的"流水账簿",是"一部最幼稚的历史"①。中国传统学问讲究博学贯通,不追求截然分类。以"六经"为中心的经学就是中国传统政治、历史、哲学、文学等相互碰撞、融合之结果,所以"经学即是经学,本自为一整体,自有其对象,非史、非哲、非文,集古代文化之大成、为后来文化之指导者也",可用西方现代学科思维来处理经学,会让"原本宏伟独特之经学遂至若存若亡"②。

从"五四"新文化史的立场上看,钱玄同夷"经"为"史料"的方法在"五四"思想革命中的作用巨大。一是让传统伦理道德丧失立足之基。在传统社会中,"经"中的伦理道德被奉为"超越历史之真理"。可当"经"沦为毫无章法的"史料"时,附丽于"经"的道德伦理自然变得"凌乱不堪",不再具有精神权威性。二是有思想解放之效用。"经"是传统文化的根基,当"经"都成了"史料",那么中国传统所有的古书都只是"可供参考的史料而已"③。此种以"史料化"的眼光审视一切传统,让中国传统典籍都成了平等的史料,让被儒学所压抑的"异端"或"边缘"资源获得被"一视同仁"评价的机会。三是提高"今"的地位。中国传统讲究尊卑,以"古"为贵。而以"史料化"的眼光审视"古",表明"古"只是历史展览中的标本,无法再指导当下社会。

历史的建构,由"史料"与"史观"两方面所组成。钱玄同将"经"史料化后,又对认识"经"的史观进行了重新塑造。在传统中国,对"经"的解释多统筹在"今文家""古文家"二派,这二派虽彼此立说不同,可都视"经是最可信任的史料",不会逾越"考信于六艺"的"信

① 疑古玄同(钱玄同):《废话》,《语丝》1925年第54期。
② 蒙文通:《经学抉原》,上海人民出版社2006年版,第209页。
③ 钱玄同:《论〈说文〉及壁中古文经书》,《钱玄同文集》第4卷,中国人民大学出版社1999年版,第265页。

经"传统①。以"经"为核心的传统学术界也迷信于"经",文学研究者、历史研究者等皆将"经"提及的"风俗""神话"等视为最真实的史料,比如历史学家总认为"尧舜禅让""禹治洪水"是真实历史,又如文学研究者将《尚书》中的《五子之歌》视作真的夏代文学②。"五四"以来此种"信经"思想仍制约学术界,譬如一些《中国文学史》依旧分析《五子之歌》,而一些《中国历史》依然相信"周公作《周礼》"③。

对此,钱玄同大胆提出"疑经",认为"不能说经是最可信任的史料"④,不可无条件地相信它们为"真事实""真典礼""真制度",应将其真伪"辨别清楚"⑤,"用极炽烈的怀疑精神去打扫一番"以"经"为核心的国学体系⑥。以"六经"为核心的经学体系,是传统中国的"道统"。历代统治者皆重视对"经"的诠释,以求获得"道统"与"政统"的合一。历朝历代的读书人很少对"道统"产生疑问。钱玄同却怀疑"经"的真假,质疑"经"的史料价值,这让"经"不再具有"法典""信史"的光辉,亦让从"经"中所推演而出的"道统"法则的合法性也受到质疑。

钱玄同的"疑经"思路,源自清末时康有为的启发⑦。在清末,章太炎专信古文经,贬"经"为"史",瓦解康有为等今文学家对"经"的

---

① 钱玄同:《研究国学应该首先知道的事》,《读书杂志》1923 年第 12 期。
② 钱玄同:《重论经今古文学问题》,《钱玄同文集》第 4 卷,中国人民大学出版社 1999 年版,第 137 页。
③ 钱玄同:《重论经今古文学问题》,《钱玄同文集》第 4 卷,中国人民大学出版社 1999 年版,第 137 页。
④ 钱玄同:《研究国学应该首先知道的事》,《读书杂志》1923 年第 12 期。
⑤ 钱玄同:《答顾颉刚先生书》,《读书杂志》1923 年第 10 期。
⑥ 钱玄同:《研究国学应该首先知道的事》,《读书杂志》1923 年第 12 期。
⑦ 拙文《辨别"六经"的真伪——钱玄同对清末康有为反孔资源的接纳及转化》(《鲁迅研究月刊》2018 年第 1 期)对此有详细的叙述。

神圣化处理。而康有为专信今文经学,质疑"古文经"是汉代刘歆所伪造的。他在《新学伪经考》指出,刘歆是"始作伪乱圣制者","古文经"并非孔子的原经,而是刘歆替王莽政权寻求历史合法性而假造的"伪经",致使二千年来读书人"奉伪经为圣法,诵读尊信,奉持施行,违者以非圣无法论,亦无一人敢违者,亦无一人敢疑者"①。梁启超认为《新学伪经考》"以诸经中一大部分为刘歆所伪造",这使人们对"数千年来共认为神圣不可侵犯之经典,根本发生疑问"②。梁启超的评价,具有历史的合理性,因为"经典本身的真伪都成了问题,那么圣经贤传还有何光彩可言,人们从此不但可以怀疑经典和道统的真实性,对整个统治秩序的合法性也可以投以怀疑的目光了"③。

　　康有为对"古文经"的否定"解二千年来人心之缚,使之敢于怀疑"④。钱玄同继承了康有为的质疑精神,认为《新学伪经考》揭穿"古文经"是被伪造的"大骗局"⑤,并讽刺刘歆是"圣经蟊贼,最不足信"⑥。但在钱玄同看来,《新学伪经考》对"古文经"的颠覆,是为让"今文经"成为唯一的"经",继而为孔子的宗教化作准备,所以康有为虽否定"古文经",却专信"今文经",属于"以暴易暴"的行为⑦。为此,钱玄同将康有为的质疑思维进一步地扩大,质疑"古文经"与"今文经"皆是"伪经",整体性地否定"经"的真实性。在他看来,古

---

① 康有为:《新学伪经考》,《康有为全集》第 1 集,中国人民大学出版社 2007 年版,第 200 页。
② 梁启超:《清代学术概论》,中国人民大学出版社 2004 年版,第 201 页。
③ 董士伟:《康有为评传》,百花洲文艺出版社 2010 年版,第 52 页。
④ 梁启超:《清代学术概论》,中国人民大学出版社 2004 年版,第 119 页。
⑤ 钱玄同:《重论经今古文学问题》,《钱玄同文集》第 4 卷,中国人民大学出版社 1999 年版,第 139 页。
⑥ 杨天石主编:《钱玄同日记》,北京大学出版社 2014 年版,第 267 页。
⑦ 钱玄同:《与胡适论崔适书》,《钱玄同文集》第 4 卷,中国人民大学出版社 1999 年版,第 223 页。

文家与今文家是一丘之貉,都为获取高官厚禄而"说孔子为汉制法",以佞悦于汉帝,只是古文家在孔子以前增加一位周公,因为古文家鼻祖刘歆要献媚新帝王莽,让"周公摄位的传说"为王莽篡汉增强历史的合理性①。

　　为论证"古文经""今文经"皆是后世所伪造的,钱玄同提出"孔丘无删述或制作'六经'之事"②。历来,"经"的开端必始于孔子,"今文经学"主张孔子作"六经","古文经学"强调孔子订"六经"。孔子与"六经"的关系,是儒学立足的前提,二者只要失去关联,儒学便无成立的历史源头。钱玄同指出,只有《论语》能代表"孔子之真"③,那么"考孔丘的学说和事迹"惟有依赖于"最可信据"的《论语》④。故而他以《论语》为标准,来审视"六经"与孔子的关系:首先,《论语》关于《诗经》的条目有十八则,对《书》的记录有四则,对《易》的记载有三则,这些却找不出一点孔子删或作《诗》《书》《易》的材料;其次,《论语》关于《春秋》的话"简直一句也没有",而关于《乐》的记录虽有六则,可"乐无经,则关于乐的六则似乎不必去讨论它了";最后《论语》关于《礼》的话虽有很多,但"大都是论礼意的,和《仪礼》全不相干"⑤。钱玄同以《论语》为参照,表明"六经"与孔子毫无关联,这在当时与当下皆是石破天惊之论。

　　对孔子与"六经"关系的否定,毁坏了儒学的根源。清末以来,一些学人为寻求儒学指导现实的可能性,辨析了"真儒学"(原本的孔子学说)和"假儒学"(郑孔程朱附加的已被君权化的内容)。清末的

① 钱玄同:《重论经今古文学问题》,《钱玄同文集》第4卷,中国人民大学出版社1999年版,第213页。
② 钱玄同:《答顾颉刚先生书》,《读书杂志》1923年第10期。
③ 杨天石主编:《钱玄同日记》,北京大学出版社2014年版,第676页。
④ 钱玄同:《答顾颉刚先生书》,《读书杂志》1923年第10期。
⑤ 钱玄同:《答顾颉刚先生书》,《读书杂志》1923年第10期。

国粹家邓实就认为"真儒之学只知有国,伪儒之学只知有君"①。"五四"时的《新青年》等杂志上依然有"真儒学""假儒学"的说法,譬如常乃惪在《新青年》发文强调,孔子并无帝王专制之说,只是"孔子之道"是"一坏于李斯,再坏于叔孙通,三坏于刘歆,四坏于韩愈",使得唐宋以来"孔子之真训,遂无几微存于世",而后世所接受的是"经伪儒之涂附"的内容,所以孔子本身之言"何可非哉"②。在此种语境中,钱玄同对孔子与"六经"关系的论述,有拔本塞源之效用,因为如果"六经"与孔子并无关联,那么就使得"儒学"的好、坏问题本身成了一个不需争论的伪命题,消解了所谓"真儒学"进入现实的可能性。

在否定"六经"与孔子的关系后,钱玄同对"六经"的史料价值进行了审判:《诗经》是西周后半至东周的春秋前半时代的文学作品,具有可信据的史料价值,可"自来的'《诗》说'则都不能认为史料";《书经》中的多数内容大多被"儒家所改窜",所以其中"有史料,有非史料";《礼经》不是"大周通礼",更非周代的史料;《乐经》本无经,故不用讨论它"能不能算史料";《易经》属于西周时代的真古书,有可信据的史料价值,可"伏羲画卦"等说法却是伪造的,故而《易经》可被视为史料,而《易传》却非史料;《春秋经》虽是"鲁国的真历史",但遭遇"笔削"后,其中的事实真相大多已被改变,故它只有一部分是史料③。通过审判,"六经"中的史料没有太多,其史料价值尚不及《史记》《新唐书》④。

从具体的文化实践来看,钱玄同对"六经"史料价值的质疑,有狂

① 邓实:《国学真论》,《国粹学报》第 3 卷第 2 期,1907 年。
② 常乃惪:《致陈独秀》,《新青年》第 2 卷第 4 号,1916 年。
③ 钱玄同:《〈左氏春秋考证〉书后》,《钱玄同文集》第 4 卷,中国人民大学出版社 1999 年版,第 310—314 页。
④ 钱玄同:《研究国学应该首先知道的事》,《读书杂志》1923 年第 12 期。

飘式的冲击力。1925年11月2日,经章士钊所主持的教育部部务会议议决,要求小学自初小四年级起开始读经。鲁迅与钱玄同皆在《语丝》杂志上撰文反对章士钊的"读经"。鲁迅以域外异质的文化视角为参照,展示"读经"带给人的异化,只教会人"怎样敷衍,偷生,献媚,弄权,自私,然而能够假借大义,窃取美名"①。鲁迅站在现代精神的外部批判了传统"经学"对中国人精神结构的破坏。钱玄同则选择从经学内部瓦解经学,将"经"还原成"不甚可靠的古史史料",认为对"经""不敢随便相信"②。章士钊本想通过"经"的道德性与崇高性来挽救社会的颓风,可钱玄同将"经"贬为真伪难辨的史料,彻底剥夺了"经"进入现实社会的资格。钱玄同从经学的内部攻击对手,有"反戈一击"的效果,容易"制敌死命"。

　　"中国学术、政治、宗教无一不源于六经"③,钱玄同对"六经"的质疑,引发对传统的全面怀疑,因为"六经"如不可靠,历史上的一切皆变得不可信。按钱玄同的说法,"咱们对于一切古书,都只认为一种可供参考的史料而已。对于史料的鉴别去取,全以自己的眼光与知识为衡,决不愿奉某书为唯一可信据的宝典"④。"五四"前的学人不论怎样去批判历史,他们都是有所信的,比如康有为专信"今文经学",章太炎专信"古文经学"。"五四"以来,鲁迅、周作人、朱希祖等人也坚持"经"即"史"的思路,以历史化的眼光看待传统。甚至胡适

---

① 鲁迅:《十四年的"读经"》,《鲁迅全集》第3卷,人民文学出版社2005年版,第138页。

② 疑古玄同(钱玄同):《废话》,《语丝》1925年第54期,第131页—138页。

③ 龚向农:《经学通论》,林庆彰等主编:《民国时期经学丛书》第2辑第2册,台湾文听阁图书有限公司2008年版,第51页。

④ 钱玄同:《论〈说文〉及壁中古文经书》,《钱玄同文集》第4卷,中国人民大学出版社1999年版,第265页。

虽将章学诚的"六经皆史"解读为"经部中有许多史料"①,却相信"经"具有重要的史料价值。可钱玄同无所信,认为一切历史都是虚假的,都需要去重估,陷入到绝对"疑古"的倾向之中。从"五四"新文化史上的立场上讲,钱玄同的质疑精神,有助于驱除"过去的幽灵"②,为文化的变革开辟了道路,具有解放思想的作用。

　　总体而言,相较于内部性突围,鲁迅等人以外部视角对经学的审视确实更为清晰一些,他们批判"经学"已由一种"知识论"变成了逆人道的"价值论",并抨击经学伦理依附于"权力"后所造成的奴性文化繁衍现象。可这些外部的打击虽然激烈,却无法动摇经学的根基。而钱玄同转化章太炎与康有为的经学资源,将"经"贬黜为毫无价值的史料,摇动了中国人自古以来"儒学即真理"的信条。这种宣判,成为儒学消亡的潜台词,也使钱玄同成为经学的终结者,并影响到胡适、顾颉刚等人对经学的思考。当"经"的大部分成为死去的史料后,中国传统文化几乎成了"已经僵死腐烂"的材料,与现实生活"实在没有什么关系"③,这打倒了中国传统的所有偶像。从"五四"新文化史上讲,钱玄同从经学内部瓦解经学的做法,使得"五四"新文化具有了如"飓风"般的爆发力与解构力。

　　但站在学术史的角度上,钱玄同的经学变革思想过于激烈,主要存在两大问题。一是将"经"转化成具有西方学科归属的"史料"。这既否定了中国经学的发展史,也忽略了中国传统学术的特殊性。中国传统学术讲究融会贯通,而经学则是不同时代的政治、文化、学术等方面内容融合之结果。故而"经"虽"由历史材料构成",可"经"

---

① 胡适:《章实斋先生年谱》,《胡适文集》第 7 卷,北京大学出版社 2013 年版,第 102 页。

② 钱玄同:《论〈说文〉及壁中古文经书》,《钱玄同文集》第 4 卷,中国人民大学出版社 1999 年版,第 266 页。

③ 钱玄同:《汉字革命与国故》,《晨报五周年纪念增刊》1923 年 12 月 1 日。

并非"某一历史时期的材料记录",而是"长时期总结出来的教科书"①。如果强行将其变成西方学科意义上的史料,会丢失诸多中国在政治、文化等方面的成果。而且"古人"就是"古人","今人"只是"异代之人的'他人'"②,二者的思想与感觉不同,那么用"今人"的学科思维来分割"六经",会让历史中特有的情感与感觉消失殆尽。二是对成为史料后的"经"进行彻底质疑,容易引发绝对"疑古"之风。这种绝对"疑古"是"以不知为不有"③,极易走向历史的虚无主义。钱玄同后来怀疑历史上并没有尧舜禹汤,甚至质疑所有的历史都是被塑造,这"将维系民族之国史全部推翻",导致"人人忘其本来"④。钱玄同的经学变革思想在中国学术史上的确需要被反省,但不容忽视的是,其思想的"激烈""极端"也确实为"五四"思想革命开辟了新路。

二、在文学革命中的作用:用小学资源建设白话文理念

在新文化运动时期,胡适、鲁迅等学人让"五四"文学革命最大限度地接纳一切有助于应对中国文学危机的域外思想资源,将写实主义、唯美主义、浪漫主义、象征主义、人道主义、易卜生主义、世界主义、新村主义等西方理念贯穿到新文学建设之中。钱玄同认同鲁迅等同人们的思想,并配合过同人们从外部来推进文学革命的思路,却未提出引领性的观点。因为当时《新青年》等杂志上的人道主义、易卜生主义等话题,多是由翻译引起的。钱玄同作为一名小学训诂学

① (美)约瑟夫·列文森著,郑大华、任菁译:《儒教中国及其现代命运》,广西师范大学出版社 2009 年版,第 75 页。
② 罗志田:《近代中国史学十论》,复旦大学出版社 2003 年版,第 204 页。
③ 傅斯年:《民族与古代中国史》,河北教育出版社 2002 年版,第 199 页。
④ 诸祖耿:《记本师章公自述治学之功夫及志向》,陈平原、杜玲玲编:《追忆章太炎》,生活·读书·新知三联书店 2009 年版,第 69 页。

家,并不擅长用翻译来引入西方的学术与艺术。由于知识结构的不同,钱玄同对新文学的突出作用在于,他从中国传统学问内部来推进文学革命,为"五四"白话文理念加入传统小学资源。这就与鲁迅等人形成了呼应,使得新文学具有中西文化调适的弹性。

　　"小学分形、音、义三部"①,故而中国传统小学包括文字学、音韵学、训诂学三部分,以探究字的形、音、义。钱玄同作为小学大家,在进行新文学建设时,用文字学、音韵学、训诂学的学理来证明"五四"白话文理念有其建立的可能。在传统中国,"白话"属于"声音语","文言"是"文字语",一为"耳治",一为"目治","耳治者只限于当时当地",而"目治者持久性长,流传面广"②。所以传统文学以"文言"为正宗,倡导"字本位"的书写逻辑,施行"言文歧异"的作文思路。可"五四"时胡适等人主张"言文合一",以"白话"为"文学之正宗"③,将声音(口语)视为文章文学的本质,传递出"不会说话的人,必不会出产好文学"④的观念。此种"音本位"的白话文理念,虽有很强的颠覆性,却缺乏学理上的支撑。直到钱玄同为其引入小学资源后,此理念才有了关键性的依据。

　　传统文言文讲究"音随字变"的逻辑,认为"声音"只是"文字"的附属。章士钊在反对"五四"白话文时,就提出"吾文象形","象形则先目治",故而"音随字转"⑤。钱玄同却用大量的文字音韵学实例,

---

① 黄侃:《论斯学大意》,《新辑黄侃学术文集》,南京大学出版社 2008 年版,第78 页。
② 郭绍虞:《提倡一些文体分类学》,《郭绍虞论语文教育》,河南教育出版社1989 年版,第 209 页。
③ 胡适:《文学改良刍议》,《新青年》第 2 卷第 5 号,1917 年。
④ 傅斯年:《怎样做白话文》,《新潮》第 1 卷第 1 号,1919 年。
⑤ 章士钊:《评新文化运动》,郑振铎编:《中国新文学大系·文学论争集》,上海文艺出版社 2003 年版,第 199 页。

将"文字"贬为"声音"的记号，颠覆了传统文言文的"字本位"逻辑：一方面从"造字"上看，"像那表年高的意义和话，这边叫做 lau，就造个'老'字；那边叫做 Khau，便又造个'考'字。同是一个意义，声音小小不同，便造了两个字，可见语言和文字必定一致。因为那边既叫做 Khau，假如仍写'老'字，便显不出他的音读和 lau 不同，所以必须别造'考'字"；另一方面从"字形"变迁上看，譬如"父""母"两个字，"音变为 Pa、ma"，就别造了"爸""妈"两个字。又如，当"矣"字音变成了 li，就别造"哩"字。再如"无"字的古音本读 mu，在句末有"表问"的作用，可此字音变成 mo，便使用"么"字，当再变为 ma 时，就另别造"吗"字①。以上两方面为"音随字变"提供具有合法正当性的实证，表明"手写的字"只是"口中的音"的绝对附庸。

　　在论证"字"只是"音"的"符号"后，钱玄同针对"今人恶白话以为不古"②的现象，又以文字音韵事实证明"音本位"是中国文章写作的传统。在他看来，《尚书》中的《盘庚》《大诰》等文是周秦以前的"声音语"记录，因古今语异，所以后世会觉得晦涩聱牙③。钱玄同的论述具有学理性，因为"殷朝建都在黄河以北，周朝建都在陕西，用的都是河北的土话，所以比较地不能明白。《汉书·艺文志》说，'读《尚书》应用《尔雅》。'这因《尔雅》是诠释当时土话的书，所以《尚书》中于难解的地方，看了《尔雅》就明白"④。除了此例，钱玄同还罗列其他例子：《尧典》中的"都""吁""俞"等也是当时口语，《公羊》所用的齐言与《楚辞》的楚语更是记录了当时不同地方的"声音语"；老子、孔子、庄子、墨子、荀子、孟子、韩非子等人的著作亦采用当时的

① 钱玄同：《〈尝试集〉序》，《新青年》第 4 卷第 2 号，1918 年。
② 傅斯年：《文学革新申义》，《傅斯年全集》第 1 卷，中华书局 2017 年版，第 9 页。
③ 钱玄同：《〈尝试集〉序》，《新青年》第 4 卷第 2 号，1918 年。
④ 章太炎：《国学概论》，江苏人民出版社 2019 年版，第 10 页。

"声音语",譬如《孟子》中的"洚水者洪水也",古人叫"洚水",孟子时叫"洪水",当孟子行文时必用"洪水"而非"洚水"①。这些例子表明,白话文古已有之,当下的高文典册不少是当时的街谈巷语。那么"五四"白话文理念并非"以浅陋以文其浅陋"②,而应用的是最正统的文章法则,是历史经验的一种反射。

　　在诸多文字音韵学证据下,中国传统文章写作是以声音语为本质。但这却因阶级社会的出现而被破坏。钱玄同指出,在阶级社会"所谓尊贵卑贱的人,当面讲白话",可作文时一些"独夫民贼"就"摆架子",霸占一些文字,以求与平民不一样。譬如周朝时"朕"本是口语,类似于"我"字,当时"无论什么人自己都可以称'朕'",屈原《离骚》中的"朕皇考曰伯庸"便是一个证据,可嬴政却"把这'朕'字独占了去,不许他人自称"③。不仅"朕"字,其他如"宫""玺""钦""御""制""诏"等字也被"独夫民贼"所霸占④。在这里,钱玄同将"五四"思想革命与文学革命联系在一起,表明:在上古时代中国本是"言文合一",可因嬴政这样的"独夫民贼"垄断了文字,让文章写作脱离了平民口中的"声音语",变得日趋贵族化,丧失了"声音语"的真精神。这就给予了"五四"白话文学以极大的历史合法性,证明"五四"白话文对"音本位"原则的恢复,是为扭转被贵族阶级所破坏的文章正统。

　　在钱玄同看来,虽有破坏性元素,但"音本位"的规则依然延续在文章文学发展之中。为此,钱玄同发挥小学家的优势,将一些传统文学作品挑选成白话的历史代表,展示了一条白话文学发展脉络:中国白话文学是由《诗经》开启,其后的《楚辞》与汉魏乐府歌谣亦采用白

---

① 钱玄同:《〈尝试集〉序》,《新青年》第4卷第2号,1918年。
② 胡先骕:《中国文学改良论(上)》,《东方杂志》第16卷第3号,1919年。
③ 钱玄同:《〈尝试集〉序》,《新青年》第4卷第2号,1918年。
④ 钱玄同:《〈尝试集〉序》,《新青年》第4卷第2号,1918年。

话来做韵文;唐朝时白居易等人虽有几首白话诗,可他们都不是有意而做;宋朝时柳永、辛弃疾、陆九渊、张载等人为弥补文言的不足而使用当时的白话;元朝的关汉卿、马致远、郑德辉等人开始有意地使用白话来创作戏剧;明清时白话创作的昆剧等随后产生,明朝出现《水浒传》《金瓶梅》等白话小说,清朝的《儒林外史》《红楼梦》等作相继而来;再到"五四"以来鲁迅等人已创造不少白话作品①。这条"音本位"的文学史脉络,让白居易等经典作家成为"声音语"的辩护者。

为"五四"白话文寻求历史的合理性,钱玄同将中国文学剪辑成了"片段",然后又用"声音语"为基础将这些"片段"连接起来,犹如剪辑影片一样,剪辑出了白话文的发展史。这有三方面作用。一是让人们发现,原来中国周秦以前便已存有"音本位"的文学传统,并且它还是周秦以来若干世人的支配性观念。这使"五四"白话文获得了有力的历史凭依,回击了"无古文安有白话"②的质疑,表明白话文有自己独立的历史,并非依赖文言而生。二是弥补了胡适所建构的白话文学史之缺陷。胡适在《国语文学史》让"汉代的平民文学"成为白话文学的时间起点。钱玄同却发挥小学训诂学家的优势,发现"六经"中的《诗经》方是中国白话文学的源头,这使白话文学的历史深度与广度得以拓宽。三是打破了"五四"时关于白话文的"循环论"成见。时人多认为,白话文的突兴,是因"文言文的太多,被人看厌",所以依据"此消彼长"的循环规律,"白话文的'气运'是不会长久的"③。而钱玄同对白话文的历史设计,表明"五四"新文学是白话文进化之结果,并随着新文学的发展,白话文的势力会越来越强盛。

---

① 此文学史线索,依据钱玄同的《〈儒林外史〉新叙》《〈世界语名著选〉序》《〈尝试集〉序》等文而概括。
② 林琴南:《论古文白话之消长》,《文艺丛报》1919 年第 1 期。
③ 玄珠:《心理上的障碍》,《小说月报》第 14 卷第 1 期,1923 年。

进行历史溯源后,钱玄同又从文字训诂学层面反击了当时关于"五四"白话文的质疑。一些质疑者认为,"文章之愈高者,其用字愈主有精细之区别",白话文语意"含糊、无精微之区辨"①,且在行文时易成絮语,"犯冗长之弊"②,不及文言雅洁、准确。钱玄同则指出,文言文的"简",会导致语意的模糊不清:例如"《史记·殷本纪》的《赞》末了一句,叫做'孔子以殷辂为善而色尚白'。殷朝的车叫做辂,是一件事;孔子以辂车为善,又是一件事;殷朝色尚白,又是一件事;三件事绝不相干,忽然用一个'而'字,把他连成一句,这真是不通到极点了"③;再如有句诗"雨落天留客天留人不留",却有两种不同的理解,一是"雨落天留客,天留人不留",二是"雨落天,留客天,'留人不?''留!'"④。以上例子在钱文中大量存在。由这些例子可知,文言文的"简"会导致诸多语意不清的笑话,使文法句法变得含糊、笼统。这为白话文的"繁"提供了训诂学上的正当性与合理性。

在钱玄同的文字训诂逻辑中,文章由"简"到"繁",是文章进化之体现。白话文之所以"繁",在于其大量使用复音词、虚词。而对复音词、虚词的使用,能使文法完备、逻辑清晰、语意准确。从文章进化的历史来看,"书愈古,文法愈疏漏",时常缺少复音词,并省略了介词、连词等虚词,让文法变得不完备,这在夏商周三代的文章中能找到例子:例如"《尚书》的《甘誓》,起首曰:'大战于甘,乃召六卿,王曰……'谁与谁战,哪一方面召六卿,王是哪一朝称的某王,都没有说明";再如《左传》首句"惠公元妃孟子","连写三个名词,就可算作一

---

① 梅光迪:《致胡适》,《梅光迪文录》,辽宁教育出版社 2001 年版,第 170 页。
② 罗洋铭:《新旧文学之研究和批评》,孙郁主编:《新文化运动史料丛编·文学改良卷》,人民文学出版社 2019 年版,第 662 页。
③ 钱玄同:《文学革新杂谈》,《钱玄同文集》第 1 卷,中国人民大学出版社 1999 年版,第 158 页。
④ 钱玄同:《同音字之当改与白话文之经济》,《新青年》第 6 卷第 6 号,1919 年。

句",语意十分不通①。这二例表明,因对复音词、虚词的省略,夏商周三代的文章多有逻辑不通的文句。直到汉唐时,文章重视复音词与虚词的作用,才让文意"明白而且完备得多";后来明清时期的施耐庵、吴敬梓等人直接采用白话,让作品的清晰度比之前"大大的进化了";"五四"以来的白话文越来越繁,这让新文学"比施、曹诸人又精密得多"②。此条文章演化的脉络,是用字用语由"简"到"繁"的过程,表明白话文乃是古文的进化。换言之,清晰、严谨的文章,其字数必然是很多的,那么"五四"白话文的"繁"是语言的进步,是优胜于文言的长处。

在回击对"五四"白话文质疑的同时,钱玄同还为文学革命找到"确实的对象"③。陈独秀等人虽将"贵族文学""古典文学""山林文学"作为新文学的对手,但"贵族文学"等的含义太宽泛,让人找不到反抗传统文学的切入口。为此,钱玄同将"五四"白话文学批判的目标确定为"选学妖孽,桐城谬种"④。选择"文选""桐城"二派作为攻击对象,这与钱玄同作为小学训诂学家的身份有很大的关系。小学训诂学家重视文字考证,崇尚证据,反对空论。文字考证的应用,会使文章用字严谨,用语精确,从而形成修辞立诚的文风。清末以来,小学训诂学家追求修辞立诚,就十分排挤"文选""桐城"的虚益华辞与空言义理。章太炎强调文章应"先求训诂"⑤,所以他看不上缺乏训诂功底的"桐城""文选",鄙视桐城文风

---

① 钱玄同:《国文的进化》,《国语月刊》第 1 卷第 9 期,1922 年。

② 钱玄同:《国文的进化》,《国语月刊》第 1 卷第 9 期,1922 年。

③ 黎锦熙:《钱玄同先生传》,沈永宝编:《钱玄同印象》,学林出版社 1997 年版,第 64 页。

④ 钱玄同:《致陈独秀》,《新青年》第 2 卷第 6 号,1917 年。

⑤ 章太炎:《论文学》,《章太炎全集·演讲集》,上海人民出版社 2015 年版,第 45 页。

"笑若龋齿"①,批判文选派的"以采饰为文"是矫揉浮伪,指出声律辞藻只是文章的辅助而已。钱玄同延续了其师章太炎的小学家眼光,视"文选""桐城"为弄坏文章的"文妖",指出文选派的华辞之风只是对典故辞藻的机械搬运,而桐城派是对义法格律的卖弄②。民国文学史家陈子展就认为,"五四运动时候,太炎弟子钱玄同痛骂'选学妖孽,桐城谬种',正是继承师说,而变本加厉的"③。

　　钱玄同对"桐城""文选"的选择,借助了"五四"时章太炎的文字训诂学正盛行于世的时机。回到历史语境来看,"1903 年至 1913 年,桐城派学人占据北大等校的文科系所,主张经世致用。1911 年后,章太炎弟子大举入京,二派之间的斗争由此开始。随着姚永概、林纾等在北大等校的离职,桐城派势力衰微,而章太炎的文字训诂学逐渐居于主流。"④钱玄同对二派的攻击,也让新文学摆脱了无根无源的境地。之后钱玄同等人策划的"双簧信事件",更是将"桐城""文选"视为攻击的靶子,并将这个"靶子"具体引到林纾等人的身上。至此,"选学妖孽,桐城谬种"成为"五四"新文学的对立面,诸多"五四"学人尽力将"他们的弊病,逐次披露"⑤。鲁迅在晚年仍不忘钱玄同所确立的革命对象,认为"桐城谬种"和"选学妖孽"是"'载飞

---

① 章太炎:《与人论文书》,《章太炎全集・书信集》,上海人民出版社 2017 年版,第 384 页。
② 钱玄同:《〈尝试集〉序》,《新青年》第 4 卷第 2 号,1918 年。
③ 陈子展:《鲁迅与章太炎》,中国社会科学院文学研究所鲁迅研究室编:《1913—1983 鲁迅研究学术论著资料汇编》第 2 卷,中国文联出版公司 1986年版,第 752 页。
④ 参见拙文《章太炎的语言文学观与钱玄同的"五四"文学革命》,《文艺理论研究》2020 年第 5 期。
⑤ 记者(刘半农):《复王敬轩》,《新青年》第 4 卷第 3 号,1918 年。

载鸣'的文章",而"这名目的流传也较为永久"①。

从"五四"新文化史的角度上讲,钱玄同将"白话"作为问题,放回到源远流长的传统小学语境中去考量与辩证,从中国学问内部来肯定、支持新文学,为"五四"白话文找寻到音韵学实例、文字学事实,反击了关于白话的质疑,并确立新文学的对手。这让文学革命有了文字学、音韵学、训诂学的庇护,使其获得中国"内生性"的学术力量。曹聚仁认为,在"五四"文学革命中"周氏兄弟和钱玄同是同样重要的"②。"五四"初,陈独秀等人的白话文学观,仅是"好听"的口号而已,缺乏精神内核、作品支撑,更缺乏学理依据。直到周氏兄弟与钱玄同加入后,周作人用《人的文学》等文为"五四"白话文注入精神气质,鲁迅用《狂人日记》等小说找到新文学的作品凭依,而钱玄同则发挥其小学家的优势,用大量实例为"五四"白话文学找到学理支撑。可目前的新文学史叙述只重视周氏兄弟的作用,而几乎不提及钱玄同的贡献。

但从文学审美上讲,钱玄同作为小学训诂学家将"音"视为"文"的本质,认为"文"是转化"音"的器具,走向了文学工具主义。这是诸多"五四"学人存有的问题:陈独秀认为"文以代语而已"③;胡适强调文学变革就是文字工具的新陈代谢④;吴康亦指出对文学的态度"和对于日常用器具的态度,应该没有分别"⑤。他们将"文学革命"

① 鲁迅:《五论"文人相轻"——明术》,《鲁迅全集》第6卷,人民文学出版社2005年版,第396页。
② 曹聚仁:《文坛五十年》,生活·读书·新知三联书店2011年版,第188页。
③ 陈独秀:《复曾毅》,《新青年》第3卷第2号,1917年。
④ 胡适:《中国新文学运动小史》,《胡适文集》第1卷,北京大学出版社2013年版,第132页。
⑤ 吴康:《我的白话文学研究》,孙郁主编:《新文化运动史料丛编·文学改良卷》,人民文学出版社2019年版,第454页。

理解成语言工具的革命,以语言工具的优劣(是否使用白话)来决定文学的高下。这忽视了两大问题:一是语言工具无法代表整个文学,文学有其自身独立的价值,不能以"是否使用白话"为标准来定夺;二是语言不仅具有工具性,更有艺术性,其背后承载的是文化。一旦缺乏艺术性,白话文很容易变成"大白话"。对文学工具主义的强调,是"五四"特有的时代现象,应被后世文学史反思,不可独责钱玄同。

三、在汉字革命中的作用:以小学资源来推行"废汉文"

"五四"文学革命是与国语运动息息相关,只是"'文学革命者'把'文言文'认为'死文字'",而"'国语运动者'连'汉字'也认为死文字"①。在"五四"后期,国语运动者提出"国语罗马字",反对用汉字写白话,主张用罗马拼音文字写白话,认为用拼音文字的白话文学才是彻底的建设,由此掀起"废汉文"的汉字革命。钱玄同既是文学革命的支持者,也是国语运动的领导者。"五四"初期钱玄同用小学资源来完善白话文理念,视"文言文"为"死文字",而"五四"中后期他又以小学资源来推行汉字革命,认为"白话应该用拼音文字的"②。钱玄同改用罗马拼音文字的"废汉文"主张,《新青年》同人"多半是不大赞成的"③。在《新青年》同人中,惟有鲁迅、陈独秀从进化论的角度来证明钱玄同的"废汉文"是很平常的"文学革新"④,视汉字为

---

① 黎锦熙:《钱玄同先生传》,沈永宝编:《钱玄同印象》,学林出版社1997年版,第63页。
② 钱玄同:《〈吴歌甲集〉序》,《钱玄同文集》第3卷,中国人民大学出版社1999年版,第371页。
③ 陈独秀:《本志罪案之答辩书》,《新青年》第6卷第1号,1919年。
④ 鲁迅:《无声的中国》,《鲁迅全集》第4卷,人民文学出版社2005年版,第13页。

中国文化中的"结核病菌"①、"愚民政策的利器"②、"腐毒思想之巢窟"③,提出"汉文终当废去,盖人存则文必废"④,相信汉文必有"废去的日子"⑤。鲁迅等人的支持,是站在中国文字的外部来进行的。而钱玄同立足于中国学问内部,利用传统小学资源来论证汉字革命的时代必然性,并通过对文字语言的追本溯源,凝聚起中国文字中的内在变革力量。

　　"五四"时期,"所谓'汉字能否革命'的问题",实则是"'国语能否改用拼音文字表示'的问题"⑥。钱玄同对此问题的解释,是从汉字变迁史上进行的。中国汉字的造字方法共有"象形""指事""会意""形声""转注""假借"六种,合称"六书"。在钱玄同看来,"象形""指事""会意"属于"野蛮时代"的产物,"古代的野蛮人"因为知识曚昧,不会分析音素与制造音标,只能借形来展示音义,所以"要说太阳就画太阳;要说乌龟,就画乌龟",这使得这类文字"不但难写,也造不多,而且给事物的形状束缚了,既不便于移作别用,又不易于改变一部分"⑦。钱玄同的分析较有道理,"象形"如遇到"无形可象的字",就"不能用了";"指事"的"笔画太简"而"不能表演复杂的思想";"会意"一旦遇到"鸟兽山川草木的别名",则无法

———————————

① 鲁迅:《关于新文字——答问》,《鲁迅全集》第 6 卷,人民文学出版社 2005 年版,第 165 页。
② 鲁迅:《关于新文字——答问》,《鲁迅全集》第 6 卷,人民文学出版社 2005 年版,第 165 页。
③ 陈独秀:《复钱玄同》,《新青年》第 4 卷第 4 号,1918 年。
④ 鲁迅:《致许寿裳》,《鲁迅全集》第 11 卷,人民文学出版社 2005 年版,第 369 页。
⑤ 陈独秀:《本志罪案之答辩书》,《新青年》第 6 卷第 1 号,1919 年。
⑥ 钱玄同:《汉字革命!》,《国语月刊》第 1 卷第 7 期,1922 年。
⑦ 疑古玄同(钱玄同):《国语罗马字》,《语丝》1925 年第 58 期。

使用①。按钱玄同的说法,"象形""指事""会意"因受制于"野蛮时代"而不重视"音"的重要性,最后都"闹到'此路不通'"②。

　　直到"形声""转注""假借"等方法出现,中国汉字逐步进入"主音"的发展脉络。钱玄同指出,"形声"造字法的出现,使汉字"由表义而趋向到表音"。形声字之中,"形"的部分是"表义的符号","声"的部分是"表音的符号",表义的部分与"形"有关,可表声的部分与"形"无关。例如"'江'、'河'二字,古语称长江曰'工',称黄河曰'可',因即用'工'、'可'两字来作'江'、'河'两字的音符;江和河都是水,因又用'水'字来作它们的义符"。"转注"造字法出现后,汉字开始以"音"为主。转注字是"一义化为数音而造成的",奉行"字随音变"的原则,譬如"甲地读'谋'字之音如'某',所以用'某'字做声符;乙地不读如'某'而读如'莫',于是改用'莫'字作音符"。等到"假借"造字法的出现,汉字已成"纯粹的表音文字"。假借字是将"固有的文字"当作"注音字母",混写"同音的字",比如"'飞鸿'可以写作'蜚鸿','欧阳'可以写作'欧羊'"③。以上的"形声""转注""假借"对"音"的逐步依赖,是汉字趋向于"声符"的证据。

　　钱玄同结合文字发展史指出,中国汉字从"象形""指事""会意"再到"形声""转注""假借"的演变,是把"事物的图画"变成"声音的符号"的过程,展示出"离形就音"之趋势,所以"从汉字的变迁史上研究,汉字革命,改用拼音,是绝对的可能的事"④。并且钱玄同又认为,西方与中国皆是从"象形"走向"拼音"的:"现在的欧洲拼音字,

---

① 殷尘:《钱玄同先生的学术思想》,沈永宝编:《钱玄同印象》,学林出版社1997年版,第161页。
② 钱玄同:《汉字革命!》,《国语月刊》第1卷第7期,1922年。
③ 钱玄同:《汉字革命!》,《国语月刊》第1卷第7期,1922年。
④ 钱玄同:《汉字革命!》,《国语月刊》第1卷第7期,1922年。

源出于埃及的象形字,自从腓尼基人把埃及的象形字变成极简单的形式,作为拼音用的字母,由是而渐变为希腊、拉丁,及今之英、法、德等等文字";中国的象形字到了周朝末期"已经不成其为象形字",秦汉时人们"畅写假借字,改用隶书乃至草书,正是走到音标的路上来",这时的情形"跟腓尼基颇相像",但与之不同的是,西方文字猛进一步,"改为拼音,从此便以形式极简而数目极少的几十个符号拼成上千下万的文字",可中国文字"因未达一间,误入歧途,只知道把一个一个字的笔画改简,而不知约成几十个符号"①。由此可知,欧洲的拼音字也是源自象形文字,只是后来逐步进化到拼音文字,所以拼音文字是象形文字的进步,而非两种不同组织的文字。

在钱玄同的论证下,中、西文字皆从"象形"进化到"表音",只是中国文字"未曾分析音素,改成拼音形式而已"②,所以中国文字离拼音"只差一间了"③。这正是"五四"汉字革命需要完成的任务,以使中国文字进入拼音制中。钱玄同根据文字发展史来说明"五四"汉字革命的历史合理性,让"改用拼音"主张成为中国文字自然推演的结果,而非盲目的一时冲动。正如殷尘评价,钱玄同在汉字革命中从中国造字标准的六书上,说明中国文字"早已重声不重形而趋向于音标注音了"的现象,这"实颇透彻",让"反对者很难置喙"④。

钱玄同从汉字发展史的角度对中国字"离形就音"的论证,在"五四"汉字革命中影响很大。当时不少文章对其观点进行了引用,傅均就对钱玄同的观点如此转述:"从汉字变迁史上研究,汉字是由

① 疑古玄同(钱玄同):《国语罗马字》,《语丝》1925年第58期。
② 钱玄同:《初中国语教育及汉字问题》,《钱玄同文集》第3卷,中国人民大学出版社1999年版,第191页。
③ 钱玄同:《汉字革命!》,《国语月刊》第1卷第7期,1922年。
④ 殷尘:《钱玄同先生的学术思想》,沈永宝编:《钱玄同印象》,学林出版社1997年版,第160—161页。

象形指事等表意的渐渐地转到表声的形声和假借上面……假借和拼音文之差不过是由不知道把同样的声母和韵母归纳起来,所差不过一间,汉字改用拼音文字正是向着进化方面走去。"①此后的拉丁化中国字运动更是借用了钱玄同的说法,提出"根据汉字发展的法则,无论哪一国的文字没有不是从象形表意的阶段进化到拼音的阶段的",所以"事实告诉我们,中国的汉字早已脱离了象形表意的阶段,进到形声和转注的那种表音阶段了"②。由此可知,钱玄同"离形就音"的汉字逻辑,从学理上推动了汉字的拼音化运动。

在建构"离形就音"汉字变迁史的同时,钱玄同又从应用层面论证汉字的"主音"特征。在他看来,"汉字在初造时确是主形的;可是到了应用起来,便完全主音,对于字形只看作音的符号",而同音假借字便是最为重要的证据,同音假借字是指"只要是同音的字,那许多不同的形,用的人把它们只看作一个东西——某音的符号,凡用到这个音,无论写哪个形都可以",例如"'伏羲',有'伏戏、宓戏、宓羲、庖牺、包牺、炮羲'种种写法",并且这些同音假借字在"六书"中占极大部分,并且"无论古今哪篇文章,十个字之中,同音假借的字至少总有两三个"③。与之相反的是,象形字、指事字都"算作象形文字",在《说文解字》中"只有 393 个",仅占《说文解字》字全体"二十三分之一";《说文解字》后,文字日增,《康熙字典》共有四万余字,象形文字在其中仅"占了全体一百分之一",那么"象形文字"不可概括汉字的

① 傅均:《改革汉字底意见》,陈其一编:《中国新文字问题讨论集》第 1 辑,河南省教育厅编辑处 1929 年印行,第 67 页。
② 上海新文字研究会委员会:《拉丁化中国字运动新纲领草案》,倪海曙编:《中国语文的新生——拉丁化中国字运动二十年论文集》,时代出版社 1949 年版,第 254 页。
③ 钱玄同:《历史的汉字改革论》,《钱玄同文集》第 3 卷,中国人民大学出版社 1999 年版,第 395 页。

全体①。所以从整体数量上比较,可知中国汉字虽传自象形,但在应用时早已"离形"。

在钱玄同的论述中,同音假借字作为"弃形主音"的重要代表,已有三千年的应用历史:在殷代的甲骨文字中,同音假借字已出现,如借"凤"为"风",借"果"为"婐"等,所以"假借方法的发生,至迟也应该起于殷代";战国春秋时,《诗经》《尚书》《春秋》等书因"传写之人不一,所以彼此异文甚多",这些异文大多数是假借字;再从晋到唐,"这种写假借字的风气仍是很流行",从陆德明的《经典释文》可知"六朝时候经书的本子彼此异文甚多",并且在一些六朝写本和唐写本的书籍中,"同样一篇文章,写得互有不同,和现在通行的本子相较,复多违异";宋元以来,"书籍有了刻版,一印就是几十几百部,大家所看的本子都是一样的,某义写某字,都依着书上写,于是写假借字的风气渐渐不行于所谓'士人'的社会了",可就全社会而论,写假借字的风气依旧是主流;"五四"时此风仍流行,比如"戏单上面的'文武带打'作'文武代打'",再如"'铜圆'作'同元'"②。

历史越悠久,其合法性越稳固。钱玄同对同音假借字三千年历史的梳理,表明"中国从殷代以来,早已有了离形表音的文字了,早已有一种未曾统一而且不甚简便的注音字母了"③。但钱玄同也指出,中国汉字虽有同音假借字,却未"把许多同音的注音字母并用一个",也还没"把同声的字归纳为一个声母,同韵的字归纳为一个韵母",故而中国假借字"还只是一种未曾统一而且不甚简便的注音字母"④。

① 钱玄同:《汉字革命!》,《国语月刊》第 1 卷第 7 期,1922 年。
② 钱玄同:《汉字革命!》,《国语月刊》第 1 卷第 7 期,1922 年。
③ 钱玄同:《汉字革命!》,《国语月刊》第 1 卷第 7 期,1922 年。
④ 钱玄同:《汉字革命!》,《国语月刊》第 1 卷第 7 期,1922 年。

为此,钱玄同主张"干脆采用罗马字母"①,因为罗马字母是当下世界通用的字母,"英、法、意等文字本用罗马字母组成"②,所以对罗马字母的采用可使中国文字快速地进入拼音文字,节省了同音假借字进化到彻底的拼音制文字的过程。这为"五四"汉字革命提供了现实依据,表明"改用拼音"遵循了中国文字在应用时"主音不主形"的规律,而非违背中国文字变迁的方向。

在汉字革命时,一些反对者认为,西洋字属于复音字,因其"变化多"而"同音少";而中国字属于单音字,因"变化少"而"同音多",需全靠字形来区别意义,所以中国文字如改用西洋的拼音,"去掉种种不同的形,在意义上就要发生混淆了"③。钱玄同却提出,中国字具有大量的复音字,例如《诗经》中的"关关雎鸠","'关关',状鸟的鸣声,是复音字",而"雎鸠,一种鸟的名目,也是复音字";再如"凤凰""鸳鸯""牡丹""蔷薇"也"决不能把它们拆开的,当然也是复音字"。并且随着时代的发展,中国字中的复音字越来越多,尤其是在白话中,复音字更多了,譬如"眼睛""木头""桌子""斟酌"等④。

在钱玄同看来,汉以前的古语本来是复音的居多,"只因那时写字的工具太不方便,自然可以省写的字就省写了,所以常有单写一个字来代表两个音的,也有把动词、介词、连词、助词等等省略不写的",譬如"《孟子》里有一句'许子冠乎?',意思是说'许子戴帽子吗?',单写一个'冠'字,无论作名词 guan 或动词 guann 用都有些不成话。我

① 疑古玄同(钱玄同):《历史的汉字改革论》,《新生》第1卷第8期,1927年。
② 钱玄同:《请组织"国语罗马字委员会"案》,《国语月刊》第2卷第1期,1924年。
③ 钱玄同:《历史的汉字改革论》,《钱玄同文集》第3卷,中国人民大学出版社1999年版,第394页。
④ 钱玄同:《历史的汉字改革论》,《钱玄同文集》第3卷,中国人民大学出版社1999年版,第397页。

们若说'许子帽子吗?',固然不通;就是说'许子戴吗?',这句话也就糊涂得可以了。在写字的工具不方便时用这样省略法,是可以原谅的"①。汉以前的人们因书写工具不便而省略字,可"汉唐以来,写字的工具日趋于便利,而文人以古人那样残缺不全的文章为好,竭力去摹拟它,弄到和语言愈隔愈远",譬如将"司马迁、东方朔、诸葛亮"称为"马迁、方朔、葛亮",所以"用汉字的古文不能拿来代表中国的语言"②。实际上的中国语与西洋语一样,"有单音的,也有复音的,而复音的占极大多数",那么"西洋语能用拼音字",中国也能"用拼音字"③。

同时钱玄同还以中国语与西洋语变迁的相似性,打消了如取消字形而益滋语意误会的疑惑。在他看来,中国所出现的-ng、-n、-m三系混合的现象,表明-m韵尾渐趋消失,中国这种语音的变迁与法语的情况最为相似,"法语对于词尾的辅音,鼻声(如 n、m)都与前面的元音合为一体而变为鼻韵,破裂声(如 p、t)与摩擦声(如 s)都灭去不读,中国大致也是这样"④。中国与法国皆出现此种情况的原因在于:一是"单音词渐变为复音词,用不着弄了许多佶屈聱牙的音来分别许多单音的词";二是"人类一天一天聪明起来,听说话,看文章,对于一个词,能够从它在句中所处的地位,还有它和它的上下文的关系,而确定它的意义",那么"纵有异义而同音的词,不难了解分辨,不

---

① 钱玄同:《历史的汉字改革论》,《钱玄同文集》第 3 卷,中国人民大学出版社1999 年版,第 397—398 页。
② 钱玄同:《历史的汉字改革论》,《钱玄同文集》第 3 卷,中国人民大学出版社1999 年版,第 398—399 页。
③ 钱玄同:《历史的汉字改革论》,《钱玄同文集》第 3 卷,中国人民大学出版社1999 年版,第 399 页。
④ 钱玄同:《给黎劭西的信》,《钱玄同文集》第 3 卷,中国人民大学出版社 1999年版,第 383 页。

会混淆"①。这表明中国文字改用"复音"的拼音字,根本就不会出现取消字形而滋生语意混淆的情况。此种逻辑为"五四"汉字革命提供了现实操作上的可能性,说明中国文字能顺利融入到以"复音"为主的拼音制之中。

在"五四"汉字革命中,钱玄同转化中国传统的小学资源,广搜例证,从汉字发展史与现实依据等方面论证"改用拼音"的学理性与时代必然性。遗憾的是,后世研究者多缺少小学功底,故而无法理解钱玄同汉字革命思路在"五四"新文化运动中的贡献,反而用"后世之明"来指责钱玄同破坏了中国文字史的连续性。同时后世研究者多认为钱玄同"废汉文"思想源自西方无政府主义、进化论思想,将"五四"汉字革命的发生归因于西方文化的影响。但如果真正审视钱玄同的"改用拼音"主张,就会发现"五四"汉字革命与中国传统小学资源密切相关,是中国文字发展中的一次蜕变,并非完全源自西方的思想。

不可否认的是,钱玄同对汉字革命的辩解,在学术史上是需要商榷的。钱玄同对"汉字主音不主形""汉字在发展过程中已离形就音"的论述,转化的是清代"小学"里的"因声求义"理论中的"文字起于声音"内容。可是清代小学的"因声求义"说"是在六书系统下的训诂理论,并不涉及文字的性质问题"②,但钱玄同却将此转化为"嘴里说这个声音,手下写的就是表这个声音的记号"③的"因声造字",所以二者的最终趋向是完全不同的。钱玄同对清代小学资源的转

<hr>

① 钱玄同:《给黎劭西的信》,《钱玄同文集》第 3 卷,中国人民大学出版社 1999年版,第 383 页。
② 王东杰:《"文字起于声音":近代中国字拼音化思想对一个传统训诂理论的继承式颠覆》,《近代史研究》2013 年第 4 期。
③ 钱玄同:《〈尝试集〉序》,《新青年》第 4 卷第 2 号,1918 年。

化,使得"本来为训释字义服务的理论变成了颠覆汉字本身的力量"①,用"用石条压驼背"②的极端方式推动中国汉字的现代变革。当下的汉语拼音方案,就带有钱玄同汉字革命思想的痕迹,所以钱玄同"改用拼音"的想法"虽然从未彻底实现过,但也并没有完全落空"③。

在"五四"新文化运动中,当借用外部资源反叛传统时,钱玄同依赖于《新青年》等杂志的语境,成为鲁迅、胡适、周作人等"号手"的"擂鼓者"。可当从中国传统内部来瓦解"传统"时,钱玄同便成了引领者,让"五四"新文化运动获得了一种新的方法论。他借用与转化中国传统的经学与小学资源,将中国传统学问融入"五四"思想革命、文学革命、汉字革命之中,从中国自身的学术主体内部促进新文化运动的发展,显示出中国思想学术在变革中的承续性。所以钱玄同并非只是"鲁迅声音""胡适声音""陈独秀声音"的"扩音器",他有自己独立、独特的"声音"。如果缺乏"钱玄同声音","五四"新文化运动将会失去中国传统学术资源在学理上的辅助,让"五四"新文化欠缺传统学术积淀与中国特有的历史主体性。同时通过"钱玄同声音",可知"五四"以来的现代思想、文学、文字的变革中,不仅有西方资源的外援支持,更有中国传统学术资源的内援性力量加入,从而才形成了"外之既不后于世界之思潮,内之仍弗失固有之血脉"④的新文化。但目前研究多是引"西",有些忽视中华民族内部的变革资源,而钱玄同则为当下研究者提供了一个极有意义的历史参照。当然钱玄同思想中的激进与偏执,也需要后世学者进行相应的反思。

---

① 王东杰:《"文字起于声音":近代中国字拼音化思想对一个传统训诂理论的继承式颠覆》,《近代史研究》2013年第4期。
② 陈独秀:《本志罪案之答辩书》,《新青年》第6卷第1号,1919年。
③ 孟庆澍:《"'用石条压驼背'的医法"——无政府主义与钱玄同的激进主义语言观》,《中国现代文学研究丛刊》2005年第2期。
④ 鲁迅:《文化偏至论》,《鲁迅全集》第1卷,人民文学出版社2005版,第57页。

附录一 《新青年》"双簧信"的经典化

"五四"时钱玄同、刘半农在《新青年》上扮演的"双簧信"已是文学史常识,目前学界对此已有相应的研究。从总体上讲,一些研究者将"双簧信"奉为"五四"时具有重大历史影响力的经典事件①;但也有研究者认为,它在"五四"时并无影响,直到20世纪90年代才成为被诸多文学史歌颂的代表性事件②。本文通过梳理发现,"双簧信"的经典化发轫于1949年之前,在20世纪50年代至70年代成为高峰,而进入80年代之后它处在"入史"与"出史"的微妙境遇。

一、刘半农之死、文学史写作热与"双簧信"的入史

钱玄同1918年3月化名王敬轩致信《新青年》,信中归纳了社会上反对新文学的各种意见,再由刘半农复信予以逐条批驳。对于策划"双簧信"的缘由,钱玄同在其留存的1917年至1918年的日记与书信中并未提及。刘半农亦是如此。

---

① 杨联芬《林纾与中国文学现代性的发生》(《中国现代文学研究丛刊》2002年第10期)、王桂妹《重估五四反对派:从林纾的"反动文本"〈荆生〉〈妖梦〉谈起》[《西南大学学报(社会科学版)》2017年第4期]等文肯定了"双簧信"的历史影响力。

② 程巍《"王敬轩"案始末》(《中华读书报》2009年3月25日)、宋声泉《被神话化的〈新青年〉'双簧戏'事件》(《中国现代文学研究丛刊》2015年第1期)等文认为"双簧信"在"五四"时的影响力较小。

　　唯一可确定的是,这"正角"与"反角"一唱一和的"双簧"遭到了胡适的反对。他不同意将反对文学革命者入罪的做法,讽刺"凭空闭产造出一个王敬轩"①。受胡适的影响,钱玄同也在 1920 年反思"拿骂王敬轩的态度来骂人"是"终之不脱'圣人之徒'的恶习"②。故而胡适虽迫切地将新文学历史化,以 1922 年的《五十年来中国之文学》全面展示"五四"时的大小事件,却未提"双簧信"。其他文学史著述如赵祖抃 1928 年的《中国文学沿革一瞥》、朱自清 1929 年的《中国新文学研究纲要》、杨启嘉 1930 年的《中国新文学概观》、赵景深 1932年的《中国文学小史》、王哲甫 1933 年的《中国新文学运动史》等,或谈及钱玄同在五四"大张其军以与守旧诸人相争逐"③,或谈及蔡元培与林纾的新旧之争,但都未提"双簧信"。据笔者统计,只有陈子展1929 年的《最近三十年中国文学史》对此略有涉及,"当时有一位'先生不知何许人也'的王敬轩,致书《新青年》记者,加以非难"④。陈子展的论述,表明他并不知王敬轩为钱玄同化名,故未言"双簧信"。由此可看出在当时文学史家眼里,"双簧信"并非"五四"新文化运动的标志性事件。

　　这样一个在当时并不受文学史重视的历史事件,如何成为现今文学史重点书写的经典现象？刘半农在 1934 年的逝世,成为"双簧信"进入文学史的一个契机。刘半农逝世后,《国语周刊》《人间世》刊出追念专号。钱玄同在《亡友刘半农先生》从"战友"的角度,认为

---

① 胡适:《1918 年 2 月 20 日致钱玄同》,《胡适来往书信选》,社会科学文献出版社 2013 年版,第 9 页。

② 钱玄同:《1920 年 9 月 25 日致周作人》,《钱玄同文集》第 6 卷,中国人民大学出版社 2000 年版,第 33 页。

③ 赵祖抃:《中国文学沿革一瞥》,光华书局 1928 年版,第 124 页。

④ 陈子展:《中国近代文学之变迁·最近三十年中国文学史》,上海古籍出版社2000 年版,第 283 页。

痛骂"王敬轩"时那种"热狂的态度"可表明"半农是一个富于情感嫉恶如仇的人"①。钱玄同的悼念,显示了"双簧信"之于刘半农的意义。鲁迅则连写两篇悼念文章,挖掘它的社会影响力。他先在《趋时和复古》称赞刘半农被青年记住的原因之一在于他"骂倒王敬轩",是"一个'文学革命'阵中的战斗者"②;又在《忆刘半农君》赞赏"双簧信"是一次勇敢的"大仗",弄得"一大群人'若丧考妣',恨不得'食肉寝皮'"③。

1934 年其他受刘半农影响的青年也谈及了"双簧信"的意义。陈康白在《刘半农先生》追忆道:

> 新文学在王敬轩眼中直比洪水猛兽更厉害更可杀。因是这位昏庸老朽为世道人心(?)着想,似乎大义当前,不得不含泪涕泣掬诚相告了。然后挡这驾的不是别人,而是刘半农先生,他镇静地站在新文学前线的战壕上,他并不觉这一次敌方的冲锋有动摇他们的阵线的力量;他欢欣,他欢欣敌方也能作一番最后的挣扎。他看清敌方这一还手,正是迷恋死文学者的回光返照。……
>
> 这亦庄亦谐的敬礼,正搔着王敬轩的痒处;同时,也正是保守旧文学者的致命伤。我们当作半农先生祭王敬轩的诔词看亦无不可。
>
> 在新旧文学的几次血战中,半农先生替新文学的集团确实

---

① 钱玄同:《亡友刘半农先生》,《钱玄同文集》第 2 卷,中国人民大学出版社 1999 年版,第 295 页。

② 鲁迅:《趋时和复古》,《鲁迅全集》第 5 卷,人民文学出版社 1981 年版,第 535 页。

③ 鲁迅:《忆刘半农君》,《鲁迅全集》第 6 卷,人民文学出版社 1981 年版,第 71 页。

建立了不少的功绩。①

　　陈康白一方面用"昏庸老朽""最后的挣扎""回光返照"等挖苦王敬轩等保守旧文学者的腐朽落后；另一方面以"镇静""不慌不忙""亦庄亦谐""搔着王敬轩的痒处"等突出"五四"文学革命先驱的英勇无畏，回顾了"双簧信"在当时轰动的影响力，传达出新文学必胜的信心。朱湘在1934年也用切身体验谈及刘半农对自己的影响，并首次提及"双簧信"的文学史价值：

　　　　刘半农的那封《答王敬轩书》，把我完全赢到新文学这方面来了。现在回想起来，刘氏与王氏还不也是有些意气用事；不过刘氏说来，道理更为多些，笔端更为带有情感，所以，有许多的人，连我也在，便被他说服了。将来有人要编新文学史，这封刘答王信的价值，我想，一定是很大。②

　　在悼念刘半农时，鲁迅、陈康白、朱湘等重提被当时文学史忽略的"双簧信"事件，强调它在"五四"文学革命中的作用。但他们对"双簧信"的历史叙述还不够完整，未对其发生原因进行解释。非常巧的是，刘半农的逝世，又赶上了1934年前后出现的文学史写作热。1930年后，诸多大学开设文学史课程，教员们因授课而编写了多种文学史，引发一股"文学史"写作之热潮。文学史写作注重历史事件的前因后果。文学史对"双簧信"的关注，不仅需要呈现它带来的社

① 陈康白：《刘半农先生》，鲍晶编：《刘半农研究资料》，天津人民出版社1985年版，第358—359页。
② 朱湘：《"双簧信"的影响》，鲍晶编：《刘半农研究资料》，天津人民出版社1985年版，第351页。

会影响,也要诠释它的发生原因。最早将其引入文学史的是,张若英1934 年编纂的《中国新文学运动史资料》。此书将《致新青年编者书》与《复王敬轩书》①编入第三章"对旧作家的论争",却未评价。

真正从文学史角度肯定"双簧信"历史意义的是 1935 年出版的《中国新文学大系·导言》。《中国新文学大系》的编选者皆是"五四"新文学运动的重要参与者,他们为自己所编选的卷目撰写了导言。郑振铎在《〈文学论争集〉导言》以同代人的视角,直接将"双簧信"命名为"苦肉计",赞赏其给旧文人"以痛痛快快的致命的一击的"。更重要的是,他叙述了其发生的原因:

> 从他们打起了"文学革命"的大旗以来,始终不曾遇到过一
> 个有力的敌人们。他们"目桐城为谬种,选学为妖孽"。而所谓
> "桐城,选学"也者却始终置之不理。因之,有许多见解他们便不
> 能发挥尽致。旧文人们的反抗言论既然竟是寂寂无闻,他们便
> 好像是尽在空中挥拳,不能不有寂寞之感。②

郑振铎是"双簧信"的亲见者,他在 1935 年对其前因后果的解释很有权威性。其后的民国文学史家在此基础上,进行了相应的延伸。阿英在 1935 年称赞"双簧信"虽是一回"自拟的活动",但在新文学运动方面所产生的影响是很大的,表明"若没有新的头脑,就是努力

---

① 在 1918 年《新青年》第 4 卷第 3 号的通信栏,以"文学革命之反响"为名,先是刊出了《王敬轩君来信》,然后在此信之后,附上了刘半农的回信。可刘半农的回信没有题目。所以后世在对"双簧信"进行描述时,不同的著作给予了不同的名字。张若英首次以《致新青年编者书》与《复王敬轩书》为名收录了"双簧信"。其后各有不同,本文就不再赘述。

② 郑振铎:《〈文学论争集〉导言》,刘运峰编:《1917—1927 年中国新文学大系导言集》,天津人民出版社 2009 年版,第 34—35 页。

于旧学,也将会毫无结果"①。阿英的表述,让"双簧信"成为新文学史中的标志性事件,传达出只有新思想才能获得成功的理念。林庚1936年为国立北平师范大学编写的授课讲义,强调它产生了用"假的王敬轩"引来了林纾等"真的王敬轩"的历史效果:

> 当时的文坛巨子及拥护旧文化的有力的人物乃是林纾,王敬轩的信就大捧而特捧林纾,于是刘半农文章里便又把林纾大大的挖苦了一顿,于是林纾在这一捧一骂之下,便不能不老将亲自出马了。②

郑振铎在《文学论争集导言》中,虽暗示"双簧信"与"古文家的林纾来放反对的第一炮"有所关系,可未明确地说二者有直接关系。而林庚将郑振铎表达的"相关联系"转化成了"因果联系",直接地认为"双簧信"是林纾出战的导火索。林庚以林纾等的"重视""出战",肯定了"双簧信"的震撼力。李一鸣1943年的《中国新文学史讲话》循此思路,认为王敬轩并无其人,可"他的确可以代表当时一般遗老遗少的思想,和对于《新青年》的切齿痛恨"③。周扬1939年的《新文学运动史讲义提纲》也主张,没有"五四"时的"不容反对者有讨论之余地"的战斗气魄,"便不可能战胜林琴南、王敬轩(虽则实无其人)之辈,打开白话的局面"④。

---

① 阿英:《中国新文学的起来和它的时代背景》,《文学》第5卷第1号,1935年。
② 林庚著,潘建国整理:《新文学略说》,《中国现代文学研究丛刊》2011年第1期。
③ 李一鸣:《中国新文学史讲话》,世界书局1943年版,第18页。
④ 周扬:《新文学运动史讲义提纲(续)》,《文学评论》1986年第2期。《新文学运动史讲义提纲》是周扬1939—1940年在延安鲁迅艺术文学院授课的讲稿,未曾在报刊上公开发表过,"文化大革命"时期被作为"黑材料"存入周扬专案中,1982年被重新发现。《文学评论》编辑部在1986年对此稿进行了编辑,且对此稿的内容、文字未作改动。

　　郑振铎、林庚、李一鸣、周扬等人关注的是"双簧信"产生的现实原因与影响力。而吴文祺则注意到"双簧信"发生的历史诱因,他在1940 年出版的《近百年来的中国文艺思潮》认为,"章氏以为古代言文合一,典谟训诰,都是当时的白话;现代的方言俗语,也由高文典册中的雅言蜕化而来,无形中抬高了白话的地位。钱玄同作《尝试集序》,刘半农《驳王敬轩书》,都发挥章氏之说"①。吴文祺认为《驳王敬轩书》发挥了章太炎的观点,反映出"双簧信"事件背后的复杂性。钱玄同是章太炎的嫡系弟子。章太炎在清末十分不满林纾的桐城文风,多次致信钱玄同,讽刺林纾辈是"托名古文辞者"②,视林纾等为"文辞之坏"的"罪魁"③。在"五四",林纾讽刺新文学是"行用土语为文字"④。而钱玄同则延续了其师对林纾的不满,撰写《〈尝试集〉序》等文,指责林纾等的文章堆砌典故,违背修辞立诚之道。故而他与刘半农扮演"双簧信"时,很自然地视林纾为革命对象,并在《驳王敬轩书》一文中借鉴了章太炎批判林纾的思路与观点。

　　综上,通过鲁迅、朱湘等的回忆,以及郑振铎、林庚等文学史家的叙述,被胡适质疑的"双簧信"事件进入到新文学史的书写中,也使后世感受到"五四"学人所面临的"没有人来赞同,并且也还没有人来反对"⑤的历史困境,以及他们走出这种困境的艰辛。

------

① 吴文祺:《论章太炎的文学思想》,章念驰编:《章太炎生平与学术》上卷,上海人民出版社 2016 年版,第 400 页。
② 章太炎:《1910 年 10 月 3 日致钱玄同》,马勇编:《章太炎书信集》,河北人民出版社 2003 年版,第 116 页。
③ 章太炎:《1910 年 10 月 20 日致钱玄同》,马勇编:《章太炎书信集》,河北人民出版社 2003 年版,第 118 页。
④ 林纾:《致蔡鹤卿太史书》,胡适编选:《中国新文学大系·建设理论集》,上海文艺出版社 1981 年版,第 172 页。
⑤ 鲁迅:《〈呐喊〉自序》,《鲁迅全集》第 1 卷,人民文学出版社 1981 年版,第 419 页。

二、从"苦肉计"到"反封建文学的典范"

1949 年前的文学史家对"双簧信"多是从文化层面进行解读,认为这是"新文化"对抗"旧势力"的苦肉计。中华人民共和国成立初期,一些文学史仍循此思路。第一份由教育主管部门组织的由老舍、蔡仪、王瑶、李何林制定的《〈中国新文学史〉教学大纲(初稿)》将"王敬轩"与"国故"派、林纾、严复等一致视为《新青年》派的对立面①。其后,王瑶的《中国新文学史稿》也站在"五四"新文化的立场,梳理了"双簧信"的起源,赞赏刘半农的复信"痛快淋漓,战斗的气氛是很悍的"②。

在"学术为政治服务"③的历史语境下,作家出版社 1955 年出版了丁易的《中国现代文学史略》与张毕来的《新文学史纲》,扭转了中华人民共和国成立前对"双簧信"的书写方向。这两部文学史具有明确的政治立场,是新文学史编纂过程中"带转折性"的标志之一④。丁易在《中国现代文学史略》以高度"政治化"的语言分析道:

> 与鲁迅进行攻击封建文学的同时,《新青年》同人公推钱玄同归纳了封建文人的许多荒谬见解,用一个王敬轩的假名给《新青年》编者去一封信,再由刘半农答复,同时在《新青年》上发表出来,答复中把那些荒谬见解驳斥得体无完肤,痛快淋漓地给以致命一击。就是这样,在鲁迅和《新青年》同人的猛烈攻击之下,

---

① 李何林等:《中国新文学史研究》,新建设杂志社 1951 年版,第 5 页。
② 王瑶:《中国新文学史稿》上册,新文艺出版社 1954 年版,第 33 页。
③ 黄修己:《中国新文学史编纂史(第二版)》,北京大学出版社 2007 年版,第 95 页。
④ 黄修己:《中国新文学史编纂史(第二版)》,北京大学出版社 2007 年版,第 98 页。

封建古文家也就凭藉着反动政治力量来进行垂死反攻了。①

丁易用"公推"等语,将"双簧信"从刘半农与钱玄同策划的个人事件转化成《新青年》同人的集体行为,加上"封建文学""封建文化""封建古文家""反动政治力量""反攻"等政治术语,使《新青年》从多元化、个性化的同人组织简化成一个与封建阶级抗争的政治进步团体。同时张毕来也在《新文学史纲》写道:

> 一九一八年三月里,钱玄同只好假扮敌人以"王敬轩"之名,写《给新青年编者的一封信》,收罗了为封建文学辩护的一切理由以反对这"革命"。刘半农则写《复王敬轩书》以反驳。②

与丁易一样,张毕来用"敌人""封建文学"等立场鲜明的词语对"王敬轩"的阶级身份进行了确认,使"双簧信"成为反封建斗争中的标志性事件之一。这种思维极端绝对化,使用了"可以解释一切历史的'最后之因'",忽略了历史现象背后的"多元的,个别的因素"③。至此,20世纪50年代至60年代的文学史大多遵循丁易、张毕来确立的政治标准来评价"双簧信"。复旦大学1959年编的《中国现代文学史》认为《复王敬轩书》开启了两股社会力量论战的序幕④。吉林大学1962年编的《中国现代文学史》强调,"双簧信""揭开了文学革命与封建复古主义之间斗争的序幕",而《复王敬轩书》"恰中要害地打

① 丁易:《中国现代文学史略》,作家出版社1955年版,第51页。
② 张毕来:《新文学史纲》第1卷,作家出版社1956年版,第22页。
③ 胡适:《中国新文学运动小史》,《胡适文集》第1卷,北京大学出版社2013年版,第112—113页。
④ 复旦大学中文系现代文学组学生集体编:《中国现代文学史》第1册,上海文艺出版社1959年版,第60页。

击了封建复古主义"①。

进入 70 年代,文学史对"双簧信"的书写已非常稳定。吉林师范大学编的《中国现代文学史》强调"双簧信"是"实际新文学同封建复古派的第一个战役"②。中南地区七院编的《中国现代文学史纲要》认为《复王敬轩书》对封建复古派的种种谬论作了"较全面的回击"③。山东八师专现代文学组编的《中国现代文学简史(初稿)》认为《复王敬轩书》"击中了封建复古主义者的要害",揭开了"新文学阵营与复古派之间斗争的序幕"④。中山大学编的《中国现代文学史》指出"双簧信"导致"复古的'国粹派'纷纷起来反扑"⑤。田仲济等的《中国现代文学史》指出刘半农的《复王敬轩书》"代表新文学阵营痛斥了封建复古派的观点"⑥。

在 20 世纪 50 年代至 70 年代的文学史书写中,"双簧信"成为"五四"封建复古势力与政治进步力量斗争的象征。为证实此点,一些文学史不再视王敬轩为虚构的人物形象,而是使其成为如林纾、章士钊等一样真实存在的"封建复古派"。北京师范大学 1959 年编的《中国现代文学史参考资料》、开封师范学院 1961 年编的《中国现代

① 吉林大学中文系中国现代文学史教材编写小组编:《中国现代文学史》,吉林人民出版社 1962 年版,第 33—34 页。
② 吉林师范大学中文系中国现代文学教研室编:《中国现代文学史》(内部教材),1978 年版,第 47 页。
③ 中南地区七院本书协作编写组编:《中国现代文学史纲要》(内部教材),1978 年版,第 27 页。
④ 山东八师专现代文学组合编:《中国现代文学简史(初稿)》,临沂师专中文系印 1978 年版,第 30 页。
⑤ 中山大学中文系现代文学教研室编:《中国现代文学史》(内部教材),1978 年版,第 79 页。
⑥ 田仲济、孙昌熙主编:《中国现代文学史》,山东人民出版社 1979 年版,第 33 页。

文学史参考资料》、上海师范大学中文系编的《中国现代文学史学习
参考资料》、北京大学等校 1979 年编的《文学运动史料选》收集了
《王敬轩君来信》与《复王敬轩书》,皆谈到刘半农,但未提及《复王敬
轩书》与钱玄同的关系,有意将王敬轩模糊为一个实体作者。更明显
的是,华中师范学院 1965 年编的《中国现代文学史参考资料》,在"对
封建复古派的斗争"一章的附录中直接将《给〈新青年〉信》的作者视
为王敬轩。

　　同时周作人等在 1949 年后关于"双簧信"的回忆,也趋近于当时
文学史的描述。周作人作为"五四"文学革命的重要参与者,亦是刘
半农、钱玄同的好友。1939 年钱玄同去世后,周作人撰写了《最后的
十七日:钱玄同先生纪念》等文,谈及以林纾为代表的清末举人与钱
玄同、胡适等新文化派的论争,却未言"双簧信"。直至 1950 年,他在
《王敬轩》中首次评价:

　　　　这封信发表了之后,反响不很好,大家觉得王敬轩有点可怜
　　相,刘半农未免太凶狠了。
　　　　其实这是难怪的,因为王敬轩并非别人,实在就是钱玄同,
　　他和半农商量,这样的串一下子双簧,彼此用不着什么顾忌,假
　　如真是来信,回答也就不能那么率直了,但是这通信的影响不很
　　好总是实在的,编者也自承认。①

　　周作人用"可怜相""太凶狠""影响不很好"等语质疑了"双簧
信"发生的缘由、过程与效果。但他 1951 年 3 月 27 日在上海《亦报》
发表的《王敬轩的信》完全颠覆了之前的说法:

① 周作人:《王敬轩》,《周作人散文全集》第 10 卷,广西师范大学出版社 2021
　年版,第 792 页。

　　《新青年》四卷三号上有一封王敬轩的信,当时大大有
名……我见过玄同的原稿,说不定还贡献过些意见,因为这本是
编辑部的计划(那一期是刘半农主编),要把反对的意见聚集起
来,加以驳斥,结果是找了一个王敬轩来做阿Q,将可能有的荒
谬意见都堆在他身上,结结实实的被打了一顿。……打击敌人
是目的,凡能达此目的的都可作手段,在平时有人不大赞成,但
在战争或革命中我想是可以的。……有宣传的效力,有如游
行队伍中的蒋二秃子与李承晚。①

　　以上文字扭转了周作人之前对"双簧信"的不屑,潜含三层深意:
一是"双簧信"是《新青年》的集体行为,自己也参与其中;二是王敬
轩是"敌人",凸显《新青年》具有无可辩驳的正义性;三是"双簧信"
在政治上是进步的,具有"宣传的效力"。后来,周作人延续着这种政
治化的解读方式:比如在1961年的《卯字号的名人三》赞赏"双簧
信"有"振聋发聩的作用"②;又如在《刘半农》指出其影响力,"自此
反对的话亦逐渐少见了"③。

　　不只是周作人,任访秋、刘北茂也有如此转变。任访秋作为钱玄
同的学生,在1943年《钱玄同对于学术的供献:纪念先师钱玄同先
生》与1944年《中国现代文学史》中高度评价钱玄同,可未提"双簧
信"。但1949年后,他采取流行的政治视角,认为刘的复信击中封建

① 周作人:《王敬轩的信》,《周作人散文全集》第11卷,广西师范大学出版社
2021年版,第464—465页。
② 周作人:《卯字号的名人三·知堂回想录(一二三)》,《周作人散文全集》第
13卷,广西师范大学出版社2021年版,第537页。
③ 周作人:《刘半农》,《周作人散文全集》第13卷,广西师范大学出版社2021
年版,第64页。

顽固派的要害,并"马上引起了真的敌人的反扑"①。刘北茂在自己哥哥刘半农1934年去世时所写的《长兄半农的死和我的回忆》中未提"双簧信",而在1957年8月的《纪念长兄半农先生》却强调《奉答王敬轩先生》猛烈无情地给了封建反动政治力量"一个致命的打击"②。周作人、任访秋、刘北茂对"双簧信"态度的转变,是受到阶级话语潜移默化影响之结果,展示了当时知识分子的个人思想逐步被主流意识形态所置换的轨迹,呈现出丁易、张毕来等解读"双簧信"的特殊历史语境。

以上可看出,20世纪50年代至70年代的文学史家大多试图从"反封建"的政治理论框架中为"双簧信"寻找存在的意义与价值,并规定它的性质与地位。这种解读思维至今影响一些文学史的写作。王嘉良等在2004年的《中国现当代文学史》中,仍坚持"王敬轩"是"不学无术、无理取闹的封建顽固派的代名词"③。

三、微妙的叙述:"入史"与"出史"之间

众所周知,《新青年》的自我定位在文化而不在政治。然而,"超越政治,关心文化,解放个性,培养人格,这种定位在后来常常受到指责"④。20世纪80年代至今的文学史叙述对"双簧信"的解读,逐渐走出纯政治化的视角,可又呈现出另一个值得玩味的现象。有研究者认为,80年代提及"双簧信"的文学史著述较少,而从90年代以来

① 任访秋:《钱玄同论》,沈永宝编:《钱玄同印象》,学林出版社1997年版,第137页。
② 刘北茂:《纪念长兄半农先生》,鲍晶编:《刘半农研究资料》,天津人民出版社1985年版,第60页。
③ 王嘉良、颜敏主编:《中国现当代文学史》,上海教育出版社2004年版,第92页。
④ 李新宇:《〈新青年〉的初衷》,《齐鲁学刊》2019年第3期。

它却被文学史整体性塑造成"神话"①。本文却发现,80 年代以来"双簧信"在文学史叙述中的地位较为微妙,有三种完全相悖的解读倾向。

（一）展示"双簧信"在"五四"新文化运动中的作用。80 年代以来的一些文学史家努力破除政治意识形态的束缚,延续了 1949 年后被中断的郑振铎、阿英确立的启蒙叙述立场。钱理群、吴福辉等著的《中国现代文学三十年》称赞"双簧信"引起了"广泛的社会注意",指出"这实际上是将新旧文学的斗争摊到桌面上来了,显示了新文学阵营主动出击的战斗姿态"②。吴福辉 2010 年的专著《中国现代文学发展史》只简单地描述"双簧信",未涉及其发生的原因与影响。但钱理群在 2013 年的《中国现代文学编年史》仍坚持其"在当时自然引起轩然大波"③。

与钱理群类似,冯光廉等的《中国现代文学史教程》强调其"在社会上引起了不小的反响"④;郭志刚等的《中国现代文学史》认为它是"革新派对暂时沉默的保守派的一次勇敢的挑战",而后"真的激战不久就开始了"⑤;马良春等的《中国现代文学思潮史》强调其"引起了社会的广泛注意。很快在《新青年》周围团结了很多知识分子和

---

① 宋声泉:《被神话化的〈新青年〉"双簧戏"事件》,《中国现代文学研究丛刊》2015 年第 1 期。
② 钱理群、吴福辉等:《中国现代文学三十年》,上海文艺出版社 1987 年版,第 23 页。
③ 钱理群主编:《中国现代文学编年史》,北京大学出版社 2013 年版,第 50 页。
④ 冯光廉、朱德发等编著:《中国现代文学史教程》,山东教育出版社 1984 年版,第 48 页。
⑤ 郭志刚、孙中田主编:《中国现代文学史》,高等教育出版社 1993 年版,第 59 页。

青年学生"①;苏光文等的《20世纪中国文学发展史》认为它"引起各方面的注目与反响,文学革命便蓬蓬勃勃地开展起来"②;杨春时的《中国现代文学思潮史》认为它"引起社会各界的普遍关注"③。以上文学史著述的表达高度一致,所用的"广泛的社会注意""成功""许多读者的瞩目""普遍关注""不小的反响""引起各方面的注目"等词,肯定了"双簧信"在"五四"新文化运动中的历史影响力。

同时一些文学史学者再次强调了"双簧信"用"假的王敬轩"引来了林纾等"真的王敬轩"的历史效用。朱德发的《中国现代文学史实用教程》认为它"使反对者放下了傲慢的架子跳上了决斗场"④。高旭东的《中国现代文学史》指出"双簧信果然产生了较大的反响,由于《复王敬轩书》中对林纾翻译的贬斥,直接的结果就是刺激林纾写了《荆生》《妖梦》两篇小说"⑤。凌宇的《中国现代文学史》指出它让"文化复古派与保守派终于按捺不住了,纷纷出来公开与文学运动论战"⑥。许道明《中国新文学史》认为其能"引蛇出了洞",让"文学革命者由此获得了反击的可能"⑦。以上文学史著述以"纷纷出来""按捺不住",呈现了"双簧信"带给林纾等"五四"对立面的"压力"。

(二)涉及"双簧信"背后的历史复杂性。20世纪80年代前的文学史研究为使"双簧信"经典化,多展示其正面价值。但80年代后的

---

① 马良春、张大明主编:《中国现代文学思潮史》,北京十月文艺出版社1995年版,第113页。
② 苏光文、胡国强主编:《20世纪中国文学发展史》,西南师范大学出版社2008年版,第42页。
③ 杨春时主编:《中国现代文学思潮史》,南京大学出版社2011年版,第180页。
④ 朱德发:《中国现代文学史实用教程》,齐鲁书社1999年版,第15页。
⑤ 高旭东:《中国现代文学史》上册,北京师范大学出版社2017年版,第64页。
⑥ 凌宇主编:《中国现代文学史》,湖南师范大学出版社2006年版,第17页。
⑦ 许道明:《中国新文学史》,上海古籍出版社2005年版,第14页。

一些文学史研究,试图调整之前单一的论述思路。刘增杰等的《中国近现代文学思潮史》指出,"双簧信"虽"热闹",也"引起了一点反响",但"毕竟自编自导,缺乏生气。直到 1919 年才比较明显的有抗拒的声浪出现"①。高玉的《中国现当代文学史》解释了"双簧信"偏偏针对林纾等不算特别守旧的"老新党"而非攻击"更加守旧的知识分子"的原因在于:"'五四'派的话是说给青年学生们听的,而严、林二人在青年学生中影响最大,擒贼擒王,这是'革命'的最有效手段。更为关键的是,中华民国成立后,严和林二人都被认为是帝制的支持者,'五四'文学革命,首先要革的就是帝制支持者的命。所以,'五四派'首先把矛头对准了严复和林纾二人。"②以上文学史研究对"双簧信"背后复杂性的挖掘,还原了一些常被忽视的历史细节,与钱理群等的文学史叙述构成了潜在的对话。

同时一些文学史家虽引用鲁迅的话语描述"双簧信",但并不像钱理群、朱栋霖等用"广泛的社会注意""不小的反响"等词来直接评价它的影响力。比如朱寿桐的《汉语新文学通史》就指出:

> 钱玄同和刘半农在《新青年》上发表了"双簧信"……鲁迅对此做法予以赞赏,说是此举打破了新文学初倡时期不仅没有人赞同,似乎也没有人反对的寂寞。③

朱寿桐的这种表达方式,潜藏着文学史家心态的一些变化。20世纪 80 年代前后的文学史多肯定"双簧信"的历史影响力,将鲁迅的

---

① 刘增杰、关爱和主编:《中国近现代文学思潮史》,上海文艺出版社 2008 年版,第 339 页。
② 高玉主编:《中国现当代文学史》,浙江大学出版社 2013 年版,第 87 页。
③ 朱寿桐主编:《汉语新文学通史》,广东人民出版社 2010 年版,第 68 页。

评价视为文学史的定论。但朱寿桐的书写,只是转述鲁迅的观点,未加入自己的判断,那么这只能表明鲁迅对此十分赞赏,而不能代表大多数人皆欣赏"双簧信"。李明等的《中国新文学史》亦是如此,在简单叙述后,只加了一句"这就是鲁迅称道的'双簧戏'"①。并且一些文学史著作如黄修己的《20世纪中国文学史》、田建民等的《中国现代文学史教程》也不再论述"双簧信"的社会效果,仅对其简单提及。

(三)未将"双簧信"写入文学史。1949年以来的文学史多将"双簧信"作为"五四"论争中的重要事件。但20世纪80年代以来的吴景明等的《中国现代文学史》、杨萌芽的《中国现代文学史》、卜召林的《中国现代文学史》、余芳等的《中国现代文学史》、张光芒的《现代文学史》等梳理了新文学运动中的典型事件,并论述了蔡元培、钱玄同与林纾等保守派之间的矛盾,可未提"双簧信"。曹国旗《中国新文学百年》的第一章用编年的方式记录了中国新文学发生以来的重要事件,说起了林纾对"五四"新文化运动的攻击,未叙述"双簧信"。李复兴的《现代中国文学专题史》称赞钱玄同、刘半农积极响应了陈独秀的文学革命,也描述了"新旧文学、新旧思想的激战"②,可也未言及"双簧信"。这些文学史家的选择,可预示着"双簧信"文学史地位的一些变化。

1949年以前一些文学史著作虽未提"双簧信",但他们不提的原因可能是"双簧信"发生时间与他们著史时间相对较近,还不清楚它的历史效果,故无法立即将其入史。但1949年以后,"双簧信"事件早已进入文学史,而许多文学史家也高度地肯定了它的价值与意义。所以20世纪80年代以来的一些文学史著作却不提此事件,才是值得讨论的地方。这些文学史家的选择,是受80年代末的"重写文学

---

① 李明等主编:《中国新文学史(修订版)》,湖南教育出版社2010年版,第30页。
② 李复兴主编:《现代中国文学专题史》,浙江大学出版社1989年版,第9页。

史"思潮的影响。"重写文学史",强调从多元的理论视角提出对新
文学历史的个人创见,反对"政治化",也不拘束于"五四"启蒙的立
场,冲击了一些已成定论的文学史结论。"双簧信"从发生以来,就被
胡适等自由主义学人所质疑,他们反感这种将反对者入罪的做法。
而在 1960 年前后,它又被政治神化,成为阶级斗争的象征。故而在
重写文学史的视野下,"双簧信"本身以及它的经典化过程,很容易被
一些倾向于自由主义或推崇纯文学理念的文学史家所排斥。

在此思潮下,文学史对钱玄同、刘半农的评价方式也有所变化。
20 世纪 80 年代之前的文学史研究者多将"双簧信"作为钱玄同、刘
半农之于"五四"新文化运动的历史功绩。但 80 年代之后的一些文
学史研究者对他们的历史评价更为多元。余芳等的《中国现代文学
史》以"文学性"评价现代文学的作家与作品,未提到"双簧信",并调
整了评价钱、刘的角度:

> 钱玄同、刘半农等先后加入了文学革命的阵营。钱玄同以
> 语文学家的身份对中国旧文学和积淀着封建毒素的汉语汉文言
> 文学进行了猛烈的讨伐,他站在进化论的立场上阐明白话文取
> 代文言文势在必行。刘半农则就白话的采用和中国文章体制的
> 变革发表了自己的看法。五四白话文学运动吹响了现代语言革
> 新的号角,白话文的影响借着新文化运动的声威与日俱增。①

与余芳等一样,一些文学史学家选择从语言革命、新诗革命、戏
剧改良等层面展示钱玄同、刘半农在新文化运动中的贡献。以钱玄
同为例,张光芒在《现代文学史》全面梳理"五四"时期"人的文学"发
展之脉络,未叙述"双簧信",只强调钱玄同发现了"语言文字在改造

---

① 余芳、谌华主编:《中国现代文学史》,中国工商出版社 2013 年版,第 5 页。

国家中的关键作用",评价道:"虽然他过激地将语言文字当作了中国社会问题的本质,但他所阐明的通过文字改革来改变中国社会的内在逻辑却不失为警世之论。"①魏绍馨的《中国现代文学思潮史》书写了"五四"先进知识分子对传统文化、旧思想的批判,认为这"主要表现为林琴南与陈独秀、胡适的思想冲突",未提"双簧信",只从留学的背景分析钱玄同等人,强调他们"比自己的前辈具有更多的民主主义新思想和面向世界的新观念"②。刘中树等的《中国现代文学思潮史》很少涉及钱玄同,仅引用了他关于文字的观点,展示其在"五四"白话文运动中的作用。

　　总之,20 世纪 80 年代以来文学史研究对"双簧信"的解读很微妙,或展示其历史影响力,或对其稍微提及,或不再承认其价值。这种微妙的解读,呈现了不同史学观念的冲突与融合。在 80 年代,"五四"启蒙思想又被重新重视,一度成为文学史写作的主流思维。而90 年代以来的重写文学史思潮,试图打破"定于一尊"的写作思路,形成文学史研究的多元性趋势。这种多元性,也使"双簧信"的书写处在了"入史"与"出史"之间的微妙语境之中。

---

① 张光芒:《现代文学史》,太白文艺出版社 2004 年版,第 6 页。
② 魏绍馨:《中国现代文学思潮史》,浙江大学出版社 1988 年版,第 73—81 页。

附录二　钱玄同"不阅卷"考

目前关于钱玄同的研究与传记大多渲染他"不阅卷"的教授风度,并将其学术化与经典化,纳入民国教育的"不羁"传统之一。但钱玄同日记有大量阅卷的记录,并且北京鲁迅博物馆(北京新文化运动纪念馆)藏有钱玄同撰书的学生成绩册手稿,可证明钱玄同的"从不阅卷"只是传说而已,并非事实。

一

钱玄同 1913 年 8 月从杭州来到北京,同年 9 月担任国立北京高等师范学校历史地理部以及附属中学国文、经学教员,而后兼任北京大学预科文字学的教员。1915 年北京高等师范学校增设国文部,钱玄同成为国文部教授,并兼任北京大学文字学教授。1918 年于北大教授音韵学。1923 年北京高等师范学校改名为国立北京师范大学,钱玄同仍是教授,在 1928 年担任国文系主任。他在师大执教二十余年,并长期任北大教授,这期间也在燕京大学、北京女子师范大学、孔德学校等校兼课。

研究界对钱玄同"不阅卷"的印象,源自北大学生张中行以及北师学生徐铸成二人的晚年回忆。张中行说:"第一次考钱先生这门课,上课钟响后,钱先生走上讲台,仍抱着那个黑色皮书包,考卷和考题发下之后,他打开书包,拿出一叠什么,放在讲桌上,坐在桌前一面看一面写,永远不抬头。我打开考卷,看题四道,正考虑如何答,旁座一个同学小声说,好歹答三道就可以,反正钱先生不看。临近下课,都交了,果然看见钱先生拿着考卷走进注册科,放下就出来。后来才知道,期考而不阅卷,是钱先生的特有作风,学校也就只好以特有应对,刻个'及格'二字的木戳,一份考卷封面盖一个,只要曾答卷就及格。"①他还回忆道:"这个办法,据说钱先生曾向外推广,那是在燕京大学兼课,考卷不看,交与学校。学校退回,钱先生仍是不看,也退回。于是学校要依法制裁,说如不判考卷,将扣发薪金云云。钱先生作复,并附钞票一包,云:薪金全数奉还,判卷恕不能从命。这次争执如何了结,因为没有听到下回分解,不敢妄说。"②

张中行为《钱玄同文集》做序言之时再次提及此事,并高度认同钱氏的"考而不阅卷",评价道:"我的感觉是钱先生确是怪,后来才明白,这只是他为人或性格的锋芒小露,虽然可称为'独行',却也是颇值得敬佩的。加细说,可敬佩之点还可以一分为二。其一,考而不阅卷,同样是认真负责的一种表现,因为钱先生治学,一向是求实求高,课堂所学是入门,考和评分只是应付功令,与学术了不相干,则认真反而是浪费,不如处理他堆在手头的。其二,这种看法,或扩大,不以流俗为然的看法,钱先生以外的人也会有,何以未表现为怪?在钱先生,我认为这是他为人的大节,值得加重说说。"③

北师大学生徐铸成,对钱玄同"不阅卷"的描绘更为有趣,他在《旧闻杂忆》回忆:"钱玄同先生每次上课时,从不看一眼究竟学生有无缺席,用笔在点名薄上一竖到底,算是该到的学生全到了。也从不

① 张中行:《〈钱玄同文集〉序》,《钱玄同文集》第 1 卷,中国人民大学出版社 1999 年版,第 3 页。
② 张中行:《负暄琐话》,中华书局 2012 年版,第 123 页。
③ 张中行:《〈钱玄同文集〉序》,《钱玄同文集》第 1 卷,中国人民大学出版社 1999 年版,第 3—4 页。

考试,每学期批定成绩时,他是按点名册的先后,六十分,六十一分……如果选这一课程的学生是四十人,最后一个就得一百分,四十人以上呢? 重新从六十分开始。"①

张中行与徐铸成关于钱玄同"不阅卷"的回忆,本是学生对老师的传说,而今却被学术化与经典化。目前关于钱玄同的传记,大多将此当作事实。余连祥的《钱玄同》将钱氏定义为"不愿判卷的名教授",设立专章来描述他"不阅卷"的名士风采,说道:"钱玄同也从不把分数当作学生的命根子,考试时常常如同他点名一样轻描淡写,一笔带过。"②周维强在《扫雪斋主人:钱玄同传》,也大加称赞钱玄同"考而不阅卷"的"特行"③。除了传记,还有许多涉及钱玄同的文章,大多也会称赞此事。汪修荣的《民国风流》《民国教授往事》,落尘的《民国的底气》,将钱玄同定为"从不判卷的教授",是民国风流之体现。王鑫的《重回民国上学堂》认为钱玄同"不以学分论英雄"④。曹志培的《文人的怪诞》认为,钱玄同治学一丝不苟,却拒绝阅卷,最后闹到把卷子与薪金一起退给校方的地步,是"放诞"之行为,体现出他智慧与快乐的哲学⑤。

钱玄同的"不阅卷"被经典化之后,此事便成为讴歌北大、北师大校风、学风的证据,是"自由"与"独立"的象征。陈平原在《老北大的故事》,就将钱玄同的"不阅卷"纳入到北大的"不羁"传统之中,认为北大"多的是怪人与轶事。'狂妄'、'怪诞'与'不羁',在其他大学或许会受到制裁,而在北大,则很可能得到无声的鼓励。在北大人眼中,有个性、有趣味、有教养,似乎远比有成就更值得羡慕。这种价值

① 徐铸成:《旧闻杂忆》,四川人民出版社1981年版,第51—52页。
② 余连祥:《钱玄同》,黄山书社2013年版,第73页。
③ 周维强:《扫雪斋主人:钱玄同传》,浙江人民出版社2003年版,第266页。
④ 王鑫:《重回民国上学堂》,湖北人民出版社2013年版,第24页。
⑤ 曹志培:《随笔随说》,安徽文艺出版社2013年版,第304页。

取向,使得校园里代代相传的'老北大的故事',与校方所修'正史'拉开了距离",而"钱玄同当然是大名鼎鼎,可校史上不会提及其只管传道授业解惑,而拒绝为学生阅卷"①。子张也指出:"这种大家风度,显然与北大、北师大的校风有关。校风不大气,教授们处处受限制,最多也就只能以曲求伸,又如何大气起来?固然,没有真才实学,缺少人格魅力,而又吝于劳作,徒然在'不评卷'、'不点名'上做文章称不上'大气',可是若不从根本处努力而斤斤于细枝末节,则教学过程即便多么'规范'也只能叫做'小气'。'大学'只须在'大'字上多设想,千万不要陷在'小气'的泥坑里掰着手指头算小账。那样的大学永远成不了一流。学校要大气,教授也要大气,不妨也看看钱玄同。"②

二

张中行与徐铸成二人晚年对钱玄同"不阅卷"的回忆,虽被经典化,但仍需商榷。在钱玄同逝世后,黎锦熙撰写长篇纪念文章《钱玄同先生传》,对其一生进行追述,谈及他的文字学、音韵学、经学等方面的成就,也涉及他的教育与私人生活。周作人《玄同纪念》与《钱玄同的复古与反复古》概括钱玄同"常涉两极端"③的一生。黎锦熙与周作人皆是钱玄同的故交与同事,都未谈及钱玄同的"不阅卷"。魏建功与钱玄同"相随十多年",是钱氏的得意门生,他在《回忆敬爱

---

① 陈平原:《老北大的故事》,江苏文艺出版社1998年版,第27页。
② 子张:《一些书　一些人》,上海辞书出版社2014年版,第300—301页。
③ 周作人:《钱玄同的复古与反复古》,曹述敬:《钱玄同年谱·附录》,齐鲁书社1986年版,第234页。

的老师钱玄同先生》赞赏钱氏"循循善诱"而"无拘牵罣碍"的引导①。另一位与钱氏接触密切的徐炳昶也撰有《我所认识的钱玄同先生》，从学术与生活等方面追忆钱玄同。魏建功在 1919 年于北大读书，徐炳昶在 1921 年以后在北大教书，对于钱玄同的情况也较为熟悉，但未提及过"不阅卷"之说。

　　钱玄同的好友与相交颇深的学生，都未讲过钱玄同的"不阅卷"。更重要的是钱玄同日记有大量阅卷之记录，分为招生考试、期末考试、毕业考试、转学考试等多种类型。这些试卷分属于北京大学与北京师范大学。在日记中，改卷记录的月份多集中于每年的七月至九月，但由于钱玄同日记有所中断与遗失，而七月至九月的日记缺失相对较多。同时钱玄同逝世的前两年，在日记未曾有过阅卷的记录，估计他晚年多病，不适合参加阅卷的劳累工作。他日记中的阅卷记录如下。

　　（一）北京大学的阅卷记录

　　在北大，钱玄同参加招生考试的阅卷记录较多。比如在 1921 年 9 月 19 日，他记下，"北大今年第二次招生于今日考国文，我派着监场及阅卷。上午八时到北大第二院去监场。此次来考之人较第一次多三分之一，预科六五六人，本科八人，分五个试场试验。下午一至六时阅卷，同阅者有吴虞、沈士远、沈兼士、顾颉刚、毛准、郑奠、单不庵、马叔平、刘文典、朱希祖诸君"②。这次卷子较多，他在 9 月 20 日仍记道，"上午八时到北大第三院看卷子，同看之人与昨天一样，看到下午二时许，居然将六百五十六本卷子都看完了"③。又如在 1922

---

① 魏建功:《回忆敬爱的老师钱玄同先生》，曹述敬:《钱玄同年谱·附录》，齐鲁书社 1986 年版，第 211 页。
② 杨天石主编:《钱玄同日记》，北京大学出版社 2014 年版，第 379 页。
③ 杨天石主编:《钱玄同日记》，北京大学出版社 2014 年版，第 379 页。

年 8 月 7 日,他至北大阅上海来卷,计二百余本,而"阅者八人:钱、沈大、二、三、马二、四、单、张也。午后三时阅毕,回家"①。再如在 1923 年 7 月 26 日,他先监考后阅卷,记道:"上午七时半到第二院,今日北大考试新生也。计有二千余人。第三院试场廿个,皆男生,皆英文,皆预科;第二院试场三:(一)本科(本科有女生一人),(二)预科女生,(三)德、法文预科。我因脚掌烂,不能多动,故止在二院监场。本说八—十时,忽然于九时三刻光景由注册部来通知说延长半小时,于是三院第一试场之临时被抢卷者大哗,几致用武。午后在二院阅卷。"②

钱玄同也参与北大期末考试的阅卷工作,例如在 1923 年 9 月 13 日他"灯下阅北大国文系三年级文字学试卷二十余本,有数本落第,其中有一本竟打了○(零)分"③。又如在 1923 年 9 月 16 日他记下,"下午雷雨,旋晴。灯下阅上学年北大国文系二年级文字学试卷四十九本毕,无落第者"④。当时钱玄同兼课的学校较多,所以他的期末考试阅卷量很多,譬如在 1931 年 6 月 24 日,他午后阅女师大卷及北大卷共一四一本,并唠叨说,"各校卷均已阅毕,惟男师大之未毕业者尚有二百余本,未阅焉"⑤。在 1933 年 8 月 9 日,他写道,"今日北大考国文(上午八—十一),上午去监场者也。下午在北大阅卷"⑥。这次阅北大国文的试卷,他有一日未去,8 月 11 日日记称"今日未往北

---

① 杨天石主编:《钱玄同日记》,北京大学出版社 2014 年版,第 426 页。
② 杨天石主编:《钱玄同日记》,北京大学出版社 2014 年版,第 544 页。
③ 杨天石主编:《钱玄同日记》,北京大学出版社 2014 年版,第 550 页。
④ 杨天石主编:《钱玄同日记》,北京大学出版社 2014 年版,第 551 页。
⑤ 杨天石主编:《钱玄同日记》,北京大学出版社 2014 年版,第 808 页。
⑥ 杨天石主编:《钱玄同日记》,北京大学出版社 2014 年版,第 949 页。

大阅卷"①,而在 8 月 18 日他又"往北大而卷适阅毕"②。

他的日记中亦有北大毕业、转学考试的阅卷记录,例如在 1920 年 1 月 23 日,他"十〔时〕赴大学,补看去夏北大国文门毕业试卷,看到下午四点钟"③。在第二天,他又从一至五时"补看去夏北大毕业试卷毕"④。比如在 1921 年 10 月 3 日他记下:"今日北大举行转学试验(其他同是大学学生转学至北大者),上午监试国文,下午阅国文卷,我都被派到。"⑤

从日记上看,钱玄同师大的阅卷记录多于北大,他还因要为师大阅卷,推辞了北大的出题、监考与阅卷工作。他在 1934 年 8 月 8 日记下:"适之忽来电话,要我出北大转学生之文字学试题六个(做三),即出好送去。但北大明日(九日)考新生,后日(十日)起阅卷,则恕不了,实在师大本年考数又多(1500),阅卷人又少(幼渔丁艰,宇众难说,唐舌旁辛,还有……),实在忙不过来,只好不去了。"⑥过了一天,他在 8 月 10 日又写下:"北大今日起考,明日起阅卷,因师大考期在迩,故本年北大之监试与阅卷均恕不了。"⑦

在阅卷之时,钱玄同有时会身体不舒服,但他依然坚持批卷。例如他在 1923 年 7 月 27 日记下"八时进城,回府,九时至第二院阅卷。牙甚痛,四时出校,购碘酒涂之,此治标之法也,俟阅卷毕,当设法拔去之"⑧。其后两天他的牙齿仍痛,仍坚持阅卷,他在第二天"六时

---

① 杨天石主编:《钱玄同日记》,北京大学出版社 2014 年版,第 949 页。
② 杨天石主编:《钱玄同日记》,北京大学出版社 2014 年版,第 950 页。
③ 杨天石主编:《钱玄同日记》,北京大学出版社 2014 年版,第 362 页。
④ 杨天石主编:《钱玄同日记》,北京大学出版社 2014 年版,第 363 页。
⑤ 杨天石主编:《钱玄同日记》,北京大学出版社 2014 年版,第 381 页。
⑥ 杨天石主编:《钱玄同日记》,北京大学出版社 2014 年版,第 1029 页。
⑦ 杨天石主编:《钱玄同日记》,北京大学出版社 2014 年版,第 1030 页。
⑧ 杨天石主编:《钱玄同日记》,北京大学出版社 2014 年版,第 544 页。

起。七时至第二院阅卷,阅至下午五时,未毕"[1],在第三天他"上午八时到第二院阅卷。午后三时顷看完了"[2]。在此次阅卷结束后,他"与幼渔、巽伯同至八宝胡同之伊东处拔牙"[3]。他偶尔不想去阅卷,这也在日记中有所体现,例如他在 1931 年 7 月 13 日写下:"今日为北大招考新生之第一日,余监场阅卷者十余年于兹矣! 本年偷一次懒,恕不监场了。下午拟往阅卷,以精神疲苶未去。洗澡,剪发。"[4]

钱玄同在北大的阅卷记录,表明张中行关于"考而不阅卷"的回忆,不是绝对的事实。同时钱玄同在日记中也未提及过北大特制的刻有"及格"二字的木戳。如果有这个木戳的话,他在北大任教多年,肯定使用过,并以他的习惯,他在日记会谈及此事。但日记没有此事的记录,那么这个"及格"木戳,估计也只是当时学生之间的谣传。并且按张中行的回忆,钱玄同还想将"及格"木戳的不阅卷方式推广到其他的学校,但是钱玄同日记却有他在其他学校的阅卷记录,比如在1928 年 1 月 15 日他"阅孔德考卷"[5],又如在 1931 年 6 月 24 日他"午后阅女师大卷"[6]。

(二)北京高等师范学校(国立北京师范大学)的阅卷记录

钱玄同日记关于师大入学考试的阅卷记录比较多。比如他在1923 年 9 月 26 日记下:"九时至十一时,赴高师监场。今日复试各省送来之学生,预科国文试题为我出:'我们现在用怎样的眼光去研究国学?'下午一时阅卷,与徐名鸿二人同阅,四时顷阅毕。"[7]在阅卷

① 杨天石主编:《钱玄同日记》,北京大学出版社 2014 年版,第 544 页。
② 杨天石主编:《钱玄同日记》,北京大学出版社 2014 年版,第 544 页。
③ 杨天石主编:《钱玄同日记》,北京大学出版社 2014 年版,第 545 页。
④ 杨天石主编:《钱玄同日记》,北京大学出版社 2014 年版,第 811 页。
⑤ 杨天石主编:《钱玄同日记》,北京大学出版社 2014 年版,第 705 页。
⑥ 杨天石主编:《钱玄同日记》,北京大学出版社 2014 年版,第 808 页。
⑦ 杨天石主编:《钱玄同日记》,北京大学出版社 2014 年版,第 552 页。

时,他常对学生答卷的质量有所不满,譬如在 1933 年 8 月 28 日他抱怨,"八时顷至师大阅南京卷,将近四百本,佳者绝少。文理不通、思想腐化远过于北平焉。午由师大定在撷英吃饭,为各系阅卷者设也。晚六时阅毕,死累,一人至长美轩雅"①。同时他不仅要批阅入学初试卷,还要批阅复试卷,比如在 1933 年 9 月 13 日他上午八时至师大文学院阅卷,"新生复试卷及体育系□□卷,又复试国文系第二试卷,一百另几本,由钱、黎、吴(其作)、罗(根泽)四人分看,下午三、四时顷毕"②。又如在 1934 年 8 月 26 日,他"阅北平复试及南京初、二两试卷,午聚餐于大陆春"③,第二天又"至师大阅卷,今午同仁雅于撷英,下午五时毕"④。在阅完初试之后,又在 9 月 8 日"十至五,与高、黎、吴共看——体育续招生第一试之国文及省送各生之第一试之国文,共 97 本,又省送第二试之'国故'、'文法'、'名著'各六本——共 115 本也(四人在撷英聚餐)"⑤。

在师大,他参加的期末考试阅卷工作也较多。比如 1923 年 8 月 14 日,他阅完卷后又要监考,"仍至高师阅卷,至下午六时始毕。午前九时,监研究科文字学试场,考者共九人"⑥;9 月 28 日,"上午考师大国文研究科之文字学。午后阅卷,昨日考国文卷共五十六本,与逖先分而'食'之"⑦。在阅期末试卷之时,师大的一些学生心急自己的成绩,所以常会提前来询问分数,钱玄同对此也有所记录,比如在 1935 年 7 月 19 日记下,"今日来学生要分数者有数人。又看了几十

① 杨天石主编:《钱玄同日记》,北京大学出版社 2014 年版,第 953 页。
② 杨天石主编:《钱玄同日记》,北京大学出版社 2014 年版,第 956 页。
③ 杨天石主编:《钱玄同日记》,北京大学出版社 2014 年版,第 1034 页。
④ 杨天石主编:《钱玄同日记》,北京大学出版社 2014 年版,第 1034 页。
⑤ 杨天石主编:《钱玄同日记》,北京大学出版社 2014 年版,第 1036—1037 页。
⑥ 杨天石主编:《钱玄同日记》,北京大学出版社 2014 年版,第 546 页。
⑦ 杨天石主编:《钱玄同日记》,北京大学出版社 2014 年版,第 553 页。

本卷"①。但是钱玄同在师大的阅卷量很大,所以他常将不同年级的期末考试与毕业生考试的试卷混在一起批改。比如在1934年10月28日,他记下:"浴,在浴室中又阅卷。……今日共看一百八十本,计上学年之一、四两年级之卷均毕,剩下三年级及以前毕业者,可暂缓矣。五日来看之,头胀身乏矣。"②

依据日记,钱玄同在师大的阅卷记录较多,例如:在1922年9月28日他"午后到高师看国文考卷,此次卷子约有六百本左右。由钱玄同、单不庵、马幼渔、朱逖先、章厥生、夏宇众、徐名鸿、梅仲筹八个人分看,看到六时,尚未看完,明日当续看"③;在1933年8月17日,他"晨八时至公园小坐,九时至师大阅卷,午毕"④;在1934年8月14日他"上午九时顷至师大阅卷,午与同人'雅'于撷英(今年同阅卷者,详四二六页)"⑤;在1934年8月15日,他"至师大阅卷"⑥,第二天他又"上午九时至师大阅卷"⑦;在1935年8月25日他"三时,至师大阅卷,仍未完。五时归"⑧;在1936年8月13日,他"得雨亭与西堂电话,知师大2400考卷昨日已阅毕矣"⑨。

他在日记里对师大毕业、转系、预科的阅卷也有过明确的记录。比如:在1923年8月13日,他记下,"今日至高师阅卷。今收到预科国文卷有一〇九三本之多,阅卷者九人:玄同、幼渔、尹、兼、名鸿、宇

① 杨天石主编:《钱玄同日记》,北京大学出版社2014年版,第1113页。
② 杨天石主编:《钱玄同日记》,北京大学出版社2014年版,第1046页。
③ 杨天石主编:《钱玄同日记》,北京大学出版社2014年版,第443页。
④ 杨天石主编:《钱玄同日记》,北京大学出版社2014年版,第950页。
⑤ 杨天石主编:《钱玄同日记》,北京大学出版社2014年版,第1030页。
⑥ 杨天石主编:《钱玄同日记》,北京大学出版社2014年版,第1031页。
⑦ 杨天石主编:《钱玄同日记》,北京大学出版社2014年版,第1031页。
⑧ 杨天石主编:《钱玄同日记》,北京大学出版社2014年版,第1118页。
⑨ 杨天石主编:《钱玄同日记》,北京大学出版社2014年版,第1216页。

众、不庵、凤举、稚鹤。今日未看完"①；在 1934 年 10 月 26 日,他"上午检查本年夏天毕业生之卷,只好先看,尚须有三百四十本,此必须在廿六、七、八三日中看完者也。午后回家一行,即回孔德。下午到黄昏,看了约一百本"②；在 1923 年 10 月 14 日,他"阅高师国文系转系卷十本"③。

由于师大的阅卷工作量太大,钱玄同与同事采用的是分类别阅卷之方式。例如在 1931 年 8 月 6 日,他记道:"至师大阅卷,三门,董——名著解释,黎——文法,钱——国故思想,各五十一本也。四时阅毕,回孔德。"④1933 年 8 月 24 日阅卷亦有分工:"上午十时顷至师大教理学院阅复试卷。三门四类:(每卅五本)国故思想——我看;名著解释、书后——我;标点——黎;文法——黎。倒也看了一天,五时半毕(午两人食于西车站)。"⑤但钱玄同有时候是自己在不同的时间段阅不同的试卷,比如在 1934 年 9 月 25 日他记云:"8—10,'国故思想概要'。10—12,'名著解释'。1—3,'国文法'(劭赴郑,约宇众看),毕即口试。在校中将此卷纸审阅毕。"⑥

师大的阅卷工作让钱玄同疲惫不堪,比如他在 1935 年 8 月 24 日写下:"今日起,阅师大之南京两次试卷及北平之第二次试卷。我阅北平之'国故',仅三分之一,头昏胀之至,心跳,只索罢休也。"⑦这次阅卷让他非常痛苦,所以在 8 月 26 日又诉苦道:"上午至师大图书馆,将卷阅毕。仅北平之'国故思想概要'四十八本耳,三次方看毕,

① 杨天石主编:《钱玄同日记》,北京大学出版社 2014 年版,第 546 页。
② 杨天石主编:《钱玄同日记》,北京大学出版社 2014 年版,第 1046 页。
③ 杨天石主编:《钱玄同日记》,北京大学出版社 2014 年版,第 556 页。
④ 杨天石主编:《钱玄同日记》,北京大学出版社 2014 年版,第 815 页。
⑤ 杨天石主编:《钱玄同日记》,北京大学出版社 2014 年版,第 952 页。
⑥ 杨天石主编:《钱玄同日记》,北京大学出版社 2014 年版,第 1040 页。
⑦ 杨天石主编:《钱玄同日记》,北京大学出版社 2014 年版,第 1118 页。

而头每次必胀。噫!"①他在阅卷之时,常抱怨"殊累殊苦""惫甚""头胀乏矣"等。这表明钱玄同改卷的态度非常认真与严肃,可推测徐铸成所讲的钱玄同每学期批定成绩是以按点名册的先后来随意给分的传说,并非是绝对的事实。钱玄同不仅没有随意给学生打分,反而是认真阅卷后,才送到师大注册课。例如他在 1933 年 6 月 19 日写下:"昨日尚有七卷未阅,今晨阅毕,即送至师大注册课。"②

通过日记窥出,钱玄同如果在期末考试未曾给学生阅卷的话,会在毕业之际,将以前未曾阅的期考卷统一判分。例如他在 1933 年 6 月 18 日记下:"下午起检阅师大试卷。本届国文系毕业生五十三人,佢们历年之卷均未阅,均须阅也。凡九十六本,至夜半阅毕,惫甚,即卧。"③又如在 1935 年 9 月 14 日,他"从今日起,算真休息了,唯历年试卷,尚须早早看完,给注册课",所以他将"阅师大试卷"纳入到"从下礼拜起,应进行者四事"之一④。

北大与师大的阅卷记录,反映出钱玄同是一位严格的老师,不会随意地对待评卷工作,甚至在淋雨之后,仍坚持阅卷,例如他在 1917 年 9 月 17 日记云:"晨九时顷至蓬仙处,旋得尹默电话,嘱我二人即往大学阅入学试卷。甫出门,即遇大雨,偏了又是北风,我北向行,雨正迎面而下,弄得衣裤尽皆湿透,寒气侵肤,深虞致病,因匆匆将考卷看完,于午后一时顷即出城,浴身更衣,并饮白兰地酒一杯。"⑤他虽然非常疲累,但对阅卷工作并不排斥,甚至他还会分担好友的批卷任务,例如在 1923 年 9 月 14 日他记道:"五时至士远处,昨日尹默以电

① 杨天石主编:《钱玄同日记》,北京大学出版社 2014 年版,第 1118 页。
② 杨天石主编:《钱玄同日记》,北京大学出版社 2014 年版,第 935 页。
③ 杨天石主编:《钱玄同日记》,北京大学出版社 2014 年版,第 935 页。
④ 杨天石主编:《钱玄同日记》,北京大学出版社 2014 年版,第 1123 页。
⑤ 杨天石主编:《钱玄同日记》,北京大学出版社 2014 年版,第 317 页。

话约我帮看医大入学试卷也。晚餐偕士远、兼士同至德国饭店吃饭。阅卷至十一时,出城回舍。"①并且他对不愿考试的学生也较为反感,例如他在 1924 年 1 月 7 日抱怨说:"下午二时半—四时半女师。女师两班学生均打麻烦,要免考。其实予岂好考哉? 予不得已也。因与之约,如学校认为可免考,必免,否则只好考。"②又在 1928 年 1 月 20 日记云:"从本日起,师大停课,师大莫名其妙的不考,女师大学生要求免考,燕大考,北大不考,尚须上一星期课,但我前星期已结束,'恕不'了。"③

三

除了钱玄同日记,北京鲁迅博物馆(北京新文化运动纪念馆)所藏的钱玄同撰书的学生成绩册手稿,亦可质疑"不阅卷"说法的真实性。这本由钱玄同精心编定的学生成绩册,纵 14.6 厘米,横 21.8 厘米,所记录的学生分数有如下特色。

一是分数有高有低,没有统一的规律,例如其中一页的学生成绩分数,按姓名先后顺序,分别是 80、60、95、70、65、95、80、80、80、95、95、75、85、85、80、80、90、80、80、75。可见钱玄同是严格按照学生试卷的质量来给出分数,并没有用刻有"及格"二字的木戳随意盖在每一份考卷上,也没有以"按点名册的先后,六十分,六十一分……"的方式来判定成绩。

二是学生的分数有不断改动的痕迹。钱玄同如果第一次用红色笔写的成绩,之后他会用蓝色笔来改;而如果第一次用蓝色笔写,则

---

① 杨天石主编:《钱玄同日记》,北京大学出版社 2014 年版,第 551 页。
② 杨天石主编:《钱玄同日记》,北京大学出版社 2014 年版,第 610 页。
③ 杨天石主编:《钱玄同日记》,北京大学出版社 2014 年版,第 746 页。

用红色笔改。例如:雷洁琼的分数,变了五次,先是 80,再是 95,又是 80,又是 75,最后是 80;郝国英的分数先是 65,改为 60;燕又芬的分数,先是 90,改为 85,又改为 95;朱漆的分数先是 65,变为 70;陈若潇的成绩先为 75,改为 80;郑璞的分数先是 75,变为 80;马阆民的成绩,先是 75,改为 80。对学生成绩的改动,表明钱玄同不止一次去批阅他们的试卷,估计是他去检查已批阅好的试卷之时,发现了问题,才会对学生的成绩进行调整。

　　总而言之,钱玄同日记以及他编定的学生成绩册手稿,可表明张中行与徐铸成"不阅卷"的回忆,可能是学生对老师的误解,或者是一些学生杜撰而被其他学生误信的传说。

主要参考文献

1. 蔡元培:《蔡元培全集》,中华书局 1984 年版。

2. 曹聚仁:《文坛五十年》,生活·读书·新知三联书店 2011 年版。

3. 曹述敬:《钱玄同年谱》,齐鲁书社 1986 年版。

4. 陈壁生:《经学、制度与生活——〈论语〉"父子相隐"章疏证》,华东师范大学出版社 2010 年版。

5. 陈壁生:《经学的瓦解》,华东师范大学出版社 2014 年版。

6. 陈独秀:《陈独秀文集》,人民出版社 2013 年版。

7. 陈来:《中国近世思想史研究》,生活·读书·新知三联书店 2010 年版。

8. 陈平原、杜玲玲编:《追忆章太炎》,生活·读书·新知三联书店 2009 年版。

9. 陈学然:《再造中华——章太炎与"五四"一代》,上海人民出版社 2019 年版。

10. 程巍:《为林琴南一辩——"方姚卒不之踣"析》,《中国图书评论》2007 年第 9 期。

11. 冯友兰:《中国现代哲学史》,生活·读书·新知三联书店 2009 年版。

12. 傅斯年:《傅斯年全集》,中华书局 2017 年版。

13. 干春松:《保教立国——康有为的现代方略》,生活·读书·

新知三联书店 2015 年版。

14. 干春松:《康有为与儒学的"新世"——从儒学分期看儒学的未来发展路径》,华东师范大学出版社 2015 年版。

15. 顾颉刚编著:《古史辨》,海南出版社 2005 年版。

16. 韩华:《民初孔教会与国教运动研究》,北京图书馆出版社 2007 年版。

17. 贺麟:《五十年来的中国哲学》,辽宁教育出版社 1989 年版。

18. 侯外庐:《近代中国思想学说史》,上海生活书店 1947 年版。

19. 胡适:《胡适文集》,北京大学出版社 2013 年版。

20. 胡适编选:《中国新文学大系·建设理论集》,上海文艺出版社 1981 年版。

21. 黄侃:《黄侃日记》,中华书局 2007 年版。

22. 黄侃:《新辑黄侃学术文集》,南京大学出版社 2008 年版。

23. 姜义华:《章炳麟评传》,南京大学出版社 2002 年版。

24. 姜义华:《章太炎思想研究》,中国人民大学出版社 2009 年版。

25. 康有为:《康有为全集》,中国人民大学出版社 2007 年版。

26. 黎锦熙:《钱玄同先生参加"国语运动"的二十年小史》,《精诚半月刊》1939 年第 11 期。

27. 李大钊:《李大钊全集》,人民出版社 2013 年版。

28. 李可亭:《和而不同:中国近代思想史上的胡适与钱玄同》,《河南大学学报(社会科学版)》2004 年第 1 期。

29. 李可亭:《钱玄同传》,河南大学出版社 2002 年版。

30. 李可亭:《钱玄同对康有为经学思想的承继与超越》,《北方论丛》2008 年第 2 期。

31. 李可亭:《钱玄同与中国近代经学》,《河南师范大学学报(哲学社会科学版)》2007 年第 2 期。

32. 李学勤:《走出"疑古时代"》,《中国文化》1992 年第 2 期。

33. 李泽厚:《中国近代思想史论》,人民出版社 1979 年版。

34. 梁启超:《梁启超全集》,中国人民大学出版社 2018 年版。

35. 廖名春:《疑古与史料审查》,《中州学刊》2000 年第 2 期。

36. 林毓生:《中国传统的创造性转化》,生活·读书·新知三联书店 1988 年版。

37. 刘贵福:《论钱玄同的疑古思想》,《史学理论研究》2001 年第 3 期。

38. 刘贵福:《钱玄同思想研究》,北京师范大学出版社 2011 年版。

39. 刘贵福:《钱玄同与顾颉刚、傅斯年、胡适有关〈春秋〉性质的学术讨论》,《史学史研究》2013 年第 3 期。

40. 卢毅:《章门弟子与近代文化》,广西师范大学出版社 2009 年版。

41. 鲁迅:《鲁迅全集》,人民文学出版社 1981 年版。

42. 马勇:《戊戌政变的台前幕后》,江苏人民出版社 2012 年版。

43. 马勇编:《章太炎书信集》,河北人民出版社 2003 年版。

44. 孟庆澍:《"'用石条压驼背'的医法"——无政府主义与钱玄同的激进主义语言观》,《中国现代文学研究丛刊》2005 年第 2 期。

45. 倪伟:《〈新青年〉时期钱玄同思想转变探因》,《杭州师范大学学报(社会科学版)》2015 年第 4 期。

46. 庞朴:《中国儒学》,东方出版中心 1997 年版。

47. 皮锡瑞:《经学历史》,中华书局 2012 年版。

48. 皮锡瑞:《经学通论》,中华书局 2023 年版。

49. 钱基博:《现代中国文学史》,上海古籍出版社 2011 年版。

50. 钱穆:《中国文化史导论》,商务印书馆 2023 年版。

51. 钱玄同:《钱玄同文集》,中国人民大学出版社 1999 年版。

52. 任访秋:《钱玄同对于学术的供献:纪念先师钱玄同先生》,《力行》第 8 卷第 1 期,1943 年。

53. 任访秋:《中国近代文学作家论》,河南人民出版社 1984 年版。

54. 沈永宝编:《钱玄同印象》,学林出版社 1997 年版。

55. 司马云杰:《礼教文明——中国礼教的现代性》,华夏出版社 2015 年版。

56. 谭丕模:《现代中国的思想家:钱玄同对于新文化的贡献》,《读书与出版》1947 年第 4 期。

57. 汤志钧:《近代经学与政治》,中华书局 2000 年版。

58. 汤志钧编:《章太炎年谱长编(增订本)》,中华书局 2013 年版。

59. 唐晓峰、王帅编:《民国时期非基督教运动重要文献汇编》,社会科学文献出版社 2015 年版。

60. 童庆炳等:《中国现代文学理论价值观的演变》,北京大学出版社 2005 年版。

61. 汪荣祖:《康有为论》,中华书局 2006 年版。

62. 汪荣祖:《康章合论》,中华书局 2008 年版。

63. 汪荣祖:《章太炎散论》,中华书局 2008 年版。

64. 汪曾祺:《汪曾祺全集》,人民文学出版社 2018 年版。

65. 王本朝:《白话文运动中的文章观念》,《中国社会科学》2013 年第 7 期。

66. 王汎森:《章太炎的思想——兼论其对儒学传统的冲击》,上海人民出版社 2014 年版。

67. 王丰园:《中国新文学运动述评》,新新学社 1935 年版。

68. 魏继洲:《丰富的偏激——论五四新文学运动中的钱玄同》,中国社会科学出版社 2013 年版。

69. 文贵良：《抵抗与让步：章太炎的"文学观"》，《思想与文化》2016 年第 1 期。

70. 吴奔星：《钱玄同研究》，江苏古籍出版社 1990 年版。

71. 吴锐：《钱玄同评传》，百花洲文艺出版社 1996 年版。

72. 吴雁南主编：《清代经学史通论》，云南大学出版社 1993 年版。

73. 吴虞：《吴虞集》，中华书局 2013 年版。

74. 谢樱宁：《章太炎年谱摭遗》，中国社会科学出版社 1987 年版。

75. 熊梦飞：《记录玄同先生关于语文问题谈话》，《文化与教育》1934 年第 27 期。

76. 徐炳昶：《我所认识的钱玄同先生》，《国文月刊》1946 年第 41 期。

77. 杨天石主编：《钱玄同日记（整理本）》，北京大学出版社 2014 年版。

78. 姚奠中、董国炎：《章太炎学术年谱》，山西古籍出版社 1996 年版。

79. 殷尘：《钱玄同先生的学术思想》，《图书月刊》第 1 卷第 3 期，1946 年。

80. 余连祥：《钱玄同》，黄山书社 2013 年版。

81. 余英时：《现代儒学论》，上海人民出版社 1998 年版。

82. 余英时：《中国思想传统的现代诠释》，江苏人民出版社 1995 年版。

83. 余英时：《中国思想传统及其现代变迁》，广西师范大学出版社 2004 年版。

84. 乐嗣炳编：《国语概论》，中华书局 1936 年版。

85. 章念驰编：《章太炎生平与学术》，上海人民出版社 2016

年版。

86. 章太炎:《章太炎的白话文》,辽宁教育出版社 2003 年版。

87. 章太炎:《章太炎全集》,上海人民出版社 2014 年版。

88. 郑师渠:《晚清国粹派文化思想研究》,北京师范大学出版社 2014 年版。

89. 知堂:《最后的十七日:钱玄同先生纪念》,《文学年报》1939 年第 5 期。

90. 周维强:《扫雪斋主人——钱玄同传》,浙江人民出版社 2003 年版。

91. 周作人:《周作人散文全集》,广西师范大学出版社 2021 年版。

92. 朱维铮编:《周予同经学史论著选集》,上海人民出版社 1983 年版。

93. (美)约瑟夫·列文森著,郑大华、任菁译:《儒教中国及其现代命运》,广西师范大学出版社 2009 年版。

94. (日)盐谷温著,孙俍工译:《中国文学概论讲话》,山西人民出版社 2015 年版。

后　记

　　此书稿原是我的博士论文。我当时选择钱玄同作为研究对象，是想通过对钱玄同的研究来深化自己对章太炎与鲁迅的认识。可当自己真正去理解钱玄同时，发现钱玄同的思想是我们理解"五四"新文化运动不可或缺的维度。当下研究多认为，钱玄同是"五四"时期"鲁迅声音""胡适声音""陈独秀声音"的"扩音器"。而我却发现，在"五四"新文化运动中，当借用外部资源反叛传统时，钱玄同依赖于《新青年》等杂志的语境，成为鲁迅、胡适、周作人等"号手"的"擂鼓者"；可当从中国传统内部来瓦解"传统"时，钱玄同便成了引领者，让"五四"新文化运动获得了一种新的方法论，所以钱玄同有自己独立、独特的"声音"，并非只是他人"声音"的"扩音器"。

　　在写作过程中，得到了黄乔生老师、孙郁老师、王本朝老师、程光炜老师、李今老师、张洁宇老师、杨联芬老师、高远东老师、董炳月老师、赵京华老师、解志熙老师等专家的指导。在与这些老师们的交流中，我受益良多。当然我也与老师们发生过争执，我当时总觉得老师们弱化了钱玄同的历史贡献。现在想想当时的自己，过于激烈与偏执。谢谢老师们对我的包容与提醒。这些"包容"，让我有胆量提出自己对钱玄同的思考；而这些"提醒"，让我更加客观地理解钱玄同的历史价值。对于钱玄同的历史价值到底是什么，我现在只能用"并非'扩音器'"来进行总结。但这并非终极性的解释。钱玄同在"五四"新文化史上的意义还需要进一步的挖掘。这也是我之后会做的工作。

对钱玄同的研究,记录着自己的学术成长。这里面有大胆之处,也有幼稚之处。不论"大胆",还是"幼稚",都是我当年生命的"痕迹"。我当下也舍不得将当年的"痕迹"抹去。此种"痕迹"算是自己对自己的馈赠,能让我时时想起读博时的种种情景。这些情景里面有着我们对"理想""自由""平等"的追寻,也有着我们面对"生存""生活"时的苦闷、无奈、欢喜、愤怒。由佳宁、聪姐、军哥、欣哥、翟猛、原帅、范兄、惠姐所组成的"我们",现今已星散于各处,过上了安稳且匆忙的生活。可我们从研究对象中所汲取的精神力量,至今仍支撑着我们向前走。

工作后,博论的一些章节陆续发表。在此感谢《中国现代文学研究丛刊》《文艺理论研究》《鲁迅研究月刊》《东岳论丛》等刊。这些期刊的匿名外审专家与编辑老师对我的指导,让我感受到了"钱玄同研究"的希望与魅力。同时感谢北京鲁迅博物馆(北京新文化运动纪念馆)中的姜异新老师、王霞老师等专家对我的关心与指导,本书插图均来自北京鲁迅博物馆(北京新文化运动纪念馆)。感谢西南大学文学院的领导与同事,他们的鼓励与督促让拙著得以出版。感谢衡文熠、曹灵、杨倩三位同学反复地校对书稿中的注释。感谢中华书局的张玉亮、胡雪儿两位编辑老师对本书的辛苦编辑。